# Morceaux Choisis

## DE PROSE ET DE POÉSIE DU XVIe AU XIXe SIÈCLE

PUBLIÉS SOUS LA DIRECTION

DE

### FERDINAND BRUNETIÈRE

de l'Académie française

PAR

### MAURICE PELLISSON

Inspecteur d'Académie

SEPTIÈME ÉDITION

PARIS

LIBRAIRIE DELAGRAVE

15, RUE SOUFFLOT, 15

1920

840
P 2 ar

# MORCEAUX CHOISIS

## CLASSE DE RHÉTORIQUE

---

## CLÉMENT MAROT

[Cahors, 1495; † 1544, Turin.]

---

**Fils de Jehan Marot,** — poète normand, attaché à la cour d'Anne de Bretagne et plus tard valet de chambre de François I$^{er}$, — Clément Marot naquit à Cahors. Son père, qui voulait faire de lui un homme de loi, l'amena tout jeune à Paris et le fit entrer comme clerc chez un procureur. Mais Clément n'avait aucun goût pour la basoche, et bientôt passa comme page au service de M. de Neuville, seigneur de Villeroy. Peu docile aux conseils pratiques de son père, il fut du moins son disciple en poésie; car le *Temple de Cupido*, poème allégorique qu'il dédia à François I$^{er}$ lors de l'avènement de ce prince, est tout à fait conçu et exécuté dans le goût des « grands rhétoricqueurs » du temps de Louis XII. Cette première œuvre lui valut d'être attaché comme valet de chambre à la personne de Marguerite de Valois (1524); et, quand Jehan Marot vint à mourir (1526), Clément lui succéda dans le titre de valet de chambre du roi. Entre temps, il avait accompagné François I$^{er}$ en Italie. Sa faveur semblait dès lors assurée. Mais comme il était soupçonné de pencher vers la Réforme, il se vit inquiéter à plusieurs reprises, et on l'emprisonna deux fois au Châtelet. Relâché sur l'ordre du roi, il donna alors le premier recueil de ses œuvres sous le titre de l'*Adolescence Clémentine* (1532), et publia une édition des *Œuvres de Villon* (1533). L'année suivante, survint la fameuse *affaire des placards* (contre la messe); Marot, craignant d'être compromis, s'enfuit d'abord en Béarn, près de Marguerite de Valois, puis à

Ferrare, à la cour de Renée de France. Son exil dura deux ans, au bout desquels l'intervention de la reine de Navarre lui permit de rentrer en France. Ce fut l'époque où il jouit pleinement de sa faveur et de sa réputation. Mais sa traduction de *Trente Pseaumes* (1541-1542) ayant réveillé le zèle de ses persécuteurs, il dut s'enfuir de nouveau (1543) et cette fois ce fut à Genève qu'il s'exila. Calvin l'accueillit bien d'abord, mais bientôt le soupçonna d'être du parti des *libertins* et, prudemment, Marot gagna Turin, où il mourut en 1544.

Les œuvres de Marot comprennent : 1° des *Traductions* (traduction des deux premiers livres des *Métamorphoses* d'Ovide) et des *Allégories;* 2° quelques *Chants royaux, Ballades* et *Rondeaux;* 3° des *Élégies,* des *Épîtres,* des *Épigrammes;* 4° des pièces de circonstance (*Étrennes, Épitaphes, Blasons, Complaintes*); 5° sa traduction de *Cinquante-deux Pseaumes de David.*

-----

## MAROT PRISONNIER ÉCRIT AU ROY
## POUR SA DELIVRANCE

### (1527)

Roy des Françoys, plein de toutes bontez,
Quinze jours a, je les ay bien comptez,
Et dès demain seront justement seize,
Que je fuz faict confrere au diocese
De Sainct Marry, en l'église Sainct Pris [1] :
Si vous diray comment je fu surpris,
Et me desplaist qu'il fault que je le die.
    Trois grandz pendardz vindrent à l'estourdie,
En ce palais, me dire en desarroy :
« Nous vous faisons prisonnier par le Roy ».
Incontinent, qui fut bien estonné?
Ce fut Marot, plus que s'il eust tonné.
Puis m'ont monstré un parchemin escrit,
Où n'y avait seul mot de Jésus Christ :
Il ne parloit tout que de playderie,
De conseillers et d'emprisonnerie.

-----

1. Ce sont des jeux de mots : *Marri,*  est mis pour *Merry; Saint-Pris* appelle vieux mot qui signifie *chagriné, attristé,*  l'idée de *prison.*

« Vous souvient-il, ce me dirent-ilz lors,
Que vous estiez l'aultre jour là dehors,
Qu'on recourut [1] un certain prisonnier
Entre noz mains ? » Et moy de le nier :
Car soyez seur, si j'eusse dit ouy,
Que le plus sourd d'entre eulx m'eust bien ouy ;
Et d'autre part j'eusse publicquement
Esté menteur : car pourquoy et comment
Eussé je peu un aultre recourir,
Quand je n'ay seu moy mesmes secourir ?
Pour faire court, je ne sçeu tant prescher
Que ces paillards me voulsissent lascher.
Sur mes deux bras ilz ont la main posée,
Et m'ont mené ainsi qu'une espousée,
Non pas ainsi, mais plus royde un petit.
Et toutesfois j'ay plus grand appétit
De pardonner à leur folle fureur
Qu'à celle là de mon beau procureur :
Que male mort les deux jambes luy casse !
Il a bien prins de moy une bécasse,
Une perdrix, et un levraut aussi :
Et toutesfoys je suis encor icy.
Encor je croy, si j'en envoyois plus,
Qu'il le prendroit ; car ilz ont tant de glus
Dedans leurs mains, ces faiseurs de pipée,
Que toute chose où touchent est grippée.
    Mais pour venir au poinct de ma sortie :
Tant doulcement j'ay chanté ma partie,
Que nous avons bien accordé ensemble,
Si que n'ay plus affaire, ce me semble,
Sinon à vous. La partie [2] est bien forte ;
Mais le droict poinct, où je me réconforte,
Vous n'entendez procès non plus que moy ;
Ne plaidons point : ce n'est que tout esmoy.

1. *On recourut*, on chercha à délivrer, à secourir. Marot était accusé d'avoir tenté d'enlever un prisonnier aux archers qui l'emmenaient.

2. Entendez : « J'ai désormais affaire en votre personne à forte partie. Mais ce qui me rassure, c'est que vous n'entendez rien aux procès... »

Je vous en croy si je vous ay mesfaict.
Encor posé le cas que l'eusse faict,
Au pis aller n'y cherroit qu'une amende [1];
Prenez le cas que je vous la demande,
Je prens le cas que vous me la donnez;
Et si plaideurs furent oncq estonnez
Mieulx que ceulx cy, je veulx qu'on me délivre,
Et que soubdain en ma place on les livre.
Si vous supply (Syre) mander par lettre
Qu'en liberté voz gens me vueillent mettre;
Et si j'en sors, j'espere qu'à grand'peine
M'y reverront, si on ne m'y rameine.

   Très humblement requerant vostre grace
De pardonner à ma trop grand'audace
D'avoir emprins [2] ce sot escript vous faire,
Et m'excusez si, pour le mien affaire,
Je ne suis point vers vous allé parler :
Je n'ay pas eu le loisir d'y aller.

(De l'Adolescence Clémentine.)

---

## ÉGLOGUE AU ROY SOUBS LES NOMS DE PAN ET ROBIN [3]

### (1539)

   ..... Sur le printemps de ma jeunesse folle,
Je ressemblois l'arondelle, qui volle
Puis ça, puis là : l'aage me conduisoit,
Sans paour ne soing, où le cueur me disoit.
En la forest (sans la crainte des loups)
Je m'en alloys souvent cueillir le houx,
Pour faire gluz à prendre oyseaulx ramages [4],
Touts différens de chants et de plumages;

---

1. En mettant les choses au pis, l'affaire ne comporte qu'une amende.
2. *Emprins*, entrepris.
3. Sous cette forme allégorique, Marot rappelle comment il a fait son apprentissage de poète avec son père Jehan Marot et comment ses vers lui ont valu la faveur de François Ier.
4. *Oiseaux ramages*, oiseaux des bois, de la ramée. *Ramage* est un adjectif.

Ou me souloys (pour les prendre) entremettre
A faire bricz [1], ou cages pour les mettre,
Ou transnouoys les rivieres profondes,
Ou renforçoys sur le genoil les fondes,
Puis d'en tirer droict et loing j'apprenoys
Pour chasser loups et abattre des noix....
. . . . . . . . . . . . . . . .
Desja pourtant je faisoys quelques nottes
De chant rustique, et dessoubz les ormeaux,
Quasi enfant, sonnoys des chalumeaux.
Si ne sçauroys bien dire ne penser
Qui m'enseigna si tost d'y commencer,
Ou la nature aux Muses inclinée,
Ou ma fortune, en cela destinée
A te servir : si ce ne fust l'un d'eux,
Je suis certain que ce furent tous deux.
Ce que voyant, le bon Janot, mon père,
Voulut gaiger à Jacquet son compère
Contre un veau gras deux aignelletz bessons [2],
Que quelcque jour je feroys des chansons
A ta louange (ô Pan, dieu tressacré),
Voyre chansons qui te viendroyent à gré.
Et me souvient que bien souvent aux festes,
En regardant de loing paistre noz bestes,
Il me souloit une leçon donner
Pour doucement la musette entonner,
Ou à [3] dicter quelque chanson rurale
Pour la chanter en mode pastourale.
Aussi le soir, que les trouppeaux espars
Estoyent serrez et remis en leurs parcs,
Le bon vieillard après moy travailloit,
Et à la lampe assez tard me veilloit,
Ainsi que font leurs sansonnetz ou pies,
Aupres du feu bergeres accroupies.

1. *Bric*, piège.
2. *Bessons*, jumeaux.
3. La préposition *à* doit être jointe au verbe *souloit*, construit plus haut sans préposition : « Il me souloit donner leçon, tantôt de musette et tantôt de chant.

Bien est-il vray que ce luy estoit peine :
Mais de plaisir elle estoit si fort pleine,
Qu'en ce faisant, sembloit au bon berger
Qu'il arrousoit, en son petit verger,
Quelcque jeune ente, ou que teter faisoit
L'aigneau qui plus en son parc luy plaisoit;
Et le labeur qu'après moy il mit tant,
Certes, c'estoit affin qu'en l'imitant
A l'advenir je chantasse le los
De toy (ô Pan), qui augmentas son clos,
Qui conservas de ses prez la verdure,
Et qui gardas son trouppeau de froidure....

.   .   .   .   .   .   .   .   .   .

Quand printemps fault et l'esté comparoist,
Adoncques l'herbe en forme et force croist.
Aussi, quand hors du printemps j'euz esté,
Et que mes jours vindrent en leur esté
Me creut le sens, mais non pas le soulcy;
Si emploiay l'esprit, le corps aussi,
Aux choses plus à tel aage sortables,
A charpenter loges de boys portables,
A les rouler de l'un en l'autre lieu,
A y semer la jonchée au milieu...

.   .   .   .   .   .   .   .   .   .

J'apprins aussi, allant aux pasturages,
A éviter les dangereux herbages,
Et à cognoistre et guerir plusieurs maulx
Qui quelcque foys gastoient les animaulx
De nos pastiz, mais par sus toutes choses,
D'autant que plus plaisent les blanches roses
Que l'aubespin, plus j'aymois à sonner
De la musette, et la fey resonner
En touts les tons et chants de bucoliques,
En chants piteux et chants mélancoliques,
Si qu'à mes plainctz un jour les Oreades,
Faunes, Silvans, Satyres et Driades,
En m'escoutant jectarent larmes d'yeux;

Si feirent bien les plus souverains Dieux...

. . . . . . . . . . . . . .

    Et penses-tu (ô Pan, dieu débonnaire)
Que l'exercice et labeur ordinaire
Que pour sonner du flaiolet je pris
Fust seulement pour emporter le prix?
Non : mais affin que si bien j'en apprinsse,
Que toy, qui es des pastoureaux le prince,
Prinsses plaisir à mon chant escouter,
Comme à ouyr la marine flotter
Contre la rive, ou des roches haultaines
Ouyr tomber contre val les fontaines...

                                  (Du *Recueil.*)

# FRANÇOIS RABELAIS

[Chinon, 1483, ou 90, ou 95; † 1552 ou 53, Paris.]

Né à Chinon, « ville insigne, ville noble, ville antique, voire première du monde, selon le jugement et assertion des plus doctes Massorets », François Rabelais fit ses premières études à l'abbaye de Seuillé, d'où son père, qui le destinait à être moine, le fit passer au couvent de la Beaumette, près d'Angers. C'est là qu'il se lia avec les du Bellay et avec Geoffroy d'Estissac, depuis évêque de Maillezais. En 1509 ou 1511 il prit la robe de moine et la prêtrise, chez les Cordeliers de Fontenay-le-Comte. Son séjour y dura quinze ans; mais son amour de l'étude et sa passion pour les lettres grecques lui ayant attiré quelques vexations de ses confrères, le pape Clément VII lui permit, en 1524, de passer aux Bénédictins, à l'abbaye de Maillezais. Peu après, Rabelais renonçait pour toujours à la vie du cloître. En 1530, nous le trouvons parmi les familiers de Jean du Bellay, puis étudiant en médecine à la Faculté de Montpellier. En 1532, quoique n'ayant pas encore son titre de docteur, il est médecin à l'Hôtel-Dieu de Lyon, et c'est là qu'il publie le premier livre de *Pantagruel*, 1532, et son *Gargantua*, 1535. Après deux voyages à Rome, qu'il fit avec du Bellay, il prend le bonnet de docteur à Montpellier, en 1537, et, célèbre dès lors comme médecin et comme écrivain, il se rend à Paris, où il est bien accueilli par François I$^{er}$ : en 1546, le second livre de *Pantagruel* paraissait avec le privilège royal et sous le nom de l'auteur. Mais, comme à ce moment la santé du roi déclinait tous les jours, Rabelais, craignant sans doute que sa protection contre les persécuteurs ne vînt à lui manquer, se retira à Metz, où il vécut jusqu'en 1547 comme médecin aux gages de la ville. Il jugea même prudent de s'éloigner plus encore et, pour la troisième fois, accompagna Jean du Bellay à Rome. C'est vers ce temps qu'il se ménagea un nouveau protecteur, le cardinal Odet de Châtillon, grâce auquel, lorsqu'il revint en France en 1550, il se trouva fort bien en cour. Comme première marque de faveur, on lui octroya la cure de Meudon, et le troisième livre de *Pantagruel* ayant paru en 1552, le roi Henri II intervint personnellement pour mettre fin aux tracasseries que la Sorbonne suscitait à l'auteur. Cette année même, avant de publier son livre, Rabelais avait résigné sa cure de Meudon; et il mourut peu de temps après.

Si l'on néglige quelques *Almanachs* et deux ou trois brochures, les *Œuvres* de Rabelais se réduisent à son roman. L'authenticité du IVe livre de *Pantagruel* (Ve de tout l'ouvrage), qui ne parut qu'après sa mort, est contestée.

---

## LETTRE DE GARGANTUA A PANTAGRUEL

### (1532)

... Encores que mon feu pere de bonne memoire Grandgousier eust adonné tout son estude à ce que je proffitasse en toute perfection et sçavoir politique, et que mon labeur et estude correspondit tresbien, voire encores oultrepassast son desir : toutefoys, comme tu peulx bien entendre, le temps n'estoit tant idoine ne commode es lettres comme est de present, et n'avoys copie [1] de telz precepteurs comme tu as eu. Le temps estoit encores tenebreux et sentant l'infelicité et calamité des Gothz, qui avoient mis à destruction toute bonne litérature. Mais, par la bonté divine, la lumiere et dignité a esté de mon eage rendue es lettres, et y voy tel amendement que de present à difficulté serois je receu en la premiere classe des petitz grimaulx, qui en mon eage virile estoys (non à tord) reputé le plus sçavant dudict siecle.

Ce que je ne dis par jactance vaine — encores que je le puisse louablement faire en t'escripvant, comme tu as l'autorité de Marc Tulle [2] en son livre *de Vieillesse*, et la sentence de Plutarche au livre intitulé : *Comment on peut se louer sans envie* [3], — mais pour te donner affection de plus hault tendre. Maintenant toutes disciplines sont restituées, les langues instaurées : Grecque, sans laquelle c'est honte que une personne se die sçavant;

---

1. *Copie* : c'est le latin *copia*, abondance. Nous avons conservé l'adjectif *copieux*.
2. *Marc Tulle* : c'est de Cicéron (Marcus Tullius) et de son *De Senectute* qu'il s'agit.

3. Sans provoquer l'envie, parce que, comme dit Plutarque, « l'envie s'attache beaucoup moins à la vieillesse qu'à tout autre âge », et que, ajoute Cicéron, « s'il est permis de parler de soi c'est aux vieillards ».

Hebraïcque, Chaldaïcque, Latine [1]. Les impressions tant
elégantes et correctes en usance, qui ont esté inventées
de mon eage par inspiration divine comme à contrefil
l'artillerie par suggestion diabolicque. Tout le monde
est plein de gens savans, de precepteurs tres doctes, de
librairies [2] très amples, qu'il m'est advis que ny au temps
de Platon, ny de Ciceron, ny de Papinian [3], n'estoit
telle commodité d'estude qu'on y veoit maintenant. Et ne
se fauldra plus doresnavant trouver en place ny en com-
paignie [4] qui ne sera bien expoly en l'officine de
Minerve. Je voy les brigands, les bourreaulx, les avan-
turiers, les palefreniers de maintenant, plus doctes que
les docteurs et prescheurs de mon temps.

Que diray-je? Les femmes et filles ont aspiré à ceste
louange et manne céleste de bonne doctrine. Tant y a
que, en l'eage où je suis, j'ay esté contrainct de apprendre
les lettres grecques, lesquelles je n'avoys contemnées
comme Caton, mais je n'avoys eu loysir de comprendre
en mon jeune eage. Et voluntiers me délecte à lire les
*Moraulx* [5] de Plutarche, les beaulx *Dialogues* de Platon,
les *Monuments* de Pausanias et *Antiquitez* de Atheneus [6],
attendant l'heure qu'il plaira à Dieu mon Createur me
appeller et commander yssir de ceste terre. Parquoy,
mon filz, je te admoneste que employes ta jeunesse à bien
profiter en estude et en vertus. Tu es à Paris, tu as
ton precepteur Epistemon, dont l'un par vives et
vocales instructions, l'aultre par louables exemples [7], te

1. Allusion à la fondation récente du
Collège des Trois-Langues (Collège de
France) en 1530, et aux encouragements
donnés par François Ier à l'imprimerie.

2. *Librairies*, bibliothèques.

3. Papinien, célèbre jurisconsulte
qui vécut et écrivit au temps de Sep-
time-Sévère, et que Caracalla fit
mettre à mort en 212, parce qu'il lui
refusait de faire l'apologie du meurtre
de son frère Géta.

4. Cette phrase doit être entendue
ainsi : « Il ne faudra plus qu'il se trouve
en place... celui qui... »

5. *Les moraulx, Moralia,* les traités
moraux.

6. Pausanias et Athénée sont des écrivains du IIe siècle après Jésus-Christ.
Le premier a écrit une *Description* ou
*Itinéraire de la Grèce* (Ἑλλάδος περιήγη-
σις), ouvrage très précieux pour les
archéologues et les historiens ; le second,
sous le titre de *Banquet des savants*
(Δειπνοσοφισταί), nous a laissé une
compilation fort utile pour l'histoire
littéraire.

7. *L'un,* c'est Épistémon ; *l'autre,* c'est
Paris.

peut endoctriner. J'entens et veulx que tu aprenes les langues parfaictement : premierement la Grecque, comme le veult Quintilian ; secondement la Latine, et puis l'Hebraïcque pour les sainctes letres, et la Chaldaïcque et Arabicque pareillement, et que tu formes ton stille, quand à la Grecque, à l'imitation de Platon ; quand à la Latine, de Ciceron. Qu'il n'y ait histoire que tu ne tiennes en memoire presente, à quoy te aydera la cosmographie [1] de ceulx qui en ont escript. Des ars liberaux, geometrie, arismeticque et musicque, je t'en donnay quelque goust quand tu estoys encores petit en l'eage de cinq à six ans ; poursuys le reste, et de astronomie saiche en tous les canons [2] ; laisse moy l'astrologie divinatrice et l'Art de Lullius [3], comme abuz et vanitez. Du droit civil, je veulx que tu saiches par cueur les beaulx textes et me les confere avecques philosophie. Et quand à la congnoissance des faictz de nature, je veux que tu te y adonnes curieusement ; qu'il n'y ait mer, riviere ny fontaine dont tu ne congnoisse les poissons, tous les oyseaulx de l'air, tous les arbres, arbustes et fructices [4] des foretz, toutes les herbes de la terre, tous les metaulx cachez au ventre des abysmes, les pierreries de tout Orient et midy : rien ne te soit incongneu. Puis songneusement revisite les livres des medicins grecs, arabes et latins, sans contemner les thalmudistes et cabalistes [5], et par frequentes anatomies acquiers toy parfaicte congnoissance de l'aultre monde, qui est l'homme. Et par lesquelles heures du jour commence à visiter les sainctes

---

1. Pour tenir l'histoire en « mémoire présente » tu en rattacheras les événements aux lieux qui en ont été le théâtre.

2. *Canons*, règles.

3. Raymond Lulle, né en 1235 à Palma dans l'île de Majorque, mort en 1315. Son art, *Ars magna*, consistait en une espèce d'algèbre dont les combinaisons subtiles avaient pour objet de ramener la science universelle à de pures questions de logique verbale.

4. *Fructices*, arbrisseaux.

5. Le *Talmud* est l'ensemble des commentaires que les rabbins juifs ont consacrés à l'interprétation de la loi, c'est-à-dire de l'Ancien Testament, depuis le ve siècle avant J.-C. jusqu'au ve siècle de notre ère ; la *Cabbale* est une philosophie mystique et ésotérique dont la révélation passait pour contemporaine de *Moïse*.

*Talmudistes* et *Cabalistes* sont donc mis ici pour signifier les Juifs en général, et plus particulièrement en tant qu'interprètes ou commentateurs de leurs livres saints.

lettres. Premierement en grec, le Nouveau Testament et
epistres des apostres, et puis en hebrieu le Vieux Testament. Somme, que je voy un abysme de science : car
doresnavant que tu deviens homme et te fais grand, il te
fauldra yssir de ceste tranquillité et repos d'estude, et
apprendre la chevalerie et les armes pour deffendre ma
maison, et nos amys secourir en tous leurs affaires
contre les assaulx des mal faisans. Et veulx que de brief
tu essayes combien tu as proffité, ce que tu ne pourras
mieulx faire que tenant conclusions en tout sçavoir
publiquement envers tous et contre tous, et hantant les
gens lettrez, qui sont tant à Paris comme ailleurs.

Mais parce que, selon le saige Salomon, sapience
n'entre point en ame malivole, et science sans conscience
n'est que ruine de l'ame, il te convient servir, aymer et
craindre Dieu, et en luy mettre toutes tes pensées et
tout ton espoir, et par foy formée de charité estre à luy
adjoinct, en sorte que jamais n'en soys desamparé par
peché. Aie supectz les abus du monde. Ne metz ton cueur
à vanité, car ceste vie est transitoire : mais la parolle de
Dieu demeure eternellement. Soys serviable à tous tes
prochains et les ayme comme toy mesmes. Revere tes
precepteurs, fuis les compaignies de gens esquels tu ne
veulx point ressembler, et les graces que Dieu te a
données, icelles ne reçoipz en vain. Et quand tu congnois-
tras que auras tout le sçavoir de par delà acquis,
retourne vers moy, affin que je te voye et donne ma
bénédiction devant que mourir.

Mon filz, la paix et grace de Notre Seigneur soit
avecques toy ! Amen. De Utopie [1], ce dix-septiesme jour
du moys de mars. Ton père Gargantua.

                    (*Pantagruel*, liv. I, chap. VIII.)

---

1. Gargantua est roi d'Utopie. *Utopie* intitulé *Utopia* le roman philosophique
c'est le pays qui ne se trouve nulle où il traçait le plan d'une cité idéale, et
part (οὐ τόπος). Thomas Morus avait qui parut en 1518.

---

# COMMENT PANTAGRUEL ÉQUITABLEMENT JUGEA D'UNE CONTROVERSE MERVEILLEUSEMENT OBSCURE ET DIFFICILE

## (1532)

Pantagruel, bien records [1] des lettres et admonition de son pere, voulut un jour essayer son sçavoir. De faict, par tous les carrefours de la ville mist conclusions [2], en nombre de neuf mille sept cens soixante et quatre en tout sçavoir, touchant en ycelles les plus fors doubtes qui feussent en toutes sciences. Et premierement, en la rue du Feurre, tint contre tous les regens, artiens [3] et orateurs, et les mit tous de cul. Puis en Sorbonne tint contre tous les theologiens par l'espace de six semaines, depuis le matin quatre heures jusques a six du soir, exceptez deux heures d'intervalle pour repaître et prendre sa refection. Et à ce assisterent la plus part des seigneurs de la court, maistres des requestes, presidens, conseilliers, les gens des comptes, secretaires, advocatz et aultres, ensemble les eschevins de ladicte ville avec les medicins et canonistes. Et notez que d'iceulx la plus part prindrent bien le frain aux dentz; mais nonobstant leurs ergotz et fallaces [4], il les feist tous quinaulx, et leur montra visiblement qu'ils n'estoient que veaulx engiponnez.

Dont tout le monde commença à bruyre et parler de son sçavoir si merveilleux, jusques ès bonnes femmes lavandieres, courratieres, roustisieres, ganyvetieres [5] et aultres, lesquelles, quand il passoit par les rues, disoient : « C'est luy. » A quoi il prenoit plaisir, comme Demosthenes, prince des orateurs grecz, faisoit quand

1. Se souvenant bien, se *recordant* bien.
2. Dans les villes d'Université, c'était l'usage d'afficher les thèses qu'on se proposait de soutenir.
3. Étudiants et maîtres de la Faculté des arts, des lettres, comme nous dirions aujourd'hui.
4. Leurs raisonnements (*ergo*, qui, par un jeu de mots, devient *ergot*) et leurs sophismes.
5. *Couratières*, courtières; *ganivetières*, marchandes de canifs, de couteaux.

de luy dist une vieille acropie, le monstrant du doigt :
« C'est cestuy-là. »

Or, en ceste propre saison, estoit un procès pendent
en la court entre deux gros seigneurs…. desquelz la controverse estoit si haulte et difficile en droict, que la court
de parlement n'y entendoit que le hault alemant. Dont,
par le commandement du roy, furent assemblez quatre
les plus sçavans et les plus gras de tous les parlemens
de France, ensemble le grand conseil, et tous les princi-
paulx regens des universitez, non seulement de France,
mais aussi d'Angleterre et Italie, comme Jason [1], Philippe
Dece [2], *Petrus de Petronibus* [3] et un tas d'aultres vieulx
rabanistes [4]. Ainsi assemblez, par l'espace de quarante et
six sepmaines n'y avoyent sceu mordre, ny entendre le
cas au net, pour le mettre en droict en façon quelconques…. Mais un d'entre eulx nommé du Douhet [5], le plus
sçavant, le plus expert et prudent de tous les aultres, un
jour qu'ils estoyent tous philogrobolisez du cerveau,
leur dist : « Messieurs, jà longtemps a que sommes icy
sans rien faire que despendre [6], et ne pouvons trouver
fond ni rive en cette matiere, et tant plus y estudions,
tant moins y entendons, qui nous est grand honte et
charge de conscience ; et à mon advis que nous n'en
sortirons que à deshonneur, car nous ne faisons que
ravasser [7] en nos consultations. Mais voicy que j'ay
advisé : Vous avez bien ouy parler de ce grand person-
naige, nommé maistre Pantagruel, lequel on a congneu
estre sçavant dessus la capacité du temps de maintenant,
ès grandes disputations qu'il a tenu contre tous publiquement ? Je suis d'opinion que nous l'apellons et con-

---

1. Jason, juriconsulte, vivait à
Padoue à la fin du xv⁰ siècle.
2. Dèce, professeur de droit à Pise et
à Paris, vint en France au temps de
Louis XII.
3. *Petrus de Petronibus* n'est qu'un
nom de fantaisie, imaginé par Rabelais.
4. Disciples de Raban Maur (776-856),
qui mourut évêque de Mayence, et

laissa des ouvrages d'enseignement
dont la réputation fut très grande au
moyen âge.
5. Contemporain de Rabelais, qui fut
conseiller au parlement de Bordeaux et
président à Poitiers.
6. *Despendre*, faire des dépenses.
7. *Ravasser*, qui se dit encore en
patois saintongeais, signifie tenir des
propos sans suite.

ferons de cest affaire avecques luy, car jamais homme n'en viendra à bout si cestuy là n'en vient. » A quoy voluntiers consentirent tous ces conseilliers et docteurs. De faict, l'envoyerent querir sur l'heure, et le prierent vouloir le procès canabasser et grabeler à poinct, et leur en faire le rapport tel que bon luy sembleroit en vraye science legale, et luy livrerent les sacs et pantarques [1] entre ses mains. Mais Pantagruel leur dist : Messieurs, les deux seigneurs qui ont ce procès entre eulx sont-ilz encore vivans ? A quoy luy fut respondu que ouy. « De quoy diable donc (dist il) servent tant de fratrasseries de papiers et copies que me baillez ? N'est ce le mieulx ouyr par leur vive voix leur debat que lire ces babouyneries icy, qui ne sont que tromperies, cautelles diabolicques de Cepola [2] et subversions de droict ? Car je suis sœur que vous et tous ceulx par les mains desquelz a passé le procès y avez machiné ce que vous avez peu, *pro et contra*; et, au cas que leur controverse estoit patente et facile à juger, vous l'avez obscurcie par sottes et desraisonnables raisons et ineptes opinions de Accurse, Balde, Bartole, de Castro, de Imola, Hippolytus, Panorme, Bertachin, Alexandre, Curtius et ces aultres vieulx mastins qui jamais n'entendirent la moindre loy des Pandectes [3], et n'estoyent que gros veaulx de disme [4], ignorans de tout ce qu'est necessaire à l'intelligence des loix : car (comme il est tout certain) ils n'avoyent congnoissance de langue ny grecque, ny latine, mais seulement de gothique et barbare. Et toutesfoys les loix sont premierement prinses des Grecz, comme vous avez le tesmoignage de Ulpian [5], *l. posteriori de orig. juris*, et toutes les loix sont pleines de sentences et motz grecz;

---

1. Les papiers (contenus dans les sacs), et les titres.
2. Barthélemy Cépola, jurisconsulte, avait écrit un livre intitulé : *Cautella juris*.
3. *Recueil des décisions des anciens jurisconsultes romains*, qui furent codifiées par Justinien.

4. *Les veaux de dîme* sont les plus beaux, sans doute parce que les collecteurs de dîmes prenaient toujours ce qu'il y avait de mieux.
5. Ulpien, célèbre jurisconsulte romain, vécut sous Alexandre Sévère et mourut en 226, massacré par les prétoriens.

et secondement sont redigées en latin le plus élégant et
aorné qui soit en toute la langue latine, et n'en excep-
teroys voluntiers ny Saluste, ny Varron, ny Ciceron, ny
Senecque, ny T. Live, ny Quintilian. Comment doncques
eussent peu entendre ces vieulx resveurs le texte des
loix, qui jamais ne virent bon livre de langue latine,
comme manifestement appert à leur stile, qui est stille de
ramonneur de cheminée ou de cuysinier et marmiteux,
non de jurisconsulte? Davantaige, veu que les loix sont
extirpées du mylieu de philosophie moralle et naturelle,
comment l'entendront ces folz qui ont, par Dieu! moins
estudié en philosophie que ma mulle? Au regard des
lettres de humanité et congnoissance des antiquitez et
histoire, ilz en estoient chargez comme un crapault de
plumes, dont toutesfois les droictz sont tous pleins, et
sans ce ne peuvent estre entenduz comme quelque jour
je monstreray plus apertement par escript. Par ce, si
voulez que je congnoisse de ce procès, premierement
faictez moy venir les deux gentilz hommes personnellement devant moy, et quand je les auray ouy, je vous en
diray mon opinion sans fiction ny dissimulation quelconques. » A quoy aulcuns d'entre eulx contredisoient
comme vous savez qu'en toutes compaignies il y a plus
de folz que de saiges, et la plus grande partie surmonte
tousjours la meilleure, ainsi que dict Tite-Live parlant
des Cartagiens. Mais ledict du Douhet tint au contraire
virilement contendent que Pantagruel avoit bien dict;
que les registres, enquestes, repliques, reproches, sal-
vations et aultres telles diableries n'estoient que subversions de droict et allongement de procès, et que le diable
les emporteroit tous s'ils ne procedoient aultrement, selon
equité evangelicque et philosophicque. Somme, tous les
papiers furent bruslez, et les deux gentilz hommes personnellement convocquez.

(Pantagruel, liv. I, chap. x.)

## COMMENT ESTOIENT REIGLEZ LES THELEMITES[1] A LEUR MANIERE DE VIVRE

### (1535)

Toute leur vie estoit employée non par loix, statuz ou reigles, mais selon leur vouloir et franc arbitre. Se levoient du lict quand bon leur sembloit : beuvoient, mangeoient, travailloient, dormoient quand le desir leur en venoit. Nul ne les esveilloit, nul ne les parforceoit ny à boire, ny à manger, ny à faire chose aultre quelconcques. Ainsi l'avoit estably Gargantua. En leur reigle n'estoit que cette clause :

*Fay ce que vouldras,*

parce que gens liberes, bien nez, bien instruictz, conversans en compaignies honnestes, ont par nature un instinct, et aguillon, qui toujours les poulse à faictz vertueux et retire de vice, lequel ils nommoient honneur. Iceux, quand par vile subjection et contraincte sont deprimez et asserviz detournent la noble affection par laquelle à vertuz franchement tendoient, à deposer et enfraindre ce joug de servitude. Car nous entreprenons toujours choses deffendues et convoitons ce que nous est denié.

Par ceste liberté entrerent en louable emulation de faire tous ce que à un seul voyoient plaire. Si quelq'un ou quelq'une disoit : « Beuvons », tous beuvoient. Si disoit : « Jouons », tous jouoient. Si disoit : « Allons à l'esbat ès champs », tous y alloient. Si c'estoit pour voller[2] ou chasser, les dames, montées sur belles hacquenées avecques leurs palefroy gourrier[3], sus le

---

1. L'abbaye de Thélème (θέλημα, volonté, liberté) a été fondée par la fantaisie de Rabelais.
2. Chasser en employant un oiseau de proie.

3. Cheval de parade.
Le substantif *gorre* avait, dans la vieille langue, le sens de mode : « Chacun veut être vêtu à la *gorre* du temps présent. »

poing mignonnement enguantelé portoient chascune ou
un esparvier, ou un laneret[1], ou un esmerillon. Les
hommes portoient les aultres oyseaux.

Tant noblement estoient apprins qu'il n'estoit
entre eux celluy, ne celle qui ne sceust lire, escripre,
chanter, jouer d'instrumens harmonieux, parler de cinq
et six langaiges, et en iceulx composer tant en carme
que en oraison solue[2].

Jamais ne feurent veuz chevaliers tant preux, tant
gualans, tant dextres à pied et à cheval, plus verds,
mieulx remuants, mieulx manians tous bastons[3], que là
estoient; jamais ne feurent veues dames tant propres, tant
mignonnes, moins fascheuses, plus doctes à la main, à
l'agueille, à tout acte muliebre honneste et libere, que
là estoient.

(Gargantua, chap. LVII.)

## COMMENT PANURGE PARLE A LA SIBYLLE
## DE PANZOUST
### (1546)

La vieille estoit mal en poinct, mal vestue, mal nourrie,
edentée, chassieuse, courbassée, roupieuse, languou-
reuse, et faisoit un potaige de choux verds, avecques
une couane de lard jausne, et un vieil savorados[4]. « Verd
et bleu! (dist Epistemon) nous avons failly. Nous ne
aurons d'elle responce aulcune. Car nous n'avons le
rameau d'or. — Je y ay, respondit Panurge, pourveu. Je
l'ay icy dedans ma gibbessière en une verge d'or,
accompaigné de beaulx et joyeulx carolus[5]. »

Ces mots dictz, Panurge la salua profondement, luy

---

1. Oiseau de proie du genre faucon.
2. Tant en vers qu'en prose, *carmine aut oratione soluta*.
3. Toute sorte d'armes.
4. L'os, que les pauvres gens met-tent dans la marmite, pour donner de la saveur à leur soupe.
5. Une *verge*, c'est-à-dire un anneau; les *carolus* sont une monnaie frappée sous Charles VIII

praesenta six langues de bœuf fumées, un grand pot
beurrier plein de coscotons [1], ung bourrabaquin [2] guarny
de brevaige, une bourse pleine de carolus nouvellement
forgez; enfin, avecques profonde reverence luy mist on
doigt medical une verge d'or bien belle, en laquelle estoit
une crapaudine [3] de Beusse magnificquement enchassée.
Puys en briefves parolles luy exposa le motif de sa
venue, la priant courtoisement luy dire son advis et
bonne fortune de son mariage entreprins.

La vieille resta quelque temps en silence, pensive et
richinante [4] des dents; puys s'assist sus le cul d'un
boisseau, print en ses mains troys vieulx fuseaulx, les
tourna et vira entre ses doigtz en diverses manieres,
puys esprouva leurs poinctes; le plus poinctu retint en
main, les deux aultres jecta soubs une pille à mil [5]. Après
print ses devidoueres, et par neuf foys les tourna : au
neufvieme tour consydera sans plus toucher le mouvement des devidoueres, et attendit leur repous parfaict.
Depuis je veitz qu'elle deschaussa un de ses esclos (nous
les nommons sabotz), mist son davantau [6] sus sa teste,
comme les presbtres mettent leur amict quand ils vou-
lent messe chanter; puys avecques un antique tissu
riolé [7], piolé, le lia soubs la guorge. Ainsi affeublée, tira
un grand traict [8] du bourrabaquin, print trois carolus,
les mist en trois coques de noix, et les posa sus un pot
à plume [9]; feist trois tours de balay par la cheminée,
jecta on feu demy fagot de bruiere, et un rameau de
laurier sec. Le consydera brusler en silence, et veid
que bruslant ne faisoit grislement ne bruyt aulcun.
Adoncques s'escria espouvantablement, sonnant entre
les dens quelques motz barbares et d'estrange termi-
nation; de mode que Panurge dist à Epistemon : « Par

1. Lait caillé.
2. Grand verre en forme de corne. Mot
d'origine orientale.
3. La crapaudine est une pierre d'un
gris brunâtre. Nous ne savons ce que
c'est qu'une crapaudine de Beusse.
4. *Richinante*, rechignant.

5. Mortier à piler le mil.
6. Tablier.
7. *Riolé*, rayé; *piolé*, bariolé.
8. But un grand coup.
9. Grand vase où l'on mettait en
réserve les plus fines plumes des
volailles.

la vertus Dieu, je tremble; je croy que je suys charmé.
Elle ne parle point christian. Voyez comment elle me
semble de quatre empans plus grande que n'estoit
lorsqu'elle se capitonna de son davantau! Que signifie
ce remument de badiguouinces! Que pretend cette jecti-
gation [1] des espaulles! A quelle fin fredonne elle des
babines comme un cinge demenbrant escrevisses? Les
aureilles me cornent, il m'est advis que je oy Proserpine
bruyante : les Diables bien toust en place sortiront: O
les laydes bestes! Fuyons, serpe Dieu, je meurs de
paour. Je n'ayme point les Diables. Ils me faschent et
sont mal plaisans. Fuyons. Adieu, ma Dame, grand
mercy de vos biens. Je ne me mariray poinct, non [2].
Je y renonce dès à present comme allors. » Ainsi com-
mençoit escamper de la chambre, mais la vieille anticipa,
tenente le fuseau en sa main, et sortit en un courtil
près sa maison. Là estoit un sycomore antique : elle
l'escrousla par trois foys, et sur huyct feueilles qui en
tumberent, sommairement avecques le fuseau escrivit
quelques briefz vers. Puys les jecta au vent, et leur dist :
« Allez les chercher, si vous voulez; trouvez-les, si
povez; le sort fatal de vostre mariage y est escript. »

(Pantagruel, liv. II, chap. xvii.)

---

1. Remuement.
2. Panurge était venu trouver la

Sibylle pour lui demander s'il devait
ou non se marier.

# CALVIN

## (Jean Cauvin, dit)

[Noyon, 1509; ✝ 1564, Genève.]

———

Fils d'un procureur-fiscal de l'église de Noyon, Jean Cauvin, protégé par le clergé, fut dès l'âge de douze ans pourvu d'un bénéfice, et put faire ses études, à Paris, aux collèges des Capettes et de Montaigu. Son parent et compatriote, Robert Olivetan, l'initia de bonne heure aux doctrines de la Réforme, qui, assez tôt compta en Picardie des partisans tels que Berquin, Gérard Roussel, Lefèvre d'Etaples. Aussi, quoiqu'il eût été nommé aux cures de Harteville, 1527, et de Pont-l'Évêque, 1529, Jean Cauvin ne reçut point les ordres. Il alla étudier le droit à Orléans et à Bourges et, dans cette dernière ville, se lia avec Melchior Wolmar, savant suisse, ami de Marguerite de Navarre, qui l'encouragea à persévérer dans les idées nouvelles. Toutefois, dans son premier ouvrage, un commentaire du *de Clementia* de Sénèque, il n'y a pas trace encore des principes de la Réforme. Ce fut l'affaire des placards contre la messe (1534), qui le décida à sortir de France, pour s'établir à Bâle, où il acheva, en 1535, son livre de l'*Institution Chrétienne*, qu'il publia d'abord en latin, qu'il traduisit ensuite en français, 1541, et dont il donna, dans le cours de sa vie, plusieurs éditions et remaniements. Après un premier séjour à Genève, 1536, Calvin revint s'y fixer en 1540, et bientôt il y acquit une influence telle qu'il put faire reconnaître comme loi d'État un formulaire réglant les principaux articles de foi. On connaît les victimes de son intolérance, l'Italien Gentili et Michel Servet, qu'il fit brûler en 1563; on l'avait surnommé le *pape de Genève*. Mais l'austérité de sa vie, l'ardeur de son prosélytisme, l'éloquence de ses prédications lui gagnaient des partisans et des disciples fidèles et, quand il mourut en 1564, il n'avait rien perdu de son ascendant et de son pouvoir.

Les *Œuvres* de Calvin comprennent 57 volumes in-4° dans le *Corpus Reformatorum* de Baum, Cunitz et Reuss. Laissant de côté les ouvrages de controverse et de théologie, nous mentionnerons, outre les 4 volumes de l'*Institution Chrétienne*, les 12 volumes de *Sermons* et les 12 volumes de *Lettres*.

———

## LA SPIRITUALITÉ DE L'AME
### (1545-1560)

... Je m'adresse à ces esprits volages, lesquels volontiers tireroyent par façon oblique ce dicton d'Aristote — que l'âme est douée d'organes ou instrumens qui respondent à chacune partie, — tant pour abolir l'immortalité des ames, que pour ravir à Dieu son droict. Car sous ombre que les vertus de l'ame sont instrumentales pour s'appliquer d'un accord avec les parties exterieures, ces rustres l'attachent au corps comme si elle ne pouvoit subsister sans iceluy : et en magnifiant nature tant qu'il leur est possible, ils tachent d'amortir le nom de Dieu. Or il s'en faut beaucoup que les vertus de l'ame soyent encloses en ce qui est pour servir au corps. Je vous prie quelle correspondance y a-t-il des sens corporels avec ceste apprehension si haute et si noble, de savoir mesurer le ciel, mettre les estoiles en conte et en nombre, déterminer de la grandeur de chacune, cognoistre quelle distance il y a de l'une à l'autre, combien chacune est hastive ou tardive à faire son cours, de combien de degrés elles declinent çà ou là ? Je confesse que l'astrologie est utile à ceste vie caduque, et que par ce moyen quelque fruict et usage de ceste étude de l'ame revient au corps : seulement je veux monstrer que l'ame a ses vertus à part, qui ne sont point liées à telle mesure qu'on les puisse appeler organiques ou instrumentales au regard du corps, comme on accouple deux bœufs ou deux chevaux à traîner une charrue. J'ay produit un exemple duquel il sera aisé aux lecteurs de recueillir le reste. Certes une telle agilité, et si diverse que nous voyons en l'ame à circuir le ciel et la terre-conjoindre les choses passées avec celles qui sont à venir, avoir toujours mémoire de ce qu'elle aura ouy de long-temps, mesme se figurer ce que bon luy semble, est une certaine marque de divinité en l'homme. Autant en est-il de la dextérité de savoir inventer choses incroyables :

comme de fait on la peut appeler Mère de merveilles,
en ce qu'elle a produit tous arts. Qui plus est, qu'est-ce
qu'en dormant non seulement elle se tourne et vire çà et
là, mais aussi conçoit beaucoup de choses bonnes et
utiles, entre en raison probable de beaucoup de choses,
voire jusques à deviner ce qui est à advenir? Qu'est-il
licite de dire, sinon que les signes d'immortalité que
Dieu a imprimez en l'homme ne se peuvent effacer? Maintenant nulle raison pourra-elle souffrir que l'homme soit
divin, pour mescognoistre son créateur? Que seroit-ce
à dire, que nous qui ne sommes que fange et ordure,
estans douez du jugement qui nous est engravé discer-
nions entre le bien et le mal, et qu'il n'y ait nul juge
assis au ciel? Nous demourera-il quelque residu d'intelligence, mesmes en dormant, et il n'y aura nul Dieu qui
veille pour gouverner le monde? Serons-nous louez et
prisez comme inventeurs de tant de choses precieuses et
desirables, et le Dieu qui nous a le tout inspiré sera
fraudé de sa louange?

(*Institution Chrétienne*, liv. I, chap. v, § 5.)

---

## DE LA FOI
### (1545-1560)

... Il (*l'apôtre saint Paul*) dit que la foy est un sous-
tenement des choses qu'on espere, et une demonstrance
des choses qui n'apparoissent point. Car par le mot
d'Hypostase, il entend la fermeté sur laquelle les ames
fidèles s'appuyent. Comme s'il disoit que la foy est une
possession certaine et infallible des choses que Dieu nous
a promises. Sinon que quelcun aimast mieux prendre le
mot d'Hypostase pour confiance, ce qui ne me desplait
pas, combien que j'aime mieux me tenir à la première
exposition laquelle est plus reçeue. Derechef, pour signifier que jusqu'au dernier jour, auquel les livres seront
ouverts (Dan., 7, 10), les choses appartenantes à nostre

salut sont trop hautes pour estre comprises de notre sens, ou vues de noz yeux, ou touchees de noz mains : et par ainsi que nous ne les possedons autrement, qu'en surmontant la capacité de noz entendemens, et eslevant nostre regard par dessus tout ce qui se voit au monde, bref, en nous surmontant nous mesme : pour ceste cause, il adjouste, que telle certitude de posseder, est des choses qui sont situees en esperance, et pourtant ne s'aperçoivent point. Car l'evidence, comme dit sainct Paul, est diverse d'espoir : et nous n'esperons pas les choses que nous voyons (Rom., 8, 24). En la nommant Monstre ou Probation des choses non apparentes, ou comme sainct Augustin souvent l'interprete, Tesmoignage par lequel nous sommes conveincus : il parle tout ainsi comme s'il disoit, que c'est une evidence de ce qui n'apparoist, une vision de ce qui ne se voit point, une perspicacité des choses obscures, une presence des choses absentes, une demonstrance des choses cachées. Car les mystères de Dieu, et principalement ceux qui appartiennent à nostre salut, ne se peuvent contempler en leur nature : mais nous les regardons seulement en la parolle de Dieu de laquelle la vérité nous doit estre tellement persuadée, que nous tenions pour fait et accomply tout ce qu'elle dit.

(*Institution Chrétienne*, liv. III, chap. ii, § 41.)

## MONARCHIE ET DÉMOCRATIE
### (1545-1560)

... On conte trois espèces du régime civil; c'est assavoir Monarchie, qui est la domination d'un seul, soit qu'on le nomme Roy ou Duc, ou autrement : Aristocratie, qui est une domination gouvernée par les principaux et gens d'apparence; et Démocratie, qui est une domination populaire, en laquelle chacun du peuple a puissance. Il ✻st bien vray qu'un Roy ou autre à qui appartient la domination, aisement decline a estre tyran. Mais il est

autant facile quand les gens d'apparence ont la supériorité, qu'ils conspirent à eslever une domination inique :
et encore, il est beaucoup plus facile, où le populaire a
authorité, qu'il esmeuve sedition. Vray est que si on fait
comparaison des trois espèces de gouvernemens que
j'ay recitées, que la preeminence de ceux qui gouvernent
tenans le peuple en liberté sera plus à priser : non point
de soy, mais pour ce qu'il n'advient pas souvent, et est
quasi miracle, que les Rois se moderent si bien, que leur
volonté ne se fourvoye jamais d'équité et droiture.
D'autre part, c'est chose fort rare qu'ils soyent munis
de telle prudence et vivacité d'esprit, que chacun voye ce
qui est bon et utile. Par quoy le vice, ou defaut des
hommes, est cause que l'espèce de supériorité la plus
passable et la plus seure, est que plusieurs gouvernent,
aidans les uns aux autres, et s'advertissans de leur office :
et si quelcun s'esleve trop haut, que les autres luy soyent
comme censeurs et maistres. Car cela a toujours esté
approuvé par expérience : et Dieu aussi l'a confermé par
son authorité, quand il a ordonné qu'elle eust lieu au
peuple d'Israel, du temps qu'il l'a voulu tenir en la meilleure condition qu'il estoit possible, jusqu'à ce qu'il produit l'image de nostre Seigneur Jesus en David. Et de
fait, comme le meilleur estat de gouvernement est cestuy-là, où il y a une liberté bien temperée et pour durer
longuement : aussi je confesse que ceux qui peuvent estre
en telle condition sont bien heureux, et dy qu'ils ne font
que leur devoir, s'ils s'employent constamment à s'y
maintenir. Mesmes les gouverneurs d'un peuple libre
doyvent appliquer toute leur estude à cela, que la franchise du peuple, de laquelle ils sont protecteurs, ne
s'amoindrisse aucunement entre leurs mains. Que s'ils
sont nonchalans à la conserver, ou souffrent qu'elle s'en
aille en décadence, ils sont traistres et desloyaux.

(*Institution Chrétienne*, liv. IV, chap. xx, § 8.)

# JOACHIM DU BELLAY

[Liré, près Ancenis, 1525 ; † 1560, Paris.]

Il appartenait à cette famille des du Bellay qui, au xvi⁰ siècle, s'illustra dans l'armée, la diplomatie et l'église. Il perdit de bonne heure son père et sa mère ; son frère aîné, qui lui servait de tuteur, mourut jeune, et du Bellay se trouva lui-même chargé de la tutelle d'un neveu en bas âge, rôle difficile à jouer pour un tout jeune homme et dont il sentit si bien le poids, qu'il tomba gravement malade. Renonçant alors à la politique et aux armes, où les siens avaient brillé, il se tourna vers les lettres, et, ayant fait la connaissance de Ronsard et de Baïf, il devint le compagnon de leurs travaux et de leurs luttes. Il avait déjà publié des vers quand le cardinal Jean du Bellay, son oncle, l'appela à Rome et fit de lui l'intendant de sa maison, vers 1550 ou 1551. Pour des causes restées obscures, il se brouilla avec son patron, revint en France en 1555, et, ayant vu mourir ses protecteurs, Henri II et Mᵐᵉ Marguerite, devenu sourd, vieilli avant l'âge, mélancolique et même un peu chagrin, il mourut lui-même à trente-cinq ans.

Les *Œuvres* de J. du Bellay se composent : 1⁰ d'un recueil de sonnets amoureux, *l'Olive*, suivi dans sa première édition du *Recueil à* Mᵐᵉ *Marguerite* ; 2⁰ d'un autre recueil de sonnets, les *Regrets* ; 3⁰ d'un troisième recueil, les *Antiquités de Rome*, avec les *Jeux rustiques* ; et 4⁰ d'une traduction en vers des livres IV et VI de *l'Enéide*.

Il y faut ajouter, en prose, le manifeste de la *Pléiade*, probablement indivis entre lui et Ronsard : *Défense et illustration de la langue française*.

## SONNET

### (1549)

Si nostre vie est moins qu'une journée
En l'éternel, si l'an qui faict le tour
Chasse nos jours sans espoir de retour,
Si périssable est toute chose née,

Que songes-tu, mon âme emprisonnée?
Pourquoy te plaist l'obscur de nostre jour,
Si pour voler en un plus cher séjour,
Tu as au dos l'aele bien empennée?

La est le bon que tout esprit désire
La, le repos ou tout le monde aspire,
La est l'amour, la le plaisir encore.

La, ô mon âme, au plus hault ciel guidée,
Tu y pourras recognoistre l'Idée
De la beauté, qu'en ce monde j'adore.

(L'Olive, sonnet CXIII.)

---

## LE POÈTE COURTISAN
### (1557)

Je te veux peindre icy comme un bon artisan,
De toutes ses couleurs l'Apollon courtisan.......
Je ne veulx que long temps à l'estude il pallisse,
Je ne veux que resveur sur le livre il vieillisse,
Feuilletant studieux tous les soirs et matins
Les exemplaires Grecs et les autheurs Latins.
Ces exercices-là font l'homme peu habile,
Le rendent catarreux, maladif et debile,
Solitaire, facheux, taciturne et songeard,
Mais nostre courtisan est beaucoup plus gaillard.
Pour un vers allonger ses ongles il ne ronge,
Il ne frappe sa table, il ne resve, il ne songe,
Se brouillant le cerveau de pensemens divers,
Pour tirer de sa teste un misérable vers,
Qui ne rapporte, ingrat, qu'une longue risée
Partout où l'ignorance est plus authorisée.
Toy donc qui as choisi le chemin le plus court,
Pour estre mis au ranc des sçavans de la court...,
Je veulx en premier lieu, que sans suivre la trace
(Comme font quelques uns) d'un Pindare et Horace,

Et sans vouloir, comme eux, voler si haultement,
Ton simple naturel tu suives seulement.
Ce proces tant mené et qui encore dure,
Lequel des deux vault mieulx, ou l'art, ou la nature,
En matière de vers, à la court est vuidé :
Car il suffit icy que tu soyes guidé
Par le seul naturel, sans art et sans doctrine,
Fors cest art qui apprend à faire bonne mine.
Car un petit sonnet qui n'a rien que le son,
Un dixain à propos, ou bien une chanson,
Un rondeau bien troussé avec une ballade
(Du temps qu'elle couroit) vault mieulx qu'une Iliade.
Laisse moy donques là ces Latins et Gregeois
Qui ne servent de rien au poëte françois,
Et soit la seule court ton Virgile et Homere,
Puis qu'elle est (comme on dit) des bons esprits la mère...
Je veux qu'aux grands seigneurs tu donnes des devises,
Je veux que tes chansons en musique soyent mises,
Et à fin que les grands parlent souvent de toy,
Je veux que l'on les chante en la chambre du Roy.
Un sonnet à propos, un petit épigramme
En faveur d'un grand Prince ou de quelque grand'Dame,
Ne sera pas mauvais : mais garde toy d'user
De mots durs ou nouveaux, qui puissent amuser
Tant soit peu le lisant : car la douceur du stile
Fait que l'indocte vers aux oreilles distille :
Et ne fault s'enquerir s'il est bien ou mal fait,
Car le vers plus coulant est le vers plus parfaict...
Je te veux enseigner un autre poinct notable :
Pour ce que de la court l'escholle c'est la table,
Si tu veux promptement en honneur parvenir,
C'est où plus sagement il te fault maintenir.
Il fault avoir tousjours le petit mot pour rire,
Il fault des lieux communs, qu'à tous propos on tire,
Passer ce qu'on ne sçait et se montrer sçavant
En ce que l'on a leu deux ou trois soirs devant.
Mais qui des grands seigneurs veult acquerir la grace,

Il ne fault que les vers seulement il embrasse,
Il fault d'autres propos son stile deguiser,
Et ne leur fault tousjours des lettres deviser.
Bref, pour estre en cest art des premiers de ton aage,
Si tu veux finement jouer ton personnage,
Entre les courtisans du sçavant tu feras,
Et entre les sçavants courtisan tu seras.

---

### SONNET

#### (1558)

Qui voudroit figurer la Romaine grandeur,
En ses dimensions, il ne lui faudroit querre
A la ligne, et au plomb, au compas, à l'équerre,
Sa longueur et largeur, hauteur et profondeur;

Il lui faudroit cerner d'une égale rondeur
Tout ce que l'Océan de ses longs bras enserre,
Soit où l'Astre annuel eschauffe plus la terre,
Soit où souffle Aquilon sa plus grande froideur.

Rome fut tout le monde, et tout le monde est Rome,
Et si par mesmes noms mesmes choses on nomme
Comme du nom de Rome on se pourroit passer

La nommant par le nom de la terre et de l'onde :
Ainsi le monde on peult sur Rome compasser,
Puis que le plan de Rome est la carte du monde.

(*Antiquitez de Rome*, **sonnet XXVI.**)

# PIERRE DE RONSARD

[La Poissonnière, 1525; † 1585, Tours.]

Pierre de Ronsard, fils de Louis, naquit en 1525, au château de
a Poissonnière, à quelques lieues de Vendôme. Son père, qui
était maître d'hôtel du roi François I$^{er}$, le mit de bonne heure au
collège de Navarre, mais l'enfant ne put s'habituer à la dure
discipline qui était encore celle du temps; il fallut le retirer de
pension; et on le fit entrer comme page, en 1536, au service du
dauphin François, l'aîné du prince qui devait être Henri II. A la
mort du Dauphin, Ronsard passa de son service à celui de
Jacques Stuart, roi d'Écosse, et pendant sept ou huit ans, successivement attaché à plusieurs grands personnages, il courut le
monde à leur suite : deux fois il séjourna en Angleterre et en
Ecosse, assista à la diète de Spire avec Lazare de Baïf, et accompagna Langey du Bellay dans sa vice-royauté du Piémont. Il
avait dix-huit ans et tout semblait lui promettre des succès à
la cour, quand il fut atteint de surdité; après une année ou deux
de mélancolique retraite, il obtint de son père l'autorisation de
se livrer tout entier à l'étude des lettres grecques et latines sous
la direction du fameux Jean Daurat. En 1544, il s'enferme au
collège de Coqueret et cinq ans durant, avec Jean-Antoine de
Baïf, Remy Belleau, Marc-Antoine Muret, met une énergie admirable à refaire l'éducation de son esprit. Au cours d'un voyage
en Poitou, ayant rencontré Joachim du Bellay dans une hôtellerie, il se lia avec lui d'une étroite amitié et, cet ami nouveau
s'étant joint aux autres disciples de Jean Daurat, le projet de la
*Pléiade* ne tarda pas à se former. Toutefois ce ne fut qu'en 1550
que Ronsard publia son premier recueil d'*Odes*. Il reçut d'abord
un accueil assez froid; Mellin de Saint-Gelais l'attaqua vivement;
mais Marguerite de Savoie, sœur de Henri II, et son chancelier
Michel de l'Hospital le défendirent. Quand parut le livre des
*Amours* (1552), les résistances étaient vaincues, et de ce jour, la
gloire et la faveur de Ronsard allèrent toujours croissant sous
Henri II, François II, Charles IX. Ce dernier roi poussa ses témoignages d'amitié jusqu'à faire visite au poète dans le prieuré de
Saint-Cosme qu'il lui avait donné. C'est alors que Ronsard composa ses *Dicours sur les misères du temps* (1563), la *Remontrance
au Peuple de France*, l'épopée inachevée de la *Franciade* (1572).
Sous Henri III, il semble que sa faveur ait baissé; en tout cas,

il quitta la cour, ou du moins n'y parut plus qu'à de rares intervalles, et, en attendant la mort, se tint le plus souvent à ses
prieurés de Croix-Val et de Saint-Cosme.

Voici, avec leur date de publication, les principales œuvres de
Ronsard : *Les Odes* (les quatre premiers livres), 1550; *Les Amours
de Cassandre*, 1552; le *Bocage royal*, 1552; les *Hymnes*, 1555;
*Mélanges*, 1555; *Amours de Marie*, 1557; *Recueil de nouvelles
poésies*, 1566-1569; *Elégies, Mascarades, Bergeries*, 1565; *La Franciade* (quatre chants), 1572.

---

## A MICHEL DE L'HOSPITAL

### CHANCELIER DE FRANCE

### 1550)

[Quand les Muses, filles de Jupiter et de Mnémosyne,
eurent atteint l'âge de sept ans, elles voulurent connaître
leur père. Mmémosyne les conduisit à travers les eaux jusqu'au palais de l'Océan, qui donnait un festin au maître des
Dieux. Jupiter, ayant reconnu ses filles, leur demanda de
chanter, et ravi de leur chanson qui déroulait toute l'histoire
mythique, il les invita à dire quelle récompense elles souhai-
aient. Calliope répond pour ses sœurs :]

### STROPHE 11.

Donne nous, mon Père, dit-elle,
Père, dit-elle, donne nous
Que notre chanson immortelle
Passe en douceur le sucre dous;
Fay nous Princesses des montagnes,
Des antres, des eaux et des bois,
Et que les prés et les campagnes
S'animent dessous nostre vois.
Donne nous encor d'avantage
La tourbe des Chantres divins
Les Poëtes et les Devins,
Et les Prophetes en partage.

## ANTISTROPHE.

Fay, que les vertueux miracles
Des vers médecins enchantez
Soient à nous, et que les Oracles
Par nous encore soient chantez :
Donne nous cette double grace
De fouler l'Enfer odieux,
Et de sçavoir la courbe trace
Des feux qui dancent par les cieux :
Donne nous encor la puissance
D'arracher les âmes dehors
Le sale bourbier de leurs corps,
Pour les rejoindre à leur naissance.

## EPODE.

Donne nous que les Seigneurs,
Les Empereurs et les Princes
Soient veus Dieux en leurs provinces,
S'ils reverent nos honneurs.
Fay que les Rois decorez
De nos présents honorez
Soient aux hommes admirables,
Lors qu'ils vont par la cité,
Ou lors que plains d'équité
Donnent les loix venerables.

[Après avoir accueilli leur requête, Jupiter congédie ses
filles, qui retournent parmi les peuples, et alors commencent à paraître les générations des anciens poètes :]

## STROPHE 17.

Au cry de leurs saintes paroles
Se resveillerent les Devins,
Et disciples de leurs escoles
Vindrent les Poëtes divins :

Divins, d'autant que la nature
Sans art, librement exprimoient;
Sans art, leur naïve écriture
Par la fureur ils animoient.
Eumolpe [1] vint, Musée [2], Orphée,
L'Ascrean [3], Line [4], et cetuy-là
Qui si divinement parla
Dressant à la Grèce un trophée [5].

## ANTISTROPHE.

Eux, piquez de la douce rage
Dont ces Filles les tourmentoient,
D'un démonyacle courage
Les secrets des Dieux racontoient,
Si que paissant par les campagnes
Les troupeaux dans les champs herbeux,
Les Démons, et les Sœurs compagnes
La nuit s'aparoissoient à eux :
Et loin sus les eaux solitaires,
Carolant en rond par les prés,
Les promouvoient Prestres sacrés
De leurs plus orgieux mystères.

## EPODE.

Apres ces Poëtes saints
Avec une suite grande
Arriva la jeune bande
D'autres Poëtes humains
Degenerant des premiers :
Comme venus les derniers

---

1. Eumolpe, personnage mythique, dont le nom signifie « le bon chanteur ».
2. Musée, aède de l'époque mythique. On a mis sous ce nom un poème d'*Héro et Léandre*, que Marot a traduit en vers français.

3. Hésiode, du bourg d'Ascra, en Béotie, vécut, semble-t-il, au IX° siècle avant Jésus-Christ.
4. La légende fait de Linus le maître d'Orphée.
5. C'est Homère qui est désigné dans cette périphrase.

Par un art mélancholique
Trahirent avec grand soin
Les vers, esloignez bien loin
De la sainte ardeur antique.

## STROPHE 18.

L'un sonna l'horreur de la guerre
Qu'à Thebes Adraste conduit [1],
L'autre, comme on tranche la terre,
L'autre, les flambeaux de la nuict [2] :
L'un sus la flute departie
En ses tuyaux siciliens
Chanta les bœufs [3], l'autre en Scythie
Fit voguer les Thessaliens [4].
L'un fist Cassandre furieuse [5];
L'un au ciel poussa les debas [6]
Des Rois chetifs; l'autre plus bas
Traina la chose plus joyeuse [7].

## ANTISTROPHE.

Par le fil d'une longue espace,
Après ces Poëtes humains,
Les Muses soufflerent leur grace
Dessus les Profetes Romains :
Non pas comme fut la première
Ou comme la seconde estoit,
Mais comme toute la dernière
Plus lentement les agitoit.
Eux toutesfois pinçant la lyre
Si bien s'assouplirent les dois,
Qu'encor le fredon de leur vois
Passe l'honneur de leur Empire.

---

1. Beaucoup de poètes ont écrit des poèmes sur la guerre de Thèbes.
2. Il s'agit sans doute d'Aratus, poète et astronome grec (IIIe siècle av. J.-C.), auteur d'un poème intitulé *les Phéno-mènes.*

3. Théocrite.
4. Apollonius de Rhodes (IIIe siècle av. J.-C.), auteur des *Argonautiques.*
5. Lycophron (IIIe siècle av. J.-C.)
6. Les poètes tragiques.
7. Les poètes comiques

## EPODE.

Tandis l'Ignorance arma
L'aveugle fureur des Princes,
Et le peuple des provinces
Contre les Sœurs anima.
Ja l'horreur les enserroit,
Mais plus tost les enferroit,
Quand les Muses destournées,
Voyant du fer la raieur [1],
Haletantes de fraieur
Dans le Ciel sont retournées.

[Longtemps elles demeurèrent dans l'Olympe, près de leur père; pourtant un jour vint où celui-ci les conduisit près des Parques :]

## STROPHE 20.

Ces trois Sœurs à l'œuvre ententives
Marmotoient un charme fatal [2],
Tortillans les filaces vives
Du corps futur de l'HOSPITAL :
Clothon qui le filet replie,
Ces deux vers mâcha par neuf fois,
JE RETORDS LA PLUS BELLE VIE
QU'ONQUE RETORDIRENT MES DOIS.
Mais sitôt qu'elle fut tirée
A l'entour du fuzeau humain,
Le Destin la mist en la main
Du fils de Saturne et de Rhée.

## ANTISTROPHE.

Luy tout gaillard print une masse
De terre, et devant tous les Dieux
Il feignit dedans une face,
Un corps, deux jambes, et deux yeux,

1. L'éclat, le rayonnement.          2. Un chant prophétique.

Deux bras, deux flancs, une poitrine,
Et achevant de l'imprimer
Soufla de sa bouche divine
Son esprit pour mieux l'animer :
Luy donnant encor' d'avantage
Cent mille vertus, apella
Les neuf filles, qui çà et là
Entournoient la nouvelle image,

### EPODE.

Ore vous ne craindrez pas
Seures, sous telle conduite,
De reprendre encor la fuite
Pour redescendre là bas.
Suivez donc ce guide ici :
C'est celuy (Filles) aussi,
De qui la docte asseurance
Franches de peur vous sera,
Et celuy qui desfera
Les soldars de l'Ignorance....

(Odes, liv. I.)

---

## SONNET

### (1552)

Je veux lire en trois jours l'*Iliade* d'Homère,
Et pour ce, Corydon [1], ferme bien l'huis sur moy;
Si rien me vient troubler, je t'asseure ma foy,
Tu sentiras combien pesante est ma colère.

Je ne veux seulement que nostre chambrière
Vienne faire mon lit, ton compagnon, ny toy.
Je veux trois jours entiers demeurer à requoy [2],
Pour follastrer apres une sepmaine entiere.

---

1. C'est à son valet qu'il s'adresse; et ce valet porte un nom antique, comme il convient naturellement au serviteur d'un si docte poète.

2. En repos, *in requiete*, dans la retraite.

Mais si quelqu'un venoit de la part de Cassandre [1],
Ouvre-luy tost la porte, et ne le fais attendre,
Soudain entre en ma chambre, et me vien accoustrer.

Je veux tant seulement à luy seul me monstrer :
Au reste, si un Dieu vouloit pour moy descendre
Du Ciel, ferme la porte et ne le laisse entrer.

------

## HYMNE DE L'OR
### (1556)

*A Jean Dorat, lecteur du Roy,*
*et mon précepteur.*

... On dit que Jupiter pour vanter sa puissance
Monstroit un jour sa foudre, et Mars monstroit sa lance,
Saturne sa grand'faulx, Neptune ses grand'eaux,
Apollon son bel arc, Amour ses traits jumeaux,
Bacchus son beau vignoble, et Cérès ses campagnes,
Flora ses belles fleurs, le Dieu Pan ses montagnes,
Hercule sa massue, et bref les autres Dieux
L'un sur l'autre vantoient leurs biens à qui mieux-mieux.
Toutesfois ils donnoient par une voix commune
L'honneur de ce desbat au grand prince Neptune,
Quand la Terre leur mère épointe de douleur
Qu'un autre par sur elle emportoit cet honneur
Ouvrit son large sein, et, au travers des fentes
De sa peau, leur monstra les mines d'or luisantes,
Qui rayonnent ainsi que l'esclair du soleil
Quand il luit au midy, lorsque son beau resveil
N'est point environné de l'espais d'un nuage,
Ou comme l'on voit luire au soir le beau visage
De Vesper la Cyprine, allumant les beaux crins
De son chef bien lavé dedans les flots marins.
Incontinent les Dieux estonnez confesserent

------

1. C'est le nom de la femme qu'il a chantée dans le premier recueil de ses
*Amours.*

Qu'elle estoit la plus riche, et flattans, la presserent
De leur donner un peu de cela radieux
Que son ventre cachoit, pour en orner les cieux.
(Ils ne le nommoient point : car ainsi qu'il est ores,
L'or pour n'estre connu, ne se nommoit encores.)
Ce que la Terre fit, et prodigue honora
De son or ses enfans, et leurs cieux en dora.
Adoncques Jupiter en fit jaunir son trosne,
Son sceptre, sa couronne, et Junon la matrone
Ainsi que son espoux son beau trosne en forma,
Et dedans ses patins par rayons l'enferma :
Le Soleil en crespa sa chevelure blonde,
Et en dora son char qui donne jour au monde :
Mercure en fit orner sa verge, qui n'estoit
Au-paravant que d'if; et Phœbus qui portoit
L'arc de bois et la harpe, en fit soudain reluire
Les deux bouts de son arc, et les flancs de sa lyre :
Amour en fit son trait, et Pallas qui n'a point
La Richesse en grand soin, en eut le cœur époint,
Si bien qu'elle en dora le groin de sa Gorgonne,
Et tout le corselet qui sa son corps environne :
Mars en fit engraver sa hache et son bouclier,
Les Graces en ont fait leur demi-ceint bouclier,
Et pour l'honneur de luy Venus la Cytherée
Toujours depuis s'est faite appeler la Dorée :
Et mesme la Justice à l'œil si refrongné
Non plus que Jupiter ne l'a pas dedaigné :
Mais soudain connoissant de cest Or l'excellence
En fit broder sa robe, et faire sa Balance.
Si doncques tous les Dieux se sont voulus dorer
De ce noble metal, faut-il pas l'honnorer,
Priser, aimer, louër? faut-il pas qu'on le nomme
L'ornement des grands Dieux, et le confort de l'homme?
Quant à moy, je ne puis m'engarder de crier
Apres ce beau metal, et ainsi le prier :

   O le sacré bon-heur de nostre race humaine,
Qu'à bon droit on t'appelle en tous lieux chasse-peine,

Donne-vie, ouste-soin! Puisse en toute saison
Estre pleine de toy ma bourse et ma maison!
Où tu loges, jamais n'arrive malencontre :
Avienne que tousjours tousjours je te r'encontre
Soit de nuit, soit de jour, et que tous mes haineux
Ne te puissent jamais emprisonner chez eux
Comme un hoste forcé; mais puisses-tu sans cesse
Venir loger chez moy, qui hautement confesse
Qu'un homme ne sçauroit, sans ton précieux don,
Rien tenter de hardy, d'utile ny de bon.

(Hymnes, liv. II.)

---

## REMONSTRANCE AU PEUPLE DE FRANCE
### (1564)

... Madame[1], il faut chasser ces gourmandes Harpyes,
Je dy ces importuns, dont les griffes remplyes
De cent mille morceaux tendent tousjours la main,
Et tant plus ils sont saouls, tant plus meurent de faim,
Esponges de la cour, qui succent et qui tirent,
Et plus sont plaines d'eau, et plus ils en desirent.
O vous, doctes Prelats poussez du Sainct-Esprit,
Qui estes assemblez au nom de Jesus-Christ,
Et tâchez sainctement par une voye utile
De conduire l'Eglise à l'accord d'un Concile[2],
Vous mesmes les premiers, prélats, reformez-vous,
Et comme vrais pasteurs faites la guerre aux loups :
Ostez l'ambition, la richesse excessive,
Arrachez de vos cœurs la jeunesse lascive,
Soyez sobres de table et sobres de propos,
De vos troupeaux commis cherchez moy le repos,

---

1. Ronsard s'adresse à Catherine de Médicis, régente pendant la minorité de Charles IX.

2. Le Concile de Trente, réuni en 1545, n'acheva définitivement son œuvre qu'en 1563.

Non le vostre, Prelats ; car vostre vray office
Est de prêcher sans cesse et de chasser le vice.
Vos honneurs, vos grandeurs, vos gloires despouillez,
Soyez moy de vertus, non de soye habillez,
Ayez chaste le corps, simple la conscience :
Soit de nuit, soit de jour, apprenez la science,
Gardez entre le peuple une humble dignité,
Et joignez la douceur avecq' la gravité.
Ne vous entremeslez des affaires mondaines,
Fuyez la court des Rois et leurs faveurs soudaines,
Qui perissent plus tost qu'un brandon allumé
Qu'on voit tantost reluire, et tantost consumé.
Allez faire la court à vos pauvres oüailles,
Faites que vostre voix entre par leurs oreilles,
Tenez-vous près du parc et ne laissez entrer
Les loups en vostre clos, faute de vous monstrer...
    Vous, juges des citez, qui d'une main egale
Devriez administrer la justice royale,
Cent et cent fois le jour mettez devant vos yeux
Que l'erreur qui pullule en nos séditieux
Est vostre seule faute, et sans vos entreprises,
Que nos villes jamais n'eussent eté surprises...
Il faut, sans avoir peur des Princes ny des Rois,
Tenir droit la balance, et ne trahir les lois
De Dieu, qui sur le fait des justices prend garde,
Et assis aux sommets des citez vous regarde :
Il perse vos maisons de son œil tout-voyant,
Et grand juge, cognoist le juge fourvoyant
Par present alleché, ou celuy qui par crainte
Corrompt la majesté de la justice saincte.
    Et vous, Nobles, aussi mes propos entendez,
Qui faucement séduits vous estes desbandez
Du service de Dieu. Vueillez vous recognoistre,
Servez votre pays et le Roy vostre maistre,
Posez les armes bas : esperez-vous honneur
D'avoir osté le sceptre au Roy vostre Seigneur ?
Et d'avoir desrobé par armes la province

D'un jeune Roy mineur, vostre naturel Prince?...
   Telle fureur n'est point aux tygres ny aux ours,
Qui s'entre-aiment l'un l'autre, et se donnent secours,
Et pour garder leur race en armes se remuent.
Les François seulement se pillent et se tuent,
Et la terre en leur sang baignent de tous costez,
Afin que d'autre main ils ne soient surmontez...

---

## MÉROVÉE

### (1572)

[Dans un long passage, imité du VIᵉ Livre de l'*Énéide*, Francus, fils d'Hector, l'ancêtre mythique des Francs ou Français, voit défiler sous ses yeux les fantômes encore indéterminés des princes qui naîtront un jour de sa race.]

   Quel est celui qui marche le premier,
Après ces deux, au visage guerrier,
Qui tient la face aux astres élevée?
C'est le vaillant et juste Mérovée.
Aspre ennemi des Huns, qui descendront
Plus dru que gresle, et par force prendront,
Pillant, brûlant à flames enfumées
(Mars tout sanglant conduira leurs armées)
Treves, Cologne, et mille forts chasteaux
Que le grand Rhin abreuve de ses eaux
Et ru'ront Metz à l'égal de la terre.
Cruelle engeance, indontable à la guerre!
La mer ne jette aux bords tant de sablons
Que de soldats hideux en cheveux blons,
S'amasseront, trope venant sur trope,
Pour mettre à sac l'occidentale Europe.
Sous Attila, cruel prince inhumain,
Extrème fléau de l'Empire romain.
Contre un tel peuple, espoinçonné de rage,
Tout acharné de meurtre et de carnage,

Craint comme foudre à trois pointes tortu,
Ce Mérovée opposant sa vertu,
Près de Châlons abaissera l'audace
De ces félons : menu dessus la place
L'un dessus l'autre adentez tomberont.

. . . . . . . . . .

Lui, le premier, suivi de ses Troyens,
Regagnera les bords parisiens
Sens, Orléans et la côte de Loire.
Puis de ton nom, Francus, ayant mémoire,
Le nom de Gaule en France changera
Ton sang versé par armes vangera,
Et nul des tiens, chargé de tant de proye,
Ne doit pousser si haut le nom de Troye.
Vaillant monarque, invincible, invaincu,
Victorieux : autour de son escu
(Frayeur, horreur des guerres eschauffées)
Naîtront lauriers, et palmes, et trofées,
Et le premier fera voir aux François
Que vaut l'honneur acquis par le harnois.

. . . . . . . . . .

De son grand nom les vieux Sicambriens
Seront longtemps nommés Mérovéens,
Et ses vertus auront tant de louanges
Qu'aimé des siens, redouté des estranges,
Après sa mort, d'inviolable loi,
Nul, tant soit preux, n'aura l'honneur de Roy
Portant au chef la couronne élevée,
S'il n'est yssu de la gent Mérovée.

(*La Franciade*, liv. **IV.**)

———

# JACQUES AMYOT

[Melun, 1513 ; † 1593, Auxerre.]

---

Les parents d'Amyot n'étaient que de modestes artisans; ils le firent pourtant étudier; et, très jeune encore, le conduisirent à Paris, au collège de Navarre, où il acheva son éducation : pour payer ses frais d'études, il servait de domestique à quelques écoliers. Maître ès arts à dix-neuf ans, il fut précepteur des enfants d'un secrétaire du roi. Dans cette maison, son mérite et sa science le firent remarquer de Marguerite de Valois, qui obtint pour lui une place de lecteur public à l'Université de Bourges. Là il pré-para sa traduction de *Théagène et Chariclée*, qu'il dédia à Fran-çois I$^{er}$ (1547), et qui lui valut l'abbaye de Bellozane. Le roi, son protecteur, étant mort, il suivit en Italie, comme secrétaire, M. de Morvilliers, ambassadeur à Venise et, dans le pays clas-sique de l'humanisme, développa sa connaissance de la langue grecque et de l'antiquité. Son patron, qui l'appréciait, le chargea, en 1551, d'une mission près du concile de Trente. Cela le mit en vue, et le cardinal de Tournon, l'ayant connu à Rome, le désigna à Henri II comme précepteur de ses deux fils, les ducs d'Orléans et d'Anjou (depuis Charles IX et Henri III). Cette même année, 1554, Amyot donna sa traduction de Diodore de Sicile, et la fit suivre, en 1559, de sa traduction des *Vies parallèles* de Plutarque. Deux ans après la publication de ce livre, il était nommé par son ancien élève, devenu le roi Charles IX, à la grande aumônerie de France, puis à l'évêché d'Auxerre, en 1570. La traduction des *Œuvres morales et mêlées* de Plutarque, publiée en 1572, n'eut pas moins de succès que celle des *Vies parallèles*. Mais bientôt la vie studieuse d'Amyot allait être troublée par la guerre civile, qui déchirait la France. Ayant assisté aux États de Blois, il fut accusé par les Ligueurs d'Auxerre d'avoir approuvé le meurtre du duc de Guise. Devant une sorte d'émeute populaire, il dut quitter son palais épiscopal (1589), et il n'y rentra que pour y mourir [1593].

Les œuvres d'Amyot comprennent ses traductions : 1º de *Théa-gène et Chariclée*, roman d'Héliodore, 1547; 2º des *Sept livres des histoires de Diodore Sicilien*, 1554; 3º des *Vies des hommes illustres Grecs et Latins*, 1559; 4º des *Œuvres morales et mêlées de Plu-tarque*, 1572.

## MORT DE DÉMOSTHÈNES

(1559)

... Quand la nouvelle vint que Antipater et Craterus venoyent en armes à Athenes, Demosthenes et ses adherens en sortirent un peu devant qu'ilz y entrassent, les ayant le peuple condamnez à mourir à la suscitation de Demades[1] : et, s'estans escartez les uns deçà, les autres delà, Antipater envoya des gens de guerre après pour les prendre, desquelz estoit capitaine un Archias qui fut surnommé Phygadotheras, qui vault autant à dire comme poursuyvant les bannis. Lon dit que cestuy Archias estoit natif de la ville de Thuries, et qu'il avoit autrefois esté joueur de tragédies.... Cest Archias donques ayant trouvé en la ville d'Ægine l'orateur Hyperides[2], Aristonicus Marathonien, et Himeræus frere de Demetrius le Phalerien, qui s'estoyent jettez en franchise dedans le temple d'Ajax, il les en tira par force et les envoya à Antipater, qui pour lors se trouvoit en la ville de Cleones, là où il les feit tous mourir : et dit on qu'il feit coupper la langue à Hyperides. Et entendant que Demosthenes s'estoit aussi jetté en franchise dedans le temple de Neptune en l'isle de Calauria, il s'y en alla dedans des esquifz avec quelque nombre de soudards Thraciens, et là tascha premierement à luy persuader qu'il s'en allast vouluntairement avec luy devers Antipater, luy promettant qu'il n'auroit aucun mal.

Mais Demosthenes la nuict de devant avoit eu un songe estrange en dormant : car il luy fut advis qu'il avoit joué une tragédie à l'envy de cest Archias, et qu'il

---

1. Après la mort d'Alexandre, Démosthène avait tenté de rendre à Athènes son indépendance; mais ce soulèvement des Athéniens, qu'on a appelé la *guerre lamiaque*, fut réprimé par les généraux macédoniens Antipater et Cratère, qui battirent les patriotes à la bataille de Cranon (322 av. J.-C.).

Démade, orateur de grand talent, s'était vendu au parti macédonien et prit part à la réaction contre ses compatriotes vaincus.

2. Hypéride, un des dix orateurs attiques, avait secondé Démosthène dans sa lutte contre l'hégémonie macédonienne.

luy succedoit[1] si bien que toute l'assistence du theatre
estoit pour luy, et luy donnoit l'honneur de mieulx
jouer, mais qu'au reste il n'estoit pas si bien en poinct[2],
ne luy, ne ses joueurs, comme ceulx d'Archias, et qu'en
toùt appareil il estoit vaincu et surmonté par luy : pourtant[3] le matin quand Archias alla parler à luy, en luy
usant de gratieuses paroles pour le cuider induire à
sortir vooluntairement du temple, Demosthenes le regardant entre deux yeux sans bouger du lieu où il estoit
assis, luy dit, « O Archias, tu ne me persuadas jamais
en jouant, ny ne me persuaderas encore jà en promettant ». Archias adonc commencea à se cholerer et à
le menacer en courroux, et Demosthenes luy repliqua
lors : « A ceste heure as tu parlé à bon esciant et sans
feintise, ainsi que l'oracle de Macedoine t'a commandé,
car nagueres tu parlois en masque au plus loing de ta
pensée ; mais, je te prie, attens un petit, jusques à ce que
j'aye écrit quelque chose à ceulx de ma maison ». Ces
paroles dittes, il se retira au dedans du temple, comme
pour escrire quelques lettres, et meit en sa bouche le
bout de la canne[4] dont il escrivoit, et le mordit, comme
il estoit assez coustumier de faire quand il pensoit à
escrire quelque chose, et teint le bout de ceste canne
quelque temps dedans sa bouche, puis s'affubla la teste
avec sa robbe, et la coucha.

Ce que voyans les satellites d'Archias, qui estoyent à
la porte du temple, s'en mocquerent, cuidans que ce fust
pour crainte de mourir qu'il feist ces mines là, en l'ap-
pellant lasche et couard. Et Archias s'approchant de luy,
l'admonesta de se lever, et recommencea à luy dire les
mesmes paroles qu'il luy avoit dittes auparavant, luy
promettant qu'il moyeneroit[5] sa paix avec Antipater.
Adonc Demosthenes sentant que le poison avoit desjà
pris et gaigné sur luy, se desaffubla, et regardant

---

1. *Il lui succédait. Il* est au neutre pour
*cela* ; *il lui succedait* signifie : cela lui
réussissait.

2. En aussi bonne situation. On dit :

être bien en point, mal en point.

3. *Pourtant*, c'est pourquoi.

4. *Canne*, roseau.

5. Ménagerait...

Archias fermem:nt au visage, luy dit, « Or joue maintenant quand tu vouldras le rolle de Creon[1], et fais jetter
ce mien corps aux chiens, sans permettre qu'on luy
donne sepulture. Quant à moy, ô Sire Neptune, je sors
de ton temple estant encore vif, pour ne le prophaner
de ma mort; mais Antipater et les Macedoniens n'ont
pas espargné ton santuaire, qu'ilz ne l'ayent pollu de
meurtre[2]. » Ayant proferé ces paroles, il dit que lon le
sousteinst par dessoubz les aixelles, pource qu'il com-
menceoit desjà fort à trembler sur ses pieds, et en cui-
dant marcher, ainsi qu'il passoit au long de l'autel de
Neptune, il tumba en terre, là où en jettant un souspir
il rendit l'esprit.

(*Hommes illustres*, *Demosthenes*, XLI, XLII, XLIII.)

---

## PREMIÈRE ENTREVUE D'ANTOINE
## ET DE CLÉOPATRE

### (1559)

.... Ainsi comme il alloit pour faire la guerre contre
les Parthes, il envoya adjourner Cleopatra à comparoir
en personne par devant luy, quand il seroit en la Cilicie,
pour respondre aux charges et imputations que lon
proposoit à l'encontre d'elle, c'est à sçavoir, qu'elle
avoit donné confort et aide à Cassius et à Brutus en la
guerre qu'ilz avoient euë contre luy. Celuy qui fut
envoyé vers elle, appellé Dellius, pour luy signifier cest
adjournement, après qu'il eut bien regardé et consideré
sa beauté, la grande grace et force attrayante de son
langage, se doubta bien incontinent qu'Antonius se
garderoit bien de faire aucun mal ne desplaisir à une
telle dame, ains que plus tost elle seroit en peu d'es-

---

1. Personnage de l'*Antigone* de Sophocle, qui défend par édit, sous peine
de mort, de rendre les honneurs de la

sépulture à Polynice.

2. N'ont pas épargné à ton santuaire
la souillure d'un meurtre.

pace en grande faveur et grand crédit alentour de
luy : si se meit à luy porter honneur et l'admonester
qu'elle vinst en Cilicie au meilleur equippage qui luy
seroit possible, et qu'elle n'eust point de doubte ne de
peur d'Antonius, qui estoit le plus courtois et le plus
humain seigneur de tous ceulx qu'elle eust jamais veuz.
Elle d'autre part adjoustant foy à ce que luy disoit Dellius, et faisant conjecture par l'accès et le crédit qu'elle
avoit eu auparavant avec Julius Cæsar et Cneus Pompeius, le filz du grand Pompeius, seulement pour sa
beauté, elle entra en esperance que plus facilement
encore pourroit elle prendre et gaigner Antonius : car
ceulx là l'avoyent cogneuë lors qu'elle estoit encore
jeune fille, et qu'elle ne sçavoit que c'estoit que du
monde : mais lors elle s'en alloit devers Antonius en
l'aage où les femmes sont en la fleur de leur beauté et
en la vigueur de leur entendement.

Si feit provision de grande quantité de dons et de
presens, de force or et argent, de richesses et de beaulx
ornemens, comme il est croyable qu'elle pouvoit apporter
d'une si grande maison et d'un si opulent et si riche
royaume comme celuy d'Ægypte. Mais pourtant elle ne
porta rien avec elle en quoy elle eust tant d'esperance
ne de confiance, comme en soymesme, et aux charmes
et enchantemens de sa beauté et bonne grace. Parquoy,
combien qu'elle fust mandée par plusieurs lettres, tant
d'Antonius mesme que de ses amis, elle en feit si peu
de compte et se mocqua tant de luy, qu'elle n'en daigna
autrement s'advancer, sinon que de se mettre sur le
fleuve Cydnus [1] dedans un bateau, dont la pouppe estoit
d'or, les voiles de pourpre, les rames d'argent, que lon
manioit au son et à la cadence d'une musique de flustes,
haulbois, cythres [2], violes et autres tels instrumens dont
on jouoit dedans. Et au reste, quant à sa personne elle
estoit couchée dessoubs un pavillon d'or tissu, vestue

---

1. Rivière de Cilicie, qui passe à      2. Sistres ou cithares ?
Tarse.

et accoustrée toute en la sorte que l'on peinct ordinairement Venus, et auprès d'elle d'un costé et d'autre de
beaux petits enfans habillez ne plus ne moins que les
peintres ont accoustumé de portraire les Amours, avec
des esventaux en leurs mains, dont ilz l'esventoyent. Ses
femmes et damoiselles semblablement, les plus belles
estoyent habillées en Nymphes Nereïdes, qui sont les
Fées des eaux, et comme les Graces, les unes appuyées
sur le timon, les autres sur les chables et cordages du
bateau, duquel il sortoit de merveilleusement doulces
et souefves odeurs de perfums, qui remplissoyent deçà
et delà les rives toutes couvertes de monde innumerable :
car les uns accompagnoyent le bateau le long de la
riviere, les autres accouroyent de la ville pour voir que
c'estoit; et sortit une si grande foule de peuple, que
finablement, Antonius estant sur la place en son siege
imperial à donner audience, y demoura tout seul, et
couroit une voix par les bouches du commun populaire,
que c'estoit la Deesse Venus, laquelle venoit jouer chez
le dieu Bacchus pour le bien universel de toute l'Asie.

Quand elle fut descendue en terre, Antonius l'envoya
convier de venir soupper en son logis; mais elle luy
manda qu'il valoit mieulx que luy plus tost vinst
soupper chez elle. Parquoy, pour se monstrer gracieux
à son arrivée envers elle, il luy voulut bien obtemperer,
et y alla, où il trouva l'appareil du festin si grand et si
exquis qu'il n'est possible de le bien exprimer : mais
entre autres choses, ce de quoy plus il s'esmerveilla,
fut la multitude des lumieres et flambeaux suspendus en
l'air et esclairans de tous costez, si ingenieusement
ordonnez et disposez à devises [1] les uns en rond, les
autres en quarré, que c'estoit une des plus belles et
plus singulieres choses à voir que l'œil eust sceu choisir,
dont il soit fait mention par les livres. Le lendemain
Antonius la festoyant à son tour, essaya de la surpasser

---

1. La devise, en terme de blason, est   de l'écu. Par extension, le mot signifia
la division de quelque pièce honorable   ornement.

en magnificence et en belle ordonnance : mais il fut vaincu en l'un et en l'autre, tellement que luy mesme le premier commencea à se mocquer de la grosserie et lourderie du service de sa maison aupres de la sumptuosité, propreté et elegance de celuy de Cleopatra. Et elle, voyant que les rencontres et brocards d'Antonius estoyent fort grossiers, et qu'ilz sentoyent leur soudard à pleine bouche, elle commencea à luy en bailler hardiment, et à le blasonner [1] à tout propos sans rien craindre : car sa beauté seule, à ce que lon dit, n'estoit point si incomparable, qu'il n'y en peust bien avoir d'aussi belles comme elle, ny telle, qu'elle ravist incontinent ceulx qui la regardoyent : mais sa conversation à la hanter en estoit si amiable, qu'il estoit impossible d'en eviter la prise, et avec sa beauté, la bonne grace qu'elle avoit à deviser, la doulceur et gentillesse de son naturel, qui assaisonnoit tout ce qu'elle disoit ou faisoit, estoit un aguillon qui poignoit au vif : et si y avoit oultre cela grand plaisir au son de sa voix seulement et à sa prononciation, pour ce que sa langue estoit comme un instrument de musique à plusieurs jeux et plusieurs registres, qu'elle tournoit aiseement en tel langage, comme il luy plaisoit, tellement qu'elle parloit à peu de nations barbares par truchement ains leur rendoit par elle mesme réponse.

(*Vies des hommes illustres. — Antonius*, xxx, xxxi, xxxii.)

## DES PLAISIRS DE L'AME
### (1572)

... Ces espanouissements de l'ame, qui se dilate pour la chair et pour les plaisirs qui sont en icelle, s'ils sont petits ou médiocres, ils n'ont rien de grand, ne qui

---

1. *Blasonner*, critiquer, railler.

mérite que lon en face cas; et s'ils passent la médiocrité,
oultre ce qu'ils sont vains, mal-asseurez et incertains,
on les devroit plus tost nommer voluptez importunes et
insolentes du corps, que non pas joyes ny plaisirs de
l'ame, qui rit aux voluptez sensuelles et corporelles, et
participe à ses dissolutions. Mais celles qui justement
meritent d'estre appellées joyes, liesses et resjouis-
sances de l'ame, sont toutes pures et nettes de leurs
contraires, n'ayant rien meslé parmy d'emotion fieb−
vreuse, ny de poincture qui les picque, ny de repen-
tance qui les suyve, ains est leur plaisir vrayement
spirituel, propre et naturel à l'ame, non point emprunté
ny attiré d'ailleurs, ny destitué de raison, ains très con-
joinct à icelle, procedant de la partie de l'entendement
qui s'addonne à la contemplation de la vérité, et est
désireuse de sçavoir, ou bien de celle qui s'applique à
faire et executer de grandes et honorables choses.

De l'une et de l'autre desquelles parties qui voudroit
tascher à nombrer, et se parforceroit de vouloir à plein
discourir combien de plaisirs et de voluptez et combien
grandes il en sort, il n'en viendroit jamais à bout : mais
pour en refreschir un peu la memoire, les histoires
nous en suggerent infinis beaux exemples, lesquels
nous donnent un tres agreable passe-temps à les lire,
et si ne nous saoulent jamais, ains laissent toujours le
desir d'entendre la vérité non content ny assouvy de
sa propre volupté; pour laquelle le mensonge mesme
n'est pas du tout destitué de grace, ains y a aux fables
et fictions poëtiques, encore que l'on n'y adjouxte point
de foy, quelque force et efficace, en delectant, de persuader. Car pensez en vous-mesmes avec quelle chaleur
de delectation et d'affection on lit le livre de Platon qui
est intitulé *Atlantique* [1], et les derniers livres de l'*Iliade*
d'Homère et combien nous regrettons que nous ne
voyons au long ce qui s'en faut que la fable ne soit

---

1. C'est dans le traité connu aujour-
d'hui sous le titre de *Critias* que Platon
a rapporté les anciennes traditions sur
un monde disparu nommé *Atlantide*.

toute parachevée, comme si c'estoient de beaux temples ou de beaux théâtres fermez ? Car cognoissance de la vérité de toutes choses est si aimable et si desirable, qu'il semble que le vivre et l'estre mesme depende de cognoistre et de sçavoir, et que ce qui est le plus triste et le plus odieux en la mort soit oubly, ignorance, et tenebres...

*(Que l'on ne sçauraıt vivre joyeusement selon la doctrine d'Epicurus, xx, xxi.)*

# JEAN-ANTOINE DE BAÏF

[Venise, 1532 ; † 1589, Paris.]

Fils naturel de Lazare de Baïf, gentilhomme angevin qui,
sous François Ier, joua un rôle comme diplomate et se fit connaître comme humaniste, Jean-Antoine reçut une éducation très
soignée et eut pour maître le fameux Jean Dorat, qui alors
enseignait aussi Ronsard. Entre Ronsard et Baïf, malgré la différence de leurs âges, se forma dès ce moment une liaison étroite.
Lazare de Baïf étant mort (1547) en laissant à son fils de quoi
vivre honorablement, celui-ci se donna à la poésie et devint un
des disciples les plus enthousiastes du chef de la Pléiade. Il
publia ses premiers vers en 1551 dans le *Tombeau de Marguerite
de Valois*. Les recueils qui suivirent, *Amours de Méline*, 1552,
*Amours de Francine*, 1555, sont des œuvres qui sentent l'école et
où se marque pleinement ce qu'il y avait d'artificiel dans le mouvement de la Pléiade. Au reste, Baïf fut plus un théoricien qu'un
poète : c'est lui qui voulut remplacer les vers rimés par des vers
mesurés selon les règles de la prosodie grecque et latine ; il
prétendit aussi réformer l'orthographe en la calquant sur la prononciation ; il cherchait ainsi à obtenir une liaison plus intime
entre la poésie et la musique, et, pour faire aboutir ses projets
de réforme, il fonda, en 1567, une *Académie de musique et de
poésie*, dont les statuts furent approuvés par Charles IX.

Les *OEuvres* de Baïf se composent : 1° de neuf livres d'*Amours*
comprenant les *Amours de Meline* (2 livres), *Amours de Francine*
(4 livres), *Amours diverses* (3 livres) ; — 2° de ses *Météores* ; — 3° de
ses *Poèmes* (9 livres) ; — 4° de dix-neuf *Eglogues* (traductions ou
imitations de Théocrite et de Virgile) ; — 5° des *Passe-Temps*
(5 livres) ; — et 6° des *Mimes* (4 livres).

## LA NAISSANCE DE PÉGASE

### (Vers baïfins.)

.... Une touche de bois verdoyoit de porteglans chesnes,
De chasteigners herissez, d'ormes ombreux, et de hauts fresne
Propres au poin des guerriers. Dans ce bois avoit son repaire
Mainte beste, et maint oyseau dedans ce bois faisoit son aire.

Deçà delà s'y voyoit sans ordre mainte beste roide
Qui la Meduse ayant veuë estoit durcie en roche froide;
Vives on les penseroit, tant bien le geste encores dure,
(Qu'ils avoyent au changement) empreint dans la pierre dure
Une vigne surrampant ombrageoit la porte de l'antre,
S'esgayant en maint raisin. Minerve dedans le creux entre,
Et l'Acrisien la suit de l'escu ne bougeant sa veuë
Où Meduse qui dormoit dans un coin il vit estenduë
La Deesse l'y guida : tost, de son courbe simeterre,
Il luy trançonne le chef. Le corps sans chef chet contre terre,
Un estang de sang sourdit coullant de la gorge couppée,
D'où saillit (miracle grand) Crisaor à l'orine espée,
Et Pegase aislé cheval. Crisaor d'Ibère eut l'empire;
Pegase haut eslevé hache l'air et des ailes tire,
Et volant dedans le ciel dedaigne les basses campagnes,
Et se maniant leger franchit les simes des montagnes;
Ainsi pennadant en l'air d'Elicon la sime il encave,
Et de son pied fontenier repoussant le mont il l'engrave :
De là soudain un sourjon d'une onde nouvelle bouillonne.
Des Muses vierges le chœur vit sourdre l'eau, s'en estonnne,
Remarquant le pas sourceux, et beant en haut s'espouvante,
De voir ainsi voyager dans le ciel la beste volante.
Depuis autour de ces eaux les Nymphes leur bal demenerent,
Et de lauriers verdoyans tout le rivage encourtinerent :
Et nulle beste depuis n'a touché cette onde argentine
Qu'en memoire du cheval ils surnommerent chevaline,
Fors les chantres oysillons qui par le laurier in bocage
Fredonnetans leurs chansons degoysent un mignot ramage.
Mais les corbeaux croassans, ny les corneilles jazeresses,
Ny les criards chahuans, ny les agasses jangleresses
Ne touchent à la belle eau, qui coulant de la nette source
Sur un sablon argentin crespe sa tournoyante course,
Alentour de cent preaux et cent verdoyantes islettes,
Là où la fraische moiteur abreuve dix mille fleurettes.

(Les Poèmes, II, L'Hippocrène.)

## LE CHUCAS

### (1573)

Au temps jadis les oyseaux demanderent
D'avoir un Roy : puis entr'eux accorderent
Pour commander d'eslire cet oyseau
Que Jupiter jugeroit le plus beau.
Ains que venir au lieu de l'assemblee
Tous les oyseaux vont à l'eau non troublee
Des ruisselets se mirer et baigner,
Et leur pennage agenser et pigner.
Le noir chucas, qui n'a point d'esperance
Sans quelque vol d'avoir la preferance,
Va cauteleux loing à val des ruisseaux,
Sur qui flotoyent les pennes des oyseaux,
Qui au dessus s'eplumoyent : Par malice
Va s'embellir d'un nouvel artifice.
En lieu secret en un vallon ombreux,
Dans le courant qui n'estoit guiere creux,
Sur un caillou s'assiet, et au passage
Guette et retient le plus beau du pennage
De tous oyseaux qui plus haut se lavoyent
Pres des surgeons d'où les eaux derivoyent :
Prend le plus beau, plume à plume le trie,
Avec le bec ouvrier s'en approprie :
Le joint, l'ordonne, et l'accoustre si bien
Que d'arrivée il semble du tout sien.
    Ainsi vestu de plumes empruntées
S'orgueillissant aux pennes rejectées
D'autres oyseaux, se trouve impudemment
Où s'attendoit le sacré jugement.
Là Jupiter avec la compagnie
Des autres Dieux sa presence ne nie.
A si haut faict les animaux œlez
De toutes parts y estoyent avolez.

Le chucas vient : et toute l'assemblee
De grand merveille est ravie et troublee,
Voyant briller son pennage éclairant
De cent couleurs : et luy vont deferant
Dedans leur cœur de rencontre premiere
La Royauté. Jupiter n'eust plus guiere
Tenu sa voix : et l'alloit declarer
Roy des oyseaux, sans pouvoir reparer
Ce qu'il eust dict. Son arrest ferme et stable,
A tout jamais demeure irrevocable.
Donc le chucas pour jamais s'en alloit
Roy des oyseaux, Jupiter y bransloit :
Sans la cheveche : elle qui ne se fie
En ses bons yeux, et ne se glorifie
En sa beauté, s'approche du chucas,
L'epluche bien : O le merveilleux cas !
Elle appercoit la plume qui est sienne,
Crie et la prend : chacun de nous s'en vienne
A ce larron, chacun recognoistra
Ce qui est sien, le beau roy devestra
De sa beauté. La cheveche escoutee
A grand risee à ce peuple apprestée.
Chacun y vient, sa plume reconoest,
Du bec la tire et le chucas devest.
Le fin larron despouillé du panage
Qu'il ha d'autruy, par la cheveche sage,
De tout honneur demeura denué,
Et son orgueil en mespris fut mué.

(*Les Passe-temps*, liv. **I.**)

# MICHEL
## Seigneur DE MONTAIGNE

[Château de Montaigne, près Bergerac, 1533; ✝ 1592, au même lieu.]

———

Le père de Michel Montaigne, sorti d'une famille de commerçants, prévôt, puis jurat, puis sous-maire et enfin maire de Bordeaux, sans être lettré lui-même, fut un fervent de la Renaissance des lettres; il voulut que Michel, l'aîné de ses cinq enfants, fût élevé à l'école de l'antiquité, et il l'entoura de domestiques qui ne lui parlaient que latin. Michel Montaigne, après avoir achevé ses études au collège de Guyenne, où il compta parmi ses maîtres Marc-Antoine Muret et Buchanan, se rendit à l'Université de Toulouse pour faire son droit. Conseiller à la cour des aides de Périgueux (1557), puis conseiller au Parlement de Bordeaux (1561), il fut, pendant deux années, le collègue d'Etienne de la Boétie, pour lequel il éprouva une ardente et profonde amitié. Il perdit cet ami si cher en 1563, puis il vit mourir son père en 1568; et, comme les fonctions publiques n'étaient pas, suivant son mot, « de son gibier », il se démit de sa charge en 1570, et se retira à son château de Montaigne. Là il se fit une retraite où, durant dix ans, il composa, au jour le jour, la première esquisse de ses *Essais*. Ce livre venait à peine de paraître (1580), qu'il se décida à quitter sa maison pour entreprendre en Allemagne, en Suisse et en Italie [1580, 1581] un voyage dont il a écrit le *Journal*. Comme il se préparait à rentrer en France, on l'avisa qu'un choix unanime venait de le porter à la mairie de Bordeaux (septembre 1581). Ayant accepté cet honneur, il tint sa place avec conscience et habileté, et, au milieu de l'agitation provoquée par la Ligue, fut élu une seconde fois. Au cours de cette seconde magistrature, Montaigne, étant absent de Bordeaux, apprit que la peste venait de s'y déclarer; ses fonctions arrivaient à leur terme, l'élection de son successeur se préparait; n'ayant pas fui le danger, il ne se crut pas obligé d'aller le chercher et il écrivit aux jurats une lettre peu magnanime où il leur disait qu'il se tiendrait à portée de la cité, mais n'y entrerait point (1585). Sur la fin de sa vie, Montaigne vécut le plus souvent dans son château, et il remaniait et étendait ses *Essais*, dont il donna une seconde édition en 1588. Pourtant il ne resta pas complètement étranger aux affaires publiques. En 1589, il assistait aux États de Blois; il parut par-

fois à la Cour et semble avoir partagé les vues des hommes modérés qu'on appelait alors les *politiques* et qui travaillèrent à l'avènement de Henri IV. Ce qui est certain c'est que le Béarnais faisait
cas de lui et, dès 1584, vint le visiter dans ses terres. Montaigne
mourut en 1592, doucement, au milieu des siens. Il laissait de
pieux disciples qui, comme Charron et M^lle de Gournay, sa *fille
d'alliance*, entretinrent le culte de sa mémoire.

Outre ses *Essais*, on a de lui le *Journal de ses Voyages*, qui ne
fut publié qu'en 1774.

---

## IL FAUT S'HABITUER A LA PENSÉE
## DE LA MORT

### (1580)

Ces exemples[1] si fréquents et si ordinaires nous pas-
sants devant les yeulx, comme est-il possible qu'on se
puisse desfaire du pensement de la mort, et qu'à chasque
instant il ne nous semble qu'elle nous tienne au collet?
Qu'importe il, me direz-vous, comment que ce soit,
pourveu qu'on ne s'en donne point de peine? Je suis de
cet advis; et, en quelque manière qu'on se puisse mettre
à l'abri des coups, fust ce soubs la peau d'un veau, je ne
suis pas homme qui y reculast; car il me suffit de passer
à mon ayse, et le meilleur jeu que je me puisse donner, je
le prens, si peu glorieux au reste et exemplaire que vous
voudrez.

> *Prætulerim... delir·is inersque videri,*
> *Dum mea delectent mala me, vel denique fallant,*
> *Quam sapere, et ringi*[2].

Mais c'est folie d'y penser arriver par là. Ils vont, ils
viennent, ils trottent, ils dansent; de mort, nulles nouvelles. Tout cela est beau; mais aussi quand elle arrive
ou à eulx, ou à leurs femmes, enfans et amis, les sur-

---

1. Montaigne vient de citer des exem-   2. Horace, *Epitres*, II, 2, 126.
ples nombreux de morts subites.

prenant en dessoude [1] et à descouvert, quels torments,
quels cris, quelle rage et quel desespoir les accable?
vistes-vous jamais rien si rabaissé, si changé, si confus?
Il y fault prouvoir de meilleure heure; et cette nonchalance bestiale, quand elle pourroit loger en la teste
d'un homme d'entendement, ce que je trouve entièrement
impossible, nous vend trop cher ses denrées. Si c'estoit
ennemy qui se peust éviter je conseillerois d'emprunter
les armes de la coüardise : mais puisqu'il ne se peut,
puis qu'il vous attrape fuyant et poltron aussi bien
qu'honneste homme,

> Nempe et fugacem persequitur virum.
> Nec parcit imbellis juventæ
> Poplitibus, timidoque tergo [2],

et que nulle trempe de cuirasse ne vous couvr*e*,

> Ille licet ferro cautus se condat et ære,
> Mors tamen inclusum protrahet inde caput [3],

aprenons à le soustenir de pied ferme et à le combattre :
et pour commencer à lui oster son plus grand advantage
contre nous, prenons voye toute contraire à la commune.
Ostons luy l'estrangeté, pratiquons le, accoutumons le,
n'ayons rien si souvent en la teste que la mort, à tous
instans representons-la à nostre imagination et en tous
visages; au broncher d'un cheval, à la cheute d'une tuille,
à la moindre piqueure d'espeingle, remaschons soubdain :
« Eh bien! quand ce seroit la mort mesme! » et là-dessus,
roidissons-nous, et nous efforceons. Parmy les festes et
la joye, ayons toujours ce refrain de la souvenance de
nostre condition; et ne nous laissons pas si fort emporter
au plaisir, que parfois il ne nous repasse en la memoire
en combien de sortes cette nostre allégresse est en butte
à la mort, et de combien de prinses elle la menasse.
Ainsi faisoient les Egyptiens, qui, au milieu de leurs

---

1. *En dessoude*, à l'improviste. Étymol. :   2. Horace, *Odes*, III, 2, 14.
*de subito*.   3. Properce, III, 18, 27.

festins, et parmy leur meilleure chere, faisoient apporter l'anatomie seche d'un homme, pour servir d'avertissement aux convives.

> *Omnem crede diem tibi diluxisse supremum :*
> *Grata superveniet, quæ non sperabitur, hora* [1].

Il est incertain où la mort nous attende : attendons la partout. La premeditation de la mort est premeditation de la liberté. Qui a appris à mourir, il a desapprins à servir. Il n'y a rien de mal en la vie pour celuy qui a bien comprins que la privation de la vie n'est pas mal : le sçavoir mourir nous afranchit de toute subjection et contraincte. Paulus Æmylius respondit à celuy que ce misérable roy de Macédoine, son prisonnier, luy envoyoit pour le prier de ne le mener pas en son triomphe. « Qu'il en face la requeste à soy mesme. »

(Essais, liv. I, chap. XIX.)

---

## COMMENT MONTAIGNE JUGE SON STYLE
### (1580)

... Au demeurant, mon langage n'a rien de facile et fluide; il est aspre, ayant ses dispositions libres et desreglees. Et me plaist ainsi, sinon par mon jugement, par mon inclination. Mais je sens bien que par fois je m'y laisse trop aller, et qu'à force de vouloir eviter l'art et l'affection, j'y retombe d'une autre part;

> *Brevis esse laboro,*
> *Obscurus fio* [2].

Platon dit que le long ou le court ne sont proprietez qui ostent ny qui donnent prix au langage. Quand j'entreprendrois de suivre cet autre style equable,

---

1. Horace, *Epitres*, I, 4, 13.    2. Horace, *Art poétique*, 25.

uny [1] et ordonné, je n'y sçaurois advenir [2]. Et encore
que les coupures et cadences de Saluste reviennent
plus à mon humeur, si est ce que je treuve Cesar et
plus grand et moins aisé à representer [3]. Et si mon
inclination me porte plus à l'imitation du parler de
Seneque, je ne laisse pas d'estimer davantage celuy de
Plutarque. Comme à taire, à dire aussi, je suy tout
simplement ma forme naturelle. D'où c'est, à l'advan-
ture, que je puis plus à parler, qu'à escrire. Le mouvement et action animent les parolles, notamment à ceux
qui se remuent brusquement, comme je fay, et qui s'es-
chauffent : le port, le visage, la voix, la robbe, l'assiette, peuvent donner quelque prix aux choses qui
d'elles mesmes n'en ont gueres, comme le babil. Messala [4] se plinet, en Tacitus, de quelques accoustre-
mens estroits de son temps, et de la façon des bancs
où les orateurs avoient à parler, qui affoiblissoient leur
eloquence.

Mon langage François est alteré, et en la prononciation et ailleurs, par la barbarie de mon creu. Je ne vis
jamais homme des contrées de deçà, qui ne sentist bien
evidemment son ramage, et qui ne blessast les oreilles
qui sont pures françoises. Si n'est-ce pas pour estre fort
entendu en mon Perigordin; car je n'en ay non plus
d'usage que de l'allemand, et ne m'en chault gueres [5].
C'est un langage, comme sont autour de moy, d'une
bande [6] et d'autre, le Poittevin, Xaintongeois, Angoule-
moisin, Lymosin, Auvergnat, brode [7], trainant, esfoiré.
Il y a bien au-dessus de nous, vers les montagnes, un
Gascon que je treuve singulierement beau, sec, bref,

1. *Equable* se rapporte plutôt au
mouvement, *uni* au ton.

2. *Advenir*, parvenir, réussir.

3. *Représenter*, imiter, reproduire.

4. Vipstanus Messala, l'un des inter-
locuteurs du *Dialogue des Orateurs* : « A
quel point, dit-il, croyez-vous que n'ont
pas dégradé l'éloquence ces étroits manteaux dans lesquels nous venons serrés
et emprisonnés causer avec les Juges. »

(Chap. xxxix.)

5. Toute cette phrase doit être entendue ainsi : Ce n'est pas que je sois fort
habile à parler le périgourdin ; car je ne
le manie pas mieux que l'allemand ;
d'ailleurs cela m'est assez indifférent ;
car c'est un langage...

6. *D'une bande* (sous-entendu de terrain), d'une contrée à l'autre.

7. *Brode*, lâche, mou.

signifiant, et à la vérité, un langage masle et militaire plus qu'aucun aultre que j'entende, et autant nerveux : puissant et pertinent, comme le françois est gracieux, delicat et abondant.

(*Essais*, liv. II, chap. XVII.)

## DE L'ÉTUDE DE SOI-MÊME
(1580)

On dit communement que le plus juste partage que nature nous aye fait de graces, c'est celuy du sens : car il n'est aulcun qui ne se contente de ce qu'elle luy en a distribué : n'est-ce pas raison ? Qui verroit au delà, il verroit au delà de sa veuë. Je pense avoir les opinions bonnes et saines, mais qui n'en croit autant des siennes ? L'une des meilleures preuves que j'en aye, c'est le peu d'estime que je fay de moy : car si elles n'eussent été bien asseurées, elles se fussent aisément laissé piper à l'affection que je me porte, singuliere, comme celuy qui la ramene quasi toute à moy, et qui ne l'espands gueres hors de là. Tout ce que les autres en distribuent à une infinie multitude d'amis et de cognoissans, à leur gloire, à leur grandeur, je le rapporte tout au repos de mon esprit, et à moy. Ce qui m'en eschappe ailleurs, ce n'est pas proprement de l'ordonnance de mon discours :

*M.hi nempe valere et vivere doctus* [1].

Or, mes opinions, je les treuve infiniment hardies et constantes à condamner mon insuffisance. De vray, c'est aussi un subject auquel j'exerce mon jugement autant qu'à nul autre. Le monde regarde tousiours vis-à-vis : moy, je replie ma veuë au dedans, je la plante, je l'amuse là. Chascun regarde devant soy, moy, je regarde dedans moy : je n'ay affaire qu'à moy, je me

1. Lucrèce, V, 939.

considere sans cesse, je me contrerolle, je me gouste.
Les autres vont tousjours ailleurs, s'ils y pensent bien;
ils vont toujours avant.

*Nemo in sese tentat descendere* [1].

Moy, je me roule en moy mesme. Ceste capacité de
trier le vray, quelle qu'elle soit en moy, et cett' humeur
libre de n'assubjectir aisément ma creance, je la dois
principalement à moy : car les plus fermes imaginations
que j'aye, et generalles, sont celles qui, par manière
de dire, nasquirent avec moy : elles sont naturelles, et
toutes miennes. Je les produisis crues et simples, d'une
production hardie et forte, mais un peu trouble et
imparfaicte : depuis, je les ay establies et fortifiées par
l'authorité d'autruy, et par les sains exemples des
anciens ausquels je me suis rencontré conforme en
jugement. Ceux là m'en ont asseuré de la prinse, et
m'en ont donné la jouyssance et possession plus claire.

(*Essais*, liv. II, chap. XVII.)

---

# DE L'UTILITÉ DE SE CONNAITRE SOI-MÊME
## (1588)

J'aymerois mieulx m'entendre bien en moy, qu'en
Cicéron. De l'experience que i'ay de moy, ie treuve
assez de quoy me faire sage, si i'estoy bon escholier.
Qui remet en sa memoire l'excez de sa cholere passee,
et iusques où cette fievre l'emporta, voit la laideur de
cette passion, mieulx que dans Aristote, et en conçoit
une haine plus juste. Qui se souvient des maulx qu'il a
couru, de ceux qui l'ont menassé, des legeres occasions qui l'ont remué d'un estat à autre, se prepare
par là aux mutations futures, et à la recognoissance de
sa condition. La vie de Cesar n'a point plus d'exemple

---

1. Perse, IV, 23.

que la nostre pour nous. Et emperiere, et populaire, c'est toujours une vie, que tous accidens humains regardent. Escoutons y[1] seulement : nous nous disons tout ce de quoy nous avons principalement besoing. Qui se souvient de s'estre tant et tant de fois mesconté[2] de son propre iugement, est il pas un sot de n'en entrer pour iamais en deffiance? Quand je me treuve convaincu, par la raison d'aultruy, d'une opinion fauce, je n'apprens pas tant ce qu'il m'a dit de nouveau et cette ignorance particuliere, — ce seroit peu d'acquest, — comme en general i'apprens ma debilité et la trahison de mon entendement : d'où ie tire la reformation de toute la masse. En toutes mes autres erreurs, je fais de mesme; et sens de cette reigle grande utilité à la vie. Je ne regarde pas l'espece et l'individu, comme une pierre où j'aye bronché; j'apprens à craindre mon alleure partout, et m'attens[3] à la reigler. D'apprendre qu'on a dit ou fait une sottise, ce n'est rien que cela : il faut apprendre qu'on n'est qu'un sot. Instruction bien plus ample et importante! Les faux pas que ma memoire m'a fait si souvent, lors mesme qu'elle s'asseure[4] le plus de soy, ne se sont pas inutilement perdus. Elle a beau me jurer à cette heure et m'asseurer, je secouë les oreilles; la premiere opposition qu'on fait à son tesmoignage, me met en suspens. Et n'oserois me fier d'elle en chose de poids, ny la garentir sur le faict d'aultruy[5]. Et n'estoit, que ce que je fay par faute de memoire, les autres le font encore plus souvent par faute de foy, je prendrois tousjours, en chose de faict[6], la vérité, de la bouche d'un aultre, plustost que de la mienne. Si chacun espioit de pres les effects et circonstances des passions

---

1. *Ecoutons-y*, c'est-à-dire : prêtons-y notre attention.

2. *Mesconter, se mesconter* signifie se tromper dans son compte, et, en général, se tromper.

3. Je mets mon attention (*attendo*) à la régler.

4. Lorsqu'elle a le plus de sécurité.

qu'elle se croit le plus sûre d'elle-même.

5. Je n'oserais me faire son garant, répondre de son témoignage, en ce qui peut toucher d'autres personnes que moi.

6. Sur une question de fait, dirions-nous aujourd'hui.

qui le regentent, comme j'ay fait de celles à qui j'estois
tombé en partage, il les verroit venir, et rallentiroit un
peu leur impetuosité et leur course. Elles ne nous sautent pas tousiours au collet d'un prinsault[1], il y a de la
menasse et des degrez :

> *Fluctus uti primo cœpit quum albescere vento*
> *Paulatim sese tollit mare, et altius undas*
> *Erigit, inde imo consurgit ad æthera fundo*[2].

Le jugement tient chez moy un siege magistral, au
moins il s'en efforce soigneusement. Il laisse mes appe-
tits aller leur train, et la haine, et l'amitié, voire et celle
que je me porte à moy mesme, sans s'en alterer et corrompre. S'il ne peult reformer les autres parties selon
soy, au moins ne se laisse il pas difformer[3] à elles : il
fait son jeu à part.

(*Essais*, liv. III, chap XIII.)

---

1. *Prinsault*, de prime saut; du premier coup, tout de suite.

2. Virgile, *Enéide*, VII, 528.
3. *Difformer*, déformer, dénaturer.

# MATHURIN REGNIER

[Chartres, 1573 ; † 1613, Rouen.]

———

Sorti d'une bonne famille bourgeoise — neveu de Philippe Des-portes, poëte très bien en cour, chanoine de la Sainte Chapelle et titulaire des abbayes de Tiron, des Vaux de Cernay, de Josaphat et de Bon Port, — Regnier fut destiné d'abord à l'Eglise. Mais il avait le goût du plaisir, réussit peu près des grands, et, après dix années passées en Italie dans la maison du cardinal de Joyeuse, puis dans celle du duc de Béthune, revint en France fort dépourvu. Dans ces années difficiles, son oncle vint à son aide ; la jeunesse passée, la fortune commençait à lui sourire ; il était protégé par le comte de Cramail et le marquis de Cœu-vres, le roi lui accordait une pension, quand il mourut à qua-rante ans.

Mettant à part quelques *Elégies*, *Sonnets* et *Epigrammes* qui aussi bien ont peu fait pour sa gloire, on peut dire que les Œuvres de Regnier se réduisent à ses *Satires* : elles sont au nombre de dix-neuf.

———

## A MONSIEUR RAPIN

### (1606)

.... Il semble, en leur discours hautain et genereux,
Que le Cheval volant n'ait pissé que pour eux [1],
Que Phœbus à leur ton accorde sa vielle ;
Que la mouche du Grec leurs lèvres emmielle [2] ;
Qu'ils ont seuls icy bas trouvé la pie au nit [3],
Et que des hauts esprits le leur est le zénit ;
Que seuls des grands secrets ils ont la cognoissance ;
Et disent librement que leur experience

---

1. Allusion à Pégase et à la fontaine d'Hippocrène.
2. Des abeilles, dit la légende, firent leur miel sur les lèvres de Pindare enfant.

3. Proverbe qui s'applique à ceux qui ont des succès rares, la pie ne se laissant pas aisément approcher.

A rafiné les vers fantastiques [1] d'humeur,
Ainsi que les Gascons ont fait le point d'honneur;
Qu'eux tous seuls du bien dire ont trouvé la metode,
Et que rien n'est parfaict s'il n'est fait à leur mode.

　　Cependant leur sçavoir ne s'estend seulement
Qu'à regrater un mot douteux au jugement,
Prendre garde qu'un *qui* ne heurte une diphtongue,
Epier si des vers la rime est brève ou longue,
Ou bien si la voyelle, à l'autre s'unissant,
Ne rend point à l'oreille un vers trop languissant,
Et laissent sur le verd [2] le noble de l'ouvrage.
Nul eguillon divin n'esleve leur courage [3];
Ils rampent bassement, foibles d'inventions,
Et n'osent, peu hardis, tenter les fictions,
Froids à l'imaginer, car s'ils font quelque chose,
C'est proser de la rime et rimer de la prose,
Que l'art lime et relime, et polit de façon
Qu'elle rend à l'oreille un agréable son;
Et voyant qu'un beau feu leur cervelle n'embrase,
Ils attifent leurs mots, ageollivent leur phrase [4],
Affectent leur discours tout si relevé d'art,
Et peignent leurs defaux de couleurs et de fard.
Aussi je les compare à ces femmes jolies
Qui par les affiquets [5] se rendent embellies,
Qui, gentes en habits et sades [6] en façons,
Parmy leur point coupé [7] tendent leurs hameçons;
Dont l'œil rit mollement avecque affeterie,
Et de qui le parler n'est rien que flaterie;
De rubans piolez [8] s'agencent proprement,
Et toute leur beauté ne gist qu'en l'ornement;

---

1. *Fantastiques*, fantasques. Ce mot doit être joint à : *ils disent*. Ce n'est point une épithète du mot *vers*.

2. *Laissent sur le vert* : ils ne se préoccupent pas de ce qui fait la noblesse d'un ouvrage, « comme on laisse sur le pré le linge qu'on blanchit ». (Littré.)

3. *Courage*, leur cœur et leur esprit.

4. *Phrase*, diction, élocution.

5. *Affiquets*, fanfreluches, ornements affectés.

6. *Sades*, agréables. Il nous est resté le composé *maussade*.

7. Le point coupé est une espèce de dentelle.

8. *Piolés*, bigarrés, de deux couleurs différentes, comme est lapie.

Leur visage reluit de ceruse et de peautre ;
Propres en leur coiffure, un poil ne passe [1] l'autre.
Où ces divins esprits, hautains et relevez
Qui des eaux d'Helicon ont les sens abreuvez ?
De verve et de fureur leur ouvrage etincelle ;
De leurs vers tout divins la grace est naturelle,
Et sont, comme l'on voit la parfaite beauté,
Qui contente de soy, laisse la nouveauté
Que l'art trouve au Palais [2] ou dans le blanc d'Espagne.
Rien que le naturel sa grâce n'accompagne ;
Son front lavé d'eau claire, éclaté d'un beau teint,
De roses et de lys la nature l'a peint ;
Et, laissant là Mercure [3] et toutes ses malices,
Les nonchalances sont ses plus grands artifices.

(Satire IX.)

---

## COMMENT REGNIER ENTEND LA SATIRE
### (1608)

... Tout esprit n'est propre à tout sujet :
L'œil foible s'éblouit en un luisant objet ;
De tout bois, comme on dict, Mercure on ne façonne [4],
Et toute médecine à tout mal n'est pas bonne...
  Il se faut recognoistre, il se faut essayer,
Se sonder, s'exercer, avant que s'employer ;
Comme fait un luiteur entrant dedans l'arène,
Qui se tordant les bras, tout en soy se démène,
S'alonge, s'acoursit, ses muscles estendant,
Et, ferme sur ses pieds, s'exerce en attendant
Que son ennemy vienne, estimant que la gloire
Jà riante en son cœur luy don'ra la victoire.

---

1. Pas un de leurs cheveux ne dé-passe l'autre...
2. Le Palais, c'est la Galerie du Palais de Justice, où se tenaient les marchands et marchandes d'objets de toilette.
3. Mercure est ici considéré comme le dieu de la fraude et des artifices.
4. Traduction d'un proverbe latin : *Non e quovis ligno Mercurius fingi potest.*

Il faut faire de mesme, un œuvre entreprenant [1];
Juger comme au sujet l'esprit est convenant,
Et, quand on se sent ferme et d'une aisle assez forte,
Laisser aller la plume où la verve l'emporte...

Et comme la jeunesse est vive et sans repos,
Sans peur, sans fiction [2] et libre en ses propos,
Il semble qu'on luy doit permettre davantage;
Aussi que [3] les vertus florissent en cet âge,
Qu'on doit laisser meurir sans beaucoup de rigueur,
Afin que tout à l'aise elles prennent vigueur.

C'est ce qui [4] m'a contrainct de librement escrire,
Et sans piquer au vif me mettre à la Satyre,
Où, poussé du caprice ainsi que d'un grand vent,
Je vais haut dedans l'air quelque fois m'eslevant;
Et quelque fois aussi, quand la fougue me quitte,
Du plus haut au plus bas mon vers se précipitte,
Selon que, du sujet touché [5] diversement,
Les vers à mon discours s'offrent facilement;
Aussi que la Satyre est comme une prairie,
Qui n'est belle sinon qu'en sa bisarrerie;
Et, comme un pot pourry [6] des frères mendians,
Elle forme son goust de cent ingredians...

                                        (Satire I.)

---

1. *Quand on entreprend une œuvre.* Il y a là une inversion un peu pénible.
2. *Sans fiction*, sans feinte.
3. *Aussi que*, joint que, de plus...
4. Ce qui a contraint Regnier à écrire, c'est la vivacité, l'ardeur, la franchise hardie de sa jeunesse. (Voir plus haut, vers 17 et 18.)
5. Entendez : selon que le sujet me touchant plus ou moins....
6. Le mot latin *satura*, d'où vient notre mot satire, signifie pot-pourri.

# FRANÇOIS DE SALES

[Château de Sales, en Savoie, 1567; † Lyon, 1622.]

Fils de François, comte de Sales, il fut, dès sa première enfance, formé par sa mère, Françoise de Sionnaz, au goût et aux pratiques de la religion. Après qu'il eut fait ses premières études aux collèges de La Roche et d'Annecy, on l'envoya, en 1581, à Paris, où il eut pour maîtres de rhétorique et de philosophie les jésuites du collège de Clermont. Devenu étudiant à l'Université de Padoue, en 1588, il y prit le titre de docteur en droit civil et en droit canon, 1591, et à son retour en Savoie il se faisait inscrire comme avocat au sénat de Chambéry. Mais, en 1593, sa vocation religieuse s'était déclarée et il se fit ordonner prêtre. Sa charité, son zèle et sa science le mirent bientôt en vue, et en 1594, il reçut mission de préparer la conversion des populations protestantes du Chablais; au cours de cette œuvre, qu'il poursuivit durant quatre années, il travailla aussi, sans y pouvoir réussir, à ramener Théodore de Bèze à la religion catholique. L'évêque de Genève, pour récompenser ses efforts, le prit d'abord comme coadjuteur, puis le fit nommer évêque de Nicopolis; et, en 1602, le siège épiscopal de Genève étant devenu vacant, François de Sales y fut promu par le pape Clément VIII. C'est en cette même année que se place le voyage en France, durant lequel François de Sales gagna l'esprit de Henri IV, qui voulait le retenir et lui offrit le premier évêché vacant. Deux ans plus tard, le saint évêque étant allé prêcher à Dijon, la baronne de Chantal, émue par sa parole, renonça au monde et fonda, sur ses conseils, l'ordre de la Visitation de Notre-Dame (1604). Les longues années de l'épiscopat de François de Sales furent consacrées à des œuvres d'édification et de charité et incidemment à la composition des œuvres qui lui ont valu les titres de Docteur de l'Église et de Saint : *Introduction à la vie devote*, 1608; — *Traité de l'Amour de Dieu*, 1612; — *Entretiens spirituels* (publiés pour la première fois en 1629).

Il faut joindre à ces ouvrages : *la Défense de l'Estendard de la Croix*, 1597, — des *Sermons*, — des *Lettres spirituelles*, — plusieurs opuscules, notamment l'opuscule sur les *Degrés d'oraison*, — et des *Lettres* adressées à des gens du monde.

## DE LA VRAIE DÉVOTION

### (1608)

... La vraye et vivante devotion, ô Philothée, presuppose l'amour de Dieu, ains elle n'est autre chose qu'un vray amour de Dieu; mais non pas toutefois un amour tel quel : car, en tant que l'amour divin embellit nostre ame, il s'appelle grace, nous rendant agreables à sa divine Majesté; en tant qu'il nous donne la force de bien faire, il s'appelle charité; mais quand il est parvenu jusques au degré de perfection, auquel il ne nous fait pas seulement bien faire, mais nous fait operer soigneusement, frequemment et promptement, alors il s'appelle devotion. Les autruches ne volent jamais; les poules volent, pesamment toutefois, bassement et rarement; mais les aigles, les colombes et les arondelles volent souvent, vistement et hautement. Ainsi les pecheurs ne volent point en Dieu, ains font toutes leurs courses en la terre, et pour la terre; les gens de bien, qui n'ont pas encore atteint la devotion, volent en Dieu par leurs bonnes actions, mais rarement, lentement et pesamment; les personnes devotes volent en Dieu frequemment, promptement et hautement. Bref, la dévotion n'est autre chose qu'une agilité et vivacité spirituelle, par le moyen de laquelle la charité fait ses actions en nous, ou nous par elle, promptement et affectionnément; et comme il appartient à la charité de nous faire generalement et universellement prattiquer tous les commandemens de Dieu, il appartient aussi à la devotion de nous les faire faire promptement et diligemment. C'est pourquoy celuy qui n'observe tous les commandemens de Dieu, ne peut estre estimé ni bon ni devot, puisque pour estre bon, il faut avoir la charité, et pour estre devot, il faut avoir outre la charité, une grande vivacité et promptitude aux actions charitables.

(*Introduction à la vie dévote*, I, 1.)

## COMMENT IL FAUT USER
## DES DIVERTISSEMENS DU MONDE

(1608)

Les danses et balz sont choses indifférentes de leur nature; mais selon l'ordinaire façon avec laquelle cet exercice se fait, il est fort penchant et incliné du costé du mal, et par consequent plein de danger et péril. On les fait de nuict, et parmi les tenebres et obscuritez il est aisé de faire glisser plusieurs accidens tenebreux et vicieux en un sujet qui de soy-mesme est fort susceptible du mal; on y fait des grandes veilles, après lesquelles on perd les matinees des jours suivans, et par consequent le moyen de servir Dieu en icelles. En un mot, c'est tousjours folie de changer le jour à la nuit, la lumière aux tenebres, les bonnes œuvres à des folastreries. Chascun porte au bal de la vanité à l'envi; et la vanité est une si grande disposition aux mauvaises dispositions et aux amours dangereux et blasmables, qu'aisément tout cela s'engendre ès danses.

Je vous dis des danses, Philothée, comme les médecins disent des potirons et champignons : les meilleurs n'en valent rien, disent-ils; et je vous dis que les meilleurs balz ne sont gueres bons. Si neanmoins il faut manger des potirons, prenez garde qu'ils soient bien apprestez. Si par quelque occasion, de laquelle vous ne puissiez pas vous bien excuser, il faut aller au bal, prenez garde que vostre danse soit bien apprestée. Mais comme faut-il qu'elle soit accommodee? de modestie, de dignité et de bonne intention. Mangez-en peu et peu souvent, disent les médecins, parlans des champignons, car pour bien apprestez qu'ils soient la quantité leur sert de venin. Dansez peu et peu souvent, Philothée; car faisant autrement, vous vous mettez en danger de vous y affectionner.

Les champignons, selon Pline, estans spongieux et poreux comme ils sont, attirent aysement toute l'infection qui leur est autour, si que estans pres des serpents, ils en reçoivent le venin. Les balz, les danses, et telles assemblées tenebreuses attirent ordinairement les vices et pechés qui regnent en un lieu : les querelles, les envies, les moqueries, les folles amours. Et comme ces exercices ouvrent les pores du cors de ceux qui les font, aussi ouvrent-ils les pores du cœur, au moyen dequoy, si quelque serpent sur cela vient souffler aux oreilles quelque parole lascive, quelque muguetterie, quelque cajolerie, ou que quelque basilic vienne jetter des regards impudiques, des œillades d'amour, les cœurs sont fort aisez à se laisser saisir et empoisonner.

O Philotée, ces impertinentes recreations sont ordinairement dangereuses : elles dissipent l'esprit de devotion, allanguissent les forces, refroidissent la charité, et reveillent en l'ame mille sortes de mauvaises affections : c'est pourquoy il en faut user avec une grande prudence.

(Introduction à la vie dévote, III, 33.)

---

## COMMENT IL FAUT ENTENDRE LE LIVRE DE FRANÇOIS DE SALES

### (1608)

Le monde vous dira, ma Philothée, que ces exercices et ces advis sont en si grand nombre, que qui voudra les observer, il ne faudra pas qu'il vaque à autre chose. Hélas! chère Philothée, quand nous ne ferions autre chose, nous ferions bien assez, puisque nous ferions ce que nous devrions faire en ce monde. Mais ne voyez-vous pas la ruse? S'il falloit faire tous ces exercices tous les jours, à la vérité ils nous occuperoient du tout, mais il n'est pas requis de les faire sinon en tems et lieu, chacun selon l'occurrence. Combien y a-t-il de lois civiles aux Digestes et au Code, lesquelles doivent estre observées; mais cela s'entend selon les occurrences, et non pas qu'il les faille toutes prattiquer tous les jours. Au demeurant, David, roy plein d'affaires très difficiles, prattiquoit bien plus d'exercices que je ne vous ay pas marqué. Saint Louys, roy admirable et pour la guerre et pour la paix, et qui avec un soin nompareil administroit la justice, manioit les affaires, oyoit tous les jours deux messes, disoit vespres et complies avec son chapelain, faisoit sa meditation, visitoit les hospitaux tous les vendredis, se confessoit et prenoit la discipline, entendoit tres-souvent les predications, faisoit fort souvent des conferences spirituelles, et avec tout cela ne perdoit pas une seule occasion du bien public extérieur, qu'il ne fis et n'executast diligemment; et sa cour estoit plus belle et plus florissante qu'elle n'avoit jamais esté du temps de ses predecesseurs. Faictes doncq hardiment ces exercices selon que je vous les ay marqués, et Dieu vous donnera assez de loysir et de force de faire tout le reste de vos affaires : ouy, quand il devroit arrester le soleil, comme il fit du temps de Josüé. Nous faisons tousjours assez quand Dieu travaille avec nous.

(*Introduction à la vie dévote*, **V, 17**.)

# FRANÇOIS DE MALHERBE

[Caen, 1555 ; † 1628, Paris.]

Fils d'un conseiller au Présidial de Caen, Malherbe fut élevé en gentilhomme, d'abord avec un précepteur à lui, puis à Paris et aux Universités de Bâle et d'Heidelberg, où il fit d'assez fortes études latines. Son père aurait voulu lui transmettre sa charge; mais le jeune homme, qui préférait la carrière des armes, s'attacha au duc d'Angoulême, grand-prieur de France, et le suivit en Provence, où ce prince allait commander. Il y demeura dix ans et s'y maria en 1581. Le grand-prieur étant mort en 1586, Malherbe chercha à s'assurer un autre protecteur et, en 1587, dédia à Henri III son premier poème, les *Larmes de saint Pierre*, paraphrase de l'italien de Luigi Tansillo et tout à fait dans le goût de l'époque. Il était alors revenu en Normandie, et il y séjourna neuf années durant lesquelles on a prétendu, sans en donner des preuves bien certaines, qu'il aurait pris part à la guerre civile, dans les rangs des Ligueurs. De retour en Provence en 1596, il adressa à Henri IV une Ode sur la réduction de Marseille. Sa voie dès lors était trouvée et il devient le poète du nouveau règne. En 1600 il compose son Ode à la reine Marie de Médicis, *sur sa bienvenue en France*; en 1605, sur la recommandation du cardinal Du Perron, il est reçu à la Cour et obtient du duc de Bellegarde (le Grand-Ecuyer) une pension de mille livres. Après avoir continué à jouir des faveurs de la Cour sous la régence de Marie de Médicis et sous le ministère de Richelieu, il mourut en 1528.

Les Œuvres de Malherbe comprennent : 1° le recueil de ses *Poésies* (environ 125 pièces) qui ne parut qu'après sa mort, 1630 ; — 2° des traductions de *Tite Live* (XXIII° livre), de Sénèque (*Traité des Bienfaits, Lettres à Lucilius*); — et 3° une *Correspondance*, d'un grand intérêt historique.

## PRIÈRE POUR LE ROI HENRI LE GRAND ALLANT EN LIMOUSIN[1]

### (1605)

O Dieu, dont les bontés, de nos larmes touchées,
Ont aux vaines fureurs les armes arrachées [2],
Et rangé l'insolence aux pieds de la raison,
Puisqu'à rien d'imparfait ta louange [3] n'aspire,
Achève ton ouvrage au bien de cet empire,
Et nous rends l'embonpoint [4] comme la guérison.

Nous sommes sous un Roi si vaillant et si sage,
Et qui si dignement a fait l'apprentissage
De toutes les vertus propres à commander,
Qu'il semble que cet heur nous impose silence,
Et qu'assurés par lui de [5] toute violence,
Nous n'avons plus sujet de te rien demander.

Certes, quiconque a vu pleuvoir dessus nos têtes
Les funestes éclats des plus grandes tempêtes
Qu'excitèrent jamais deux contraires partis,
Et n'en voit aujourd'hui nulle marque paroître,
En ce miracle seul il peut assez connoître
Quelle force a la main qui nous a garantis.

Mais quoi? de quelque soin qu'incessamment il veille,
Quelque gloire qu'il ait à nulle autre pareille,
Et quelque excès d'amour qu'il porte à notre bien;
Comme échapperons-nous en des nuits si profondes,
Parmi tant de rochers que lui cachent les ondes,
Si ton entendement ne gouverne le sien?

---

1. En septembre 1605, Henri IV se rendit en Limousin pour y tenir les *grands jours*.
2. Pour : ont arraché les armes... La langue du xvi⁰ et même du xvii⁰ siècle offre de nombreux exemples de cette construction du participe passé.
3. *Louange*, gloire.
4. La distinction n'était pas encore faite entre le sens physique et la signification morale de beaucoup de mots.
5. Assurés contre.

Un malheur inconnu glisse parmi les hommes,
Qui les rend ennemis du repos où nous sommes;
La plupart de leurs vœux tendent au changement;
Et comme s'il vivoient des misères publiques,
Pour les renouveler ils font tant de pratiques,
Que qui n'a point de peur n'a point de jugement.

En ce fâcheux état, ce qui nous réconforte,
C'est que la bonne cause est toujours la plus forte,
Et qu'un bras si puissant t'ayant pour son appui,
Quand la rébellion, plus qu'une hydre féconde,
Auroit pour le combattre assemblé tout le monde,
Tout le monde assemblé s'enfuiroit devant lui.

Conforme donc, Seigneur, ta grâce à nos pensées;
Ote-nous ces objets qui des choses passées
Ramènent à nos yeux le triste souvenir,
Et comme sa valeur, maîtresse de l'orage,
A nous donner la paix a montré son courage,
Fais luire sa prudence à nous l'entretenir [1].

Il n'a point son espoir au nombre des armées,
Etant bien assuré que ces vaines fumées
N'ajoutent que de l'ombre à nos obscurités;
L'aide qu'il veut avoir, c'est que tu le conseilles;
Si tu le fais, Seigneur, il fera des merveilles,
Et vaincra nos souhaits par nos prospérités [2].

Les fuites des méchants, tant soient-elles secrètes,
Quand il les poursuivra n'auront point de cachettes;
Aux lieux les plus profonds ils seront éclairés;
Il verra sans effet leur honte se produire,
Et rendra les desseins qu'ils feront pour lui nuire
Aussitôt confondus comme délibérés.

La rigueur de ses lois, après tant de licence,
Redonnera le cœur à la foible innocence,

---

1. De même que sa valeur a montré
sa force en nous donnant la paix,
fais que sa sagesse éclate en nous

la conservant.

2. Les prospérités dont il nous comblera dépasseront nos souhaits.

Que dedans la misère on faisoit envieillir.
A ceux qui l'oppressoient[1] il ôtera l'audace;
Et, sans distinction de richesse ou de race,
Tous, de peur de la peine, auront peur de faillir

La terreur de son nom rendra nos villes fortes;
On n'en gardera plus ni les murs ni les portes;
Les veilles cesseront au sommet de nos tours;
Le fer, mieux employé, cultivera la terre,
Et le peuple, qui tremble aux frayeurs de la guerre,
Si ce n'est pour danser, n'aura plus de tambours.

Loin des mœurs de son siècle il bannira les vices,
L'oisive nonchalance et les molles délices,
Qui nous avoient portés jusqu'aux derniers hasards;
Les vertus reviendront, de palmes couronnées,
Et ses justes faveurs, aux mérites données,
Feront ressusciter l'excellence des arts.

La foi de ses aïeux, ton amour et ta crainte,
Dont il porte dans l'âme une éternelle empreinte,
D'actes de piété ne pourront l'assouvir;
Il étendra ta gloire autant que sa puissance;
Et n'ayant rien si cher que ton obéissance;
Où tu le fais régner il te fera servir.

Tu nous rendras alors nos douces destinées;
Nous ne reverrons plus ces fâcheuses années
Qui pour les plus heureux n'ont produit que des pleurs.
Toute sorte de biens comblera nos familles;
La moisson de nos champs lassera les faucilles,
Et les fruits passeront la promesse des fleurs.....

1. *Oppresser* s'employait alors au figuré :

Soit que d'un *oppressé*
Le droit bien reconnu soit toujours favorable.
*Malherbe*, XXVIII. v. 10.

## SUR L'ATTENTAT COMMIS EN LA PERSONNE DE HENRI LE GRAND

(*Le 19 décembre 1605* [1])

(1606)

Que direz-vous, races futures,
Si quelquefois un vrai discours
Vous récite les aventures
De nos abominables jours?
Lirez-vous sans rougir de honte
Que notre impiété surmonte
Les faits les plus audacieux
Et les plus dignes du tonnerre
Qui firent jamais à la terre
Sentir la colère des cieux?.....

Quelles preuves incomparables
Peut donner un prince de soi,
Que les rois les plus adorables
N'en quittent l'honneur à mon Roi?
Quelle terre n'est parfumée
Des odeurs de sa renommée?
Et qui peut nier qu'après Dieu,
Sa gloire, qui n'a point d'exemples,
N'ait mérité que dans nos temples
On lui donne le second lieu?.....

Toutefois, ingrats que nous sommes,
Barbares et dénaturés
Plus qu'en ce climat où les hommes
Par les hommes sont dévorés,
Toujours nous assaillons sa tête
De quelque nouvelle tempête;

---

1. Cet attentat fut commis par un certain Jacques des Isles; c'était un fou qui, comme le Roi passait à cheval sur le Pont-Neuf, essaya de lui porter un coup de poignard. On s'en empara et, bien que sa folie eût été constatée, les juges voulaient l'envoyer au supplice. Henri IV ne le permit pas.

Et d'un courage forcené,
Rejetant son obéissance,
Lui défendons la jouissance
Du repos qu'il nous a donné.

La main de cet esprit farouche [1]
Qui, sorti des ombres d'enfer,
D'un coup sanglant frappa sa bouche,
A peine avait laissé le fer,
Et voici qu'un autre perfide,
Où la même audace réside,
Comme si détruire l'État
Tenait lieu de juste conquête,
De pareilles armes s'apprête
A faire un pareil attentat.

O soleil, ô grand luminaire,
Si jadis l'horreur d'un festin
Fit que de ta route ordinaire
Tu reculas vers le matin,
Et d'un émerveillable change [2],
Te couchas aux rives du Gange,
D'où vient que ta sévérité,
Moindre qu'en la faute d'Atrée,
Ne punit point cette contrée
D'une éternelle obscurité?.....

Au point qu'il écuma sa rage [3],
Le dieu de Seine étoit dehors
A regarder croître l'ouvrage
Dont ce prince embellit ses bords [4];
Il se resserra tout à l'heure [5]
Au plus bas lieu de sa demeure;

---

1. Allusion à Jean Chatel qui, le
27 décembre 1594, avait tenté d'assassiner le Roi.
2. *Change* s'employait alors comme
*changement*. Nous disons encore : *prendre,
donner le change*.

3. Au moment où le criminel se livra
à sa rage.
4. Il s'agit de la grande galerie du
Louvre que faisait construire Henri IV.
5. Il se retira, se cacha tout aussitôt.

Et ses Nymphes dessous les eaux,
Toutes sans voix et sans haleine,
Pour se cacher furent en peine
De trouver assez de roseaux.....

Revenez, belles fugitives;
De quoi versez-vous tant de pleurs ?
Assurez vos âmes craintives ;
Remettez vos chapeaux de fleurs;
Le roi vit, et ce misérable,
Ce monstre vraiment déplorable,
Qui n'avoit jamais éprouvé
Que peut un visage d'Alcide,
A commencé le parricide,
Mais il ne l'a pas achevé.

Pucelles, qu'on se réjouisse,
Mettez-vous l'esprit en repos;
Que cette peur s'évanouisse;
Vous la prenez mal à propos;
Le roi vit, et les destinées,
Lui gardent un nombre d'années
Qui fera maudire le sort
A ceux dont l'aveugle manie
Dresse des plans de tyrannie
Pour bâtir quand il sera mort.

O bien heureuse intelligence
Puissance, quiconque tu sois [1],
Dont la fatale diligence
Préside à l'empire françois;
Toutes ces visibles merveilles,
De soins, de peines et de veilles,
Qui jamais ne t'ont pu lasser,
N'ont-elles pas fait une histoire,
Qu'en la plus ingrate mémoire
L'oubli ne sauroit effacer?....

---

1. Cet emploi de quiconque est un latinisme, dont Malherbe offre plusieurs exemples.

Grand démon d'éternelle marque [1],
Fais qu'il te souvienne toujours
Que tous nos maux en ce monarque
Ont leur refuge et leur secours ;
Et qu'arrivant l'heure prescrite [2]
Que le trépas, qui tout limite,
Nous privera de sa valeur,
Nous n'ayons jamais eu d'alarmes
Où nous ayons versé des larmes
Pour une semblable douleur.

Je sais bien que par la justice,
Dont la paix accroît le pouvoir,
Il fait demeurer la malice
Aux bornes de quelque devoir,
Et que son invincible épée
Sous telle influence [3] est trempée
Qu'elle met la frayeur partout
Aussitôt qu'on la voit reluire ;
Mais quand le malheur nous veut nuire,
De quoi ne vient-il point à bout ?

Soit que l'ardeur de la prière
Le tienne devant un autel,
Soit que l'honneur à la carrière
L'appelle à débattre un cartel [4],
Soit que dans la chambre il médite,
Soit qu'aux bois la chasse l'invite,
Jamais ne t'écarte si loin,
Qu'aux embûches qu'on lui peut tendre
Tu ne sois prêt à le défendre
Sitôt qu'il en aura besoin.

Garde sa compagne fidèle,
Cette reine dont les bontés

1. Divinité dont l'éternité est le caractère. On disait : l'*antique marque*
pour : le caractère antique.
2. *Arrivant l'heure... que*... Proposition absolue pour : lorsqu'arrivera

l'heure de sa mort.
3. Influence (des astres, du destin).
4. Soit que l'honneur l'appelle à soutenir un défi dans le champ clos d'un
tournoi.

De notre foiblesse mortelle
Tous les défauts ont surmontés.
Fais que jamais rien ne l'ennuie [1];
Que toute infortune la fuie,
Et qu'aux roses de sa beauté,
L'âge par qui tout se consume,
Redonne contre sa coutume,
La grâce de la nouveauté.

Serre d'une étreinte si ferme
Le nœud de leurs chastes amours,
Que la seule mort soit le terme
Qui puisse en arrêter le cours.
Bénis les plaisirs de leur couche,
Et fais renaître de leur souche
Des scions [2] si beaux et si verts,
Que de leur feuillage sans nombre
A jamais ils puissent faire ombre
Aux peuples de tout l'univers...

_____

## POUR LE ROI
## ALLANT CHATIER LES ROCHELOIS
### (1627)

Donc un nouveau labeur à tes armes s'apprête;
Prends ta foudre, Louis, et va comme un lion
Donner le dernier coup à la dernière tête
    De la rebellion.

Fais choir en sacrifice au Démon de la France
Les fronts trop élevés de ces âmes d'enfer,
Et n'épargne contre eux pour notre délivrance
    Ni le feu ni le fer.

_____

1. Employé avec son sens primitif,    beaucoup plus fort que de nos jours,
qui était alors, comme celui de *géner*,    2. Des rejetons.

Assez de leurs complots l'infidèle malice
A nourri le désordre et la sédition.
Quitte le nom de Juste, ou fais voir la Justice
    En leur punition.

Le centième décembre a les plaines ternies,
Et le centième avril les a peintes de fleurs,
Depuis que parmi nous leurs brutales manies [1]
    Ne causent que des pleurs....

Par qui sont aujourd'hui tant de villes désertes,
Tant de grands bâtiments en masures changés,
Et de tant de chardons les campagnes couvertes
    Que [2] par ces enragés?...

Marche, va les détruire; éteins-en la semence,
Et suis jusqu'à leur fin ton courroux généreux,
Sans jamais écouter ni pitié, ni clémence
    Qui te parle pour eux.

Ils ont beau vers le ciel leurs murailles accr_._re,
Beau d'un soin assidu travailler à leurs forts,
Et creuser leurs fossés jusqu'à faire paroître
    Le jour entre les morts.

Laisse-les espérer, laisse-les entreprendre;
Il suffit que ta cause est la cause de Dieu,
Et qu'avecque ton bras elle a pour la défendre
    Les soins de Richelieu....

Certes, ou je me trompe, ou déjà la Victoire,
Qui son plus grand honneur de tes palmes attend,
Est aux bords de Charente en son habit de gloire,
    Pour te rendre content.

Je la vois qui t'appelle et qui te semble dire :
« Roi, le plus grand des rois, et qui m'es le plus cher,

---

1. *Manies*, dans le sens propre de folie, de fureurs.

2. *Que*, c'est-à-dire : par qui, si ce n'est par ces enragés

Si tu veux que je t'aide à sauver ton empire,
    Il est temps de marcher. »

Que sa façon est brave et sa mine assurée!
Qu'elle a fait richement son armure étoffer!
Et qu'il se connoît bien, à la voir si parée,
    Que tu vas triompher!...

O que pour avoir part en si belle aventure
Je me souhaiterois la fortune d'Eson,
Qui, vieil comme je suis, revint contre nature
    En sa jeune saison!...

Mais quoi? tous les pensers dont les âmes bien nées
Excitent leur valeur et flattent leur devoir,
Que sont-ce que regrets, quand le nombre d'années
    Leur ôte le pouvoir?...

Je suis vaincu du temps, je cède à ses outrages;
Mon esprit seulement, exempt de sa rigueur,
A de quoi témoigner en ses derniers ouvrages
    Sa première vigueur.

Les puissantes faveurs dont Parnasse m'honore
Non loin de mon berceau commencèrent leur cours;
Je les possédai jeune, et les possède encore
    A la fin de mes jours.

Ce que j'en ai reçu, je veux te le produire;
Tu verras mon adresse, et ton front cette fois
Sera ceint de rayons qu'on ne vit jamais luire
    Sur la tête des rois....

———

# RENÉ DESCARTES

[La Haye (en Touraine), 1596 ; † 1650, Stockholm.]

Envoyé dès l'âge de huit ans au collège de la Flèche, Descartes fut élevé par les Jésuites et montra de bonne heure une passion très vive pour l'étude. Au sortir du collège, il se rendit près de son père à Rennes et se livra à tous les exercices qui formaient alors un gentilhomme. Destiné à la carrière des armes, il s'engage en 1617, comme volontaire sous les ordres de Maurice de Nassau, assiste en 1620 à la bataille de Prague, et en 1621 renonce à l'état militaire. C'est au cours de ces années qu'il composa son *Compendium musicæ* et ses *Olympica*, ouvrages aujourd'hui perdus. C'est alors aussi que, dans la nuit du 10 novembre 1619, il eut cette sorte d'extase, où « il lui sembla que du haut du ciel l'esprit de vérité descendait sur lui pour le posséder ». Rentré dans la vie civile, il entreprit une série de voyages, en Allemagne, en Hollande, en Italie, après lesquels il séjourna en France de 1625 à 1629. A cette époque, sa famille, ses amis le pressaient de prendre une charge, et il fut sur le point d'accepter la place de lieutenant général à Châtellerault qu'on lui offrait. Mais son amour de la science et de l'indépendance l'emporta; et, en 1629, pour se dégager de toutes relations, il s'établit en Hollande. De cette retraite, où il s'enferma vingt ans, sauf un voyage en France en 1648, sortirent ses grands ouvrages : ses *Essais de philosophie* (1637), qui comprennent le *Discours de la Méthode*, la *Dioptrique*, le *Traité des Météores* et la *Géométrie*; ses *Méditations métaphysiques* (1641); ses *Principes de philosophie* (1644). La nouveauté de ses idées lui suscita des contradicteurs et il eut à se défendre contre les attaques de nombreux adversaires. Lassé enfin de ces luttes, il accepta l'hospitalité que lui offrait son admiratrice Christine, reine de Suède; mais peu après son arrivée à Stockholm, il mourut d'une inflammation de poitrine dans l'hôtel de l'ambassadeur de France.

Outre les ouvrages que nous avons mentionnés, on a encore de Descartes : *Traité des passions*, 1650; *Traité de l'homme*, 1662; *Traité du monde*, 1664. Il faut y joindre une volumineuse *Correspondance* publiée pour la première fois en 1657; et, sous la date de 1701, les *Regulæ ad directionem ingenii*, et l'*Inquisitio veritatis per lumen naturæ*.

## COMMENT DESCARTES REVISE
## LES CONNAISSANCES QU'IL A ACQUISES
### (1637)

La résolution de se défaire de toutes les opinions
qu'on a reçues auparavant en sa créance n'est pas un
exemple que chacun doive suivre et le monde n'est quasi
composé que de deux sortes d'esprits auxquels il ne convient aucunement, à savoir : de ceux qui, se croyant plus
habiles qu'ils ne sont, ne se peuvent empêcher de précipiter leurs jugements, ni avoir assez de patience pour
conduire par ordre toutes leurs pensées, d'où vient que
s'ils avoient une fois pris la liberté de douter des principes qu'ils ont reçus et de s'écarter du chemin commun,
jamais ils ne pourroient tenir le sentier qu'il faut prendre
pour aller plus droit, et demeureroient égarés toute leur
vie; puis, de ceux qui, ayant assez de raison ou de
modestie pour juger qu'ils sont moins capables de distinguer le vrai d'avec le faux que quelques autres par
lesquels ils peuvent être instruits, doivent bien plutôt se
contenter de suivre les opinions de ces autres qu'en
chercher eux-mêmes de meilleures.

Et pour moi, j'aurois été sans doute du nombre de
ces derniers, si je n'avois jamais eu qu'un seul maître,
ou que je n'eusse point su les différences qui ont été de
tout temps entre les opinions des plus doctes. Mais,
ayant appris dès le collège qu'on ne sauroit rien imaginer de si étrange et si peu croyable qu'il n'ait été dit
par quelqu'un des philosophes, et depuis, en voyageant,
ayant reconnu que tous ceux qui ont des sentiments
fort contraires aux nôtres ne sont pas pour cela barbares ni sauvages, mais que plusieurs usent autant ou
plus que nous de raison; et ayant considéré combien
un même homme, avec son même esprit, étant nourri
dès son enfance entre des François ou des Allemands,
devient différent de ce qu'il seroit s'il avoit toujours vécu

entre des Chinois ou des Cannibales; et comment, jusques aux modes de nos habits, la même chose qui nous a plu il y a dix ans, et qui nous plaira peut-être encore avant dix ans, nous semble maintenant extravagante et ridicule; en sorte que c'est bien plus la coutume et l'exemple qui nous persuadent qu'aucune connoissance certaine; et que néanmoins la pluralité des voix n'est pas une preuve qui vaille rien pour les vérités un peu malaisées à découvrir, à cause qu'il est bien plus vraisemblable qu'un homme seul les ait rencontrées que tout un peuple, je ne pouvois choisir personne dont les opinions me semblassent devoir être préférées à celles des autres, et je me trouvai comme contraint d'entreprendre moi-même de me conduire.

Mais, comme un homme qui marche seul et dans les ténèbres, je me résolus d'aller si lentement et d'user de tant de circonspection en toutes choses, que, si je n'avançois que fort peu, je me garderois bien au moins de tomber. Même je ne voulus point commencer à rejeter tout à fait aucune des opinions qui s'étoient pu autrefois glisser en ma créance sans y avoir été introduites par la raison, que je n'eusse auparavant employé assez de temps à faire le projet de l'ouvrage que j'entreprenois et à chercher la vraie méthode pour parvenir à la connoissance de toutes les choses dont mon esprit seroit capable.

(*Discours de la Méthode*, deuxième partie.)

---

## COMMENT DESCARTES A VÉCU DANS LE MONDE
### (1637)

Après m'être ainsi assuré de ces maximes [1], et les avoir mises à part avec les vérités de la foi, qui ont toujours

---

1. Ce sont les maximes de la morale « par provision » que Descartes s'est tracée pendant sa période de doute.

été les premières en ma créance, je jugeai que pour tout
le reste de mes opinions je pouvois librement entreprendre de m'en défaire; et d'autant que j'espérois en
pouvoir mieux venir à bout en conversant avec les
hommes qu'en demeurant plus longtemps renfermé dans
le poêle [1] où j'avois eu toutes ces pensées, l'hiver n'étoit
pas encore bien achevé, que je me remis à voyager. Et
en toutes les neuf années suivantes je ne fis autre chose
que rouler çà et là dans le monde, tâchant d'y être spectateur plutôt qu'acteur en toutes les comédies qui s'y
jouent et, faisant particulièrement réflexion en chaque
matière sur ce qui la pouvoit rendre suspecte et nous
donner occasion de nous méprendre, je déracinois
cependant de mon esprit toutes les erreurs qui s'y
étoient pu glisser auparavant. Non que j'imitasse pour
cela les sceptiques, qui ne doutent que pour douter, et
affectent d'être toujours irrésolus; car, au contraire,
tout mon dessein ne tendoit qu'à m'assurer, et à rejeter
la terre mouvante et le sable, pour trouver le roc ou
l'argile. Ce qui me réussissoit, ce me semble, assez bien,
d'autant que, tâchant à découvrir la fausseté ou l'incer-
tude des propositions que j'examinois, non par de
foibles conjectures, mais par des raisonnements clairs
et assurés, je n'en rencontrois point de si douteuses,
que je n'en tirasse toujours quelque conclusion assez
certaine, quand ce n'eût été que cela même qu'elle ne
contenoit rien de certain. Et comme, en abattant un
vieux logis, on en réserve ordinairement les démolitions
pour servir à en bâtir un nouveau, ainsi, en détruisant
toutes celles de mes opinions que je jugeois être mal
fondées, je faisois diverses observations et acquérois plusieurs expériences, qui m'ont servi depuis à en établir
de plus certaines. Et de plus je continuois à m'exercer
en la méthode que je m'étois prescrite; car outre que
généralement j'avois soin de conduire toutes mes pen-

1. On appelle ainsi en Allemagne, où se trouvait alors Descartes, la
pièce qui contier le poêle.

sées selon les règles, je me réservois de temps en
temps quelques heures, que j'employois particulièrement à la pratiquer en des difficultés de mathématiques,
ou même aussi en quelques autres que je pouvois rendre
quasi semblables à celles des mathématiques, en les
détachant de tous les principes des autres sciences
que je ne trouvois pas assez fermes, comme vous verrez
que j'ai fait en plusieurs qui sont expliquées en ce
volume. Et ainsi, sans vivre d'autre façon en apparence
que ceux qui, n'ayant aucun emploi qu'à passer une vie
douce et innocente, s'étudient à séparer les plaisirs des
vices, et qui, pour jouir de leur loisir sans s'ennuyer,
usent de tous les divertissements qui sont honnêtes,
je ne laissois pas de poursuivre en mon dessein, et de
profiter en la connoissance de la vérité, peut-être plus
que si je n'eusse fait que lire des livres ou fréquenter
des gens de lettres.

(*Discours de la Méthode*, troisième partie.)

---

## ABRÉGÉ DE TOUT CE QU'ON DOIT OBSERVER
## POUR BIEN PHILOSOPHER
### (1644)

..... C'est pourquoi si nous désirons vaquer sérieusement à l'étude de la philosophie et à la recherche
de toutes les vérités que nous sommes capables de
connoître, nous nous délivrerons en premier lieu de
nos préjugés, et ferons état de rejeter toutes les opinions que nous avons autrefois reçues en notre créance
jusqu'à ce que nous les ayons derechef examinées; nous
ferons ensuite une revue sur les notions qui sont en
nous, et ne recevrons pour vraies que celles qui se pré-
senteront clairement et distinctement à notre entendement. Par ce moyen nous connoîtrons premièrement que
nous sommes, en tant que notre nature est de penser,

et qu'il y a un Dieu duquel nous dépendons ; et après avoir considéré ses attributs nous pourrons rechercher la vérité de toutes autres choses, parce qu'il en est la cause. Outre les notions que nous avons de Dieu et de notre pensée, nous trouverons aussi en nous la connoissance de beaucoup de propositions qui sont perpétuellement vraies, comme par exemple que le néant ne peut être l'auteur de quoi que ce soit, etc. Nous y trouverons aussi l'idée d'une nature corporelle ou étendue, qui peut être unie, divisée, etc., et des sentiments qui causent en nous certaines dispositions, comme la douleur, les couleurs, etc. ; et, comparant ce que nous venons d'apprendre en examinant ces choses par ordre, avec ce que nous en pensions avant que de les avoir ainsi examinées, nous nous accoutumerons à former des conceptions claires et distinctes sur tout ce que nous sommes capables de connoître. C'est en ce peu de préceptes que je pense avoir compris tous les principes les plus généraux et les plus importants de la connoissance humaine.

(*Les Principes de la philosophie*. Première partie.)

# PIERRE CORNEILLE

[Rouen, 1606 ; † 1685, Paris.]

Fils d'un « maître particulier des eaux et forêts », Corneille fut élevé chez les Jésuites de Rouen, fit son droit à Caen, fut reçu avocat en 1624 et pourvu, en 1628, du titre de « premier avocat du roi au siège général de la Table de marbre du palais ». C'est vers ce temps, probablement en 1629, qu'il composa sa première œuvre de théâtre, la comédie de *Mélite*, dont le succès l'engagea dans la carrière dramatique. A *Mélite* succédèrent *Clitandre* (1632), *la Veuve*, *la Galerie du Palais* (1633), *la Suivante*, *la Place royale* (1634), *l'Illusion comique* (1636), comédies ou tragi-comédies, qui souvent ont du charme et où Corneille se montre déjà maître dans l'art d'écrire en vers. Cependant, dès 1633, Richelieu, fort épris du théâtre, avait remarqué Corneille et l'avait enrôlé parmi ses « cinq auteurs » ; peut-être le cardinal conseilla-t-il au jeune poète de se tourner vers les sujets sérieux ; en tout cas Corneille donna sa première tragédie, *Médée*, en 1635, et la fin de l'année suivante marquait avec le *Cid* une des dates capitales de l'histoire des lettres françaises. Le succès éclatant de cette œuvre changea en autant d'ennemis les rivaux de l'auteur et indisposa même Richelieu contre lui : c'est le temps de la fameuse *Querelle du Cid*. Pendant près de trois années, le poète jugea bon de se tenir à l'écart ; mais, nullement découragé, il reparaissait sur la scène en 1640 avec *Horace* et *Cinna*. Il est alors dans toute la force de l'âge et du talent, et jusqu'en 1651 vont se succéder des pièces qui furent presque toutes bien accueillies et dont plusieurs sont des chefs-d'œuvre : *Polyeucte* (1642), *Pompée*, *le Menteur* (1643), *Théodore*, *la Suite du Menteur* (1645), *Rodogune* (1646), *Héraclius* (1647), *Don Sanche d'Aragon* (1650), *Nicomède* (1651). Mais l'échec subi en 1653 par *Pertharite* fut ressenti douloureusement par Corneille : il se retire alors à Rouen, s'occupe uniquement de sa traduction en vers de l'*Imitation de Jésus-Christ*, et paraît avoir renoncé au théâtre. Fouquet pourtant n'eut pas grand'peine à le faire revenir à un art qui lui avait valu tant de gloire et, en 1659, Corneille rompait son silence et donnait *OEdipe*. Très faible, cette pièce obtint néanmoins un grand succès qui encouragea le poète à poursuivre, et dans *Sertorius* (1662), *Sophonisbe* (1663), *Othon* (1664), il retrouvait quelques-unes de ses plus belles inspirations : entre temps il se défendait contre ses critiques dans les *Discours* et *Examens* parus en 1660. Mais, malgré quelques éclairs, ses dernières pièces, *Agésilas* (1666), *Attila* (1667), *Tite et Bérénice* (1670), *Pulchérie* (1672), *Suréna* (1674), accusent tristement son déclin, qui coïncide avec les premiers triomphes de Racine. Corneille se résigna mal à voir pâlir sa gloire; c'est là ce qui attrista les quinze ou vingt dernières années de sa vie; car les récits qui le représentent comme réduit dans sa vieillesse à une gêne voisine de la misère ne sont, on le sait, que de pures légendes.

Outre les pièces que nous avons indiquées, Corneille a donné des tragédies à machines : *Andromède* (1660), *la Toison d'Or* (1661), et, en collaboration avec Molière, la comédie-ballet de *Psyché* (1671).

---

## STANCES DE POLYEUCTE

### (1643)

Source délicieuse, en misères féconde,
Que voulez-vous de moi, flatteuses voluptés?
Honteux attachements de la chair et du monde,
Que ne me quittez-vous, quand je vous ai quittés?
Allez, honneurs, plaisirs, qui me livrez la guerre :
    Toute votre félicité,
    Sujette à l'instabilité,
    En moins de rien tombe par terre,
    Et comme a elle l'éclat du verre,
    Elle en a la fragilité.

Ainsi n'espérez pas qu'après vous je soupire;
Vous étalez en vain vos charmes impuissants;
Vous me montrez en vain par tout ce vaste empire
Les ennemis de Dieu pompeux et florissants;
Il étale à son tour des revers équitables
    Par qui les grands sont confondus ;
    Et les glaives, qu'il tient pendus
    Sur les plus fortunés coupables,
    Sont d'autant plus inévitables
    Que leurs coups sont moins attendus.

Tigre altéré de sang, Décie impitoyable,
Ce Dieu t'a trop longtemps abandonné les siens;
De ton heureux destin vois la suite effroyable :
Le Scythe va venger la Perse et les chrétiens;
Encore un peu plus outre et ton heure est venue;
    Rien ne t'en saurait garantir;
    Et la foudre qui va partir,
    Toute prête à crever la nue,
    Ne peut plus être retenue
    Par l'attente du repentir.

Que cependant Félix m'immole à ta colère,
 Qu'un rival plus puissant éblouisse ses yeux,
Qu'aux dépens de ma vie il s'en fasse beau-père,
Et qu'à titre d'esclave il commande en ces lieux,
Je consens, ou plutôt j'aspire à ma ruine!
    Monde, pour moi tu n'as plus rien :
    Je porte en mon cœur tout chrétien
    Une flamme toute divine;
    Et je ne regarde Pauline
    Que comme un obstacle à mon bien.

Saintes douceurs du ciel, adorables idées,
Vous remplissez un cœur qui vous peut recevoir :
De vos sacrés attraits les âmes possédées
Ne conçoivent plus rien qui les puisse émouvoir.
Vous promettez beaucoup, et donnez davantage :
    Vos biens ne sont point inconstants;
    Et l'heureux trépas que j'attends
    Ne vous sert que d'un doux passage
    Pour nous introduire au partage
    Qui nous rend à jamais contents.

                   *(Polyeucte, IV, 2.)*

## UN CONTE DU MENTEUR
### (1644)

DORANTE.

.... Je la vis presque à mon arrivée [1].
Une âme de rocher ne s'en fût pas sauvée,
Tant elle avoit d'appas, et tant son œil vainqueur
Par une douce force assujettit mon cœur!
Je cherchai donc chez elle à faire connoissance;
Et les soins obligeants de ma persévérance
Surent plaire de sorte à cet objet charmant,
Que j'en fus en six mois autant aimé qu'amant.
J'en reçus des faveurs secrètes, mais honnêtes;
Et j'étendis si loin mes petites conquêtes,
Qu'en son quartier souvent je me coulois sans bruit,
Pour causer avec elle une part de la nuit.
Un soir que je venois de monter dans sa chambre
(Ce fut, il m'en souvient, le second de septembre,
Oui, ce fut ce jour-là que je fus attrapé),
Ce soir même son père en ville avoit soupé;
Il monte à son retour, il frappe à la porte; elle
Transit, pâlit, rougit, me cache en sa ruelle;
Ouvre enfin; et d'abord (qu'elle eut d'esprit et d'art!)
Elle se jette au cou de ce pauvre vieillard,
Dérobe en l'embrassant son désordre à sa vue :
Il se sied; il lui dit qu'il veut la voir pourvue;
Lui propose un parti qu'on lui venoit d'offrir.
Jugez combien mon cœur avoit lors à souffrir!
Par sa réponse adroite elle sut si bien faire,
Que sans m'inquiéter elle plut à son père.
Ce discours ennuyeux enfin se termina;
Le bonhomme partoit quand ma montre sonna ;
Et lui, se retournant vers sa fille étonnée;
« Depuis quand cette montre? et qui vous l'a donnée?

1. Géronte, père de Dorante, le Men-  amour en tête, mais surtout par goût
peur, vient de lui apprendre qu'il songe  de mentir, imagine cette histoire de
à le marier et qu'il lui a trouvé un bon  mariage forcé, qui rompt les projets
parti. Aussitôt Dorante, qui a un  de son père.

— Acaste, mon cousin, me la vient d'envoyer,
Dit-elle, et veut ici la faire nettoyer,
N'ayant point d'horlogiers [1] au lieu de sa demeure.
Elle a déjà sonné deux fois en un quart d'heure.
— Donnez-la-moi, dit-il, j'en prendrai mieux le soin. »
Alors pour me la prendre elle vient en mon coin :
Je la lui donne en main ; mais, voyez ma disgrâce !
Avec mon pistolet le cordon s'embarrasse,
Fait marcher le déclin [2] ; le feu prend, le coup part ;
Jugez de notre trouble à ce triste hasard.
Elle tombe par terre ; et moi je la crus morte.
Le père épouvanté gagne aussitôt la porte ;
Il appelle au secours, il crie à l'assassin :
Son fils et deux valets me coupent le chemin.
Furieux de ma perte, et combattant de rage,
Au milieu de tous trois je me faisois passage,
Quand un autre malheur de nouveau me perdit.
Mon épée en ma main en trois morceaux rompit.
Désarmé, je recule, et rentre : alors, Orphise,
De sa frayeur première aucunement remise,
Sait prendre un temps si juste en son reste d'effroi,
Qu'elle pousse la porte et s'enferme avec moi.
Soudain nous entassons pour défenses nouvelles,
Bancs, tables, coffres, lits, et jusqu'aux escabelles ;
Nous nous barricadons, et dans ce premier feu,
Nous croyons gagner tout à différer un peu.
Mais comme à ce rempart l'un et l'autre travaille,
D'une chambre voisine on perce la muraille :
Alors, me voyant pris, il fallut composer [3].

### GÉRONTE.

C'est-à-dire en françois qu'il fallut l'épouser ?

(*Menteur*, II, 5.)

---

1. On disait alors indifféremment *horloger, horlogier* et même *horlogeur*.
2. *Déclin*, terme d'armurier, qui désigne le ressort par lequel le chien s'abat sur le bassinet.
3. C'est-à-dire venir à composition, se rendre, et convenir d'une réparation.

## CLÉOPATRE ET RODOGUNE[1]
### (1646)

#### CLÉOPATRE.

Puisque le même jour que ma main vous couronne
Je perds un de mes fils, et l'autre me soupçonne;
Qu'au milieu de mes pleurs, qu'il devroit essuyer,
Son peu d'amour me force à me justifier;
Si vous n'en pouvez mieux consoler une mère
Qu'en la traitant d'égal[2] avec une étrangère,
Je vous dirai, Seigneur (car ce n'est plus à moi
A nommer autrement et mon juge et mon roi),
Que vous voyez l'effet de cette vieille haine
Qu'en dépit de la paix[3] me garde l'inhumaine,
Qu'en son cœur du passé soutient le souvenir,
Et que j'avois raison de vouloir prévenir.
Elle a soif de mon sang, elle a voulu l'épandre :
J'ai prévu d'assez loin ce que je viens d'apprendre;
Mais je vous ai laissé désarmer mon courroux.

*(A Rodogune.)*

Sur la foi de ses pleurs je n'ai rien craint de vous,
Madame, mais, ô Dieux, quelle rage est la vôtre !
Quand je vous donne un fils, vous assassinez l'autre,
Et m'enviez soudain l'unique et foible appui
Qu'une mère opprimée eût pu trouver en lui !
Quand vous m'accablerez, où sera mon refuge?
Si je m'en plains au Roi, vous possédez mon juge;

---

1. Cléopâtre, reine de Syrie, et Rodogune, sœur du roi des Parthes, ont l'une contre l'autre une haine mortelle. Rodogune, en vertu des traités entre les deux peuples, doit épouser Antiochus, fils de Cléopâtre; celle-ci, pour perdre son ennemie, n'hésite pas à perdre son fils, et elle a empoisonné la coupe nuptiale où vont boire les fiancés. Elle a déjà fait périr un de ses fils, Séleucus, qui s'opposait à ses desseins. Au moment où Antiochus va vider sa coupe, un messager **[vient]** annoncer que Séleucus, en mourant, a prononcé quelques paroles où il accusait de sa mort « une main bien chère ». Qui a-t-il voulu désigner ainsi? Sa mère? ou Rodogune qu'il aimait? — Tel est le point de départ de cette scène.

2. *Traité d'égal*, sorte de locution adverbiale, où *égal* reste invariable.

3. La paix entre les Syriens et les Parthes.

Et s'il m'ose écouter, peut-être, hélas ! en vain
Il voudra se garder de cette même main.
Enfin je suis leur mère, et vous leur ennemie ;
J'ai recherché leur gloire, et vous leur infamie,
Et si je n'eusse aimé ces fils que vous m'ôtez,
Votre abord en ces lieux les eût déshérités.
C'est à lui maintenant, en cette concurrence,
A régler ses soupçons sur cette différence,
A voir de qui des deux il doit se défier,
Si vous n'avez un charme [1] à vous justifier.

## RODOGUNE (*à Cléopâtre*).

Je me défendrai mal : l'innocence étonnée
Ne peut s'imaginer qu'elle soit soupçonnée,
Et, n'ayant rien prévu d'un attentat si grand [2],
Qui l'en veut accuser sans peine la surprend.
Je ne m'étonne point de voir que votre haine
Pour me faire coupable a quitté Timagène [3].
Au moindre jour ouvert de tout jeter sur moi,
Son récit s'est trouvé digne de votre foi.
Vous l'accusiez pourtant, quand votre âme alarmée
Craignoit qu'en expirant ce fils vous eût nommée,
Mais de ses derniers mots voyant le sens douteux,
Vous avez pris soudain le crime entre nous deux [4] !
Certes, si vous voulez passer [5] pour véritable
Que l'une de nous deux de sa mort soit coupable,
Je veux bien par respect ne vous imputer rien ;
Mais votre bras au crime est plus fait que le mien,
Et qui sur un époux fit son apprentissage
A bien pu sur un fils achever son ouvrage.
Je ne dénierai point, puisque vous les savez,
De justes sentiments dans mon âme élevés :

---

1. *Charme*, sortilège.
2. Comme elle n'a **rien prévu**. Proposition absolue.
3. Cléopâtre a d'abord essayé de faire retomber le crime du meurtre de Séleucus sur Timagène, le messager qui venait l'annoncer.
4. C'est-à-dire : vous avez décidé de restreindre à nous deux la recherche du crime.
5. *Passer*, pour faire passer, faire admettre.

Vous demandiez mon sang; j'ai demandé le vôtre :
Le Roi sait quels motifs ont poussé l'une et l'autre ;
Comme par sa prudence il a tout adouci,
Il vous connoît peut-être et me connoît aussi.

(*A Antiochus.*)

Seigneur, c'est un moyen de vous être bien chère
Que pour don nuptial vous immoler un frère :
On fait plus ; on m'impute un coup si plein d'horreur,
Pour me faire un passage à vous percer le cœur.

(*A Cléopâtre.*)

Où fuirois-je de vous après tant de furie,
Madame, et que feroit toute votre Syrie,
Où seule, et sans appui contre mes attentats,
Je venois...? Mais, Seigneur, vous ne m'écoutez pas.

## ANTIOCHUS.

Non, je n'écoute rien ! et dans la mort d'un frère
Je ne veux point juger entre vous et ma mère ;
Assassinez un fils, massacrez un époux,
Je ne veux me garder ni d'elle, ni de vous.
Suivons aveuglément ma triste destinée ;
Pour m'exposer à tout achevons l'hyménée.
Cher frère, c'est pour moi le chemin du trépas :
La main qui t'a percé ne m'épargnera pas [1],
Je cherche à te rejoindre, et non à m'en défendre,
Et lui veux bien donner tout lieu de me surprendre.
Heureux si sa fureur, qui me prive de toi,
Se fait bientôt connoître en achevant sur moi,
Et si du ciel, trop lent à la réduire en poudre,
Son crime redoublé peut arracher la foudre !
Donnez-moi.....

RODOGUNE, *l'empêchant de prendre la coupe.*

Quoi ? Seigneur.

---

1. Antiochus suppose que celle qui     soit, veut l'atteindre lui aussi et qu'elle
a fait assassiner Séleucus, quelle qu'elle     a empoisonné la coupe.

ANTIOCHUS.

                    Vous m'arrêtez en vain :
Donnez.

RODOGUNE.

Ah! gardez-vous de l'une et l'autre main.
Cette coupe est suspecte, elle vient de la Reine;
Craignez de toutes deux quelque secrète haine.

CLÉOPATRE.

Qui m'épargnoit tantôt ose enfin m'accuser!

RODOGUNE.

De toutes deux, Madame, il doit tout refuser.
Je n'accuse personne, et vous tiens innocente;
Mais il en faut sur l'heure une preuve évidente :
Je veux bien à mon tour subir les mêmes lois.
On ne peut craindre trop pour le salut des rois.
Donnez donc cette preuve; et pour toute réplique,
Faites faire un essai par quelque domestique.

CLÉOPATRE, *prenant la coupe et buvant*

Je le ferai moi-même; eh bien! redoutez-vous
Quelque sinistre effet encor de mon courroux?
J'ai souffert cet outrage avecque patience.

ANTIOCHUS, *prenant la coupe de la main de Cléopâtre*
*après qu'elle a bu.*

Pardonnez-lui, Madame, un peu de défiance :
Comme vous l'accusez, elle fait son effort
A rejeter sur vous l'horreur de cette mort;
Et soit amour pour moi, soit adresse pour elle,
Ce soin la fait paroître un peu moins criminelle.
Pour moi, qui ne vois rien dans le trouble où je suis,
Qu'un gouffre de malheurs, qu'un abîme d'ennuis,
Attendant qu'en plein jour ces vérités paroissent,
J'en laisse la vengeance aux dieux qui les connoissent,
Et vais sans plus tarder.....

### RODOGUNE.

Seigneur, voyez ces yeux

Déjà tout égarés, troubles et furieux,
Cette affreuse sueur qui court sur son visage,
Cette gorge qui s'enfle. Ah, bons Dieux! quelle rage!
Pour nous perdre après elle, elle a voulu périr.

### ANTIOCHUS, *rendant la coupe à Laonice*
*ou à quelque autre.*

N'importe, elle est ma mère, il faut la secourir.

### CLÉOPATRE.

Va, tu me veux en vain rappeler à la vie;
Ma haine est trop fidèle, et m'a trop bien servie :
Elle a paru trop tôt pour te perdre avec moi;
C'est le seul déplaisir qu'en mourant je reçois,
Mais j'ai cette douceur dedans cette disgrâce
De ne point voir régner ma rivale en ma place.
Règne : de crime en crime enfin te voilà roi.
Je t'ai défait d'un père, et d'un frère, et de moi;
Puisse le ciel tous deux vous prendre pour victimes,
Et laisser choir sur vous les peines de mes crimes!
Puissiez-vous ne trouver dedans votre union
Qu'horreur, que jalousie, et que confusion!
Et pour vous souhaiter tous les malheurs ensemble,
Puisse naître de vous un fils qui me ressemble!

### ANTIOCHUS.

Ah! vivez pour changer cette haine en amour.

### CLÉOPATRE.

Je maudirois les Dieux s'ils me rendoient le jour.
Qu'on m'emporte d'ici : je me meurs. Laonice,
Si tu veux m'obliger par un dernier service,
Après les vains efforts de mes inimitiés,
Sauve-moi de l'affront de tomber à leurs pieds.

(*Rodogune*, V, 4.)

## PRUSIAS, FLAMINIUS, NICOMÈDE [1]
### (1651.)

FLAMINIUS.

Sur le point de partir, Rome, Seigneur, me mande
Que je vous fasse encor pour elle une demande.
Elle a nourri vingt ans un prince, votre fils,
Et vous pouvez juger les soins qu'elle en a pris
Par les hautes vertus et les illustres marques
Qui font briller en lui le sang de vos monarques.
Surtout il est instruit en l'art de bien régner :
C'est à vous de le croire, et de le témoigner.
Si vous faites état de cette nourriture [2],
Donnez ordre qu'il règne : elle vous en conjure ;
Et vous offenseriez l'estime qu'elle en fait
Si vous le laissiez vivre et mourir en sujet.
Faites donc aujourd'hui que je lui puisse dire
Où vous lui destinez un souverain empire.

PRUSIAS.

Les soins qu'ont pris de lui le peuple et le sénat
Ne trouveront en moi jamais un père ingrat :
Je crois que, pour régner, il en a les mérites,
Et n'en veux point douter après ce que vous dites ;
Mais vous voyez, Seigneur, le Prince son aîné,
Dont le bras généreux trois fois m'a couronné ;
Il ne fait que sortir encor d'une victoire ;
Et pour tant de hauts faits je lui dois quelque gloire :
Souffrez qu'il ait l'honneur de répondre pour moi.

1. Prusias, roi de Bithynie, n'est qu'un « roi en peinture » et, en réalité, un vassal des Romains. Sa soumission va si loin, qu'il leur a naguère livré Annibal, qui avait cherché asile près de lui. Mais tandis que ce grand vaincu vivait à la cour de Bithynie, Nicomède, fils aîné de Prusias, s'était fait son disciple et avait appris de lui à haïr les usurpateurs du monde. Devenu homme, il avait conquis pour son père des territoires en Asie et

son mérite et sa gloire faisaient ombrage au Sénat. C'est alors que l'ambassadeur romain Flaminius vient demander, c'est-à-dire enjoindre à Prusias de faire d'Attale, frère cadet de Nicomède et qui a été élevé à Rome dans des sentiments de dépendance, le roi d'un des pays conquis par son aîné.

On a dans cette scène la réplique de Nicomède.

2 *Nourriture*, éducation.

NICOMÈDE.

Seigneur, c'est à vous seul de faire Attale roi.

PRUSIAS.

C'est votre intérêt seul que sa demande touche.

NICOMÈDE.

Le vôtre toutefois m'ouvrira seul la bouche.
De quoi se mêle Rome, et d'où prend le sénat,
Vous vivant, vous régnant, ce droit sur votre État?
Vivez, régnez, Seigneur, jusqu'à la sépulture,
Et laissez faire après, ou Rome, ou la nature.

PRUSIAS.

Pour de pareils amis il faut se faire effort.

NICOMÈDE.

Qui partage vos biens aspire à votre mort;
Et de pareils amis, en bonne politique....

PRUSIAS.

Ah! ne me brouillez point avec la République!
Portez plus de respect à de tels alliés.

NICOMÈDE.

Je ne puis voir sous eux les rois humiliés;
Et, quel que soit ce fils que Rome vous renvoie,
Seigneur, je lui rendrois son présent avec joie.
S'il est si bien instruit en l'art de commander,
C'est un rare trésor qu'elle devroit garder,
Et conserver chez soi sa chère nourriture [1],
Ou pour le consulat, ou pour la dictature.

FLAMINIUS.

Seigneur, dans ce discours qui nous traite si mal,
Vous voyez un effet des leçons d'Annibal :
Ce perfide ennemi de la grandeur romaine
N'en a mis en son cœur que mépris et que haine.

---

1. *Nourriture*, pris plus haut dans le sens d'éducation, désigne ici la personne qui a reçu cette éducation.

NICOMÈDE.

Non! mais il m'a surtout laissé ferme en ce point,
D'estimer beaucoup Rome, et ne la craindre point.
On me croit son disciple, et je le tiens à gloire ;
Et quand Flaminius attaque sa mémoire,
Il doit savoir qu'un jour il me fera raison
D'avoir réduit mon maître au secours du poison [1],
Et n'oublier jamais qu'autrefois ce grand homme
Commença par son père [2] à triompher de Rome.

FLAMINIUS.

Ah! c'est trop m'outrager...

NICOMÈDE.

N'outragez plus les morts.

PRUSIAS.

Et vous, ne cherchez plus à former de discords [3] :
Parlez, et nettement, sur ce qu'il me propose.

NICOMÈDE.

Eh bien! s'il est besoin de répondre autre chose,
Attale doit régner, Rome l'a résolu ;
Et puisqu'elle a partout un pouvoir absolu,
C'est aux rois d'obéir alors qu'elle commande.
Attale a le cœur grand, l'esprit grand, l'âme grande,
Et toutes les grandeurs dont se fait un grand roi ;
Mais c'est trop que d'en croire un Romain sur sa foi.
Par quelque grand effet voyons s'il en est digne.
S'il a cette vertu, cette valeur insigne,
Donnez-lui votre armée, et voyons ces grands coups !
Qu'il en [4] fasse pour lui ce que j'ai fait pour vous ;

---

1. Annibal, livré par Prusias, sur le point de tomber au pouvoir des Romains, s'était empoisonné.
2. Le père de Flaminius. Il y a ici une erreur de Corneille, ou plutôt un exemple des libertés qu'il prend avec l'histoire. Flaminius, qui fut battu par Annibal au lac de Trasimène, n'était point le père de Flaminius, ambassadeur en Bithynie.
3. *Discord*, pour discorde, était au temps de Corneille une forme déjà vieillie.
4. Qu'il fasse avec cette armée.

Qu'il règne avec éclat sur sa propre conquête,
Et que de sa victoire il couronne sa tête.
Je lui prête mon bras, et veux dès maintenant,
S'il daigne s'en servir, être son lieutenant.
L'exemple des Romains m'autorise à le faire :
Le fameux Scipion le fut bien de son frère,
Et lorsque Antiochus fut par eux détrôné,
Sous les lois du plus jeune on vit marcher l'aîné.
Les bords de l'Hellespont, ceux de la mer Egée,
Les restes de l'Asie à nos côtés rangée,
Offrent une matière à son ambition...

### FLAMINIUS.

Rome prend tout ce reste en sa protection ;
Et vous n'y pouvez plus étendre vos conquêtes,
Sans attirer sur vous d'effroyables tempêtes.

### NICOMÈDE.

J'ignore sur ce point les volontés du Roi ;
Mais peut-être qu'un jour je dépendrai de moi
Et nous verrons alors l'effet de ces menaces.
Vous pouvez cependant faire munir [1] ces places,
Préparer un obstacle à mes nouveaux desseins,
Disposer de bonne heure un secours de Romains,
Et si Flaminius en est le capitaine
Nous pourrons lui trouver un lac de Trasimène.

### PRUSIAS.

Prince, vous abusez trop tôt de ma bonté :
Le rang d'ambassadeur doit être respecté ;
Et l'honneur souverain qu'ici je vous défère...

### NICOMÈDE.

Ou laissez-moi parler, Sire, ou faites-moi taire.
Je ne sais point répondre autrement pour un roi
A qui dessus son trône on veut faire la loi.

---

1. *Munir*, dans le sens latin, fortifier.

PRUSIAS.

Vous m'offensez moi-même en parlant de la sorte,
Et vous devez dompter l'ardeur qui vous emporte.

NICOMÈDE.

Quoi? Je verrai, Seigneur, qu'on borne vos états,
Qu'au milieu de ma course on m'arrête le bras,
Que de vous menacer on a même l'audace,
Et je ne rendrai point menace pour menace!
Et je remercierai qui me dit hautement
Qu'il ne m'est plus permis de vaincre impunément!

PRUSIAS (*à Flaminius*).

Seigneur, vous pardonnez aux chaleurs de son âge,
Le temps et la raison pourront le rendre sage.

NICOMÈDE.

La raison et le temps m'ouvrent assez les yeux,
Et l'âge ne fera que me les ouvrir mieux.
Si j'avois jusqu'ici vécu comme ce frère,
Avec une vertu qui fût imaginaire
[Car je l'appelle ainsi quand elle est sans effets,
Et l'admiration de tant d'hommes parfaits
Dont il a vu dans Rome éclater le mérite,
N'est pas grande vertu si l'on ne les imite];
Si j'avois donc vécu dans ce même repos
Qu'il a vécu dans Rome auprès de ses héros,
Elle me laisseroit la Bithynie entière,
Telle que de tout temps l'aîné la tint d'un père,
Et s'empresseroit moins à le faire régner,
Si vos armes sous moi n'avoient su rien gagner.
Mais parce qu'elle voit avec la Bithynie
Par trois sceptres conquis trop de puissance unie,
Il faut la diviser; et dans ce beau projet,
Ce prince est trop bien né pour vivre mon sujet!
Puisqu'il peut la servir à me faire descendre,
Il a plus de vertu que n'en eut Alexandre;
Et je lui dois quitter, pour le mettre en mon rang,
Le bien de mes aïeux, ou le prix de mon sang.

Grâces aux immortels, l'effort de mon courage
Et ma grandeur future ont mis Rome en ombrage :
Vous pouvez l'en guérir, Seigneur, et promptement;
Mais n'exigez d'un fils aucun consentement :
Le maître qui prit soin d'instruire ma jeunesse
Ne m'a jamais appris à faire une bassesse.

(*Nicomède*, **II, 3.**)

---

## LA NATURE ET LA GRACE
### (1656)

..... Emprunte, emprunte mes clartés
Pour voir où penche la nature,
Comme elle incline aux vanités,
A la chair, à la créature,
Comme elle se plaît à courir
Et pour voir et pour discourir,
Cependant que vers Dieu la grâce attire une âme,
Et que, sur le vice abattu,
Elle aplanit aux cœurs qu'un saint désir enflamme
L'heureux sentier de la vertu.

Elle fait bien plus, cette grâce,
Elle renonce au monde, et son feu généreux
Devient une invincible glace
Pour tout ce que la terre a d'attraits dangereux.
Tout ce qu'aime la chair est l'objet de sa haine;
Et bien loin de courir vagabonde, incertaine,
Au gré de quelque folle ardeur,
La retraite a pour elle une si douce chaîne
Que paroître en public fait rougir sa pudeur.

Leurs consolations sont même si diverses,
Que l'une les arrête à ce qu'aiment les sens;
L'autre, qui les tient impuissans,
Ne regarde que Dieu dans toutes ses traverses,
N'a recours qu'à lui seul, et ne se plaît à rien
Qu'en l'unique et souverain bien.

Retrancher l'espoir du salaire,
C'est rendre la nature à son oisiveté,
Et détourner ses yeux de sa commodité,
C'est la mettre en état de ne pouvoir rien faire.
Elle ne prête point ses soins officieux,
Sans prétendre aussitôt ou la pareille ou mieux;
Quelques dons qu'elle fasse, elle veut qu'on les prise,
Que ses moindres bienfaits soient tenus d'un grand poids,
Qu'elle en ait la louange ou qu'on l'en favorise
Et qu'un faible service acquière de pleins droits.


Oh! que la grâce est différente!
Qu'elle fait du salaire un généreux mépris!
   Son Dieu seul est le digne prix
   Qui puisse remplir son attente.
   Comme l'humaine infirmité
Fait des liens temporels une nécessité,
C'est pour ce besoin seul qu'elle en souffre l'usage;
   Et ne consent d'en obtenir
   Que pour mieux se faire un passage
   A ceux qui ne sauroient finir.


Si le nombre d'amis, si la haute alliance,
   Si le vieil amas des trésors,
Si le rang que tu tiens, si le lieu dont tu sors,
De quelque vaine gloire enflent ta confiance;
   Si tu fais ta cour aux puissants;
   Si les riches ont tes encens
   Par une molle flatterie;
Si tu vantes partout ce que font tes pareils,
Tu ne suis que le cours de cette afféterie
Qu'inspire la nature à qui croit ses conseils.


   La grâce agit d'une autre sorte :
   Elle chérit ses ennemis
   Et la foule épaisse d'amis
   Jamais hors d'elle ne l'emporte.

Quoiqu'elle fasse état des qualités, du rang,
    De l'illustre et haute naissance,
Elle n'en prise point l'éclat ni la puissance,
Si la haute vertu ne passe encor le sang.

Le pauvre en sa faveur la trouve plus flexible
    Que ne fait le riche orgueilleux;
Avec l'humble innocence elle est plus compatible
    Qu'avec le pouvoir sourcilleux.
Ses applaudissements sont pour les cœurs sincères,
    Non pour ces bouches mensongères
    Que la seule fourbe remplit :
Elle exhorte les bons à ces œuvres parfaites,
Ces hautes charités publiques et secrètes
Par qui du Fils de Dieu l'image s'accomplit;
Et sa pieuse adresse aux vertus les avance
Par l'émulation de cette ressemblance....

              (*L'Imitation de Jésus-Christ*, liv. III, chap. **LIV.**)

# BLAISE PASCAL

[Clermont-Ferrand, 1623 ; ✝ 1662, Paris.]

Un père qui se démet de ses fonctions pour présider lui-même à l'éducation de ses enfants, cela était rare, même au XVIIᵉ siècle, et ce fut le cas d'Étienne Pascal, père de Blaise. L'enfant donna très tôt des preuves de la précocité de son esprit; il étonnait les savants amis de son père, Roberval, le P. Mersenne, et sa puissance d'invention dans l'ordre scientifique est attestée par son *Essai pour les coniques* (1639), par sa machine arithmétique (1644), et ses *Expériences touchant le vide* (1647). C'est vers le même temps que son père s'étant lié avec quelques jansénistes de Rouen, Pascal se sentit vivement attiré vers la controverse philosophique et religieuse. C'est ce que l'on appelle sa première conversion. Le retour de la famille à Paris interrompit cette première ferveur. Mais après quelques années de vie mondaine, durant lesquelles il fut lié avec le chevalier de Méré et le duc de Roannez, pressé par les prières de sa sœur Jacqueline, accablé par la maladie qui s'était appesantie sur lui dès l'âge de dix-huit ans, il s'attacha tout à fait à Port-Royal, et, une de ses nièces ayant été guérie d'une fistule par l'attouchement de la Sainte-Épine (1656), Pascal crut que Dieu même le désignait pour être l'apologiste du jansénisme. C'est dans ces conditions qu'au milieu des souffrances qui le torturaient il écrivit, pour la défense d'Arnauld, condamné par la Sorbonne, ces *Lettres Provinciales*, qui sont le plus éloquent pamphlet de notre langue (1656-1657). Mais son projet s'étendait plus loin, et dès lors il avait médité d'écrire une *Apologie de la religion chrétienne*, qui aurait été en même temps celle du Jansénisme. Les fragments épars de cette *Apologie*, retrouvés après sa mort, sont ce que l'on a nommé les *Pensées de Pascal*. Les solitaires de Port-Royal en donnèrent en 1670 une première édition, moins conforme au texte authentique et mutilé de l'auteur qu'à son dessein principal.

On joint d'ordinaire aux *Pensées* quelques opuscules dont les plus importants sont : l'*Entretien avec M. de Saci* ; *Trois discours sur la condition des grands* ; *De l'esprit géométrique* ; la *Préface du Traité du Vide*, et les *Lettres à Mˡˡᵉ de Roannez*.

# CE QU'IL FAUT PENSER DE L'AUTORITÉ DES ANCIENS

## (1647 ou 1648)

..... Les secrets de la nature sont cachés; quoiqu'elle agisse toujours, on ne découvre pas toujours ses effets : le temps les révèle d'âge en âge, et quoique toujours égale en elle-même, elle n'est pas toujours également connue. Les expériences qui nous en donnent l'intelligence multiplient continuellement; et, comme elles sont les seuls principes de la physique, les conséquences multiplient à proportion. C'est de cette façon que l'on peut aujourd'hui prendre d'autres sentiments et de nouvelles opinions sans mépris et sans ingratitude, puisque les premières connaissances qu'ils [1] nous ont données ont servi de degrés aux nôtres, et que dans ces avantages nous leur sommes redevables de l'ascendant que nous avons sur eux; parce que s'étant élevés jusqu'à un certain degré où ils nous ont portés, le moindre effort nous fait monter plus haut, et avec moins de peine et moins de gloire nous nous trouvons au-dessus d'eux. C'est de là que nous pouvons découvrir des choses qu'il leur était impossible d'apercevoir. Notre vue a plus d'étendue, et quoiqu'ils connussent aussi bien que nous tout ce qu'ils pouvaient remarquer de la nature, ils n'en connaissaient pas tant néanmoins, et nous voyons plus qu'eux.

Cependant il est étrange de quelle sorte on révère leurs sentiments. On fait un crime de les contredire et un attentat d'y ajouter, comme s'ils n'avaient plus laissé de vérités à connaître. N'est-ce pas là traiter indignement la raison de l'homme, et la mettre en parallèle avec l'instinct des animaux, puisqu'on en ôte la principale différence, qui consiste en ce que les effets du raisonne-

---

1. C'est-à-dire : les anciens, dont il a été parlé dans un précédent paragraphe.

ment augmentent sans cesse, au lieu que l'instinct demeure toujours dans un état égal? Les ruches des abeilles étaient aussi bien mesurées il y a mille ans qu'aujourd'hui, et chacune d'elles forme cet hexagone aussi exactement la première fois que la dernière. Il en est de même de tout ce que les animaux produisent par ce mouvement occulte. La nature les instruit à mesure que la nécessité les presse, mais cette science fragile se perd avec les besoins qu'ils en ont; comme ils la reçoivent sans étude, ils n'ont pas le bonheur de la conserver; et toutes les fois qu'elle leur est donnée, elle leur est nouvelle, puisque la nature n'ayant pour objet que de maintenir les animaux dans un ordre de perfection bornée, elle leur inspire cette science nécessaire toujours égale, de peur qu'ils ne tombent dans le dépérissement, et ne permet pas qu'ils y ajoutent, de peur qu'ils ne passent les limites qu'elle leur a prescrites. Il n'en est pas de même de l'homme, qui n'est produit que pour l'infinité. Il est dans l'ignorance au premier âge de sa vie; mais il s'instruit sans cesse dans son progrès; car il tire avantage non seulement de sa propre expérience, mais encore de celle de ses prédécesseurs, parce qu'il garde toujours dans sa mémoire les connaissances qu'il s'est une fois acquises, et que celles des anciens lui sont toujours présentes dans les livres qu'ils ont laissés. Et comme il conserve ces connaissances, il peut aussi les augmenter facilement; de sorte que les hommes sont aujourd'hui en quelque sorte dans le même état où se trouveraient ces anciens philosophes, s'ils pouvaient avoir vieilli jusques à présent, en ajoutant aux connaissances qu'ils avaient celles que leurs études auraient pu leur acquérir à la faveur de tant de siècles. De là vient que, par une prérogative particulière, non seulement chacun des hommes s'avance de jour en jour dans les sciences, mais que tous les hommes ensemble y font un continuel progrès à mesure que l'univers vieillit, parce que la même chose arrive dans la succession des hommes, que dans les âges différents d'un particulier. De sorte que toute la suite des hommes, pendant le cours de tant de siècles, doit être considérée comme un même homme qui subsiste toujours et qui apprend continuellement : d'où l'on voit avec combien d'injustice nous respectons l'antiquité dans ses philosophes ; car, comme la vieillesse est l'âge le plus distant de l'enfance, qui ne voit que la vieillesse dans cet homme universel ne doit pas être cherchée dans les temps proches de sa naissance, mais dans ceux qui en sont les plus éloignés ? Ceux que nous appelons anciens étaient véritablement nouveaux en toutes choses et formaient l'enfance des hommes proprement ; et comme nous avons joint à leurs connaissances l'expérience des siècles qui les ont suivis, c'est en nous que l'on peut trouver cette antiquité que nous révérons dans les autres.

Ils doivent être admirés dans les conséquences qu'ils ont bien tirées du peu de principes qu'ils avaient, et ils doivent être excusés dans celles où ils ont plutôt manqué du bonheur de l'expérience que de la force du raisonnement.

(Fragment d'un Traité du Vide.)

---

## ÉPICTÈTE ET LE STOÏCISME
### (1655 ou 1656)

Épictète est un des philosophes du monde qui ait le mieux connu les devoirs de l'homme. Il veut, avant toutes choses, qu'il regarde Dieu comme son principal objet ; qu'il soit persuadé qu'il gouverne tout avec justice ; qu'il se soumette à lui de bon cœur, et qu'il le suive volontairement en tout, comme ne faisant rien qu'avec une très grande sagesse : qu'ainsi cette disposition arrêtera toutes les plaintes et tous les murmures, et préparera son esprit à souffrir paisiblement les événements les plus fâcheux. Ne dites jamais, dit-il, j'ai perdu cela : dites plutôt, je l'ai rendu. Mon fils est mort, je l'ai rendu. Ma femme est morte, je l'ai rendue. Ainsi des biens et de tout le reste. Mais celui qui me l'ôte est un méchant homme, dites-vous. De quoi vous mettez-vous en peine par qui celui qui vous l'a prêté vous le redemande ? Pendant qu'il vous en permet l'usage, ayez-en soin comme d'un bien qui appartient à autrui, comme un homme qui fait voyage se regarde dans une hôtellerie. Vous ne devez pas, dit-il, désirer que ces choses qui se font se fassent comme vous le voulez, mais vous devez vouloir qu'elles se fassent comme elles se font. Souvenez-vous, dit-il ailleurs, que vous êtes ici comme un acteur, et que vous jouez le personnage d'une comédie, tel qu'il plaît au maître de vous le donner. S'il vous le donne court, jouez-le court; s'il vous le donne long, jouez-le long; s'il veut que vous contrefassiez le gueux, vous le devez faire avec toute la naïveté qui vous sera possible, ainsi du reste. C'est votre fait de jouer bien le personnage qui vous est donné; mais de le choisir, c'est le fait d'un autre. Ayez tous les jours devant les yeux la mort et les maux qui semblent les plus insupportables; et jamais vous ne penserez rien de bas, et ne désirerez rien en excès.

Il montre aussi en mille manières ce que doit faire l'homme. Il veut qu'il soit humble, qu'il cache ses bonnes résolutions, surtout dans les commencements, et qu'il les accomplisse en secret : rien ne les ruine davantage que de les produire. Il ne se lasse point de répéter que toute l'étude et le désir de l'homme doivent être de reconnaître la volonté de Dieu et de la suivre.

Voilà, monsieur, dit M. Pascal à M. de Saci, les lumières de ce grand esprit qui a si bien connu les devoirs de l'homme. J'ose dire qu'il méritait d'être adoré, s'il avait aussi bien connu son impuissance, puisqu'il fallait être Dieu pour apprendre l'un et l'autre aux hommes. Aussi comme il était terre et cendre, après avoir si bien compris ce qu'on doit, voici comment il se

perd dans la présomption de ce que l'on peut. Il dit que
Dieu a donné à tout homme les moyens de s'acquitter
de toutes ses obligations ; que ces moyens sont toujours
en notre puissance, qu'il faut chercher la félicité par les
choses qui sont en notre pouvoir, puisque Dieu nous
les a données à cette fin ; il fait voir ce qu'il y a en
nous de libre, que les biens, la vie, l'estime ne sont pas
en notre puissance, et ne nuisent donc pas à Dieu ; mais
que l'esprit ne peut être forcé de croire ce qu'il sait
être faux, ni la volonté d'aimer ce qu'elle sait qui la
rend malheureuse ; que ces deux puissances sont donc
libres, et que c'est par elle que nous pouvons nous
rendre parfaits ; que l'homme peut par ces puissances
parfaitement connaître Dieu, l'aimer, lui obéir, lui
plaire, se guérir de tous ses vices, acquérir toutes les
vertus, se rendre saint et ainsi compagnon de Dieu.
Ces principes d'une superbe diabolique le conduisent à
d'autres erreurs, comme : que l'âme est une portion de
la substance divine ; que la douleur et la mort ne sont
pas des maux ; qu'on peut se tuer quand on est tellement persécuté qu'on peut croire que Dieu appelle, et
d'autres.

(*Entretien de Pascal avec M. de Saci.*)

----

# L'ESPRIT DE GÉOMÉTRIE ET L'ESPRIT
# DE FINESSE
### (1660)

En l'un, les principes sont palpables, mais éloignés
de l'usage commun ; de sorte qu'on a peine à tourner la
tête de ce côté-là, manque d'habitude : mais pour peu
qu'on s'y tourne, on voit les principes à plein ; et il fau-
drait avoir tout à fait l'esprit faux pour mal raisonner
sur des principes si gros qu'il est presque impossible
qu'ils échappent.

Mais dans l'esprit de finesse, les principes sont dans l'usage commun et devant les yeux de tout le monde. On n'a que faire de tourner la tête ni de se faire violence. Il n'est question que d'avoir bonne vue, mais il faut l'avoir bonne; car les principes sont si déliés et en si grand nombre qu'il est presque impossible qu'il n'en échappe. Or, l'omission d'un principe mène à l'erreur : aussi, il faut avoir la vue bien nette pour voir tous les principes, et ensuite l'esprit juste pour ne pas raisonner faussement sur des principes connus.

Tous les géomètres seraient donc fins s'ils avaient la vue bonne, car ils ne raisonnent pas faux sur les principes qu'ils connaissent; et les esprits fins seraient géomètres s'ils pouvaient plier leur vue vers les principes inaccoutumés de géométrie.

Ce qui fait donc que de certains esprits fins ne sont pas géomètres, c'est qu'ils ne peuvent du tout se tourner vers les principes de géométrie; mais ce qui fait que les géomètres ne sont pas fins, c'est qu'ils ne voient pas ce qui est devant eux; et qu'étant accoutumés aux principes nets et grossiers de géométrie, et à ne raisonner qu'après avoir bien vu et manié leurs principes, ils se perdent dans les choses de finesse, où les principes ne se laissent pas ainsi manier. On les voit à peine, on les sent plutôt qu'on ne les voit; on a des peines infinies à les faire sentir à ceux qui ne les sentent pas d'eux-mêmes; ce sont choses tellement délicates et si nombreuses, qu'il faut un sens bien délicat et bien net pour les sentir et juger droit et juste selon ce sentiment, sans pouvoir le plus souvent les démontrer par ordre comme en géométrie, parce qu'on ne possède pas ainsi les principes, et que ce serait une chose infinie de l'entreprendre.

Il faut tout d'un coup voir la chose d'un seul regard, et non pas par progrès de raisonnement, au moins jusqu'à un certain degré. Et ainsi il est rare que les géomètres soient fins et que les fins soient géomètres, à cause que les géomètres veulent traiter géométriquement les choses

fines, et se rendent ridicules, voulant commencer par
les définitions et ensuite par les principes, ce qui n'est
pas la manière d'agir en cette sorte de raisonnement. Ce
n'est pas que l'esprit ne le fasse; mais il le fait tacite-
ment, naturellement et sans art, car l'expression en
passe tous les hommes, et le sentiment n'en appartient
qu'à peu d'hommes.

Et les esprits fins, au contraire, ayant ainsi accoutumé [1] à juger d'une seule vue, sont si étonnés quand on
leur présente des propositions où ils ne comprennent
rien, et où pour entrer il faut passer par des définitions
et des principes si stériles, qu'ils n'ont point accoutumé
de voir ainsi en détail, qu'ils s'en rebutent et s'en dégoû-
tent. Mais les esprits faux ne sont jamais ni fins ni géomètres. Les géomètres qui ne sont que géomètres ont
donc l'esprit droit, mais pourvu qu'on leur explique bien
toutes choses par définitions et principes; autrement ils
sont faux et insupportables, car ils ne sont droits que sur
les principes bien éclaircis. Et les fins qui ne sont que
fins ne peuvent avoir la patience de descendre jusque
dans les premiers principes des choses spéculatives et
d'imagination, qu'ils n'ont jamais vues dans le monde, et
tout à fait hors d'usage.

(*Opuscules* de Pascal.)

---

## L'HOMME EST UNE ÉNIGME
### (1656-1662)

... Les principales forces des pyrrhoniens, je laisse
les moindres, sont que nous n'avons aucune certitude de
la vérité de ces principes, hors la foi et la révélation,

---

1. *Accoutumer* (pour *s'accoutumer*) se
construit plus ordinairement avec la
préposition *de*. La Fontaine dit : « Ce
cerf n'avait pas accoutumé de lire » ; et,
dans cette même phrase, quatre lignes
plus bas, c'est précisément la construction à laquelle nous voyons revenir
Pascal.

sinon en ce que nous les sentons naturellement en nous :
or, ce sentiment naturel n'est pas une preuve convain-
cante de leur vérité, puisque n'y ayant point de certitude,
hors la foi, si l'homme est créé par un Dieu bon, par un
démon méchant, ou à l'aventure, il[1] est en doute si ces
principes nous sont donnés ou véritables, ou faux, ou
incertains, selon notre origine[2]. De plus, que[3] personne
n'a d'assurance, hors de la foi, s'il veille ou s'il dort, vu
que durant le sommeil on croit veiller aussi fermement
que nous faisons; on croit voir les espaces, les figures,
les mouvements; on sent couler le temps, on le mesure,
et enfin on agit de même qu'éveillé; de sorte que, la
moitié de la vie se passant en sommeil, par notre propre
aveu, où quoi qu'il nous en paraisse, nous n'avons aucune
idée du vrai, tous nos sentiments étant alors des illusions, qui sait si cette autre moitié de la vie où nous
pensons veiller n'est pas un autre sommeil un peu différent du premier, dont nous nous éveillons quand nous
pensons dormir?

Voilà les principales forces de part et d'autre.

Je laisse les moindres, comme les discours que font
les pyrrhoniens contre les impressions de la coutume,
de l'éducation, des mœurs, des pays, et les autres choses
semblables, qui, quoiqu'elles entraînent la plus grande
partie des hommes communs, qui ne dogmatisent que
sur ces vains fondements, sont renversées par le moindre
souffle des pyrrhoniens. On n'a qu'à voir leurs livres, si
l'on n'en est pas assez persuadé; on le deviendra bien
vite, et peut-être trop.

Je m'arrête à l'unique fort des dogmatistes, qui est
qu'en parlant de bonne foi et sincèrement, on ne peut
douter des principes naturels.

Contre quoi les pyrrhoniens opposent en un mot l'incertitude de notre origine, qui enferme celle de notre

---

1. *Il* est au neutre pour *cela*.
2. *Véritables*, si nous avons été créés
par un Dieu bon ; *faux*, si par un démon
méchant ; et *incertains*, si à l'aventure.
3. *De plus, que... En outre* (les principales forces des pyrrhoniens sont) *que...*

nature, à quoi les dogmatistes sont encore à répondre [1]
depuis que le monde dure.

Voilà la guerre ouverte entre les hommes, où il faut
que chacun prenne parti, et se range nécessairement, ou
au dogmatisme, ou au pyrrhonisme; car qui pensera de
mourir neutre sera pyrrhonien par excellence. Cette neu-
tralité est l'essence de la cabale [2] : qui n'est pas contre
eux est excellemment pour eux. Ils ne sont pas pour eux-
mêmes; ils sont neutres, indifférents, suspendus à tout [3],
sans s'excepter.

Que fera donc l'homme en cet état? Doutera-t-il de
tout? doutera-t-il s'il veille, si on le pince, si on le brûle?
doutera-t-il s'il doute? doutera-t-il s'il est? On n'en peut
venir là; et je mets en fait qu'il n'y a jamais eu de pyrrhonien effectif parfait. La nature soutient la raison
impuissante, et l'empêche d'extravaguer jusqu'à ce point.

Dira-t-il donc, au contraire, qu'il possède certainement
la vérité, lui qui, si peu qu'on le pousse, ne peut en
montrer aucun titre, et est forcé de lâcher prise?

Quelle chimère est-ce donc que l'homme? quelle nouveauté, quel monstre, quel chaos, quel sujet de contradiction, quel prodige! Juge de toutes choses, imbécile
ver de terre, dépositaire du vrai, cloaque d'incertitude
et d'erreur, gloire et rebut de l'univers.

Qui démêlera cet embrouillement? La nature confond
les pyrrhoniens, et la raison confond les dogmatiques.
Que deviendrez-vous donc, ô homme, qui cherchez
quelle est votre véritable condition par votre raison
naturelle? Vous ne pouvez fuir une de ces sectes, ni
subsister dans aucune.

Connaissez donc, superbe, quel paradoxe vous êtes à
vous-même. Humiliez-vous, raison impuissante; taisez-
vous, nature imbécile! Apprenez que l'homme passe

---

1. *Sont encore à répondre*, font encore     doctrine, et par conséquent toute la
attendre leur réponse.                        force de l'école, secte ou cabale.
    2. Cette neutralité est le fin de la       3. Restant en suspens sur tout...

ınfiniment l'homme, et entendez de votre maître votre
condition véritable que vous ignorez. Ecoutez Dieu.

(*Pensées*, Article VIII, § 1.)

------------

# FONDEMENT PHILOSOPHIQUE DE LA RELIGION
## (1656-1662)

... Sans ces divines connaissances, qu'ont pu faire les
hommes, sinon, ou s'élever dans le sentiment intérieur
qui leur reste de leur grandeur passée, ou s'abattre dans
la vue de leur faiblesse présente? Car, ne voyant pas la
vérité entière, ils n'ont pu arriver à une parfaite vertu.
Les uns considérant la nature comme incorrompue, les
autres comme irréparable, ils n'ont pu fuir, ou l'orgueil
ou la paresse, qui sont les deux sources de tous les vices;
puisqu'ils ne peuvent, sinon [1] ou s'y abandonner par
lâcheté, ou en sortir par l'orgueil. Car s'ils connaissaient
l'excellence de l'homme, ils en ignoraient la corruption;
de sorte qu'ils évitaient bien la paresse, mais ils se per-
daient dans la superbe. Et s'ils reconnaissaient l'infirmité de la nature, ils en ignoraient la dignité; de sorte
qu'ils pouvaient bien éviter la vanité, mais c'était en se
précipitant dans le désespoir.

De là viennent les diverses sectes des stoïques et des
épicuriens; des dogmatistes et des académiciens, etc.
La seule religion chrétienne a pu guérir ces deux vices,
non pas en chassant l'un par l'autre, par la sagesse de la
terre, mais en chassant l'un et l'autre par la simplicité de
l'Evangile. Car elle apprend aux justes, qu'elle élève
jusqu'à la participation de la Divinité même, qu'en ce
sublime état ils portent encore la source de toute la corruption, qui les rend durant toute la vie sujets à l'erreur,
à la misère, à la mort, au péché, et elle crie aux plus

------------

1. Ils ne peuvent (rien) sinon.

impies qu'ils sont capables de la grâce de leur Rédemp-
teur. Ainsi, donnant à trembler à ceux qu'elle justifie, et
consolant ceux qu'elle condamne, elle tempère avec tant
de justesse la crainte avec l'espérance par cette double
capacité qui est commune à tous, et de la grâce et du
péché, qu'elle abaisse infiniment plus que la seule raison
ne peut faire, mais sans désespérer; et qu'elle élève infiniment plus que l'orgueil de la nature, mais sans enfler :
faisant bien voir par là qu'étant seule exempte d'erreur
et de vice, il n'appartient qu'à elle et d'instruire et de
corriger les hommes.

Qui peut donc refuser à ces célestes lumières de les
croire et de les adorer? Car n'est-il pas plus clair que le
jour que nous sentons en nous-mêmes des caractères
ineffaçables d'excellence? Et n'est-il pas aussi véritable
que nous éprouvons à toute heure les effets de notre
déplorable condition? Que nous crie donc ce chaos et
cette confusion monstrueuse, sinon la vérité de ces deux
états, avec une voix si puissante, qu'il est impossible de
résister?

(Pensées, Article XII, § 3.)

# LA ROCHEFOUCAULD

[Paris, 1613; † 1680, Paris.]

François VI, prince de Marcillac, et plus tard duc de la Roche-foucauld, ne reçut qu'une instruction fort sommaire. Après une première campagne, qu'il fit à seize ans, en Italie, comme « mestre de camp » du régiment d'Auvergne, il vint à la cour, s'attacha au parti d'Anne d'Autriche et commença à se mêler à toutes les intrigues contre Richelieu; il s'y compromit si bien qu'il fut, un moment, mis à la Bastille, puis exilé dans ses terres. Mᵐᵉ de Chevreuse l'avait jeté dans ces aventures; plus tard, Mᵐᵉ de Lon-gueville l'engagea dans la Fronde. Malgré son ambition, il ne joua dans cette échauffourée qu'un rôle de second plan, et, ayant reçu une grave blessure au combat de la porte Saint-Antoine (1652), il renonça pour jamais aux manèges de la galanterie et de la politique. Dans sa retraite, il se fit lui-même l'historien de la première partie de sa vie et publia ses *Mémoires* en 1662. L'in-timité de Mᵐᵉ de Sablé et de Mᵐᵉ de Lafayette l'aida à se résigner à ses déceptions; mais elle ne put l'en consoler; car ses *Réflexions ou Sentences et Maximes morales*, dont la première édition est de 1664, sont toutes pleines de l'amertume que l'expérience de la vie avait amassée dans son âme.

Outre ses *Mémoires* et ses *Maximes*, nous avons de lui un *Por-trait de M. de La Rochefoucault* (1659); quelques *Opuscules* ou *Fragments*; et une centaine de *Lettres*.

## JUGEMENT SUR RICHELIEU
### (1662)

La conquête du Roussillon, la chute de Monsieur le Grand et de tout son parti, la suite[1] de tant d'heureux succès, tant d'autorité et tant de vengeances, avoient rendu le cardinal de Richelieu également redoutable à l'Espagne et à la France. Il revenoit à Paris comme en triomphe; la reine craignoit les effets de son ressenti-

---

1. *Suite*, continuité.

ment; le roi même ne s'étoit pas réservé assez de pouvoir pour protéger ses propres créatures : il ne lui restoit presque plus que Tréville et Tilladet en qui il eût confiance, et il fut contraint de les chasser pour satisfaire le cardinal. La santé du Roi s'affoiblissoit tous les jours; mais celle du Cardinal étoit déplorée[1] et il mourut le 4 décembre, en l'année 1642.

Quelque joie que dussent recevoir ses ennemis de se voir à couvert de tant de persécutions, la suite a fait connoître que cette perte fut très préjudiciable à l'État, et que, puisqu'il en avoit changé la forme en tant de manières, lui seul la pouvoit maintenir utilement, si son administration et sa vie eussent été de plus longue durée. Nul que lui n'avoit bien connu jusqu'alors la puissance du Royaume, et ne l'avoit su remettre entière entre les mains du souverain. La sévérité de son ministère avoit répandu beaucoup de sang, les Grands du Royaume avoient été abaissés, les peuples avoient été chargés d'impositions; mais la prise de La Rochelle, la ruine du parti huguenot, l'abaissement de la maison d'Autriche, tant de grandeur dans les desseins, tant d'habileté à les exécuter, doivent étouffer les ressentiments particuliers, et donner à sa mémoire les louanges qu'elle a justement méritées.

*(Mémoires, I, in fine.)*

## MAXIMES

### (1664)

L'amour-propre est le plus grand de tous les flatteurs.

Les passions sont les seuls orateurs qui persuadent toujours. Elles sont comme un art de la nature dont les

---

1. *Déplorée*, perdue sans ressources. C'est un latinisme : *homo deploratus a medicis*.

règles sont infaillibles; et l'homme le plus simple qui a de la passion persuade mieux que le plus éloquent qui n'en a point.

Nous n'avons pas assez de force pour suivre toute notre raison.

La vérité ne fait pas tant de bien dans le monde que ses apparences y font du mal.

Il est plus honteux de se défier de ses amis que d'en être trompé.

Les hommes ne vivroient pas longtemps en société, s'ils n'étoient les dupes les uns des autres.

Nous sommes si accoutumés à nous déguiser aux autres, qu'enfin nous nous déguisons à nous-mêmes.

On aime mieux dire du mal de soi-même que de n'en point parler.

Il y a des reproches qui louent et des louanges qui médisent.

La vertu n'iroit pas si loin si la vanité ne lui tenoit compagnie.

Le vrai honnête homme est celui qui ne se pique de rien.

Le trop grand empressement qu'on a de s'acquitter d'une obligation est une espèce d'ingratitude.

La véritable éloquence consiste à dire tout ce qu'il faut et à ne dire que ce qu'il faut.

Dans toutes les professions, chacun affecte une mine et un extérieur, pour paroître ce qu'il veut qu'on le croie; ainsi on peut dire que le monde n'est composé que de mines.

Nous aimons toujours ceux qui nous admirent, et nous n'aimons pas toujours ceux que nous admirons.

Nous arrivons tout nouveaux aux divers âges de la

vie, et nous y manquons souvent d'expérience, malgré
le nombre des années.

Rien n'est plus rare que la véritable bonté : ceux
même qui croient en avoir n'ont d'ordinaire que de la
complaisance ou de la foiblesse.

---

## DE L'AIR ET DES MANIÈRES
### (1664)

Il y a un air qui convient à la figure et aux talents de
chaque personne : on perd toujours quand on le quitte
pour en prendre un autre. Il faut essayer de connoître
celui qui nous est naturel, n'en point sortir, et le perfectionner autant qu'il nous est possible.....

Je ne prétends pas, par ce que je dis, nous renfermer
tellement en nous-mêmes, que nous n'ayons pas la liberté
de suivre des exemples, et de joindre à nous des qualités utiles ou nécessaires que la nature ne nous a pas
données : les arts et les sciences conviennent à la plupart de ceux qui s'en rendent capables; la bonne grâce
et la politesse conviennent à tout le monde; mais ces
qualités acquises doivent avoir un certain rapport et une
certaine union avec nos qualités naturelles, qui les
étendent et les augmentent imperceptiblement.

Nous sommes quelquefois élevés à un rang et à des
dignités qui sont au-dessus de nous; nous sommes
souvent engagés dans une profession nouvelle où la
nature ne nous avoit pas destinés; tous ces états ont
chacun un air qui leur convient, mais qui ne convient
pas toujours avec notre air naturel; ce changement de
notre fortune change souvent notre air et nos manières,
et y ajoute l'air de la dignité, qui est toujours faux quand
il est trop marqué et qu'il n'est pas joint et confondu
avec l'air que la nature nous a donné : il faut les unir et
les mêler ensemble et qu'ils ne paroissent jamais séparés.

On ne parle pas de toutes choses sur le même ton et avec les mêmes manières; on ne marche pas à la tête d'un régiment comme on marche en se promenant; mais il faut qu'un même air nous fasse dire naturellement des choses différentes, et qu'il nous fasse marcher différemment, mais toujours naturellement, et comme il convient de marcher à la tête d'un régiment et à une promenade.

Il y en a qui ne se contentent pas de renoncer à leur air propre et naturel, pour suivre celui du rang et des dignités où ils sont parvenus; il y en a même qui prennent par avance l'air des dignités et du rang où ils aspirent. Combien de lieutenants généraux apprennent à paroître maréchaux de France! Combien de gens de robe répètent inutilement l'air de chancelier, et combien de bourgeoises se donnent l'air de duchesses!

Ce qui fait qu'on déplaît souvent, c'est que personne ne sait accorder son air et ses manières avec sa figure, ni ses tons et ses paroles avec ses pensées et ses sentiments; on trouble leur harmonie par quelque chose de faux et d'étranger; on s'oublie soi-même et on s'en éloigne insensiblement; tout le monde presque tombe, par quelque endroit, dans ce défaut; personne n'a l'oreille assez juste pour entendre parfaitement cette sorte de cadence. Mille gens déplaisent avec des qualités aimables; mille gens plaisent avec de moindres talents; c'est que les uns veulent paroître ce qu'ils ne sont pas; les autres sont ce qu'ils paroissent; et enfin, quelques avantages ou quelques désavantages que nous ayons reçus de la nature, on plaît à proportion de ce qu'on suit l'air, les tons, les manières et les sentiments qui conviennent à notre état et à notre figure, et on déplaît à proportion de ce qu'on s'en éloigne.

(Réflexions diverses, III.)

# MOLIÈRE

[Paris, 1622; † 1673, Paris.]

———

Jean Poquelin, le père de Molière, était tapissier valet de chambre du roi Louis XIII. Il avait de l'aisance et put faire élever son fils Jean-Baptiste au collège de Clermont. Sorti du collège, le jeune homme alla faire son droit à Orléans. Mais, en 1640, s'étant lié avec une famille de comédiens, les Béjart, il se prit de passion pour le théâtre, renonça à la charge de valet de chambre du roi que son père lui avait fait obtenir en 1637, et s'enrôla dans une compagnie d'acteurs-amateurs (1643). L'entreprise de cette troupe, dite de l'*Illustre Théâtre*, ne réussit pas. Jean-Baptiste Poquelin fut poursuivi pour dettes et enfermé au Châtelet (1645). Cette mésaventure ne le découragea point, et, sorti de prison, avec sa troupe modifiée, il s'en alla, à la fin de 1646 ou au commencement de 1647, tenter la fortune en province. Ses pérégrinations à travers la France se prolongèrent douze années, durant lesquelles il fit son apprentissage d'acteur, de directeur, et s'essaya à composer : de ce temps en effet, sans parler de quelques canevas comme le *Médecin volant* et *la Jalousie du Barbouillé*, datent *l'Étourdi* (1653) et *le Dépit amoureux* (1656).

Enfin, en 1658, il reprend pied à Paris; la cour, devant laquelle il donne une représentation de *Nicomède* et du *Médecin volant* dans la salle des Gardes du Vieux Louvre, l'applaudit d'abord comme acteur; et, l'année suivante, *les Précieuses ridicules* commencent sa réputation d'auteur comique. La joyeuse bouffonnerie de *Sganarelle* (1660), la tragi-comédie de *Don Garcie de Navarre* (1661) ne pouvaient l'augmenter, mais *l'École des maris* (1661) et *l'École des femmes* (1662) inaugurent la série de ses chefs-d'œuvre. Le roi Louis XIV lui témoigne alors hautement sa faveur, et, se sentant soutenu, Molière repousse hardiment les attaques de ses rivaux et de ses ennemis dans *la Critique de l'École des femmes* et *l'Impromptu de Versailles* (1663).

La hardiesse de sa comédie de *Tartuffe*, dont trois actes furent joués devant le Roi dans de grandes fêtes données à Versailles (1664), parut excessive; la pièce fut interdite et ne put reparaître sur la scène qu'en 1669. Tandis qu'il sollicitait pour obtenir la levée de cette interdiction, Molière ne cessait pas de produire : il donne successivement *Don Juan* (1665), *le Misanthrope* et *le Médecin malgré lui* (1666), *Amphitryon*, *l'Avare* et *Georges Dandin* (1668). Ni les chagrins domestiques qui suivirent son mariage avec

Armande Béjart, ni les premières atteintes du mal qui devait l'emporter, ne purent refroidir sa verve et tarir sa fécondité : la série de ses œuvres, d'une gaieté si entraînante ou si profonde, se continue par *Monsieur de Pourceaugnac* (1669), *le Bourgeois gentilhomme* (1670), *les Fourberies de Scapin*, *la Comtesse d'Escarbagnas* (1671), *les Femmes savantes* (1672) et se clôt par *le Malade imaginaire* (1673). A la quatrième représentation de cette pièce, dont le succès avait été très vif, Molière, qui avait voulu continuer à jouer le personnage d'Argan malgré la maladie dont il souffrait plus que de coutume, fut pris d'une syncope en plein théâtre et, transporté chez lui, mourut quelques heures après (17 février 1673).

Outre les comédies que nous avons énumérées, Molière a donné de petites pièces analogues à nos levers de rideau, *le Mariage forcé* (1664), *le Sicilien* (1667), et des comédies à tiroirs, des comédies-ballets composées sur commande pour les fêtes de la cour : telles, *les Fâcheux* (1661), *la Princesse d'Elide* (1664), *l'Amour médecin* (1665), *Mélicerte* (1666), *la Pastorale comique* (1666), *les Amants magnifiques* (1670), *Psyché* (1671).

Mentionnons en outre deux pièces de vers : le *Remerciement au Roi* et *la Gloire du Val de Grâce*.

---

# LA LEÇON D'ARNOLPHE A AGNÈS[1]

## (1662)

Agnès, pour m'écouter, laissez là votre ouvrage.
Levez un peu la tête et tournez le visage :
Là, regardez-moi là, durant cet entretien,
Et jusqu'au moindre mot imprimez-le-vous bien.
Je vous épouse, Agnès ; et cent fois la journée
Vous devez bénir l'heur de votre destinée,
Contempler la bassesse où vous avez été,
Et dans le même temps admirer ma bonté,
Qui, de ce vil état de pauvre villageoise,
Vous fait monter au rang d'honorable bourgeoise

---

1. Agnès, comme on sait, est la fille d'une pauvre paysanne qui, pour n'en avoir pas la charge, a consenti à la céder dès l'âge de quatre ans, Arnolphe, qui veut en faire sa femme, l'a fait élever selon ses vues, c'est-à-dire,

.... Ordonnant quels soins on emploieroit
Pour la rendre idiote autant qu'il se pourroit.

Et jouir de la couche et des embrassements
D'un homme qui fuyoit tous ces engagements,
Et dont à vingt partis, fort capables de plaire,
Le cœur a refusé l'honneur qu'il veut vous faire.
Vous devez toujours, dis-je, avoir devant les yeux
Le peu que vous étiez sans ce nœud glorieux,
Afin que cet objet d'autant mieux vous instruise
A mériter l'état où je vous aurai mise,
A toujours vous connoître, et faire qu'à jamais
Je puisse me louer de l'acte que je fais.
Le mariage, Agnès, n'est pas un badinage :
A d'austères devoirs le rang de femme engage,
Et vous n'y montez pas, à ce que je prétends,
Pour être libertine et prendre du bon temps.
Votre sexe n'est là que pour la dépendance :
Du côté de la barbe est la toute-puissance.
Bien qu'on soit deux moitiés de la société,
Ces deux moitiés pourtant n'ont point d'égalité ;
L'une est moitié suprême et l'autre subalterne ;
L'une en tout est soumise à l'autre, qui gouverne ;
Et ce que le soldat, dans son devoir instruit,
Montre d'obéissance au chef qui le conduit,
Le valet à son maître, un enfant à son père,
A son supérieur le moindre petit Frère,
N'approche point encor de la docilité,
Et de l'obéissance, et de l'humilité,
Et du profond respect où la femme doit être
Pour son mari, son chef, son seigneur, et son maître.
Lorsqu'il jette sur elle un regard sérieux,
Son devoir aussitôt est de baisser les yeux,
Et de n'oser jamais le regarder en face
Que quand d'un doux regard il lui veut faire grâce.
C'est ce qu'entendent mal les femmes d'aujourd'hui.
Mais ne vous gâtez pas sur l'exemple d'autrui :
Gardez-vous d'imiter ces coquettes vilaines
Dont par toute la ville on chante les fredaines,
Et de vous laisser prendre aux assauts du malin,

C'est-à-dire d'ouïr aucun jeune blondin.
Songez qu'en vous faisant moitié de ma personne
C'est mon honneur, Agnès, que je vous abandonne ;
Que cet honneur est tendre et se blesse de peu ;
Que sur un tel sujet il ne faut point de jeu ;
Et qu'il est aux Enfers des chaudières bouillantes
Où l'on plonge à jamais les femmes mal vivantes.
Ce que je vous dis là ne sont pas des chansons,
Et vous devez du cœur dévorer ces leçons.
Si votre âme les suit, et fuit d'être coquette,
Elle sera toujours comme un lis blanche et nette ;
Mais s'il faut qu'à l'honneur elle fasse un faux bond,
Elle deviendra lors noire comme un charbon ;
Vous paroîtrez à tous un objet effroyable ;
Et vous irez un jour, vrai partage du diable,
Bouillir dans les enfers à toute éternité,
Dont vous veuille garder la céleste bonté !

(L'École des femmes, III, 2.)

---

## LA CRITIQUE DE L'ÉCOLE DES FEMMES
(1662)

#### URANIE.

La tragédie, sans doute, est quelque chose de beau quand elle est bien touchée ; mais la comédie a ses charmes, et je tiens que l'une n'est pas moins difficile à faire que l'autre.

#### DORANTE.

Assurément, Madame ; et quand, pour la difficulté, vous mettriez un *plus* du côté de la comédie, peut-être que vous ne vous abuseriez pas. Car enfin, je trouve qu'il est bien plus aisé de se guinder sur de grands sentiments, de braver en vers la Fortune, accuser les Destins, et dire des injures aux Dieux, que d'entrer comme il faut dans le ridicule des hommes, et de rendre agréablement sur le théâtre les défauts de tout le monde. Lorsque vous peignez des héros, vous faites ce que vous voulez. Ce sont des portraits à plaisir, où l'on ne cherche point de ressemblance; et vous n'avez qu'à suivre les traits d'une imagination qui se donne l'essor, et qui souvent laisse le vrai pour attraper le merveilleux. Mais lorsque vous peignez les hommes, il faut peindre d'après nature. On veut que ces portraits ressemblent; et vous n'avez rien fait, si vous n'y faites reconnoître les gens de votre siècle. En un mot, dans les pièces sérieuses, il suffit, pour n'être point blâmé, de dire des choses qui soient de bon sens et bien écrites; mais ce n'est pas assez dans les autres, il y faut plaisanter; et c'est une étrange entreprise que celle de faire rire les honnêtes gens.

### CLIMÈNE.

Je crois être du nombre des honnêtes gens; et cependant je n'ai pas trouvé le mot pour rire dans tout ce que j'ai vu.

### LE MARQUIS.

Ma foi, ni moi non plus.

### DORANTE.

Pour toi, Marquis, je ne m'en étonne pas; c'est que tu n'y as point trouvé de turlupinades [1].

### LYSIDAS.

Ma foi, monsieur, ce qu'on y rencontre ne vaut guère mieux, et toutes les plaisanteries y sont assez froides à mon avis.

### DORANTE.

La cour n'a pas trouvé cela.

### LYSIDAS.

Ah! monsieur, la cour!

---

1. Turlupin est le nom de théâtre de H. Legrand, acteur comique de l'hôtel de Bourgogne (1583-1634), qui, avec Gros-Guillaume et Gautier-Garguille, joua des farces de tréteaux qu'on nomma *turlupinades*, et dont le succès fut tel que le nom, presque dès l'origine, en était devenu proverbial.

### DORANTE.

Achevez, monsieur Lysidas. Je vois bien que vous voulez dire que la cour ne se connoît pas à ces choses; et c'est le refuge ordinaire de vous autres, messieurs les auteurs, dans le mauvais succès de vos ouvrages, que d'accuser l'injustice du siècle et le peu de lumière des courtisans. Sachez, s'il vous plaît, monsieur Lysidas, que les courtisans ont d'aussi bons yeux que d'autres; qu'on peut être habile avec un point de Venise et des plumes [1], aussi bien qu'avec une perruque courte et un petit rabat uni [2]; que la grande épreuve de toutes vos comédies, c'est le jugement de la cour; que c'est son goût qu'il faut étudier pour trouver l'art de réussir; qu'il n'y a point de lieu où les décisions soient si justes; et sans mettre en ligne de compte tous les gens savants qui y sont, que, du simple bon sens naturel et du commerce de tout le beau monde, on s'y fait une manière d'esprit, qui sans comparaison juge plus finement des choses, que tout le savoir enrouillé des pédants.

### URANIE.

Il est vrai que, pour peu qu'on y demeure, il vous passe là tous les jours assez de choses devant les yeux pour acquérir quelque habitude de les connoître, et surtout pour ce qui est de la bonne et mauvaise plaisanterie.

### DORANTE.

La cour a quelques ridicules, j'en demeure d'accord, et je suis, comme on voit, le premier à les fronder. Mais, ma foi, il y en a un grand nombre parmi les beaux esprits de profession; et si l'on joue quelques marquis, je trouve qu'il y a bien plus de quoi jouer les auteurs, et que ce seroit une chose plaisante à mettre sur le théâtre que leurs grimaces savantes et leurs raffine-

---

1. Les dentelles d'Italie et les plumes étaient alors le luxe à la mode parmi les courtisans.

2. C'était le costume des beaux esprits de profession; c'est celui que portent Trissotin et Vadius.

ments ridicules, leur vicieuse coutume d'assassiner les
gens de leurs ouvrages, leur friandise de louanges,
leurs ménagements de pensées, leur trafic de réputation,
et leurs ligues offensives et défensives, aussi bien que
leurs guerres d'esprit, et leurs combats de prose et de
vers.

### LYSIDAS.

Molière est bien heureux, monsieur, d'avoir un protecteur aussi chaud que vous. Mais enfin, pour venir
au fait, il est question de savoir si la pièce est bonne,
et je m'offre d'y montrer partout cent défauts visibles.

### URANIE.

C'est une étrange chose de vous autres, messieurs les
poètes, que vous condamniez toujours les pièces où tout
le monde court, et ne disiez jamais du bien que de celles
où personne ne va. Vous montrez pour les unes une
haine invincible, et pour les autres une tendresse qui
n'est pas concevable.

### DORANTE.

C'est qu'il est généreux de se ranger du côté des
affligés.

### URANIE.

Mais, de grâce, monsieur Lysidas, faites-nous voir
ces défauts, dont je ne me suis point aperçue.

### LYSIDAS.

Ceux qui possèdent Aristote et Horace voient d'abord,
madame, que cette comédie pèche contre toutes les
règles de l'art.

### URANIE.

Je vous avoue que je n'ai aucune habitude avec ces
messieurs-là, et que je ne sais point les règles de l'art.

### DORANTE.

Vous êtes de plaisantes gens avec vos règles dont
vous embarrassez les ignorants et nous étourdissez
tous les jours. Il semble, à vous ouïr parler, que ces

règles de l'art soient les plus grands mystères du monde ;
et cependant ce ne sont que quelques observations
aisées que le bon sens a faites sur ce qui peut ôter le
plaisir que l'on prend à ces sortes de poèmes ; et le
même bon sens qui a fait autrefois ces observations les
fait aisément tous les jours sans le secours d'Horace et
d'Aristote. Je voudrois bien savoir si la grande règle
de toutes les règles n'est pas de plaire, et si une pièce
de théâtre qui a attrapé son but n'a pas suivi un bon
chemin. Veut-on que tout un public s'abuse sur ces
sortes de choses, et que chacun n'y soit pas juge du
plaisir qu'il y prend... Car enfin, si les pièces qui sont
selon les règles ne plaisent pas et que celles qui plaisent ne soient pas selon les règles, il faudroit de nécessité que les règles eussent été mal faites. Moquons-nous
donc de cette chicane où ils veulent assujettir le goût du
public, et ne consultons dans une comédie que l'effet
qu'elle fait sur nous. Laissons-nous aller de bonne foi
aux choses qui nous prennent par les entrailles, et ne
cherchons point de raisonnement pour nous empêcher
d'avoir du plaisir.

(*La Critique de l'École des femmes*, scène 6.)

## LA VRAIE ET LA FAUSSE DÉVOTION
### (1664)

#### ORGON.

.... Mon frère, vous seriez charmé de le [1] connoître,
Et vos ravissements ne prendroient point de fin,
C'est un homme... qui... ha !... un homme... un homme enfin
Qui suit bien ses leçons, goûte une paix profonde,
Et comme du fumier regarde tout le monde.
Oui, je deviens tout autre avec son entretien ;
Il m'enseigne à n'avoir affection pour rien,

1. Tartuffe.

De toutes amitiés il détache mon âme ;
Et je verrois mourir frère, enfants, mère et femme
Que je m'en soucierois autant que de cela [1].

CLÉANTE.

Les sentiments humains, mon frère, que voilà !

ORGON.

Ha ! si vous aviez vu comme j'en fis rencontre,
Vous auriez pris pour lui l'amitié que je montre.
Chaque jour à l'église il venoit, d'un air doux,
Tout vis-à-vis de moi se mettre à deux genoux.
Il attiroit les yeux de l'assemblée entière
Par l'ardeur dont au Ciel il poussoit sa prière ;
Il faisoit des soupirs, de grands élancements,
Et baisoit humblement la terre à tous moments ;
Et lorsque je sortois il me devançoit vite,
Pour m'aller à la porte offrir de l'eau bénite.
Instruit par son garçon [2] qui dans tout l'imitoit,
Et de son indigence, et de ce qu'il étoit,
Je lui faisois des dons ; mais avec modestie
Il me vouloit toujours en rendre une partie.
« C'est trop, me disoit-il, c'est trop de la moitié ;
Je ne mérite pas de vous faire pitié » ;
Et quand je refusois de le vouloir reprendre,
Aux pauvres, à mes yeux, il alloit le répandre.
Enfin le Ciel chez moi me le fit retirer,
Et depuis ce temps-là tout semble y prospérer.
Je vois qu'il reprend tout, et qu'à ma femme même
Il prend, pour mon honneur, un intérêt extrême ;
Il m'avertit des gens qui lui font les yeux doux,
Et plus que moi six fois il s'en montre jaloux.
Mais vous ne croiriez point jusqu'où monte son zèle :
Il s'impute à péché la moindre bagatelle ;
Un rien presque suffit pour le scandaliser ;
Jusque là qu'il se vint l'autre jour accuser

---

1. L'acteur fait ici un geste tradi-
tionnel, portant l'ongle du pouce sous
l'extrémité des dents d'en haut. *Cela*
c'est le très petit bruit qui se produit
ainsi.

2. Son laquais, son valet.

D'avoir pris une puce en faisant sa prière
Et de l'avoir tuée avec trop de colère.

#### CLÉANTE.

Parbleu! vous êtes fou, mon frère, que je croi.
Avec de tels discours vous moquez-vous de moi?
Et que prétendez-vous que tout ce badinage...?

#### ORGON.

Mon frère, ce discours sent le libertinage [1] :
Vous en êtes un peu dans votre âme entiché;
Et comme je vous l'ai plus de dix fois prêché,
Vous vous attirerez quelque méchante affaire.

#### CLÉANTE.

Voilà de vos pareils le discours ordinaire :
Ils veulent que chacun soit aveugle comme eux.
C'est être libertin que d'avoir de bons yeux,
Et qui n'adore pas de vaines simagrées,
N'a ni respect ni foi pour les choses sacrées.
Allez, tous vos discours ne me font point de peur :
Je sais comme je parle, et le Ciel voit mon cœur.
De tous vos façonniers on n'est point les esclaves.
Il est de faux dévots ainsi que de faux braves;
Et comme on ne voit pas qu'où l'honneur les conduit
Les vrais braves soient ceux qui font beaucoup de bruit,
Les bons et vrais dévots, qu'on doit suivre à la trace,
Ne sont pas ceux aussi qui font tant de grimace.
Hé quoi? vous ne ferez nulle distinction
Entre l'hypocrisie et la dévotion?
Vous les voulez traiter d'un semblable langage,
Et rendre même honneur au masque qu'au visage,
Egaler l'artifice à la sincérité,
Confondre l'apparence avec la vérité,
Estimer le fantôme autant que la personne,
Et la fausse monnoie à l'égal de la bonne?

---

1. Indépendance en ce qui touche aux questions religieuses et aux pratiques de dévotion.

Les hommes la plupart sont étrangement faits!
Dans la juste nature on ne les voit jamais;
La raison a pour eux des bornes trop petites;
En chaque caractère ils passent ses limites;
Et la plus noble chose, ils la gâtent souvent
Pour la vouloir outrer et pousser trop avant.
Que cela vous soit dit en passant, mon beau frère.

ORGON.

Oui, vous êtes sans doute un docteur qu'on révère;
Tout le savoir du monde est chez vous retiré;
Vous êtes le seul sage et le seul éclairé,
Un oracle, un Caton dans le siècle où nous sommes;
Et près de vous ce sont des sots que tous les hommes.

CLÉANTE.

Je ne suis point, mon frère, un docteur révéré,
Et le savoir chez moi n'est pas tout retiré.
Mais, en un mot, je sais, pour toute ma science,
Du faux avec le vrai faire la différence.
Et comme je ne vois nul genre de héros
Qui soit plus à priser que les parfaits dévots,
Aucune chose au monde et plus noble et plus belle
Que la sainte ferveur d'un véritable zèle,
Aussi ne vois-je rien qui soit plus odieux
Que le dehors plâtré d'un zèle spécieux,
Que ces francs charlatans, que ces dévots de place [1],
De qui la sacrilège et trompeuse grimace
Abuse impunément et se joue à leur gré
De ce qu'ont les mortels de plus saint et sacré,
Ces gens qui, par une âme à l'intérêt soumise,
Font de dévotion métier et marchandise,
Et veulent acheter crédit et dignités,
A prix de faux clins d'yeux et d'élans affectés,
Ces gens, dis-je, qu'on voit d'une ardeur non commune
Par le chemin du Ciel courir à leur fortune,

1. Il y avait alors des *valets de place*, qu'on vînt les louer, comme nous avons
qui attendaient sur la place publique aujourd'hui des *voitures de place*.

Qui, brûlants et priants, demandent[1] chaque jour,
Et prêchent la retraite au milieu de la cour,
Qui savent ajuster leur zèle avec leurs vices,
Sont prompts, vindicatifs, sans foi, pleins d'artifices,
Et pour perdre quelqu'un couvrent insolemment
De l'intérêt du Ciel leur fier ressentiment,
D'autant plus dangereux dans leur âpre colère,
Qu'ils prennent contre nous des armes qu'on révère,
Et que leur passion, dont on leur sait bon gré,
Veut nous assassiner avec un fer sacré.
De ce faux caractère on en voit trop paroître ;
Mais les dévots de cœur sont aisés à connoître.
Notre siècle, mon frère, en expose à nos yeux
Qui peuvent nous servir d'exemples glorieux :
Regardez Ariston, regardez Périandre,
Oronte, Alcidamas, Polydore, Clitandre ;
Ce titre par aucun ne leur est débattu ;
Ce ne sont point du tout fanfarons de vertu ;
On ne voit point en eux le faste insupportable,
Et leur dévotion est humaine, est traitable ;
Ils ne censurent point toutes nos actions :
Ils trouvent trop d'orgueil dans ces corrections ;
Et laissant la fierté des paroles aux autres,
C'est par leurs actions qu'ils reprennent les nôtres.
L'apparence du mal a chez eux peu d'appui[2],
Et leur âme est portée à juger bien d'autrui.
Point de cabale en eux[3], point d'intrigues à suivre ;
On les voit, pour tous soins, se mêler de bien vivre ;
Jamais contre un pécheur ils n'ont d'acharnement ;
Ils attachent leur haine au péché seulement,
Et ne veulent point prendre avec un zèle extrême,
Les intérêts du Ciel plus qu'il ne veut lui-même.
Voilà mes gens, voilà comme il en faut user,
Voilà l'exemple enfin qu'il se faut proposer.

1. Font le métier de solliciteurs...   mal.
2. Ils se refusent à prêter leur appui    3. Point d'esprit de cabale en eux ;
à ceux qui tournent les apparences en   ils ne sont point sectaires.

Votre homme, à dire vrai, n'est pas de ce modèle :
C'est de fort bonne foi que vous vantez son zèle;
Mais par un faux éclat je vous crois ébloui.

(*Tartuffe*, I, 6.)

---

## ALCESTE DANS LE SALON DE CÉLIMÈNE
### (1666)

CLITANDRE.

Parbleu ! je viens du Louvre, où Cléonte, au levé[1],
Madame, a bien paru ridicule achevé.
N'a-t-il point quelque ami qui pût sur ses manières,
D'un charitable avis lui prêter les lumières?

CÉLIMÈNE.

Dans le monde à vrai dire, il se barbouille[2] fort,
Partout il porte un air qui saute aux yeux d'abord;
Et lorsqu'on le revoit après un peu d'absence,
On le retrouve encor plus plein d'extravagance.

ACASTE.

Parbleu! s'il faut parler de gens extravagants,
Je viens d'en essuyer un des plus fatigants :
Damon, le raisonneur, qui m'a, ne vous déplaise,
Une heure, au grand soleil, tenu hors de ma chaise.

CÉLIMÈNE.

C'est un parleur étrange, et qui trouve toujours
L'art de ne vous rien dire avec de grands discours;
Dans les propos qu'il tient on ne voit jamais goutte,
Et ce n'est que du bruit que tout ce qu'on écoute.

ÉLIANTE, *à Philinte.*

Ce début n'est pas mal; et contre le prochain
La conversation prend un assez bon train.

---

1. Au lever du roi... Il y avait le *grand* et le *petit lever.* Aussitôt que le roi avait récité l'office du Saint-Esprit, le *petit lever* commençait. Le *grand lever* commençait quand le roi était peigné et rasé.

2. *Se barbouiller*, c'est se rendre ridicule.

CLITANDRE.

Timante encor, madame, est un bon caractère.

CÉLIMÈNE.

C'est de la tête aux pieds un homme tout mystère,
Qui vous jette en passant un coup d'œil égaré,
Et, sans aucune affaire, est toujours affairé.
Tout ce qu'il vous débite en grimaces abonde ;
A force de façons il assomme le monde ;
Sans cesse il a, tout bas, pour rompre l'entretien,
Un secret à vous dire, et ce secret n'est rien.
De la moindre vétille il fait une merveille,
Et jusques au bonjour, il dit tout à l'oreille.

ACASTE.

Et Géralde, madame ?

CÉLIMÈNE.

                    O l'ennuyeux conteur !
Jamais on ne le voit sortir du grand seigneur ;
Dans le brillant commerce il se mêle sans cesse,
Et ne cite jamais que duc, prince ou princesse ;
La qualité l'entête [1] ; et tous ses entretiens
Ne sont que de chevaux, d'équipage et de chiens ;
Il tutaye [2] en parlant ceux du plus haut étage,
Et le nom de monsieur est chez lui hors d'usage.

CLITANDRE.

On dit qu'avec Bélise il est du dernier bien.

CÉLIMÈNE.

Le pauvre esprit de femme et le sec entretien !
Lorsqu'elle vient me voir, je souffre le martyre ;
Il faut suer sans cesse à chercher que lui dire,
Et la stérilité de son expression
Fait mourir à tous coups la conversation.
En vain, pour attaquer son stupide silence,
De tous les lieux communs vous prenez l'assistance :

---

1. La qualité, c'est-à-dire tout ce qui
touche aux gens de qualité, tout ce
qui fait leur train de vie.

2. *Tutayer* était, non l'orthographe,
mais la prononciation encore autorisée
par l'Académie en 1694.

Le beau temps et la pluie, et le froid et le chaud
Sont des fonds qu'avec elle on épuise bientôt.
Cependant sa visite, assez insupportable,
Traîne en une longueur encore épouvantable;
Et l'on demande l'heure, et l'on bâille vingt fois
Qu'elle grouille aussi peu qu'une pièce de bois

ACASTE.

Que vous semble d'Adraste?

CÉLIMÈNE.

              Ah! quel orgueil extrême
C'est un homme gonflé de l'amour de soi-même.
Son mérite jamais n'est content de la cour :
Contre elle il fait métier de pester chaque jour,
Et l'on ne donne emploi, charge ni bénéfice,
Qu'à tout ce qu'il se croit on ne fasse injustice.

CLITANDRE.

Mais le jeune Cléon, chez qui vont aujourd'hui
Nos plus honnêtes gens, que dites-vous de lui?

CÉLIMÈNE.

Que de son cuisinier il s'est fait un mérite,
Et que c'est à sa table à qui l'on rend visite.

ÉLIANTE.

Il prend soin d'y servir des mets fort délicats.

CÉLIMÈNE.

Oui, mais je voudrois bien qu'il ne s'y servît pas ;
C'est un fort méchant plat que sa sotte personne,
Et qui gâte, à mon goût, tous les repas qu'il donne.

PHILINTE.

On fait assez de cas de son oncle Damis :
Qu'en dites-vous, madame?

CÉLIMÈNE.

              Il est de mes amis.

PHILINTE.

Je le trouve honnête homme, et d'un air assez sage.

### CÉLIMÈNE.

Oui; mais il veut avoir trop d'esprit, dont j'enrage;
Il est guindé sans cesse, et dans tous ses propos,
On voit qu'il se travaille à dire de bons mots.
Depuis que dans la tête il s'est mis d'être habile,
Rien ne touche son goût, tant il est difficile :
Il veut voir des défauts à tout ce qu'on écrit,
Et pense que louer n'est pas d'un bel esprit,
Que c'est être savant que trouver à redire,
Qu'il n'appartient qu'aux sots d'admirer et de rire,
Et qu'en n'approuvant rien des ouvrages du temps,
Il se met au-dessus de tous les autres gens.
Aux conversations même il trouve à reprendre :
Ce sont propos trop bas pour y daigner descendre,
Et les deux bras croisés, du haut de son esprit,
Il regarde en pitié tout ce que chacun dit.

### ACASTE.

Dieu me damne, voilà son portrait véritable !

### CLITANDRE.

Pour bien peindre les gens vous êtes admirable.

### ALCESTE.

Allons, ferme, poussez, mes bons amis de cour,
Vous n'en épargnez point, et chacun a son tour :
Cependant aucun d'eux à vos yeux ne se montre,
Qu'on ne vous voie, en hâte, aller à sa rencontre,
Lui présenter la main, et d'un baiser flatteur
Appuyer les serments d'être son serviteur.

### CLITANDRE.

Pourquoi s'en prendre à nous? Si ce qu'on dit vous
Il faut que le reproche à Madame s'adresse.        [blesse,

### ALCESTE.

Non, morbleu, c'est à vous ! et vos ris complaisants
Tirent de son esprit tous ces traits médisants.

Son humeur satirique est sans cesse nourrie
Par le coupable encens de votre flatterie ;
Et son cœur à railler trouveroit moins d'appas,
S'il avoit observé qu'on ne l'applaudît pas.
C'est ainsi qu'aux flatteurs on doit partout se prendre
Des vices, où l'on voit les humains se répandre.

### PHILINTE.

Mais pourquoi pour ces gens un intérêt si grand,
Vous qui condamneriez ce qu'en eux on reprend ?

### CÉLIMÈNE.

Et ne faut-il pas bien que Monsieur contredise ?
A la commune voix veut-on qu'il se réduise,
Et qu'il ne fasse pas éclater en tous lieux
L'esprit contrariant qu'il a reçu des cieux ?
Le sentiment d'autrui n'est jamais pour lui plaire ;
Il prend toujours en main l'opinion contraire ;
Et penseroit paroître un homme du commun,
Si l'on voyoit qu'il fût de l'avis de quelqu'un.
L'honneur de contredire a pour lui tant de charmes,
Qu'il prend contre lui-même assez souvent les armes,
Et ses vrais sentiments sont combattus par lui,
Aussitôt qu'il les voit dans la bouche d'autrui.

### ALCESTE.

Les rieurs sont pour vous, madame, c'est tout dire,
Et vous pouvez pousser contre moi la satire.

### PHILINTE.

Mais il est véritable aussi que votre esprit
Se gendarme toujours contre tout ce qu'on dit,
Et que, par un chagrin que lui-même il avoue,
Il ne sauroit souffrir qu'on blâme, ni qu'on loue.

### ALCESTE.

C'est que jamais, morbleu, les hommes n'ont raison !
Que le chagrin contre eux est toujours de saison,

Et que je vois qu'ils sont sur toutes les affaires,
Loueurs impertinents, ou censeurs téméraires.

(Misanthrope, II, 4.)

---

## MÉDECINE ET MÉDECINS

### (1673)

#### ARGAN.

Mais raisonnons un peu, mon frère. Vous ne croyez
donc point à la médecine?

#### BÉRALDE.

Non, mon frère, et je ne crois pas que, pour son salut,
il soit nécessaire d'y croire.

#### ARGAN.

Quoi? Vous ne tenez pas véritable une chose établie
par tout le monde, et que tous les siècles ont révérée?

#### BÉRALDE.

Bien loin de la tenir véritable, je la trouve, entre
nous, une des plus grandes folies qui soit parmi les
hommes, et à regarder les choses en philosophe, je ne
vois point de plus plaisante momerie, je ne vois rien de
plus ridicule qu'un homme qui se veut mêler d'en guérir
un autre.

#### ARGAN.

Pourquoi ne voulez-vous pas, mon frère, qu'un homme
en puisse guérir un autre?

#### BÉRALDE.

Pour la raison, mon frère, que les ressorts de notre
machine sont des mystères, jusques ici, où les hommes
ne voient goutte, et que la nature nous a mis au-devant
des yeux des voiles trop épais pour y connaître quelque
chose.

### ARGAN.

Les médecins ne savent donc rien, à votre compte?

### BÉRALDE.

Si fait, mon frère! Ils savent la plupart de fort belles humanités, savent parler un beau latin, savent nommer en grec toutes les maladies, les définir et les diviser; mais pour ce qui est de les guérir, c'est ce qu'ils ne savent point du tout.

### ARGAN.

Mais toujours faut-il demeurer d'accord que, sur cette matière, les médecins en savent plus que les autres.

### BÉRALDE.

Ils savent, mon frère, ce que je vous ai dit, qui ne guérit pas de grand'chose; et toute l'excellence de leur art consiste en un pompeux galimatias, en un spécieux babil, qui vous donne des mots pour des raisons, et des promesses pour des effets.

### ARGAN.

Mais enfin, mon frère, il y a des gens aussi sages et aussi habiles que vous, et nous voyons que, dans la maladie, tout le monde a recours aux médecins.

### BÉRALDE.

C'est une marque de la foiblesse humaine et non pas de la vérité de leur art.

### ARGAN.

Mais il faut bien que les médecins croient leur art véritable, puisqu'ils s'en servent pour eux-mêmes.

### BÉRALDE.

C'est qu'il y en a parmi eux qui sont eux-mêmes dans l'erreur populaire, dont ils profitent, et d'autres qui en profitent sans y être. Votre Monsieur Purgon, par exemple, n'y sait point de finesse : c'est un homme tout médecin, depuis la tête jusqu'aux pieds; un homme qui croit à ses règles plus qu'à toutes les démonstrations des mathématiques, et qui croiroit du crime à les voir examiner; qui ne voit rien d'obscur dans la médecine, rien de douteux, rien de difficile; et qui, avec une impétuosité de prévention, une roideur de confiance, une brutalité de sens commun et de raison, donne au travers des purgations et des saignées et ne balance aucune chose. Il ne lui faut point vouloir mal de tout ce qu'il pourra vous faire! c'est de la meilleure foi du monde qu'il vous expédiera, et il ne fera, en vous tuant, que ce qu'il a fait à sa femme et à ses enfants, et ce qu'en un besoin il feroit à lui-même.

ARGAN.

C'est que vous avez, mon frère, une dent de lait contre lui. Mais enfin venons au fait. Que faire donc quand on est malade?

BÉRALDE.

Rien, mon frère.

ARGAN.

Rien?

BÉRALDE.

Rien. Il ne faut que demeurer en repos. La nature, d'elle-même, quand nous la laissons faire, se tire doucement du désordre où elle est tombée. C'est notre inquiétude, c'est notre impatience qui gâte tout, et presque tous les hommes meurent de leurs remèdes et non pas de leurs maladies.

ARGAN.

Mais il faut demeurer d'accord, mon frère, qu'on peut aider cette nature par de certaines choses.

BÉRALDE.

Mon Dieu! mon frère, ce sont pures idées, dont nous aimons à nous repaître; et, de tout temps, il s'est glissé parmi les hommes de belles imaginations, que nous venons à croire, parce qu'elles nous flattent et qu'il seroit à souhaiter qu'elles fussent véritables. Lorsqu'un méde-

cin vous parle d'aider, de secourir, de soulager la nature,
de lui ôter ce qui lui nuit et de lui donner ce qui lui
manque, de la rétablir et de la remettre dans une pleine
facilité de ses fonctions; lorsqu'il vous parle de rectifier
le sang, de tempérer les entrailles et le cerveau, de
dégonfler la rate, de raccommoder la poitrine, de réparer
le foie, de fortifier le cœur, de rétablir et conserver la
chaleur naturelle, et d'avoir des secrets pour étendre la
vie à de longues années, il vous dit justement le roman
de la médecine. Mais quand vous en venez à la vérité et
à l'expérience, vous ne trouvez rien de tout cela, et il
en est comme de ces beaux songes qui ne vous laissent
au réveil que le déplaisir de les avoir crus.

(*Malade imaginaire*, III, 3.)

# JEAN DE LA FONTAINE

[Château-Thierry, 1621 ; † 1695, Paris.]

Jean de La Fontaine ne reçut qu'une éducation assez négligée. Sur l'impression que lui fit la lecture de quelques livres de piété, il se crut la vocation religieuse, et se fit recevoir dans la congrégation de l'Oratoire, de fondation alors toute récente. Mais il se ravisa vite, revint près de son père qui lui transmit sa charge de maître des eaux et forêts, et se maria en 1647. Cependant, s'étant pris de goût pour les lettres, il étudiait nos auteurs du XVIᵉ siècle et aussi les écrivains anciens, et en 1654, il faisait paraître son premier ouvrage, une traduction en vers de l'*Eunuque* de Térence. Un certain Jannart, parent de sa femme, recommanda ce nouveau poète à Fouquet, qui se piquait d'encourager le talent. Outre une pension de 1000 livres, La Fontaine dut au surintendant l'occasion de célébrer en vers aimables les magnificences du château de Vaux (*Songe de Vaux*), et, ce qui vaut mieux, de chanter en vers émus la disgrâce qui frappa son protecteur (*Élégie aux Nymphes de Vaux*, 1661). De la clientèle de Fouquet passé dans celle de la duchesse de Bouillon, il composa pour cette nièce de Mazarin ses *Contes* licencieux (1664-1666). Entre temps il avait commencé à se lier avec Molière, Boileau, Racine, dans la fréquentation desquels son talent s'épurait, se fortifiait, se dégageait surtout de ce qu'il avait encore de précieux et, en 1668, paraissaient les six premiers livres de ses *Fables*. La réputation lui était venue ; mais par son extrême négligence tout son bien s'en était allé. Mᵐᵉ de la Sablière lui offrit alors une retraite dans sa maison (1672), où il demeura vingt ans, libre des soucis matériels. C'est là qu'il composa cinq nouveaux livres de *Fables*, qui parurent en 1678, et où se trouvent peut-être ses pièces les plus achevées. Peu goûté de Louis XIV, que choquait l'irrégularité de sa vie, La Fontaine ne put entrer à l'Académie qu'en 1684 ; encore avait-il dû promettre « d'être sage ». Cette promesse ne l'empêcha pas d'écrire et de publier encore quelques *Contes*. Après la mort de Mᵐᵉ de la Sablière, il eût été exposé à une gêne véritable si M. d'Hervart ne lui eût offert l'hospitalité et s'il n'eût été secouru par les princes de Conti, de Vendôme et par le duc de Bourgogne, auquel il dédia le dernier livre de ses Fables (1694). Il mourut en 1695 dans des sentiments de naïf repentir et de sincère piété.

Outre les œuvres que nous avons énumérées, il faut mentionner :

1° ses poèmes de *Philémon et Baucis*, des *Filles de Minée* ; 2° des *Œuvres diverses* (élégies, odes, épîtres, ballades, dizains, sixains, chansons, madrigaux) ; 3° son roman de *Psyché*, dont on connaît surtout le Prologue ; 4° enfin son *Théâtre*, qui comprend douze pièces.

---

## BALLADE SUR LA LECTURE DES ROMANS ET DES LIVRES D'AMOUR

### (1665)

Hier je mis, chez Cloris, en train de discourir
Sur le fait des romans Alizon la sucrée.
— « N'est-ce pas grand pitié, dit-elle, de souffrir
Que l'on méprise ainsi la *Légende dorée* [1],
Tandis que les romans sont si chère denrée ?
Il vaudroit beaucoup mieux qu'avec maints vers du temps
De messire Honoré [2] l'histoire fût brûlée.
— Oui pour vous, dit Cloris, qui passez cinquante ans ;
Moi qui n'en ai que vingt, je prétends que l'*Astrée*
Fasse en mon cabinet encor quelque séjour ;
Car, pour vous découvrir le fond de ma pensée,
      Je me plais aux livres d'amour. »

Cloris eut quelque tort de parler si crûment ;
Non que Monsieur d'Urfé n'ait fait une œuvre exquise !
Étant petit garçon je lisois son roman,
Et je le lis encore ayant la barbe grise.
Aussi contre Alizon je faillis d'avoir prise,
Et soutins haut et clair qu'Urfé, par-ci par là,
De préceptes moraux nous instruit à sa guise.
— « De quoi, dit Alizon, peut servir tout cela ?
Vous en voit-on aller plus souvent à l'église ?
Je hais tous les menteurs ; et, pour vous trancher court,
Je ne puis endurer qu'une femme me dise :
      Je me plais aux livres d'amour... »

---

1. On appelle ainsi la *Vie des saints* écrite par Jacques de Voragine (1230-1298).    2. *Honoré d'Urfé* (1568-1625), auteur du fameux roman de l'*Astrée*.

L'auteur réplique que, s'il y a des romans condamnables,
il en est aussi d'inoffensifs, ou même de bons :

> ... Parmi ceux qu'on peut lire et dont voici l'élite,
>   Je me plais aux livres d'amour.

*Clitophon* [1] a le pas par droit d'antiquité :
Héliodore [2] peut par son prix le prétendre :
Le roman d'*Ariane* [3] est très bien inventé :
J'ai lu vingt et vingt fois celui de *Polexandre* [4] :
En fait d'événements, *Cléopâtre* et *Cassandre* [5]
Entre les beaux premiers doivent être rangés :
Chacun prise *Cyrus* et la Carte du Tendre [6],
Et le frère et la sœur ont les cœurs partagés [7].
Même dans les plus vieux je tiens qu'on peut apprendre,
*Perceval le Gallois* [8] vient encore à son tour :
Cervantes me ravit; et, pour tout y comprendre,
  Je me plais aux livres d'amour.

## Envoi.

A Rome on ne lit point Boccace sans dispense :
Je trouve en ses pareils bien du contre et du pour,
Du surplus (honni soit celui qui mal y pense!)
  Je me plais aux livres d'amour.

---

## LE MEUNIER, SON FILS ET L'ANE
### (1668)

L'invention des arts étant un droit d'aînesse,
Nous devons l'apologue à l'ancienne Grèce :

1. Les *Amours de Clitophon et de Leu-cippe*, roman d'Achille Tatius, traduit par Belleforest en 1568.

2. Héliodore, romancier grec (fin du IVe siècle), auteur de *Théagène et Chariclée*, traduit par Amyot en 1549.

3. Roman de Desmarets (1639).

4. Roman de Gomberville (1632).

5. Romans de Gautier de Castes de la Calprenède (1642-1645).

6. *Artamène ou le Grand Cyrus* (1650), et *Clélie* (1656), romans de Madeleine de Scudéry.

7. Les romans de Madeleine de Scudéry avaient passé quelque temps pour être d'elle et de son frère.

8. Roman de chevalerie mis en vers par Chrétien de Troyes.

Mais ce champ ne se peut tellement moissonner
Que les derniers venus n'y trouvent à glaner.
La feinte [1] est un pays plein de terres désertes;
Tous les jours nos auteurs y font des découvertes.
Je t'en veux dire un trait assez bien inventé :
Autrefois à Racan Malherbe l'a conté.
Ces deux rivaux d'Horace, héritiers de sa lyre,
Disciples d'Apollon, nos maîtres, pour mieux dire,
Se rencontrant un jour tout seuls et sans témoins,
(Comme ils se confioient leurs pensers et leurs soins),
Racan commence ainsi : « Dites-moi, je vous prie,
Vous qui devez savoir les choses de la vie,
Qui par tous ses degrés avez déjà passé
Et que rien ne doit fuir [2] à cet âge avancé,
A quoi me résoudrai-je? Il est temps que j'y pense,
Vous connoissez mon bien, mon talent, ma naissance;
Dois-je dans la province établir mon séjour,
Prendre emploi dans l'armée, ou bien charge à la cour?
Tout au monde est mêlé d'amertume et de charmes :
La guerre a ses douceurs, l'hymen a ses alarmes.
Si je suivois mon goût, je saurois où buter [3];
Mais j'ai les miens, la cour, le peuple à contenter. »
Malherbe là-dessus : « Contenter tout le monde!
Ecoutez ce récit avant que je réponde. »

J'ai lu dans quelque endroit qu'un meunier et son fils,
L'un vieillard, l'autre enfant, non pas des plus petits,
Mais garçon de quinze ans, si j'ai bonne mémoire,
Alloient vendre leur âne un certain jour de foire.
Afin qu'il fût plus frais et de meilleur débit,
On lui lia les pieds, on vous le suspendit;
Puis cet homme et son fils le portent comme un lustre.
Pauvres gens! idiots! Couple ignorant et rustre!
Le premier qui les vit de rire s'éclata :
« Quelle farce, dit-il, vont jouer ces gens-là?

---

1. Nous disons la *fiction* et *feinte* ne
s'emploie plus qu'au sens de tromperie.
2. A qui rien d'humain ne doit avoir

échappé.
3. Où placer mon but, en quel sens
me diriger...

Le plus âne des trois n'est pas celui qu'on pense ».
Le meunier à ces mots, connoît son ignorance;
Il met sur pieds sa bête, et la fait détaler.
L'âne, qui goûtoit fort l'autre façon d'aller,
Se plaint en son patois. Le meunier n'en a cure;
Il fait monter son fils; il suit; et, d'aventure,
Passent trois bons marchands. Cet objet leur déplut.
Le plus vieux au garçon s'écria tant qu'il put :
« Oh là! oh! descendez, que l'on ne vous le dise,
Jeune homme qui menez laquais à barbe grise!
C'étoit à vous de suivre, au vieillard de monter.
— Messieurs, dit le meunier, il vous faut contenter. »
L'enfant met pied à terre, et puis le vieillard monte;
Quand trois filles passant l'une dit : « C'est grand'honte
Qu'il faille voir ainsi clocher ce jeune fils,
Tandis que ce nigaud, comme un évêque assis,
Fait le veau sur son âne, et pense être bien sage.
— Il n'est, dit le meunier, plus de veaux à mon âge :
Passez votre chemin, la fille, et m'en croyez. »
Après maints quolibets coup sur coup renvoyés,
L'homme crut avoir tort, et mit son fils en croupe.
Au bout de trente pas, une troisième troupe
Trouve encore à gloser. L'un dit : « Ces gens sont fous!
Le baudet n'en peut plus : il mourra sous leurs coups.
Eh quoi! charger ainsi cette pauvre bourrique!
N'ont-ils point de pitié de leur vieux domestique?
Sans doute qu'à la foire ils vont vendre sa peau.
— Parbleu, dit le meunier, est bien fou du cerveau
Qui prétend contenter tout le monde et son père.
Essayons toutefois si par quelque manière
Nous en viendrons à bout. » Ils descendent tous deux,
L'âne se prélassant marche seul devant eux.
Un quidam les rencontre et dit : « Est-ce la mode
Que baudet aille à l'aise, et meunier s'incommode?
Qui de l'âne ou du maître est fait pour se lasser?
Je conseille à ces gens de le faire enchâsser.
Ils usent leurs souliers et conservent leur âne!

Nicolas au rebours : car, quand il va voir Jeanne,
Il monte sur sa bête, et la chanson le dit [1].
Beau trio de baudets ! » Le meunier repartit :
« Je suis âne, il est vrai, j'en conviens, je l'avoue ;
Mais que dorénavant on me blâme, on me loue,
Qu'on dise quelque chose ou qu'on ne dise rien,
J'en veux faire à ma tête. »

> Il le fit et fit bien.

*(Fables,* liv. III, **1.)**

----

## LE PAYSAN DU DANUBE
(1678)

Il ne faut point juger des gens sur l'apparence.
Le conseil en est bon ; mais il n'est pas nouveau.
> Jadis l'erreur du souriceau [2]
Me servit à prouver le discours que j'avance :
> J'ai, pour le fonder à présent,
Le bon Socrate, Esope [3], et certain paysan
Des rives du Danube, homme dont Marc Aurèle [4]
> Nous fait un portrait fort fidèle.
On connoît les premiers : quant à l'autre, voici
> Le personnage en raccourci.
Son menton nourrissoit une barbe touffue ;
> Toute sa personne velue
Représentoit un ours, mais un ours mal léché ;
Sous un sourcil épais il avoit l'œil caché,
Le regard de travers, nez tortu, grosse lèvre,
> Portoit sayon de poil de chèvre,
> Et ceinture de joncs marins.

1. Allusion à une chanson populaire.
> Adieu, cruelle Jeanne ;
> Si vous ne m'aimez pas,
> Je monte sur mon âne,
> Pour galoper au trépas...

2. *Le cochet, le chat et le souriceau.*
(*Fables,* VI, 5.)

3. La laideur de Socrate était prover-
biale. Esope était bossu, d'après la
légende.

4. Ce récit, mis dans la bouche de
Marc-Aurèle, se trouve dans le livre de
l'évêque espagnol Antonio de Guevara,
qui est intitulé *Marco Aurelio con el Reloj
de Principes ; Marc-Aurèle et l'horloge des
Princes* (1529). Ce livre avait été traduit
en français par d'Herberay des Essarts
en 1555.

Cet homme ainsi bâti fut député des villes
Que lave le Danube. Il n'étoit point d'asiles
    Où l'avarice des Romains
Ne pénétrât alors, et ne portât les mains.
Le député vint donc, et fit cette harangue :
« Romains, et vous, sénat, assis pour m'écouter,
Je supplie avant tout les dieux de m'assister :
Veuillent les immortels, conducteurs de ma langue,
Que je ne dise rien qui doive être repris !
Sans leur aide, il ne peut entrer dans les esprits
    Que tout mal et toute injustice ;
Faute d'y recourir, on viole leurs lois,
Témoin nous, que punit la romaine avarice :
Rome est par nos forfaits, plus que par ses exploits,
    L'instrument de notre supplice.
Craignez, Romains, craignez que le ciel quelque jour
Ne transporte chez vous les pleurs et la misère ;
Et mettant en nos mains, par un juste retour,
Les armes dont se sert sa vengeance sévère,
    Il ne vous fasse, en sa colère,
    Nos esclaves à votre tour.
Et pourquoi sommes-nous les vôtres ? Qu'on me die
En quoi vous valez mieux que cent peuples divers.
Quel droit vous a rendus maîtres de l'univers ?
Pourquoi venir troubler une innocente vie ?
Nous cultivions en paix d'heureux champs ; et nos mains
Etoient propres aux arts ainsi qu'au labourage.
    Qu'avez-vous appris aux Germains ?
    Ils ont l'adresse et le courage :
    S'ils avoient eu l'avidité,
    Comme vous, et la violence,
Peut-être en votre place ils auroient la puissance,
Et sauroient en user sans inhumanité.
Celle que vos préteurs ont sur nous exercée
    N'entre qu'à peine à la pensée.
    La majesté de vos autels
    Elle-même en est offensée ;

Car sachez que les immortels
Ont les regards sur nous. Grâces à vos exemples,
Ils n'ont devant les yeux que des objets d'horreur,
    De mépris d'eux et de leurs temples,
    D'avarice qui va jusques à la fureur.
Rien ne suffit aux gens qui nous viennent de Rome :
    La terre et le travail de l'homme
Font pour les assouvir des efforts superflus.
    Retirez-les : on ne veut plus
    Cultiver pour eux les campagnes.
Nous quittons les cités, nous fuyons aux montagnes ;
    Nous laissons nos chères compagnes ;
Nous ne conversons plus qu'avec des ours affreux,
Découragés de mettre au jour des malheureux,
Et de peupler pour Rome un pays qu'elle opprime.
    Quant à nos enfants déjà nés,
Nous souhaitons de voir leurs jours bientôt bornés.
Vos préteurs au malheur nous font joindre le crime ;
    Retirez-les : ils ne nous apprendront
    Que la mollesse et que le vice ;
    Les Germains comme eux deviendront
    Gens de rapine et d'avarice.
C'est tout ce que j'ai vu dans Rome à mon abord [1].
    N'a-t-on point de présent à faire,
Point de pourpre à donner, c'est en vain qu'on espère
Quelque refuge aux lois ; encor leur ministère
A-t-il mille longueurs. Ce discours, un peu fort,
    Doit commencer à vous déplaire,
    Je finis. Punissez de mort
    Une plainte un peu trop sincère. »
A ces mots, il se couche [2] ; et chacun étonné
Admire le grand cœur, le bon sens, l'éloquence
    Du sauvage ainsi prosterné.
On le créa patrice [3], et ce fut la vengeance

---

1. A mon arrivée.
2. Ce trait se trouve dans le récit de Guevara. « Le paysan fut une heure estendu en terre. »

3. La dignité de *patrice* ne fut créée qu'au temps de Constantin. Mais La Fontaine ne se met pas en peine de ces détails.

Qu'on crut qu'un tel discours méritoit. On choisit
    D'autres préteurs, et par écrit
Le sénat demanda ce qu'avoit dit cet homme,
Pour servir de modèle aux parleurs à venir.
    On ne sut pas longtemps à Rome
    Cette éloquence entretenir.

                    *(Fables, liv. XI, 7.)*

---

## SUR LES DIALOGUES DE PLATON

### (1685)

Ceux qui simplement ont ouï parler de lui (de Platon)
sans avoir aucune connoissance, ni de ses œuvres, ni de
son siècle, s'étonneront qu'un homme, que l'on traite de
divin, ait pris tant de peine à composer des dialogues
pleins de sophismes, et où il n'y a rien de décidé la
plupart du temps. Ils ne s'en étonneroient pas s'ils pre-
noient l'esprit des Athéniens, aussi bien que celui de
l'Académie et du Lycée. Bien que la logique ne fût pas
encore réduite en art, et qu'Aristote en soit proprement
l'inventeur, on ne laissoit pas dès lors d'examiner les
matières avec quelque sorte de méthode, tant la passion
pour la recherche de la vérité a été grande dans tous les
temps : celui où vivoit Platon l'a emporté en cela par-
dessus les autres. Socrate est le premier qui a fait connoître les choses par leur genre et leur différence. De
là sont venus nos universaux, et ce que nous appelons
Idées de Platon; de là est venue aussi la connoissance
de chaque espèce; mais comme le nombre en est infini,
il est impossible à ceux qui examinent les matières à fond
d'en venir jusqu'à la dernière précision, et de ne laisser
aucun doute. Ce n'étoit donc pas une chose indigne ni
de Socrate ni de Platon, de chercher toujours, quoiqu'ils
eussent peu d'espérance de rien trouver qui les satisfît
entièrement. Leur modestie les a empêchés de décider

dans cet abîme de difficultés presque inépuisable. On ne doit pas pour cela leur reprocher l'inutilité de ces dialogues : ils faisoient avouer au moins qu'on ne peut connoître parfaitement la moindre chose qui soit au monde; telle est l'intention de son auteur, qui l'a présenté à notre raison comme une matière de s'exercer, et qui l'a livré aux disputes des philosophes.

Je passe maintenant au sophisme. Si on prétend que les entretiens du Lycée se devoient passer comme nos conversations ordinaires, on se trompe fort : nous ne cherchons qu'à nous amuser; les Athéniens cherchoient aussi à s'instruire. En cela il faut procéder avec quelque ordre. Qu'on en cherche de si nouveaux et de si aisés qu'on voudra, ceux qui prétendront les avoir trouvés n'auront fait autre chose que déguiser ces mêmes manières qu'ils blâment tant. Il n'y en a proprement qu'une, et celle-là est bien plus étrange dans nos écoles qu'elle ne l'étoit alors au Lycée et parmi l'Académie. Socrate en faisoit un bon usage; les sophistes en abusoient : ils attiroient la jeunesse par de vaines subtilités qu'ils lui savoient fort bien vendre. Platon y voulut remédier en se moquant d'eux, ainsi que nous nous moquons de nos précieuses, de nos marquis, de nos entêtés, de nos ridicules de chaque espèce. Transportons-nous en ce siècle-là, ce sera d'excellentes comédies que ce philosophe nous aura données, tantôt aux dépens d'un faux dévot, d'un pédant : voilà proprement les caractères d'Eutyphron, d'Hippias et des deux sophistes. Il ne faut point croire que Platon ait outré ces deux derniers; ils portoient les sophismes eux-mêmes au-delà de toute croyance, non qu'ils prétendissent faire autre chose que d'embarrasser les auditeurs par de pareilles subtilités; c'étoit des impertinents et non point des fous : ils vouloient seulement faire montre de leur art, et se procurer par là des disciples. Tous nos collèges retentissent des mêmes choses. Il ne faut donc pas qu'elles nous blessent, il faut au contraire s'en divertir, et considérer Euthydémus et

Dionysodore comme le docteur de la comédie, qui de la
dernière parole que l'on profère prend occasion de dire
une nouvelle sottise. Platon les combat, eux et leurs
pareils, de leurs propres armes, sous prétexte d'apprendre d'eux : c'est le père de l'ironie. On a de la volupté à
les voir ainsi confondus. Il les embarrasse eux-mêmes de
telle sorte qu'ils ne savent plus où ils en sont, et qu'ils
sentent leur ignorance. Parmi tout cela leur persécuteur
sait mêler des grâces infinies. Les circonstances du dialogue, les caractères, les personnages, les interlocutions
et les bienséances, le style élégant et noble, et qui tient
en quelque façon de la poésie, toutes ces choses s'y rencontrent en un tel degré d'excellence, que la manière de
raisonner n'a plus rien qui choque : on se laisse amuser
insensiblement comme par une espèce de charme. Voilà
ce qu'il faut considérer là-dessus : laissons-nous entraîner
à notre plaisir, et ne cherchons pas matière de critiquer ;
c'est une chose trop aisée à faire. Il y a bien plus de gloire
à Platon d'avoir trouvé le secret de plaire dans les endroits même qu'on reprendra ; mais on ne les reprendra
point si on se transporte en son siècle.

(Avertissement du Recueil qui a pour titre *Ouvrages de prose
et de poésie des sieurs de Maucroix et de La Fontaine.*)

---

## DISCOURS A MADAME DE LA SABLIÈRE
### (1685)

Désormais que ma Muse, aussi bien que mes jours,
Touche de son déclin l'inévitable cours,
Et que de ma raison le flambeau va s'éteindre,
Irai-je en consumer les restes à me plaindre,
Et, prodigue d'un temps par la Parque attendu,
Le perdre à regretter celui que j'ai perdu ?
Si le ciel me réserve encor quelque étincelle
Du feu dont je brillois en ma saison nouvelle,

Je la dois employer, suffisamment instruit
Que le plus beau couchant est voisin de la nuit.
Le temps marche toujours! ni force ni prière,
Sacrifices ni vœux n'allongent la carrière :
Il faudroit ménager ce qu'on va nous ravir.
Mais qui vois-je que vous sagement s'en servir?
Si quelques-uns l'ont fait, je ne suis pas du nombre;
Des solides plaisirs je n'ai suivi que l'ombre;
J'ai toujours abusé du plus cher de nos biens.
Les pensers amusants, les vagues entretiens,
Vains enfants du loisir, délices chimériques;
Les romans; et le jeu, perte des républiques,
Par qui sont dévoyés les esprits les plus droits,
Ridicule fureur qui se moque des lois;
Cent autres passions, des sages condamnées,
Ont pris comme à l'envi la fleur de mes années.
L'usage des vrais biens répareroit ces maux :
Je le sais et je cours encore à des biens faux.
Je vois chacun me suivre : on se fait une idole
De trésors, ou de gloire, ou d'un plaisir frivole.
Tantales obstinés, nous ne portons les yeux
Que sur ce qui nous est interdit par les Cieux.
Si faut-il qu'à la fin de tels pensers nous quittent,
Je ne vois plus d'instants qui ne m'en sollicitent.
Je recule, et peut-être attendrai-je trop tard;
Car qui sait les moments prescrits à son départ?
Quels qu'ils soient, ils sont courts; à quoi les emploierai-je?
Si j'étois sage, Iris (mais c'est un privilège
Que la nature accorde à bien peu d'entre nous),
Si j'avois un esprit aussi réglé que vous,
Je suivrois vos leçons, au moins en quelque chose :
Les suivre en tout, c'est trop; il faut qu'on se propose
Un plan moins difficile à bien exécuter,
Un chemin dont sans crime on se puisse écarter.
Ne point errer est chose au-dessus de mes forces :
Mais aussi de se prendre à toutes les amorces,
Pour tous les faux brillants courir et s'empresser!

J'entends que l'on me dit : « Quand donc veux-tu cesser?
Douze lustres et plus ont roulé sur ta vie;
De soixante soleils la course entresuivie
Ne t'a pas vu goûter un moment de repos;
Quelque part que tu sois on voit à tous propos
L'inconstance d'une âme en ses plaisirs légère,
Inquiète, et partout hôtesse passagère.
Ta conduite et tes vers, chez toi tout s'en ressent :
On te veut là-dessus dire un mot en passant.
Tu changes tous les jours de manière et de style,
Tu cours en un moment de Térence à Virgile :
Aussi rien de parfait n'est sorti de tes mains.
Eh bien! prends, si tu veux, encor d'autres chemins.
Invoque des neuf sœurs la troupe tout entière;
Tente tout, au hasard de gâter la matière :
On le souffre, excepté tes Contes d'autrefois. »
J'ai presque envie, Iris, de suivre cette voix;
J'en trouve l'éloquence aussi sage que forte,
Vous ne parleriez pas ni mieux, ni d'autre sorte :
Seroit-ce point de vous qu'elle viendroit aussi?
Je m'avoue, il est vrai, s'il faut parler ainsi,
Papillon du Parnasse, et semblable aux abeilles
A qui le bon Platon [1] compare nos merveilles;
Je suis chose légère, et vole à tout sujet;
Je vais de fleur en fleur et d'objet en objet;
A beaucoup de plaisir je mêle un peu de gloire.
J'irois plus haut peut-être au temple de Mémoire,
Si dans un genre seul j'avois usé mes jours,
Mais quoi! je suis volage en vers comme en amours.
En faisant mon portrait, moi-même je m'accuse,
Et ne veux point donner mes défauts pour excuse;
Je ne prétends ici que dire ingénument
L'effet bon ou mauvais de mon tempérament.

---

1. « Les poètes nous disent que les vers qu'ils nous apportent, ils les ont ravis à des fontaines de miel, dans les vergers et les jardins des Muses, où, semblables aux abeilles, ils voltigent çà et là. » Ion.

A peine la raison vint éclairer mon âme,
Que je sentis l'ardeur de ma première flamme;
Plus d'une passion a depuis dans mon cœur
Exercé tous les droits d'un superbe vainqueur.
Tel que fut mon printemps, je crains que l'on ne voie
Les plus chers de mes jours aux vains désirs en proie.
Que me servent ces vers avec soin composés?
N'en attends-je autre fruit que de les voir prisés?
C'est peu que leurs conseils, si je ne sais les suivre,
Et qu'au moins vers ma fin je ne commence à vivre.
Car je n'ai pas vécu; j'ai servi deux tyrans;
Un vain bruit et l'amour ont partagé mes ans.
Qu'est-ce que vivre, Iris? vous pouvez nous l'apprendre.
Votre réponse est prête; il me semble l'entendre :
C'est jouir des vrais biens avec tranquillité,
Faire usage du temps et de l'oisiveté;
S'acquitter des honneurs dus à l'Être suprême,
Renoncer aux Philis en l'honneur de soi-même,
Bannir le fol amour et les vœux impuissants,
Comme hydres dans nos cœurs sans cesse renaissants.

---

### ÉPITRE A MONSEIGNEUR L'ÉVÊQUE
### DE SOISSONS [1]

EN LUI DONNANT UN QUINTILIEN DE LA TRADUCTION
D'ORATIO TOSCANELLA

(1687)

Je vous fais un présent capable de me nuire.
Chez vous Quintilien s'en va tous nous détruire
Car enfin qui le suit? Qui de nous aujourd'hui
S'égale aux anciens, tant estimés chez lui?

---

1. *Daniel Huet* (1630-1721) fut sous-précepteur du Dauphin. Nommé à l'évêché de Soissons en 1685, il ne l'occupa pas. C'était un excellent huma- niste. C'est le poème de Charles Per- rault, *le Siècle de Louis le Grand* (1687), qui donne à La Fontaine l'occasion d'écrire son épître.

Tel est mon sentiment, tel doit être le vôtre.
Mais, si votre suffrage en entraîne quelqu'autre,
Il ne fait pas la foule; et je vois des auteurs
Qui plus savants que moi, sont moins admirateurs.
Si vous les en croyez, on ne peut sans foiblesse
Rendre hommage aux esprits de Rome et de la Grèce.
« Craindre ces écrivains! on écrit tant chez nous!
La France excelle aux arts, ils y fleurissent tous;
Notre prince avec art nous conduit aux alarmes,
Et sans art nous louerions le succès de ses armes?
Dieu n'aimeroit-il plus à former des talents?
Les Romains et les Grecs sont-ils seuls excellents? »
Ces discours sont fort beaux, mais fort souvent frivoles :
Je ne vois point l'effet répondre à ces paroles,
Et faute d'admirer les Grecs et les Romains,
On s'égare en voulant tenir d'autres chemins.
Quelques imitateurs, sot bétail je l'avoue,
Suivent en vrais moutons le pasteur de Mantoue :
J'en use d'autre sorte, et, me laissant guider,
Souvent à marcher seul j'ose me hasarder.

On me verra toujours pratiquer cet usage;
Mon imitation n'est pas un esclavage :
Je ne prends que l'idée, et les tours, et les lois
Que nos maîtres suivoient eux-mêmes autréfois.
Si d'ailleurs quelque endroit, plein chez eux d'excellence,
Peut entrer dans mes vers sans nulle violence,
Je l'y transporte, et veux qu'il n'ait rien d'affecté,
Tâchant de rendre mien cet air d'antiquité.
Je vois avec douleur ces routes méprisées :
Art et guides, tout est dans les Champs Élysées.
J'ai beau les évoquer, j'ai beau vanter leurs traits,
On me laisse tout seul admirer leurs attraits.
Térence est dans mes mains; je m'instruis dans Horace;
Homère et son rival sont mes dieux du Parnasse.
Je le dis aux rochers; on veut d'autres discours :
Ne pas louer son siècle est parler à des sourds.

Je le loue et je sais qu'il n'est pas sans mérite ;
Mais, près de ces grands noms notre gloire est petite.
Tel de nous, dépourvu de leur solidité,
N'a qu'un peu d'agrément, sans nul fonds de beauté,
Je ne nomme personne : on peut tous nous connoître.

Je pris certain auteur autrefois pour mon maître :
Il pensa me gâter [1] ; à la fin, grâce aux dieux,
Horace, par bonheur, me dessilla les yeux.
L'auteur avoit du bon, du meilleur ; et la France
Estimoit dans ses vers le ton et la cadence.
Qui ne les eût prisés ? J'en demeurai ravi :
Mais ses traits ont perdu quiconque l'a suivi.
Son trop d'esprit s'épand en trop de belles choses :
Tous métaux y sont or, toutes fleurs y sont roses.
On me dit là-dessus : « De quoi vous plaignez-vous ? »
De quoi ? Voilà mes gens aussitôt en courroux ;
Ils se moquent de moi, qui, plein de ma lecture,
Vais partout prêchant l'art de la simple nature.
Ennemi de ma gloire et de mon propre bien,
Malheureux, je m'attache à ce goût ancien.
« Qu'a-t-il sur nous, dit-on, soit en vers, soit en prose ?
L'antiquité des noms ne fait rien à la chose,
L'autorité non plus, ni tout Quintilien. »
Confus à ces propos, j'écoute, et ne dis rien.

J'avoûrai cependant qu'entre ceux qui les tiennent
J'en vois dont les écrits sont beaux et se soutiennent :
Je les prise, et prétends qu'ils me laissent aussi
Révérer les héros du livre que voici.
Recevez leur tribut des mains de Toscanelle.
Ne vous étonnez pas qu'il donne pour modèle
A des ultramontains un auteur sans brillants.
Tout peuple peut avoir du goût et du bon sens :
Ils sont de tout pays, du fond de l'Amérique ;
Qu'on y mène un rhéteur habile et bon critique,

---

1. C'est de Voiture que La Fontaine veut parler.

Il fera des savants. Hélas, qui sait encor
Si la science à l'homme est un si grand trésor?
Je chéris l'Arioste, et j'estime le Tasse;
Plein de Machiavel, entêté de Boccace,
J'en parle si souvent qu'on en est étourdi.
J'en lis qui sont du Nord, et qui sont du Midi.
Non qu'il ne faille un choix dans leurs plus beaux ouvrages.
Quand notre siècle auroit ses savants et ses sages,
En trouverai-je un seul approchant de Platon?
La Grèce en fourmilloit dans son moindre canton.
La France a la satire et le double théâtre;
Des bergères d'Urfé chacun est idolâtre;
On nous promet l'histoire, et c'est un beau projet.
J'attends beaucoup de l'art, beaucoup plus du sujet.
Il est riche, il est vaste, il est plein de noblesse;
Il me feroit trembler pour Rome et pour la Grèce.
Quant aux autres talents, l'ode qui baisse un peu,
Veut de la patience et nos gens ont du feu.
Malherbe avec Racan, parmi les chœurs des anges,
Là-haut de l'Éternel célébrant les louanges,
Ont emporté leur lyre; et j'espère qu'un jour
J'entendrai leur concert au céleste séjour.
Digne et savant prélat, vos soins et vos lumières
Me feront renoncer à mes erreurs premières
Comme vous, je dirai l'auteur de l'univers.
Cependant agréez mon rhéteur et mes vers.

# MARIE DE RABUTIN-CHANTAL
# MARQUISE DE SÉVIGNÉ

[Paris, 1626 ; † Grignan, 1696.]

———

Elle perdit son père et sa mère de très bonne heure, vécut de la sixième à la dixième année chez ses grands-parents maternels, à Sucy-en-Brie, et, les ayant aussi perdus, fut mise sous la tutelle de Christophe de Coulanges, abbé de Livry, frère de sa mère. Cet oncle, qu'elle appelait le *Bienbon*, et qui resta toujours pour elle le meilleur des amis, fut aussi le tuteur le plus avisé et le plus dévoué. Il géra de la façon la plus exacte et la plus intelligente le patrimoine de sa pupille et prit soin de cultiver son esprit et de développer sa raison; avec Chapelain et Ménage, qu'il lui donna pour maîtres, la jeune fille apprit l'espagnol, l'italien et le latin. En 1644, elle épousa le marquis de Sévigné, gentilhomme breton; après quelques années passées à leur terre des *Rochers*, les jeunes époux revinrent à Paris. La beauté, l'esprit, la vertu de M^me de Sévigné la firent partout accueillir et elle parut avec distinction à l'Hôtel de Rambouillet. Mais le marquis était fort prodigue, fort brouillon; en 1651, il fut tué en duel, laissant à sa femme deux tout jeunes enfants, un fils et une fille. Les élever, leur assurer un état dans le monde, fut alors le constant et presque l'unique souci de M^me de Sévigné. En 1669, elle maria sa fille avec le comte de Grignan, qui, l'année suivante, devint gouverneur de Provence; en 1684, son fils, Charles de Sévigné, dont la dissipation lui avait donné des ennuis, se maria aussi et se retira en Bretagne. La correspondance qu'elle entretenait avec sa fille, avec ses parents, Coulanges, Bussy-Rabutin, avec ses amis, les voyages qu'elle faisait parfois en Provence, les soins qu'elle prenait de l'éducation de ses petits-enfants, occupèrent alors toute la vie de M^me de Sévigné. Elle fut emportée par la petite vérole, au château de sa fille, près de qui elle avait été appelée par les inquiétudes que lui donnait sa santé.

M^me de Sévigné n'a pas laissé d'autres écrits que ses *Lettres*. Un premier choix en fut publié en 1725. Le chevalier de Perrin, grâce aux communications de M^me de Simiane, en donna deux éditions nouvelles en 1734 et 1754. Dans notre siècle, il faut mentionner l'édition Monmerqué, 1818, et l'édition Régnier, 1861.

———

# A MADAME DE GRIGNAN

*A Paris, le 16 mars* (1672).

Vous me demandez, ma chère enfant, si j'aime toujours bien la vie. Je vous avoue que j'y trouve des chagrins cuisants; mais je suis encore plus dégoûtée de la mort : je me trouve si malheureuse d'avoir à finir tout ceci par elle, que si je pouvois retourner en arrière, je ne demanderois pas mieux. Je me trouve dans un engagement qui m'embarrasse : je suis embarquée dans la vie sans mon consentement; il faut que j'en sorte, cela m'assomme; et comment en sortirai-je? Par où? Par quelle porte? Quand sera-ce? En quelle disposition? Souffrirai-je mille et mille douleurs, qui me feront mourir désespérée? Aurai-je un transport au cerveau? Mourrai-je d'un accident? Comment serai-je avec Dieu? Qu'aurai-je à lui présenter? La crainte, la nécessité feront-elles mon retour vers lui? N'aurai-je aucun autre sentiment que celui de la peur? Que puis-je espérer? Suis-je digne du paradis? Suis-je digne de l'enfer? Quelle alternative! quel embarras! Rien n'est si fou que de mettre son salut dans l'incertitude [1]; mais rien n'est si naturel, et la sotte vie que je mène est la chose du monde la plus aisée à comprendre. Je m'abîme dans ces pensées, et je trouve la mort si terrible, que je hais plus la vie parce qu'elle m'y mène, que par les épines qui s'y rencontrent. Vous me direz que je veux vivre éternellement. Point du tout; mais si on m'avoit demandé mon avis, j'aurois bien aimé à mourir entre les bras de ma nourrice : cela m'auroit ôté bien des ennuis, et m'auroit donné le Ciel bien sûrement et bien aisément; mais parlons d'autre chose...

---

1. C'est-à-dire : rendre incertain son salut (éternel) par la conduite que l'on tient...

---

## A MADAME DE GRIGNAN

*A Marseille, mercredi (1672 ou 1673).*

Je vous écris entre la visite de Madame l'intendante
et une harangue très belle [1]. J'attends un présent, et le
présent attend ma pistole. Je suis charmée de la beauté
de cette ville. Hier le temps fut divin, et l'endroit d'où
je découvris la mer, les *bastides*, les montagnes et la
ville est une chose étonnante ; mais surtout je suis ravie
de M^me de Montfuron : elle est aimable, et on l'aime
sans balancer. La foule des chevaliers qui vinrent hier
voir M. de Grignan à mon arrivée, des noms connus,
des Saint-Hérem, etc., des aventuriers, des épées, des
chapeaux du bel air, des gens faits à peindre, une idée
de guerre, de roman, d'embarquement, d'aventures, de
chaînes, de fers, d'esclaves, de servitude, de captivité :
moi qui aime les romans, tout cela me ravit et j'en suis
transportée [2]. Monsieur de Marseille vint hier au soir ;
nous dînons chez lui ; c'est l'affaire des deux doigts de
la main [3]. Il fait aujourd'hui un temps de diantre, j'en
suis triste ; nous ne verrons ni mer, ni galères, ni port.
Je demande pardon à Aix, mais Marseille est bien plus
joli, et est plus peuplé que Paris à proportion : il y a
cent mille âmes. De vous dire combien il y en a de
belles, c'est ce que je n'ai pas le loisir de compter. L'air
en gros y est un peu scélérat ; et parmi tout cela je voudrois être avec vous. Je n'aime aucun lieu sans vous, et
moins la Provence qu'un autre : c'est un vol que je

---

1. M^me de Sévigné avait accompagné
son gendre à Marseille pendant un
séjour qu'elle fit auprès de sa fille en
1672 et 1673. M. de Grignan etait lieutenant général en Provence et il recevait
des hommages officiels dont M^me de
Sévigné fut témoin. Elle aimait assez
les honneurs.

2. On sait que M^me de Sévigné ne
pouvait s'empêcher de se plaire aux
romans de La Calprenède.

3. Il y avait eu des conflits d'autorité
entre M. de Grignan et M. de Forbin-
Janson, évêque de Marseille ; ils sont réconciliés à cette heure, unis comme *les
deux doigts de la main*.

regretterai. Remerciez Dieu d'avoir plus de courage que
moi, mais ne vous moquez pas de mes foiblesses ni de
mes chaînes.

---

### A MADAME DE GRIGNAN

*A Paris, du 16° août (1675).*

Je voudrois mettre tout ce que vous m'écrivez de
M. de Turenne dans une oraison funèbre : vraiment
votre lettre est d'une énergie et d'une beauté extraordinaire; vous étiez dans ces bouffées d'éloquence que
donne l'émotion de la douleur. Ne croyez point, ma
bonne, que son souvenir fût fini ici[1] quand votre lettre
est arrivée : ce fleuve qui entraîne tout, n'entraîne pas
sitôt une telle mémoire; elle est consacrée à l'immortalité, et même dans le cœur d'une infinité de gens dont
les sentiments sont fixés sur ce sujet. J'étois l'autre jour
chez M. de la Rochefoucaud : Monsieur le Premier[2] y
vint; M^me de Lavardin, M. de Marsillac, M^me de la
Fayette et moi. La conversation dura deux heures sur
les divines qualités de ce véritable héros; tous les yeux
étoient baignés de larmes, et vous ne sauriez croire
comme la douleur de sa perte est profondément gravée
dans les cœurs : vous n'avez rien par dessus nous que
le soulagement de soupirer tout haut et d'écrire son
panégyrique. Nous remarquions une chose, c'est que ce
n'est pas depuis sa mort que l'on admire la grandeur de
son cœur, l'étendue de ses lumières et l'élévation de son
âme : tout le monde en étoit plein pendant sa vie; et
vous pouvez penser ce que fait sa perte par dessus tout
ce qui en étoit déjà ; enfin, ma bonne, ne croyez point
que cette mort soit ici comme les autres. Vous faisiez

---

1. Turenne avait été tué à Salzbach      2. Henri de Beringhen, premier
le 27 juillet 1675.                      écuyer de la petite écurie du roi.

trop d'honneur au comte de Guiche[1]; mais pour l'un des
deux héros de ce siècle[2], vous pouvez en parler tant
qu'il vous plaira, sans croire que vous ayez une dose de
douleur plus que les autres. Pour son âme, c'est encore
un miracle qui vient de l'estime parfaite qu'on avoit pour
lui; il n'est pas tombé dans la tête d'aucun dévot qu'elle
ne fût pas en bon état : on ne sauroit comprendre que
le mal et le péché pussent être dans son cœur. Sa conversion si sincère[3] nous a paru comme un baptême.
Chacun conte l'innocence de ses mœurs, la pureté de
ses intentions, son humilité, éloignée de toute sorte
d'affectation, la solide gloire dont il était plein, sans
faste et sans ostentation, aimant la vertu pour elle-
même, sans se soucier de l'approbation des hommes,
une charité généreuse et chrétienne. Vous ai-je pas
conté comme il rhabilla ce régiment anglois (il lui en
coûta quatorze mille francs), et resta sans argent? Les
Anglois ont dit à M. de Lorge qu'ils achèveroient de
servir cette campagne pour le venger; mais qu'après
cela ils se retireroient, ne pouvant obéir à d'autre qu'à
M. de Turenne. Il y avoit de jeunes soldats qui s'impa-
tientoient un peu dans les marais, où ils étoient dans l'eau
jusqu'aux genoux, et les vieux soldats leur disoient :
« Quoi? vous vous plaignez? on voit bien que vous ne
connoissez pas M. de Turenne; il est plus fâché que
nous quand nous sommes mal; il ne songe, à l'heure
qu'il est, qu'à nous tirer d'ici; il veille quand nous dor-
mons; c'est notre père; on voit que vous êtes bien
jeunes », et les rassuroient ainsi. Tout ce que je vous
mande est vrai; je ne me charge point des fadaises dont
on croit faire plaisir aux gens éloignés; c'est abuser
d'eux, et je choisis bien plus ce que je vous écris que ce
que je vous dirois si vous étiez ici. Je reviens à son âme :

1. Le comte de Guiche, fils aîné du
maréchal de Grammont, était mort à
l'armée le 28 novembre. M^{me} de Grignan avait sans doute déploré cette
perte avec quelque exagération.

2. Condé et Turenne.

3. Protestant d'origine, Turenne,
catéchisé par Bossuet, avait abjuré en
1668 et sa conversion avait fait événement.

c'est donc une chose à remarquer, nul dévot ne s'est
avisé de douter que Dieu ne l'eût reçue à bras ouverts,
comme une des plus belles et des meilleures qui soient
jamais sorties de lui. Méditez sur cette confiance générale de son salut, et vous trouverez que c'est une espèce
de miracle qui n'est que pour lui : enfin personne n'a
osé douter de son repos éternel. Vous verrez dans les
nouvelles les effets de cette perte.

---

## AU COMTE DE BUSSY-RABUTIN

*A Paris, ce 14ᵉ mai 1686.*

Je ne vous puis dire combien j'estime et combien
j'admire votre bon et heureux tempérament. Quelle
sottise de ne point suivre les temps, et de ne pas jouir
avec reconnoissance des consolations que Dieu nous
envoie après les afflictions qu'il veut quelquefois nous
faire sentir ! La sagesse est grande, ce me semble, de
souffrir la tempête avec résignation, et de jouir du calme
quand il lui plaît de nous le redonner [1] : c'est suivre
l'ordre de la Providence. La vie est trop courte pour
s'arrêter si longtemps sur le même sentiment; il faut
prendre le temps comme il vient, et je sens que je suis
de cet heureux tempérament ; *e me ne pregio* [2], comme
disent les Italiens. Jouissons, mon cher cousin, de ce
beau sang qui circule si doucement et si agréablement
dans nos veines. Tous vos plaisirs, vos amusements,
vos lettres et vos vers, m'ont donné une véritable joie,
et surtout ce que vous écrivez pour défendre Benserade
et la Fontaine contre ce vilain factum [3]. Je l'avois déjà

---

1. En 1665, Bussy-Rabutin avait été
disgracié pour son pamphlet de l'*Histoire amoureuse des Gaules*, et relégué
dans ses terres. Il ne put reparaître à la
cour que dix-sept ans plus tard. C'est à
quoi Mᵐᵉ de Sévigné fait allusion ici.

2. Et je m'en pique, je m'en vante.
3. Furetière (1610-1688), nommé
membre de l'Académie française en 1662,
prépara, en dehors de ses confrères, un
Dictionnaire de la langue française; on
l'accusa de plagiat et il s'ensuivit une

fait en basse note[1] à tous ceux qui vouloient louer cette noire satire. Je trouve que l'auteur fait voir clairement qu'il n'est ni du monde, ni de la cour, et que son goût est d'une pédanterie qu'on ne peut pas même espérer de corriger. Il y a de certaines choses qu'on n'entend jamais quand on ne les entend pas d'abord; on ne fait point entrer certains esprits durs et farouches dans le charme et dans la facilité des ballets de Benserade et des fables de la Fontaine; cette porte leur est fermée, et la mienne aussi; ils sont indignes de jamais comprendre ces sortes de beautés, et sont condamnés au malheur de les improuver, et d'être improuvés aussi des gens d'esprit. Nous avons trouvé beaucoup de ces pédants. Mon premier mouvement est toujours de me mettre en colère, et puis de tâcher de les instruire; mais j'ai trouvé la chose absolument impossible. C'est un bâtiment qu'il faudroit reprendre par le pied : il y auroit trop d'affaires à le vouloir réparer. Et enfin nous trouvions qu'il n'y avoit qu'à prier Dieu pour eux; car nulle puissance humaine n'est capable de les éclairer. C'est le sentiment que j'aurai toujours pour un homme qui condamne le beau feu et les vers de Benserade, dont le roi et toute la cour a fait ses délices, et qui ne connoît pas les charmes des fables de la Fontaine. Je ne m'en dédis point, il n'y a qu'à prier Dieu pour un tel homme, et qu'à souhaiter de n'avoir point de commerce avec lui.

---

querelle littéraire, dans laquelle Furetière riposta à ses adversaires ou les attaqua par ses *Factums.*

Benserade (1613-1691) a donné des pièces de théâtre, des ballets pour les fêtes de la cour, et des poésies de cir-

constance. Il nous semble que M^me de Sévigné lui fait beaucoup d'honneur en le mettant sur le même plan que La Fontaine. Mais on voit qu'elle n'était pas la seule.

1. Sans bruit, sans éclat.

## A COULANGES

*A Grignan, 26ᵉ juillet 1691.*

Voilà donc M. de Louvois mort [1], ce grand ministre, cet homme si considérable, qui tenoit une si grande place, dont le *moi*, comme dit M. Nicole [2], étoit si étendu, qui étoit le centre de tant de choses ! Que d'affaires, que de desseins, que de projets, que de secrets, que d'intérêts à démêler, que de guerres commencées, que d'intrigues, que de beaux coups d'échecs à faire et à conduire ! « Ah ! mon Dieu, donnez-moi un peu de temps ; je voudrois bien donner un échec au duc de Savoie, un mat au prince d'Orange. Non, non, vous n'aurez pas un seul, un seul moment. » Faut-il raisonner sur cette étrange aventure ? En vérité, il faut y faire des réflexions dans son cabinet. Voilà le second ministre que vous voyez mourir depuis que vous êtes à Rome [3] : rien n'est plus différent que leur mort ; mais rien plus égal que leur fortune, et leurs attachements, et les cent mille millions de chaînes dont ils étoient tous deux attachés à la terre.

---

1. Louvois était mort subitement le 10 juillet.
2. Nicole (1625-1695), un des solitaires de Port-Royal, auteur de nombreux ouvrages, connu surtout par ses *Essais de morale.*
3. L'autre ministre dont il s'agit est Seignelay, mort en 1690. En 1689, Coulanges avait accompagné le duc de Chaulnes à Rome.

# JACQUES-BÉNIGNE BOSSUET

[Dijon, 1627; † 1704, Paris.]

Avocat au Parlement de Dijon, le père de Bossuet appartenait à une de ces anciennes familles de robe, où la culture de l'antiquité sacrée et profane était traditionnelle. Destiné à l'Église dès l'enfance, tonsuré à huit ans, Bossuet commença son éducation au collège des Godrans, dirigé à Dijon par les Jésuites, et, son père ayant été nommé, en 1638, conseiller au Parlement de Metz, il acheva ses études à Paris, au collège de Navarre. En 1648, il passa sa première thèse de théologie en présence de Condé, fut ordonné prêtre en 1652, et reçu la même année archidiacre de Sarrebourg, dans l'église de Metz. Jusqu'en 1659 il séjourne à Metz et, dans la solitude et la méditation, dégage sa personnalité des leçons de ses maîtres; il prononce ses premiers *Sermons*; et, en publiant en 1655, la *Réfutation du Catéchisme de Paul Ferri*, ministre protestant, il ouvre la série des œuvres de controverse qu'il poursuivra toute sa vie. Appelé à Paris en 1659 par Vincent de Paul, il se fixa chez un de ses anciens condisciples, l'abbé de Lameth, et pendant dix ans se consacra à la prédication. C'est l'époque des *Avents*, des *Carêmes* prêchés devant la Cour et dans diverses églises. Sa réputation d'orateur ne fut peut-être pas égale à son mérite; toutefois elle lui valut d'être élevé à l'évêché de Condom en 1669. La conversion de Turenne (1668), les Oraisons funèbres d'*Henriette de France* (1669), d'*Henriette d'Angleterre* (1670), achevèrent de le mettre en vue, et, en 1671, il est nommé précepteur du Dauphin. Pour se donner tout entier à sa tâche, il se démet alors de son évêché de Condom et c'est pour son élève qu'il écrit le *Discours sur l'Histoire universelle*, publié en 1681, la *Politique tirée de l'Écriture sainte*, le *Traité de la connaissance de Dieu et de soi-même*, ouvrages qui ne furent imprimés qu'après sa mort. Ses fonctions ayant pris fin en 1680, Louis XIV le nomma au siège épiscopal de Meaux. L'éclat de ses grandes *Oraisons funèbres* (de *la reine Marie Thérèse*, 1683, de *la princesse Palatine*, 1685, de *Michel le Tellier*, 1686, du *prince de Condé*, 1687), le rôle qu'il joue dans l'assemblée du clergé de 1682 font alors de lui en quelque sorte le représentant de l'Église de France. Il eut une conscience très claire de ce rôle et c'est pour le soutenir qu'il composa ses grandes œuvres d'exégèse et de controverse (*Histoire des variations*, 1688, *Explication de l'Apocalypse*, 1689, *Instruction sur les états d'oraison*, 1697, *Relation du quiétisme*, 1698, *Défense de la tradition et des Saints Pères*). Contre les libertins, contre les protestants, contre Richard Simon, contre Fénelon, il défendait l'intégrité du dogme et de la tradition catholique. Au milieu de ces travaux, Bossuet ne négligea pas l'administration de son diocèse. Même très âgé, il continua de faire ses tournées pastorales, n'interrompit jamais sa prédication et veilla toujours sur les communautés qu'il instruisait par ses *Méditations sur l'Évangile* et ses *Élévations sur les mystères*. Atteint de la pierre en 1701, il lutta courageusement contre le mal et succomba, après quinze mois de cruelles souffrances, le 12 avril 1704.

Une énumération complète des œuvres de Bossuet serait un peu longue ici. Nous avons déjà indiqué les principales. Ajoutons-y cependant les *Maximes sur la comédie*, 1694, les *Traités du libre arbitre et de la concupiscence*, qui ne parurent qu'en 1731 ; et une *Correspondance* considérable.

---

# DE L'AMBITION
## (1662)

La fortune, trompeuse en toute autre chose, est du moins sincère en ceci, qu'elle ne nous cache pas ses tromperies ; au contraire elle les étale dans le plus grand jour, et, outre ses légèretés ordinaires, elle se plaît de temps en temps d'étonner le monde par des coups d'une surprise terrible, comme pour rappeler toute sa force dans la mémoire des hommes, et de peur qu'ils n'oublient jamais ses inconstances, sa malignité, ses bizarreries. C'est ce qui m'a fait souvent penser que toutes les complaisances de la fortune ne sont pas des faveurs, mais des trahisons ; qu'elle ne nous donne que pour avoir prise sur nous ; et que les biens que nous recevons de sa main ne sont pas tant des présents qu'elle nous fait, que des gages que nous lui donnons pour être éternellement ses captifs, assujettis aux retours fâcheux de sa dure et malicieuse puissance.

Cette vérité, établie sur tant d'expériences convaincantes, devroit détromper les ambitieux de tous les biens

de la terre; et c'est au contraire ce qui les engage. Car au
lieu d'aller à un bien solide et éternel sur lequel le hasard
ne domine pas, et de mépriser par cette vue la fortune toujours changeante, la persuasion de son inconstance fait
qu'on se donne tout à fait à elle, pour trouver des appuis
contre elle-même. Car écoutez parler ce politique habile
et entendu : la fortune l'a élevé bien haut, et dans cette
élévation il se moque des petits esprits qui donnent tout
au dehors, et qui se repaissent de titres et d'une belle
montre[1] de grandeur; il se croiroit peut-être assez
grand, s'il ne vouloit chercher des appuis à sa grandeur. Pour lui il appuie sa famille sur des fondements
plus certains, sur des richesses immenses qui soutien-
dront éternellement la fortune de sa maison. Il pense
s'être affermi contre toutes sortes d'attaques; aveugle
et malavisé! comme si ces soutiens magnifiques qu'il
cherche contre la puissance de la fortune n'étoient pas
encore de son ressort et de sa dépendance et pour le
moins aussi fragiles que l'édifice même qu'il croit
chancelant.

  C'est trop parler de la fortune dans la chaire de vérité.
Écoute, homme sage, homme prévoyant, qui étends si
loin aux siècles futurs les précautions de ta prudence;
c'est Dieu même qui va te parler et qui va confondre tes
vaines pensées par la bouche de son prophète Ezéchiel :
*Pulcher ramis, et frondibus nemorosus, excelsusque alti-*
*tudine, et inter condensas frondes elevatum est cacumen*
*ejus :* Assur, dit ce saint prophète, s'est élevé comme
un grand arbre, comme les cèdres du Liban : le ciel l'a
nourri de sa rosée, la terre l'a engraissé de sa substance;
les puissances l'ont comblé de leurs bienfaits, et il suçoit
de son côté le sang du peuple. C'est pourquoi il s'est
élevé, superbe en sa hauteur, beau en sa verdure, étendu
dans ses branches, fertile en ses rejetons : les oiseaux
faisoient leurs nids sur ses branches; les familles de ses

---

1. *Montre,* étalage.

domestiques, les peuples se mettoient à couvert sous
son ombre; un grand nombre de créatures, et les grands
et les petits, étoient attachés à sa fortune : ni les cèdres
ni les pins, c'est-à-dire les plus grands de la cour, ne
l'égaloient pas : *Abietes non adæquaverunt summitatem
ejus ;... æmulata sunt eum omnia ligna voluptatis quæ erant
in paradiso Dei.* Autant que ce grand arbre s'étoit
poussé en haut, autant sembloit-t-il avoir jeté en bas de
fortes et profondes racines.

Voilà une grande fortune, un siècle n'en voit pas
beaucoup de semblables, mais voyez sa ruine et sa
décadence. Parce qu'il s'est élevé superbement, et qu'il
a porté son faîte jusqu'aux nues, et que son cœur s'est
enflé dans sa hauteur : pour cela, dit le Seigneur, je le
couperai par la racine; je l'abattrai d'un grand coup et
le porterai par terre : il viendra une disgrâce, et il ne
pourra plus se soutenir; il tombera d'une grande chute.
Tous ceux qui se reposoient sous son ombre se reti-
reront de lui, de peur d'être accablés sous sa ruine :
*Recedent de umbraculo ejus omnes populi terræ et relinquent
eum.* Cependant on le verra couché tout de son long sur
la montagne, fardeau inutile de la terre : *Projicient eum
super montes,* ou s'il se soutient durant sa vie, il mourra
au milieu de ses grands desseins, et laissera à des mineurs
des affaires embrouillées qui ruineront sa famille; ou Dieu
frappera son fils unique, et le fruit de son travail passera
en des mains étrangères; ou Dieu lui fera succéder un
dissipateur qui, se trouvant tout à coup dans de si grands
biens dont l'amas ne lui a coûté aucunes peines, se jouera
des sueurs d'un homme insensé qui se sera perdu pour le
laisser riche, et devant la troisième génération, le mauvais
ménage [1] et les dettes auront consumé tous ses héritages.
« Les branches de ce grand arbre se verront rompues
dans toutes les vallées : *In cunctis convallibus corruent rami
ejus* », je veux dire, ces terres et ces seigneuries qu'il

---

1. La mauvaise amdinistration.

avait ramassées comme une province, avec tant de soin
et de travail, se partageront en plusieurs mains, et tous
ceux qui verront ce grand changement diront en levant
les épaules, et regardant avec étonnement les restes de
cette fortune ruinée : Est-ce là que devoit aboutir toute
cette grandeur formidable au monde ? est-ce là ce grand
arbre dont l'ombre couvroit toute la terre ? il n'en reste
plus qu'un tronc inutile : est-ce là ce fleuve impétueux
qui sembloit devoir inonder toute la terre ? Je n'aperçois
plus qu'un peu d'écume. O homme, que penses-tu faire ?
et pourquoi te travailles-tu vainement ?

> (Sermon pour le IVe Dimanche de carême
> prêché le 19 mars 1662.)

## ROLE DE L'ACADÉMIE FRANÇAISE
### (1671)

... S'il est véritable, comme disoit l'orateur romain,
que la gloire consiste, ou bien à faire des actions qui
soient dignes d'être écrites, ou bien à composer des écrits
qui méritent d'être lus, ne falloit-il pas, messieurs, que
ce génie incomparable [1] joignît ces deux choses pour
accomplir son ouvrage ? C'est aussi ce qu'il a exécuté
heureusement. Pendant que les François, animés de ses
conseils vigoureux, méritoient, par des exploits inouïs,
que les plumes les plus éloquentes publiassent leurs
louanges, il prenoit soin d'assembler dans la ville capi-
tale du royaume l'élite des plus illustres écrivains de
France, pour en composer votre corps. Il entreprit de
faire en sorte que la France fournît tout ensemble et la
matière et la forme des plus excellents discours ; qu'elle
fût en même temps docte et conquérante ; qu'elle ajoutât
l'empire des lettres à l'avantage glorieux qu'elle avoit toujours conservé de commander par les armes. Et certai-

---

1. Le cardinal de Richelieu.

nement, messieurs, ces deux choses se fortifient et se
soutiennent mutuellement. Comme les actions héroïques
animent ceux qui écrivent, ceux-ci réciproquement vont
remuer, par le désir de la gloire, ce qu'il y a de plus vif
dans les grands courages, qui ne sont jamais plus capables de ces généreux efforts par lesquels l'homme est
élevé au-dessus de ses propres forces, que lorsqu'ils
sont touchés de cette belle espérance de laisser à leurs
descendants, à leur maison, à l'état, des exemples toujours vivants de leur vertu, et des monuments éternels de
leurs mémorables entreprises. Et quelles mains peuvent
dresser ces monuments éternels, si ce n'est ces savantes
mains qui impriment à leurs ouvrages ce caractère de
perfection que le temps et la postérité respectent?

C'est le plus grand effet de l'éloquence. Mais, messieurs, l'éloquence est morte, toutes ses couleurs s'ef-
facent, toutes ses grâces s'évanouissent, si l'on ne s'applique avec soin à fixer en quelque sorte les langues et à
les rendre durables. Car comment peut-on confier des
actions immortelles à des langues toujours incertaines et
toujours changeantes? et la nôtre en particulier pouvoit-
elle promettre l'immortalité, elle, dont nous voyons tous
les jours passer les beautés, et qui devenoit barbare à la
France même dans le cours de peu d'années? Quoi donc!
la langue françoise ne devoit-elle jamais espérer de produire des écrits qui pussent plaire à nos descendants;
et, pour méditer des ouvrages immortels, falloit-il toujours emprunter le langage de Rome et d'Athènes? Qui
ne voit qu'il falloit plutôt, pour la gloire de la nation,
former la langue françoise, afin qu'on vît prendre à nos
discours un tour plus libre et plus vif, dans une phrase
qui nous fût plus naturelle, et qu'affranchis de la sujétion
d'être toujours de foibles copies, nous pussions enfin
aspirer à la gloire et à la beauté des originaux? Vous
avez été choisis, messieurs, pour ce beau dessein, sous
l'illustre protection de ce grand homme, qui ne possède
pas moins les règles de l'éloquence que de l'ordre et de

la justice, et qui préside depuis tant d'années aux conseils
du roi, autant par la supériorité de son génie que par
l'autorité de sa charge [1].

L'usage, je le confesse, est appelé avec raison le père
des langues. Le droit de les établir, aussi bien que de les
régler, n'a jamais été disputé à la multitude ; mais si cette
liberté ne veut pas être contrainte, elle souffre toutefois
d'être dirigée. Vous êtes, messieurs, un conseil réglé et
perpétuel, dont le crédit, établi sur l'approbation
publique, peut réprimer les bizarreries de l'usage, et
tempérer les dérèglements de cet empire trop populaire.
C'est le fruit que nous espérons recevoir bientôt de cet
ouvrage admirable que vous méditez, je veux dire ce
trésor de la langue, si docte dans ses recherches, si
judicieux dans ses remarques, si riche et si fertile dans
ses expressions.

Telle est donc l'institution de l'Académie : elle est née
pour élever la langue françoise à la perfection de la langue
grecque et de la langue latine. Aussi a-t-on vu, par vos
ouvrages, qu'on peut, en parlant françois, joindre la
délicatesse et la pureté attique à la majesté romaine.
C'est ce qui fait que toute l'Europe apprend vos écrits ;
et, quelque peine qu'ait l'Italie d'abandonner tout à fait
l'empire, elle est prête à vous céder celui de la politesse
et des sciences. Par vos travaux et par votre exemple,
les véritables beautés du style se découvrent de plus en
plus dans les ouvrages françois, puisqu'on y voit la
hardiesse qui convient à la liberté, mêlée à la retenue,
qui est l'effet du jugement et du choix. La licence est
restreinte par les préceptes ; et toutefois vous prenez
garde qu'une trop scrupuleuse régularité, qu'une délicatesse trop noble, n'éloigne le feu des esprits et n'affoi-
blisse la vigueur du style. Ainsi nous pouvons dire,
messieurs, que la justesse est devenue par vos soins le
partage de notre langue, qui ne peut rien endurer ni

1. Le chancelier Séguier, protecteur de l'Académie.

d'affecté, ni de bas, si bien qu'étant sortie des jeux de
l'enfance, et de l'ardeur d'une jeunesse emportée, formée
par l'expérience, et réglée par le bon sens, elle semble
avoir atteint la perfection qui donne la consistance.

(*Discours de réception à l'Académie française, 8 juin 1671.*)

## DIEU RÈGNE SUR TOUS LES PEUPLES
### (1681)

... Souvenez-vous, Monseigneur, que ce long enchaî-
nement des causes particulières qui font les empires,
dépend des ordres secrets de la divine Providence.
Dieu tient du plus haut des cieux les rênes de tous les
royaumes ; il a tous les cœurs en sa main : tantôt il
retient les passions, tantôt il leur lâche la bride, et par
là il remue tout le genre humain. Veut-il faire des con-
quérants ? il fait marcher l'épouvante devant eux, et il
inspire à eux et à leurs soldats une hardiesse invincible.
Veut-il faire des législateurs ? il leur envoie son esprit
de sagesse et de prévoyance ; il leur fait prévenir les
maux qui menacent les États, et poser les fondements de
la tranquillité publique. Il connoît la sagesse humaine,
toujours courte par quelque endroit ; il l'éclaire, il étend
ses vues, et puis il l'abandonne à ses ignorances : il
l'aveugle, il la précipite ; il la confond par elle-même :
elle s'enveloppe, elle s'embarrasse dans ses propres
subtilités, et ses précautions lui sont un piège. Dieu
exerce par ce moyen ses redoutables jugements, selon
les règles de sa justice toujours infaillible. C'est lui qui
prépare les effets dans les causes les plus éloignées, et
qui frappe ces grands coups dont le contre-coup porte
si loin. Quand il veut lâcher le dernier, et renverser les
empires, tout est foible et irrégulier dans les conseils.
L'Égypte, autrefois si sage, marche enivrée, étourdie et
chancelante, parce que le Seigneur a répandu l'esprit de

vertige dans ses conseils; elle ne sait plus ce qu'elle fait, elle est perdue. Mais que les hommes ne s'y trompent pas : Dieu redresse quand il lui plaît le sens égaré; et celui qui insultoit à l'aveuglement des autres tombe lui-même dans des ténèbres plus épaisses, sans qu'il faille souvent autre chose, pour lui renverser le sens, que ses longues prospérités.

C'est ainsi que Dieu règne sur tous les peuples. Ne parlons plus de hasard ni de fortune, ou parlons-en seulement comme d'un nom dont nous couvrons notre ignorance. Ce qui est hasard à l'égard de nos conseils incertains est un dessein concerté dans un conseil plus haut, c'est-à-dire, dans ce conseil éternel qui renferme toutes les causes et tous les effets dans un même ordre. De cette sorte tout concourt à la même fin; et c'est faute d'entendre le tout, que nous trouvons du hasard ou de l'irrégularité dans les rencontres particulières.

Par là se vérifie ce que dit l'apôtre, « que Dieu est heureux et le seul puissant, roi des rois, et seigneur des seigneurs ». Heureux, dont le repos est inaltérable, qui voit tout changer sans changer lui-même, et qui fait tous les changements par un conseil immuable; qui donne et ôte la puissance, qui la transporte d'un homme à un autre, d'une maison à une autre, d'un peuple à un autre, pour montrer qu'ils ne l'ont tous que par emprunt, et qu'il est le seul en qui elle réside naturellement.

C'est pourquoi tous ceux qui gouvernent se sentent assujettis à une force majeure. Ils font plus ou moins qu'ils ne pensent, et leurs conseils n'ont jamais manqué d'avoir des effets imprévus. Ni ils ne sont maîtres des dispositions que les siècles passés ont mises dans les affaires, ni ils ne peuvent prévoir le cours que prendra l'avenir, loin qu'ils le puissent forcer. Celui-là seul tient tout en sa main, qui sait le nom de ce qui est et de ce qui n'est pas encore, qui préside à tous les temps, et prévient tous les conseils.

Alexandre ne croyoit pas travailler pour ses capitaines, ni ruiner sa maison par ses conquêtes. Quand Brutus inspiroit au peuple romain un amour immense de la liberté, il ne songeoit pas qu'il jetoit dans les esprits le principe de cette licence effrénée par laquelle la tyrannie qu'il vouloit détruire devoit être un jour rétablie plus dure que sous les Tarquins. Quand les Césars flattoient les soldats, ils n'avoient pas dessein de donner des maîtres à leurs successeurs et à l'empire. En un mot, il n'y a point de puissance humaine qui ne serve malgré elle à d'autres desseins que les siens : Dieu seul sait tout réduire à sa volonté. C'est pourquoi tout est surprenant, à ne regarder que les causes particulières, et néanmoins tout s'avance avec une suite réglée. Ce discours vous le fait entendre ; et pour ne plus parler des autres empires, vous voyez par combien de conseils imprévus, mais toutefois suivis en eux-mêmes, la fortune de Rome a été menée de Romulus jusqu'à Charlemagne.

(*Discours sur l'histoire universelle*, III⁰ partie, chap. VIII.)

## LES INCRÉDULES AU XVIIᵉ SIÈCLE
### (1685)

Déplorable aveuglement ! Dieu a fait un ouvrage au milieu de nous, qui, détaché de toute autre cause, et ne tenant qu'à lui seul, remplit tous les temps et tous les lieux, et porte par toute la terre, avec l'impression de sa main, le caractère de son autorité : c'est Jésus-Christ et son Église. Il a mis dans cette Eglise une autorité, seule capable d'abaisser l'orgueil et de relever la simplicité ; et qui, également propre aux savants et aux ignorants, imprime aux uns et aux autres un même respect. C'est contre cette autorité que les libertins se révoltent avec un air de mépris. Mais qu'ont-ils vu ces rares génies, qu'ont-ils vu plus que les autres ? Quelle ignorance est la

leur! et qu'il seroit aisé de les confondre, si, foibles et
présomptueux, ils ne craignoient d'être instruits! Car
pensent-ils avoir mieux vu les difficultés à cause qu'ils y
succombent, et que les autres, qui les ont vues, les ont
méprisées? Ils n'ont rien vu; ils n'entendent rien; ils
n'ont pas même de quoi établir le néant, auquel ils espè-
rent après cette vie; et ce misérable partage ne leur est
pas assuré. Ils ne savent s'ils trouveront un Dieu propice ou un Dieu contraire. S'ils le font égal au vice et à
la vertu, quelle idole! Que s'il ne dédaigne pas de juger
ce qu'il a créé, et encore ce qu'il a créé capable d'un bon
et d'un mauvais choix, qui leur dira ou ce qui lui plaît,
ou ce qui l'offense, ou ce qui l'apaise? Par où ont-ils
deviné que tout ce qu'on pense de ce premier Être soit
indifférent, et que toutes les religions qu'on voit sur la
terre lui soient également bonnes? Parce qu'il y en a de
fausses, s'ensuit-il qu'il n'y en ait pas une véritable; ou
qu'on ne puisse plus connoître l'ami sincère, parce qu'on
est environné de trompeurs? Est-ce peut-être que tous
ceux qui errent sont de bonne foi? L'homme ne peut-il
pas, selon sa coutume, s'en imposer à lui-même? Mais
quel supplice ne méritent pas les obstacles qu'il aura mis
par ses préventions à des lumières plus pures? Où a-t-on
pris que la peine et la récompense ne soient que pour
les jugements humains; et qu'il n'y ait pas en Dieu une
justice, dont celle qui reluit en nous ne soit qu'une étincelle? Que s'il est une telle justice, souveraine, et par
conséquent inévitable; divine, et par conséquent infinie,
qui nous dira qu'elle n'agisse jamais selon sa nature, et
qu'une justice infinie ne s'exerce pas à la fin par un supplice infini et éternel? Où en sont donc les impies, et
quelle assurance ont-ils contre la vengeance éternelle
dont on les menace? A défaut d'un meilleur refuge,
iront-ils enfin se plonger dans l'abîme de l'athéisme, et
mettront-ils leur repos dans une fureur qui ne trouve
presque point de place dans les esprits? Qui leur résoudra
ces doutes, puisqu'ils veulent les appeler de ce nom?

leur raison, qu'ils prennent pour guide, ne présente à leur esprit que des conjectures et des embarras. Les absurdités où ils tombent, en niant la religion, deviennent plus insoutenables que la vérité dont la hauteur les étonne; et pour ne vouloir pas croire des mystères incompréhensibles, ils suivent, l'une après l'autre, d'incompréhensibles erreurs. Qu'est-ce donc après tout, messieurs, qu'est-ce que leur malheureuse incrédulité, sinon une erreur sans fin, une témérité qui hasarde tout, un étourdissement volontaire, et en un mot un orgueil qui ne peut souffrir son remède, c'est-à-dire, qui ne peut souffrir une autorité légitime? Ne croyez pas que l'homme ne soit emporté que par l'intempérance des sens. L'intempérance de l'esprit n'est pas moins flatteuse. Comme l'autre, elle se fait des plaisirs cachés, et s'irrite par la défense. Ce superbe croit s'élever au-dessus de tout et au-dessus de lui-même, quand il s'élève, ce lui semble, au-dessus de la religion, qu'il a si longtemps révérée; il se met au rang des gens désabusés; il insulte en son cœur aux foibles esprits, qui ne font que suivre les autres, sans rien trouver par eux-mêmes; et devenu le seul objet de ses complaisances, il se fait lui-même son Dieu.

*(Oraison funèbre d'Anne de Gonzague.)*

---

## CALVIN

### (1688)

J'ai tâché de faire connoître la doctrine de ce second patriarche de la nouvelle réforme; et je pense avoir découvert ce qui lui a donné tant d'autorité dans ce parti. Il a paru avoir de nouvelles vues sur la justice imputative [1] qui faisoit le fondement de la réforme, et sur la

---

1. Opinion par laquelle les mérites pour compenser l'imputation du péché de Jésus-Christ nous sont appliqués originel.

matière de l'eucharistie, qui le divisoit depuis si longtemps : mais il y eut un troisième point qui lui donna un
grand crédit parmi ceux qui se piquoient d'avoir de l'esprit. C'est la hardiesse qu'il eut de rejeter les cérémonies
beaucoup plus que n'avoient fait les luthériens ; car ils
s'étoient fait une loi de retenir celles qui n'étoient pas
manifestement contraires à leurs nouveaux dogmes. Mais
Calvin fut inexorable sur ce point. Il condamnoit
Mélancton [1], qui trouvoit à son avis les cérémonies
trop indifférentes ; et si le culte qu'il introduisit parut
trop nu à quelques uns, cela même fut un nouveau
charme pour les beaux esprits, qui crurent par ce moyen
s'élever au-dessus des sens, et se distinguer du vulgaire.
Et parce que les apôtres avoient écrit peu de choses
touchant les cérémonies qu'ils se contentoient d'établir
par la pratique, ou que même ils laissoient souvent à la
disposition de chaque Église, les calvinistes se vantoient
d'être ceux des réformés qui s'attachoient le plus purement à la lettre de l'Ecriture ; ce qui fut cause qu'on leur
donna le titre de puritains en Angleterre et en Ecosse.

Par ces moyens Calvin raffina au-dessus des premiers
auteurs de la nouvelle réforme... Il fit de grands progrès en France ; et ce grand royaume se vit à la veille
de périr par les entreprises de ses sectateurs : de sorte
qu'il fut en France à peu près ce que Luther fut en Allemagne. Genève, qu'il gouverna, ne fut guère moins considérée que Witemberg, où le nouvel Évangile avoit
commencé ; et il se rendit le chef du second parti de la
nouvelle réforme.

Combien il fut touché de cette gloire, un petit mot,
qu'il écrit à Mélancton, nous le fait sentir. « Je me
reconnois, dit-il, de beaucoup au-dessous des uns ; mais
néanmoins je n'ignore pas en quel degré de son théâtre

---

1. *Mélancton*, comme écrit Bossuet, ou *Mélanchthon* (1497-1560) de son nom de naissance Schwarzerd, fut profes- seur de grec à l'académie de Witemberg ; grand humaniste, et le grand représentant du luthéranisme modéré.

Dieu m'a élevé, et notre amitié ne peut être violée sans faire tort à l'Eglise. »

Se voir exposé aux yeux de toute l'Europe comme sur un grand théâtre; s'y voir par son éloquence dans les premiers rangs; et s'y être fait un nom et une autorité qu'on respecte dans un grand parti, Calvin ne s'en peut taire; c'est pour lui un doux appât, et c'est celui qui a fait tous les hérésiarques.

C'est ce charme secret qui lui a fait dire dans sa réponse à Beaudoin, son grand adversaire : « Il me reproche que je n'ai point d'enfants, et que Dieu m'a ôté un fils qu'il m'avoit donné. Falloit-il me faire ce reproche, à moi qui ai tant de milliers d'enfants dans toute la chrétienté?...[1] »

Il a tant loué la sainte jactance et la magnanimité de Luther, qu'il étoit malaisé qu'il ne l'imitât encore que, pour éviter le ridicule où tomba Luther, il se piquât surtout d'être modeste, comme un homme qui vouloit pouvoir se vanter *d'être sans faste, et de ne craindre rien tant que l'ostentation* : de sorte que la différence entre Luther et Calvin, quand ils se vantent, c'est que Luther, qui s'abandonnoit à son humeur impétueuse, sans jamais prendre aucun soin de se modérer, se louoit lui-même comme un emporté; mais les louanges que Calvin se donnoit sortoient par force du fond de son cœur, malgré les lois de modération qu'il s'étoit prescrites, et rompoient violemment toutes ces barrières...

Rien ne le flattoit davantage que la gloire de bien écrire; et Westphale, luthérien, l'ayant appelé déclamateur : « Il a beau faire, dit-il, jamais il ne le persuadera à personne; et tout le monde sait combien je sais presser un argument, et combien est précise la brièveté avec laquelle j'écris. »

C'est se donner en trois mots la plus grande gloire que l'art de bien dire puisse attirer à un homme. Voilà du

---

1. *Baudouin* (François) (1520-1573), jurisconsulte, qui tenta de rapprocher les huguenots et les catholiques.

moins une louange que jamais Luther ne s'étoit donnée :
car, quoiqu'il fût un des orateurs les plus vifs de son
siècle, loin de faire jamais semblant de se piquer d'éloquence, il prenoit plaisir de dire qu'il étoit un pauvre
moine, nourri dans l'obscurité et dans l'école, qui ne
savoit point l'art de discourir. Mais Calvin, blessé sur ce
point, ne se peut tenir, et aux dépens de sa modestie, il
faut qu'il dise que personne ne s'explique plus précisément, et ne raisonne plus fortement que lui.

Donnons-lui donc, puisqu'il le veut tant, cette gloire
d'avoir aussi bien écrit qu'homme de son siècle; met-
tons-le même, si l'on veut, au-dessus de Luther : car
encore que Luther eût quelque chose de plus original et
de plus vif, Calvin, inférieur par le génie, sembloit l'avoir
emporté par l'étude. Luther triomphoit de vive voix;
mais la plume de Calvin étoit plus correcte, surtout en
latin; et son style, qui étoit plus triste, étoit aussi beaucoup plus suivi et plus châtié. Ils excelloient l'un et
l'autre à parler la langue de leur pays; l'un et l'autre
étoient d'une véhémence extraordinaire; l'un et l'autre, par
ses talens, se sont fait beaucoup de disciples et d'admirateurs; l'un et l'autre, enflés de ces succès, ont cru
pouvoir s'élever au-dessus des Pères; l'un et l'autre
n'ont pu souffrir qu'on les contredît; et leur éloquence
n'a été en rien plus féconde qu'en injures.

(Histoire des Variations, liv. IX, § 75, 82.)

---

# DE LA CONNAISSANCE DE NOUS-MÊMES QUI NOUS EST DONNÉE PAR LA FOI, ET DE CE QU'ELLE MET DANS L'ORAISON

## (1697)

La foi fait connoître à l'âme qu'elle est faite à l'image
et ressemblance de Dieu. Ce qui opère deux choses :
l'une, qu'elle se plaît à se recueillir en soi-même, pour y

contempler l'image de Dieu; l'autre, qu'elle ne peut
s'arrêter en elle-même, mais qu'elle est doucement attirée
et élevée à Dieu, dont elle est la belle et vive ressemblance. Comme elle est faite à l'image de Dieu, elle étend
à elle-même cette connoissance négative, par laquelle
nous avons vu que Dieu est connu. C'est ce qui faisoit
dire à saint Augustin : « Je ne suis rien de ce que je
vois; je ne suis ni un air subtil, ni une vapeur délicate,
ni une flamme épurée et un feu caché, ni une tempéra-
ture et une harmonie de qualités réduites et conciliées :
je suis quelque chose faite à l'image de Dieu, image d'un
Dieu incompréhensible, incompréhensible moi-même à
ma manière, dont Dieu peut faire quelque chose de si
excellent que moi-même je n'y puis atteindre par ma
pensée. » Comme Dieu, je n'ai ni traits, ni linéaments,
ni figure; mes pensées ne sont pas de ces mouvements
qui altèrent ou qui transportent les corps d'un lieu en
un autre, ou qui en dérangent les parties. Car je n'ai
point en mon âme de tels mouvements; elle est née pour
connoître et aimer Dieu, heureuse par ce moyen, non
en elle-même, mais en Dieu seul.

Comme Dieu peut faire de moi quelque chose de si
excellent que je ne le puis comprendre, j'ai pu me faire
et je me suis fait, par l'abus de mon libre arbitre, quelque chose de si mauvais que je deviens un abîme incompréhensible de corruption, de péché et de misère. Ainsi,
je me hais moi-même, comme une source inépuisable
d'injustice, de violence, de jalousie, de mollesse, d'infirmité et de tout mal; et je voudrois me réduire à n'être
plus qu'une pure capacité de posséder Dieu, ou plutôt
d'en être possédé, c'est-à-dire de l'aimer cent fois plus
que moi-même, comme un être et une nature infiniment
relevée, à qui je dis avec David : « La connoissance de
moi-même qui m'élève à vous, est admirable et si haute
que je ne puis y atteindre : *mirabilis facta est scientia
tua ex me; confortata est, et non potero ad eam.* »

C'est ainsi que dans l'oraison, comme le même David,

nous pouvons dire : « Votre serviteur a trouvé son cœur
pour vous faire cette prière », c'est-à-dire j'ai trouvé en
moi quelque chose qui veut s'unir à une nature supérieure, et un fond qui dit encore avec David : « Mon
âme ne sera-t-elle pas soumise à Dieu? » Voilà donc
encore, par la foi dans l'oraison, une espèce de contemplation négative de soi-même, en se démêlant de tout ce
qui est corps et de tout ce qui est corporel, pour ne se
connoître plus qu'en Dieu, qu'on ne connoît et qu'on
n'aime jamais assez, et en qui aussi on se perd. Ainsi
l'oraison arrive par la foi à toute la perfection et à toute
la pureté où l'on peut parvenir en cette vie.

(*Instruction sur les états d'oraison, Second traité*, chap. xv.)

---

## QUI SONT LES MAGES
### (1702)

Les mages, sont-ce des rois absolus, ou dépendant
d'un plus grand empire? ou sont-ce seulement de grands
seigneurs, ce qui leur faisoit donner le nom de rois suivant la coutume de leur pays? ou sont-ce seulement des
sages, des philosophes, les arbitres de la religion dans
l'empire des Perses, ou, comme on l'appeloit alors, dans
celui des Parthes, ou dans quelque partie de cet empire,
qui s'étendoit par tout l'Orient? Vous croyez que j'aille
résoudre ces doutes et contenter vos désirs curieux!
Vous vous trompez; je n'ai pas pris la plume à la main
pour vous apprendre les pensées des hommes : je vous
dirai seulement que c'étoient les savants de leur pays,
observateurs des astres, que Dieu prend par leur attrait,
riches et puissants, comme leurs présents le font paroître;
s'ils étoient de ceux qui présidoient à la religion, Dieu
s'étoit fait connoître à eux, et ils avoient renoncé au culte
de leur pays.

C'est à quoi doivent mener les hautes sciences. Philosophes de nos jours, de quelque rang que vous soyez, ou observateurs des astres, ou contemplateurs de la nature inférieure, et attachés à ce qu'on appelle physique, ou occupés des sciences abstraites qu'on appelle mathématiques, où la vérité semble présider plus que dans les autres, je ne veux pas dire que vous n'ayez de dignes objets de vos pensées; car, de vérité en vérité, vous pouvez aller jusqu'à Dieu, qui est la vérité des vérités, la source de la vérité, la vérité même, où subsistent les vérités que vous appelez éternelles, les vérités immuables et invariables, qui ne peuvent pas ne pas être vérités, et que tous ceux qui ouvrent les yeux voient en eux-mêmes, et néanmoins au-dessus d'eux-mêmes, puisqu'elles règlent leurs raisonnements comme ceux des autres, et président aux connoissances de tout ce qui voit et entend, soit hommes, soit anges. C'est cette vérité que vous devez chercher dans vos sciences. Cultivez donc ces sciences; mais ne vous y laissez point absorber. Ne présumez pas, et ne croyez pas être quelque chose plus que les autres, parce que vous savez les propriétés et les raisons des grandeurs et des petitesses : vaine pâture des esprits curieux et foibles, qui après tout ne mène à rien qui existe; et qui n'a rien de solide, qu'autant que, par l'amour de la vérité et l'habitude de la connoître dans des objets certains, elle fait chercher la véritable et utile certitude en Dieu seul.

Et vous, observateurs des astres, je vous propose une admirable manière de les observer. Que David étoit un sage observateur des astres, lorsqu'il disoit : *Je verrai vos cieux, l'œuvre de vos mains, la lune et les étoiles que vous avez fondées!* Figurez-vous une nuit tranquille et belle, qui dans un ciel net et pur étale tous ses feux. C'étoit pendant une telle nuit que David regardoit les astres, car il ne parle point du soleil : la lune et l'armée du ciel qui la suit faisoient l'objet de sa contemplation. Ailleurs, il dit encore : *Les Cieux racontent la gloire de Dieu*; mais, dans la suite, il s'arrête sur le soleil : *Dieu a établi*, dit-il, *sa demeure dans le soleil, qui sort richement paré comme fait un nouvel époux du lieu de son repos*, et le reste : de là il s'élève à la lumière plus belle et plus vive de la loi. Voilà ce qu'opère dans l'esprit de David la beauté du jour. Mais dans l'autre psaume, où il ne voit que celle de la nuit, il jouit d'un sacré silence; et dans une belle obscurité il contemple la douce lumière que lui présente la nuit, pour de là s'élever à celui qui luit seul parmi les ténèbres. Vous qui vous relevez pendant la nuit, et qui élevez à Dieu des mains innocentes dans l'obscurité et dans le silence, solitaires, et vous, chrétiens, qui louez Dieu dans les ténèbres, dignes observateurs des beautés du ciel, vous verrez l'étoile qui vous mènera au grand roi qui vient de naître.

(*Élévations sur les mystères*, XVIIᵉ semaine, 3ᵉ élévation.)

# JEAN RACINE

[La Ferté-Milon, 1639; † 1699, Paris.]

La famille de Racine était en relations avec les religieuses et les solitaires de Port-Royal. Aussi, dès qu'il fut en âge d'étudier, on le mit au collège de la ville de Beauvais, maison amie des jansénistes, et à seize ans, il fut admis à l'école des Granges, où il eut pour maîtres Lancelot, Nicole, Hamon et Antoine Lemaistre. Il y passa trois années, durant lesquelles il devint un excellent helléniste et s'essaya à ses premiers vers (*La Promenade de Port-Royal*). Son goût pour la poésie l'émancipa assez vite de ces maîtres austères; s'étant lié avec Vitart et La Fontaine, il se dissipait un peu; le succès de son Ode *la Nymphe de la Seine* (1660), qui lui valut une gratification du roi, était fait pour accroître son goût du monde et du « métier de poésie ». Aussi Messieurs de Port-Royal et sa famille jugèrent-ils bon de l'éloigner de Paris, et on le décida à se rendre à Uzès, près de son oncle Sconin, qui lui faisait espérer un bénéfice. Mais la vocation fut la plus forte; après quelque séjour dans le Midi, Racine revient à Paris, se lie avec Boileau et Molière, et en 1664, il donne sa *Thébaïde*, suivie, en 1665, de l'*Alexandre*. Ces premières œuvres attirèrent à Racine les critiques des partisans de Corneille; il s'en irrita, et, dans un pamphlet dirigé contre Desmarets de Saint-Sorlin, Nicole ayant traité les auteurs dramatiques d'*empoisonneurs publics*, Racine se considéra comme atteint et rompit avec Port-Royal, en ripostant à Nicole par une *Lettre à l'auteur des Visionnaires*, pleine de malice cruelle (1666). Avec *Les Andromaque* (1667), s'ouvre la série de ses chefs-d'œuvre; *Les Plaideurs* sont joués en 1668, *Britannicus* en 1669, *Bérénice* en 1670. Mais c'est aussi l'époque de la lutte la plus vive contre les partisans de l'ancien système dramatique : on peut voir dans la *Première Préface de Britannicus* (1670) à quel ton cette querelle était montée. Ni *Mithridate* (1673), ni *Iphigénie* (1674), ni *Phèdre* (1677) ne purent réduire au silence les détracteurs de Racine. La lassitude le gagna; s'étant marié en 1677, ayant reçu cette même année le titre d'historiographe du Roi, il résolut de renoncer au théâtre. En même temps des scrupules de piété se réveillaient dans son âme et il faisait tout pour se ménager une réconciliation avec Port-Royal. Pendant douze ans il se donna tout entier à ses devoirs d'historien de Louis XIV et à ses soins de père de famille.

En lui demandant de composer une pièce pour ses « filles » de

Saint-Cyr, M^me de Maintenon le fit sortir de son silence; *Esther* (1689) ravit tous les suffrages. Mais la représentation d'*Athalie* (1691) lui attira de nouveaux dégoûts. Sa retraite dès lors est définitive; il se rapproche de plus en plus de Port-Royal, et ses relations avec les solitaires devinrent si étroites qu'elles lui attirèrent, sinon la disgrâce, au moins la froideur de Louis XIV.

Outre ses onze tragédies, nous avons de Racine des *Poésies* de jeunesse, quelques *Épigrammes* extrêmement malicieuses et, en prose, un *Abrégé de l'histoire de Port-Royal*.

---

## ANDROMAQUE ET PYRRHUS

### (1667)

PYRRHUS.

Me cherchiez-vous, Madame?
Un espoir si charmant me seroit-il permis?

ANDROMAQUE.

Je passois jusqu'aux lieux où l'on garde mon fils.
Puisqu'une fois le jour vous souffrez que je voie
Le seul bien qui me reste et d'Hector et de Troie,
J'allois, Seigneur, pleurer un moment avec lui :
Je ne l'ai point encor embrassé d'aujourd'hui.

PYRRHUS.

Ah! Madame, les Grecs, si j'en crois leurs alarmes,
Vous donneront bientôt d'autres sujets de larmes.

ANDROMAQUE.

Et quelle est cette peur dont leur cœur est frappé,
Seigneur? Quelque Troyen vous est-il échappé?

PYRRHUS.

Leur haine pour Hector n'est pas encore éteinte.
Ils redoutent son fils.

ANDROMAQUE.

Digne objet de leur crainte!
Un enfant malheureux, qui ne sait pas encor
Que Pyrrhus est son maître, et qu'il est fils d'Hector.

### PYRRHUS.

Tel qu'il est, tous les Grecs demandent qu'il périsse.
Le fils d'Agamemnon vient hâter son supplice [1].

### ANDROMAQUE.

Et vous prononcerez un arrêt si cruel?
Est-ce mon intérêt qui le rend criminel?
Hélas! on ne craint point qu'il venge un jour son père;
On craint qu'il n'essuyât [2] les larmes de sa mère;
Il m'auroit tenu lieu d'un père et d'un époux;
Mais il me faut tout perdre, et toujours par vos coups.

### PYRRHUS.

Madame, mes refus ont prévenu vos larmes.
Tous les Grecs m'ont déjà menacé de leurs armes;
Mais dussent-ils encore, en repassant les eaux,
Demander votre fils avec mille vaisseaux;
Coutât-il tout le sang qu'Hélène a fait répandre;
Dussé-je après dix ans voir mon palais en cendre,
Je ne balance point, je vole à son secours :
Je défendrai sa vie aux dépens de mes jours.
Mais parmi ces périls où je cours pour vous plaire,
Me refuserez-vous un regard moins sévère?
Haï de tous les Grecs, pressé de tous côtés,
Me faudra-t-il combattre encor vos cruautés?
Je vous offre mon bras. Puis-je espérer encore
Que vous accepterez un cœur qui vous adore?
En combattant pour vous, me sera-t-il permis
De ne vous point compter parmi mes ennemis?

### ANDROMAQUE.

Seigneur, que faites-vous, et que dira la Grèce?
Faut-il qu'un si grand cœur montre tant de foiblesse?

---

1. Les Grecs, qui savent l'amour de Pyrrhus pour Andromaque, ont envoyé Oreste en ambassade près du fils d'Achille pour lui demander de leur livrer Astyanax; ils craignent que ce fils d'Hector, élevé comme un prince, ne devienne un jour redoutable pour eux.

2. On craint que (s'il vivait) il n'essuyât... L'accord des temps est rétabli, si l'on rétablit la proposition supprimée par ellipse. La tournure est d'ailleurs familière au XVIIe siècle.

Voulez-vous qu'un dessein si beau, si généreux
Passe pour le transport d'un esprit amoureux?
Captive, toujours triste, importune à moi-même,
Pouvez-vous souhaiter qu'Andromaque vous aime?
Quels charmes ont pour vous des yeux infortunés
Qu'à des pleurs éternels vous avez condamnés?
Non, non, d'un ennemi respecter la misère,
Sauver des malheureux, rendre un fils à sa mère,
De cent peuples pour lui combattre la rigueur,
Sans me faire payer son salut de mon cœur,
Malgré moi, s'il le faut, lui donner un asile :
Seigneur, voilà des soins dignes du fils d'Achille.

### PYRRHUS.

Hé quoi? votre courroux n'a-t-il pas eu son cours?
Peut-on haïr sans cesse? et punit-on toujours?
J'ai fait des malheureux, sans doute, et la Phrygie
Cent fois de votre sang a vu ma main rougie.
Mais que vos yeux sur moi se sont bien exercés!
Qu'ils m'ont vendu bien cher les pleurs qu'ils ont versés!
De combien de remords m'ont-ils rendu la proie!
Je souffre tous les maux que j'ai faits devant Troie.
Vaincu, chargé de fers, de regrets consumé,
Brûlé de plus de feux que je n'en allumai,
Tant de soins, tant de pleurs, tant d'ardeurs inquiètes...
Hélas! fus-je jamais si cruel que vous l'êtes?
Mais enfin, tour à tour, c'est assez nous punir :
Nos ennemis communs devroient nous réunir.
Madame, dites-moi seulement que j'espère,
Je vous rends votre fils, et je lui sers de père;
Je l'instruirai moi-même à venger les Troyens;
J'irai punir les Grecs de vos maux et des miens.
Animé d'un regard, je puis tout entreprendre :
Votre Ilion encor peut sortir de sa cendre;
Je puis en moins de temps que les Grecs ne l'ont pris,
Dans ses murs relevés couronner votre fils.

ANDROMAQUE.

Seigneur, tant de grandeurs ne nous touchent plus guère :
Je les lui promettois tant qu'a vécu son père.
Non, vous n'espérez plus de nous revoir encor,
Sacrés murs, que n'a pu conserver mon Hector.
A de moindres faveurs des malheureux prétendent,
Seigneur ; c'est un exil que mes pleurs vous demandent.
Souffrez que loin des Grecs, et même loin de vous,
J'aille cacher mon fils, et pleurer mon époux.
Votre amour contre nous allume trop de haine :
Retournez, retournez à la fille d'Hélène [1].

(*Andromaque*, I, 4.)

---

## EXPOSITION DE BAJAZET
### (1672)

ACOMAT.

..... Que ton retour tardoit à mon impatience !
Et que d'un œil content je te vois dans Byzance !
Instruis-moi des secrets que peut t'avoir appris
Un voyage si long pour moi seul entrepris.
De ce qu'ont vu tes yeux parle en témoin sincère :
Songe que du récit, Osmin, que tu vas faire
Dépendent les destins de l'empire ottoman.
Qu'as-tu vu dans l'armée, et que fait le Sultan ?

OSMIN.

Babylone [2], Seigneur, à son prince fidèle,
Voyoit sans s'étonner notre armée autour d'elle ;
Les Persans rassemblés marchoient à son secours,
Et du camp d'Amurat s'approchoient tous les jours.
Lui-même, fatigué d'un long siège inutile,
Sembloit vouloir laisser Babylone tranquille,

---

1. Hermione, fiancée de Pyrrhus, et qui vit à sa cour, en attendant que le mariage s'accomplisse.

2. La ville que Racine appelle Babylone, c'est Bagdad, qui fut prise par le sultan Amurat IV (Murad) en 1638.

Et sans renouveler ses assauts impuissants,
Résolu de combattre, attendoit les Persans.
Mais comme vous savez, malgré ma diligence,
Un long chemin sépare et le camp et Byzance ;
Mille obstacles divers m'ont même traversé [1],
Et je puis ignorer tout ce qui s'est passé.

### ACOMAT.

Que faisoient cependant nos braves janissaires ?
Rendent-ils au Sultan des hommages sincères ?
Dans le secret des cœurs, Osmin, n'as-tu rien lu ?
Amurat jouit-il d'un pouvoir absolu ?

### OSMIN.

Amurat est content, si nous le voulons croire,
Et sembloit se promettre une heureuse victoire.
Mais en vain par ce calme il croit nous éblouir :
Il affecte un repos dont il ne peut jouir.
C'est en vain que forçant ses soupçons ordinaires,
Il se rend accessible à tous les janissaires [2] :
Il se souvient toujours que son inimitié
Voulut de ce grand corps retrancher la moitié,
Lorsque pour affermir sa puissance nouvelle,
Il vouloit, disoit-il, sortir de leur tutelle.
Moi-même j'ai souvent entendu leurs discours ;
Comme il les craint sans cesse, ils le craignent toujours.
Ses caresses n'ont point effacé cette injure.
Votre absence est pour eux un sujet de murmure.
Ils regrettent le temps, à leur grand cœur si doux,
Lorsque assurés de vaincre ils combattoient sous vous.

### ACOMAT.

Quoi ? tu crois, cher Osmin, que ma gloire passée
Flatte encor leur valeur et vit dans leur pensée ?

---

1. M'ont traversé, c'est-à-dire se sont mis, se sont rencontrés *en travers* de mon chemin.

2. Les janissaires, corps d'élite de l'infanterie turque, furent organisés vers 1350 par le sultan Orkhan pour la défense du trône et des frontières. Cette troupe, célèbre par sa bravoure, joua de tout temps un grand rôle dans les révolutions de palais. Elle fut dissoute en 1826 par Mahmoud II, qui en fit massacrer les soldats à Constantinople et dans tout l'empire.

Crois-tu qu'ils me suivroient encore avec plaisir,
Et qu'ils reconnoîtroient la voix de leur visir?

OSMIN.

Le succès du combat règlera leur conduite :
Il faut voir du Sultan la victoire ou la fuite.
Quoique à regret, Seigneur, ils marchent sous ses lois,
Ils ont à soutenir le bruit de leurs exploits :
Ils ne trahiront point l'honneur de tant d'années.
Mais enfin le succès dépend des destinées.
Si l'heureux Amurat, secondant leur grand cœur,
Aux champs de Babylone est déclaré vainqueur,
Vous les verrez soumis rapporter dans Byzance
L'exemple d'une aveugle et basse obéissance.
Mais si dans le combat le destin plus puissant
Marque de quelque affront son empire naissant,
S'il fuit, ne doutez point que fiers de sa disgrâce,
A la haine bientôt ils ne joignent l'audace,
Et n'expliquent, Seigneur, la perte du combat
Comme un arrêt du ciel qui réprouve Amurat.
Cependant, s'il en faut croire la renommée,
Il a depuis trois mois fait partir de l'armée
Un esclave chargé de quelque ordre secret.
Tout le camp interdit trembloit pour Bajazet [1] :
On craignoit qu'Amurat par un ordre sévère
N'envoyât demander la tête de son frère.

ACOMAT.

Tel étoit son dessein. Cet esclave est venu :
Il a montré son ordre, et n'a rien obtenu.

OSMIN.

Quoi, Seigneur, le Sultan reverra son visage,
Sans que de vos respects il lui porte ce gage!

---

1. Amurat, lorsqu'il monta sur le trône, avait trois frères vivants. L'un, Ibrahim, paraissait « stupide » et incapable de régner. Amurat ne s'en inquiétait pas. Mais, ayant pris ombrage d'un autre de ses frères, Orcan, il le fit étrangler. On pouvait craindre le même sort pour Bajazet.

ACOMAT.

Cet esclave n'est plus. Un ordre, cher Osmin,
L'a fait précipiter dans le fond de l'Euxin.

OSMIN.

Mais le Sultan, surpris d'une trop longue absence,
En cherchera bientôt la cause et la vengeance.
Que lui répondrez-vous?

ACOMAT.

Peut-être avant ce temps
Je saurai l'occuper de soins plus importants.
Je sais bien qu'Amurat a juré ma ruine;
Je sais à son retour l'accueil qu'il me destine.
Tu vois, pour m'arracher du cœur de ses soldats,
Qu'il va chercher sans moi les sièges, les combats :
Il commande l'armée; et moi, dans une ville,
Il me laisse exercer un pouvoir inutile.
Quel emploi, quel séjour, Osmin, pour un Visir!
Mais j'ai plus dignement employé ce loisir :
J'ai su lui préparer des craintes et des veilles,
Et le bruit en ira bientôt à ses oreilles.

OSMIN.

Quoi donc? Qu'avez-vous fait.

ACOMAT.

J'espère qu'aujourd'hui
Bajazet se déclare et Roxane avec lui.

OSMIN.

Quoi? Roxane, Seigneur, qu'Amurat a choisie
Entre tant de beautés dont l'Europe et l'Asie
Dépeuplent leurs Etats et remplissent sa Cour?
Car on dit qu'elle seule a fixé son amour.
Et même il a voulu que l'heureuse Roxane,
Avant qu'elle eût un fils, prît le nom de Sultane.

ACOMAT.

Il a fait plus pour elle, Osmin : il a voulu
Qu'elle eût dans son absence un pouvoir absolu.
Tu sais de nos sultans les rigueurs ordinaires :
Le frère rarement laisse jouir ses frères
De l'honneur dangereux d'être sortis d'un sang
Qui les a de trop près approchés de son rang.
L'imbécile Ibrahim, sans craindre sa naissance,
Traîne, exempt de péril, une éternelle enfance.
Indigne également de vivre et de mourir,
On l'abandonne aux mains qui daignent le nourrir.
L'autre, trop redoutable, et trop digne d'envie,
Voit sans cesse Amurat armé contre sa vie.
Car enfin Bajazet dédaigna de tout temps
La noble oisiveté des enfants des Sultans.
Il vint chercher la guerre au sortir de l'enfance,
Et même en fit sous moi la noble expérience.
Toi-même tu l'as vu courir dans les combats,
Emportant après lui tous les cœurs des soldats,
Et goûter, tout sanglant, le plaisir et la gloire
Que donne aux jeunes cœurs la première victoire.
Mais malgré ses soupçons, le cruel Amurat,
Avant qu'un fils naissant eût rassuré l'État,
N'osoit sacrifier ce frère à sa vengeance,
Ni du sang ottoman proscrire l'espérance.
Ainsi donc pour un temps Amurat désarmé
Laissa dans le Serrail Bajazet enfermé.
Il partit, et voulut que fidèle à sa haine,
Et des jours de son frère arbitre souveraine,
Roxane, au moindre bruit, et sans autres raisons,
Le fît sacrifier à ses moindres soupçons.
Pour moi, demeuré seul, une juste colère
Tourna bientôt mes vœux du côté de son frère.
J'entretins la Sultane, et cachant mon dessein,
Lui montrai d'Amurat le retour incertain,
Les murmures du camp, la fortune des armes.
Je plaignis Bajazet; je lui vantai ses charmes,

Qui par un soin jaloux dans l'ombre retenus,
Si voisins de ses yeux, leur étoient inconnus.
Que te dirai-je enfin? la Sultane éperdue
N'eut plus d'autres désirs que celui de sa vue.

OSMIN.

Mais pouvoient-ils tromper tant de jaloux regards
Qui semblent mettre entre eux d'invincibles remparts?

ACOMAT.

Peut-être il te souvient qu'un récit peu fidèle
De la mort d'Amurat fit courir la nouvelle.
La Sultane, à ce bruit feignant de s'effrayer,
Par des cris douloureux eut soin de l'appuyer.
Sur la foi de ses pleurs ses esclaves tremblèrent;
De l'heureux Bajazet les gardes se troublèrent;
Et les dons achevant d'ébranler leur devoir,
Leurs captifs dans ce trouble osèrent s'entrevoir.
Roxane vit le prince. Elle ne put lui taire
L'ordre dont elle seule étoit dépositaire.
Bajazet est aimable. Il vit que son salut
Dépendoit de lui plaire, et bientôt il lui plut.
Tout conspiroit pour lui. Ses soins, sa complaisance,
Ce secret découvert, et cette intelligence,
Soupirs d'autant plus doux qu'il les falloit celer,
L'embarras irritant de ne s'oser parler,
Même témérité, périls, craintes communes,
Lièrent pour jamais leurs cœurs et leurs fortunes.
Ceux-mêmes dont les yeux les devoient éclairer,
Sortis de leur devoir, n'osèrent y rentrer.

OSMIN.

Quoi? Roxane d'abord leur découvrant son âme,
Osa-t-elle à leurs yeux faire éclater sa flamme?

ACOMAT.

Ils l'ignorent encore; et jusques à ce jour
Atalide a prêté son nom à cet amour.
Du père d'Amurat Atalide est la nièce;
Et même avec ses fils partageant sa tendresse,

Elle a vu son enfance élevée avec eux.
Du prince en apparence elle reçoit les vœux;
Mais elle les reçoit pour les rendre à Roxane,
Et veut bien sous son nom qu'il aime la Sultane.
Cependant, cher Osmin, pour s'appuyer de moi,
L'un et l'autre ont promis Atalide à ma foi.

OSMIN.

Quoi? Vous l'aimez, Seigneur?

ACOMAT.

Voudrois-tu qu'à mon âge
Je fisse de l'amour le vil apprentissage?
Qu'un cœur qu'ont endurci la fatigue et les ans
Suivît d'un vain plaisir les conseils imprudents?
C'est par d'autres attraits qu'elle plaît à ma vue :
J'aime en elle le sang dont elle est descendue.
Par elle Bajazet, en m'approchant de lui,
Me va contre lui-même assurer un appui.
Un Visir aux sultans fait toujours quelque ombrage.
A peine ils l'ont choisi, qu'ils craignent leur ouvrage.
Sa dépouille est un bien qu'ils veulent recueillir,
Et jamais leurs chagrins ne nous laissent vieillir.
Bajazet aujourd'hui m'honore et me caresse;
Ses périls tous les jours réveillent sa tendresse,
Ce même Bajazet, sur le trône affermi,
Méconnoîtra peut-être un inutile ami.
Et moi, si mon devoir, si ma foi ne l'arrête,
S'il ose quelque jour me demander ma tête...
Je ne m'explique point, Osmin. Mais je prétends
Que du moins il faudra la demander longtemps.
Je sais rendre aux Sultans de fidèles services;
Mais je laisse au vulgaire adorer leurs caprices,
Et ne me pique point du scrupule insensé
De bénir mon trépas quand ils l'ont prononcé.

*(Bajazet, I, 1.)*

———

## IPHIGÉNIE AVANT LE SACRIFICE

(1674)

### CLYTEMNESTRE.

Venez, venez, ma fille, on n'attend plus que vous,
Venez remercier un père qui vous aime,
Et qui veut à l'autel vous conduire lui-même.

### AGAMEMNON.

Que vois-je? quel discours? Ma fille, vous pleurez,
Et baissez devant moi vos yeux mal assurés.
Quel trouble?... Mais tout pleure, et la fille et la mère.
Ah! malheureux Arcas, tu m'as trahi [1].

### IPHIGÉNIE.

Mon père,
Cessez de vous troubler, vous n'êtes point trahi.
Quand vous commanderez, vous serez obéi.
Ma vie est votre bien. Vous voulez le reprendre :
Vos ordres sans détour pouvoient se faire entendre.
D'un œil aussi content, d'un cœur aussi soumis
Que j'acceptois l'époux que vous m'aviez promis,
Je saurai, s'il le faut, victime obéissante,
Tendre au fer de Calchas une tête innocente,
Et respectant le coup par vous-même ordonné,
Vous rendre tout le sang que vous m'avez donné.

　　Si pourtant ce respect, si cette obéissance
Paroît digne à vos yeux d'une autre récompense,
Si d'une mère en pleurs vous plaignez les ennuis,
J'ose vous dire ici qu'en l'état où je suis
Peut-être assez d'honneurs environnoient ma vie
Pour ne pas souhaiter qu'elle me fût ravie,
Ni qu'en me l'arrachant un sévère destin
Si près de ma naissance en eût marqué la fin.

---

**1.** Agamemnon a consenti au sacrifice de sa fille, et Arcas, son confident, qui est venu chercher Iphigénie, avec ordre de lui dire qu'on la mande pour célébrer son mariage avec Achille, n'a pu garder le secret

Fille d'Agamemnon, c'est moi qui la première,
Seigneur, vous appelai de ce doux nom de père;
C'est moi qui, si longtemps le plaisir de vos yeux,
Vous ai fait de ce nom remercier les Dieux,
Et pour qui tant de fois prodiguant vos caresses,
Vous n'avez point du sang dédaigné les foiblesses.
Hélas! avec plaisir je me faisois conter
Tous les noms des pays que vous allez dompter;
Et déjà, d'Ilion présageant la conquête,
D'un triomphe si beau je préparois la fête.
Je ne m'attendois pas que pour le commencer,
Mon sang fût le premier que vous dussiez verser.
Non que la peur du coup dont je suis menacée
Me fasse rappeler votre bonté passée.
Ne craignez rien : mon cœur, de votre honneur jaloux,
Ne fera point rougir un père tel que vous;
Et si je n'avois eu que ma vie à défendre,
J'aurois su renfermer un souvenir si tendre.
Mais à mon triste sort, vous le savez, Seigneur,
Une mère, un amant attachoient leur bonheur.
Un roi digne de vous a cru voir la journée
Qui devoit éclairer notre illustre hyménée.
Déjà sûr de mon cœur à sa flamme promis,
Il s'estimoit heureux : vous me l'aviez permis.
Il sait votre dessein; jugez de ses alarmes.
Ma mère est devant vous, et vous voyez ses larmes,
Pardonnez aux efforts que je viens de tenter
Pour prévenir les pleurs que je leur vais coûter.

### AGAMEMNON.

Ma fille, il est trop vrai. J'ignore pour quel crime
La colère des Dieux demande une victime;
Mais ils vous ont nommée. Un oracle cruel
Veut qu'ici votre sang coule sur un autel.
Pour défendre vos jours de leurs lois meurtrières,
Mon amour n'avoit point attendu vos prières.
Je ne vous dirai point combien j'ai résisté :
Croyez-en cet amour par vous-même attesté.

Cette nuit même encore, on a pu vous le dire,
J'avois révoqué l'ordre où l'on me fit souscrire.
Sur l'intérêt des Grecs vous l'aviez emporté.
Je vous sacrifiois mon rang, ma sûreté.
Arcas alloit du camp vous défendre l'entrée :
Les Dieux n'ont pas voulu qu'il vous ait rencontrée.
Ils ont trompé les soins d'un père infortuné,
Qui protégeoit en vain ce qu'ils ont condamné.
Ne vous assurez point sur ma foible puissance.
Quel frein pourroit d'un peuple arrêter la licence,
Quand les Dieux, vous livrant à son zèle indiscret,
L'affranchissent d'un joug qu'il portoit à regret !
Ma fille, il faut céder. Votre heure est arivée.
Songez bien dans quel rang vous êtes élevée.
Je vous donne un conseil qu'à peine je reçoi.
Du coup qui vous attend vous mourrez moins que moi,
Montrez en expirant de qui vous êtes née :
Faites rougir ces Dieux qui vous ont condamnée.
Allez ; et que les Grecs qui vont vous immoler,
Reconnoissent mon sang en le voyant couler.

CLYTEMNESTRE.

Vous ne démentez point une race funeste.
Oui, vous êtes le sang d'Atrée et de Thyeste.
Bourreau de votre fille, il ne vous reste enfin
Que d'en faire à sa mère un horrible festin.
Barbare ! c'est donc là cet heureux sacrifice
Que vos soins préparoient avec tant d'artifice.
Quoi ? l'horreur de souscrire à cet ordre inhumain
N'a pas, en le traçant, arrêté votre main ?
Pourquoi feindre à nos yeux une fausse tristesse ?
Pensez-vous par des pleurs prouver votre tendresse ?
Où sont-ils, ces combats que vous avez rendus ?
Quels flots de sang pour elle avez-vous répandus ?
Quel débris parle ici de votre résistance ?
Quel champ couvert de morts me condamne au silence ?
Voilà par quels témoins il falloit me prouver,
Cruel, que votre amour a voulu la sauver.

Un oracle fatal ordonne qu'elle expire.
Un oracle dit-il tout ce qu'il semble dire?
Le ciel, le juste ciel, par le meurtre honoré,
Du sang de l'innocence est-il donc altéré?
Si du crime d'Hélène on punit sa famille,
Faites chercher à Sparte Hermione sa fille :
Laissez à Ménélas racheter d'un tel prix
Sa coupable moitié dont il fut trop épris.
Mais vous, quelles fureurs vous rendent sa victime?
Pourquoi vous imposer la peine de son crime?
Pourquoi moi-même enfin me déchirant le flanc,
Payer sa folle amour du plus pur de mon sang?
Que dis-je? Cet objet de tant de jalousie,
Cette Hélène qui trouble et l'Europe et l'Asie,
Vous semble-t-elle un prix digne de vos exploits?
Combien nos fronts pour elle ont-ils rougi de fois!
Avant qu'un nœud fatal l'unît à votre frère,
Thésée avait osé l'enlever à son père.
Vous savez, et Calchas mille fois vous l'a dit,
Qu'un hymen clandestin mit ce prince en son lit,
Et qu'il en eut pour gage une jeune princesse,
Que sa mère a cachée au reste de la Grèce
Mais non : l'amour d'un frère et son honneur blessé
Sont le moindre des soins dont vous êtes pressé.
Cette soif de régner, que rien ne peut éteindre,
L'orgueil de voir vingt rois vous servir et vous craindre,
Tous les droits de l'empire en vos mains confiés,
Cruel, c'est à ces dieux que vous sacrifiez ;
Et loin de repousser le coup qu'on vous prépare,
Vous voulez vous en faire un mérite barbare.
Trop jaloux d'un pouvoir qu'on peut vous envier,
De votre propre sang vous courez le payer,
Et voulez par ce prix épouvanter l'audace
De quiconque vous peut disputer votre place.
Est-ce donc être père? Ah! toute ma raison
Cède à la cruauté de cette trahison.
Un prêtre, environné d'une foule cruelle,

Portera sur ma fille une main criminelle,
Déchirera son sein et d'un œil curieux
Dans son cœur palpitant consultera les Dieux!
Et moi, qui l'amenai triomphante, adorée,
Je m'en retournerai seule et désespérée!
Je verrai les chemins encor tout parfumés
Des fleurs dont sous ses pas on les avoit semés!
Non, je ne l'aurai point amenée au supplice,
Ou vous ferez aux Grecs un double sacrifice.
Ni crainte ni respect ne m'en peut détacher.
De mes bras tout sanglants il faudra l'arracher.
Aussi barbare époux qu'impitoyable père,
Venez, si vous l'osez, la ravir à sa mère.
Et vous, rentrez, ma fille, et du moins à mes lois
Obéissez encor pour la dernière fois.

                              (*Iphigénie*, IV, 4.)

---

## JALOUSIE ET REMORDS DE PHÈDRE [1]

### (1677)

#### PHÈDRE.

.....Ah! douleur non encore éprouvée!
A quel nouveau tourment je me suis réservée!
Tout ce que j'ai souffert, mes craintes, mes transports,
La fureur de mes feux, l'horreur de mes remords,
Et d'un refus cruel l'insupportable injure
N'étoit qu'un foible essai du tourment que j'endure.
Ils s'aiment! Par quel charme ont-ils trompé mes yeux?
Comment se sont-ils vus? Depuis quand? Dans quels
Tu le savois [2]. Pourquoi me laissois-tu séduire? [lieux?
De leur furtive ardeur ne pouvois-tu m'instruire?

---

1. Quand Hippolyte s'est entendu accuser du crime dont Phèdre l'a chargé, il a protesté avec indignation; mais il a avoué à son père qu'il s'est rendu coupable envers lui, en aimant Aricie, princesse descendue de la race des Pallantides, ennemie de Thésée. Phèdre en apprenant l'aveu que le jeune homme a fait de cet amour qu'elle ignorait, sent la jalousie se mêler à ses remords naissants.
2. Elle s'adresse à Œnone, sa confidente.

Les a-t-on vus souvent se parler, se chercher?
Dans le fond des forêts alloient-ils se cacher?
Hélas! ils se voyoient avec pleine licence.
Le ciel de leurs soupirs approuvoit l'innocence;
Ils suivoient sans remords leur penchant amoureux;
Tous les jours se levoient clairs et sereins pour eux.
Et moi, triste rebut de la nature entière,
Je me cachois au jour, je fuyois la lumière;
La mort est le seul dieu que j'osois implorer.
J'attendois le moment où j'allois expirer;
Me nourrissant de fiel, de larmes abreuvée,
Encor dans mon malheur de trop près observée,
Je n'osois dans mes pleurs me noyer à loisir;
Je goûtois en tremblant ce funeste plaisir;
Et sous un front serein déguisant mes alarmes,
Il falloit bien souvent me priver de mes larmes.

### ŒNONE.

Quel fruit recevront-ils de leurs vaines amours?
Ils ne se verront plus.

### PHÈDRE.

                         Ils s'aimeront toujours.
Au moment que je parle, ah! mortelle pensée!
Ils bravent la fureur d'une amante insensée.
Malgré ce même exil qui va les écarter,
Ils font mille serments de ne se point quitter.
Non, je ne puis souffrir un bonheur qui m'outrage,
Œnone. Prends pitié de ma jalouse rage,
Il faut perdre Aricie. Il faut de mon époux
Contre un sang odieux réveiller le courroux.
Qu'il ne se borne pas à des peines légères :
Le crime de la sœur passe celui des frères [1].
Dans mes jaloux transports je le veux implorer.
Que fais-je? Où ma raison se va-t-elle égarer?

---

1. Les fils de Pallante, frères d'Aricie, qui avaient tenté de tuer Thésée
dans une embuscade.

Moi jalouse! et Thésée est celui que j'implore!
Mon époux est vivant, et moi je brûle encore!
Pour qui? Quel est le cœur où prétendent mes vœux?
Chaque mot sur mon front fait dresser mes cheveux.
Mes crimes désormais ont comblé la mesure.
Je respire à la fois l'inceste et l'imposture.
Mes homicides mains, promptes à me venger,
Dans le sang innocent brûlent de se plonger.
Misérable! et je vis! et je soutiens la vue
De ce sacré soleil dont je suis descendue!
J'ai pour aïeul le père et le maître des dieux;
Le ciel, tout l'univers est plein de mes aïeux.
Où me cacher? Fuyons dans la nuit infernale.
Mais que dis-je? mon père y tient l'urne fatale;
Le sort, dit-on, l'a mise en ses sévères mains;
Minos juge aux enfers tous les pâles humains.
Ah! combien frémira son ombre épouvantée,
Lorsqu'il verra sa fille à ses yeux présentée,
Contrainte d'avouer tant de forfaits divers,
Et des crimes peut-être inconnus aux enfers?
Que diras-tu, mon père, à ce spectacle horrible?
Je crois voir de ta main tomber l'urne terrible;
Je crois te voir, cherchant un supplice nouveau,
Toi-même de ton sang devenir le bourreau.
Pardonne. Un dieu cruel a perdu ta famille;
Reconnois sa vengeance aux fureurs de ta fille.
Hélas! du crime affreux dont la honte me suit
Jamais mon triste cœur n'a recueilli le fruit.
Jusqu'au dernier soupir de malheurs poursuivie,
Je rends dans les tourments une pénible vie.

                                        (*Phèdre*, IV, **6.**)

# LOUIS BOURDALOUE

[Bourges, 1632; † 1704, Paris.]

Il n'y a pas d'événements dans la vie de Bourdaloue. Fils d'un conseiller au présidial de Bourges, il fut élevé chez les jésuites de sa ville natale, entra dans la Compagnie comme novice en 1648, professa quelque temps les humanités, et, après avoir prêché en province, débuta dans les chaires de Paris en 1669. Ses débuts coïncidaient avec le moment où Bossuet, nommé précepteur du Dauphin, cessait de se faire entendre. La prédication de Bourdaloue eut un très grand succès et il prêcha et confessa jusqu'à son dernier jour. C'est toute son histoire.

Les Œuvres de Bourdaloue ne se composent que de ses *Sermons*, de fragments de ses *Sermons*, réunis par ses éditeurs sous le titre de *Pensées*, et d'un très petit nombre de lettres.

## L'HYPOCRISIE[1]

Comme la fausse piété et la vraie ont je ne sais combien d'actions qui leur sont communes; comme les dehors de l'une et de l'autre sont presque tout semblables, il est non seulement aisé, mais d'une suite presque nécessaire, que la même raillerie qui attaque l'une intéresse l'autre, et que les traits dont on peint celle-ci défigurent celle-là, à moins qu'on n'y apporte toutes les précautions d'une charité prudente, exacte et bien intentionnée, ce que le libertinage n'est en position de faire. Et voilà, chrétiens, ce qui est arrivé, lorsque des esprits profanes, et bien éloignés de vouloir entrer dans les intérêts de Dieu, ont entrepris de censurer l'hypocrisie, non point pour en réformer l'abus, ce qui n'est point de leur ressort, mais

---

1. Les *sermons* de Bourdaloue n'ayant   qu'un très petit nombre dont on puisse
paru qu'après sa mort, il n'y en a   donner la date certaine.

pour faire une espèce de diversion dont le libertinage
pût profiter, en concevant et faisant concevoir d'injustes
soupçons de la vraie piété par de malignes représentations de la fausse. Voilà ce qu'ils ont prétendu, exposant
sur le théâtre et à la risée publique un hypocrite imaginaire, ou même, si vous voulez, un hypocrite réel, et
tournant dans sa personne les choses les plus saintes en
ridicule, la crainte des jugements de Dieu, l'horreur du
péché, les pratiques les plus louables en elles-mêmes et
les plus chrétiennes. Voilà ce qu'ils ont affecté, mettant
dans la bouche de cet hypocrite des maximes de religion
foiblement soutenues, au même temps qu'ils les suppo-
soient fortement attaquées; lui faisant blâmer les scan-
dales du siècle d'une manière extravagante; le représentant consciencieux jusqu'à la délicatesse et au scrupule sur des points moins importants, où toutefois il le
faut être, pendant qu'il se portoit d'ailleurs aux crimes
les plus énormes; le montrant sous un visage de pénitent
qui ne servoit qu'à couvrir ses infamies; lui donnant,
selon leur caprice, un caractère de piété la plus austère,
ce semble, et la plus exemplaire, mais dans le fond, la
plus mercenaire et la plus lâche.

Damnables inventions pour humilier les gens de bien,
pour les rendre tous suspects, pour leur ôter la liberté
de se déclarer en faveur de la vertu !...

(*Sermon sur l'Hypocrisie.*)

---

## LA FOI DU CHRÉTIEN N'EST PAS IGNORANCE

C'est un abus, Chrétiens, dont il est important que
nous nous détrompions, de se figurer que notre foi soit
une foi ignorante, qu'elle soit une foi imprudente,
qu'elle soit même une foi aveugle en toutes matières,
comme les Manichéens [1] vouloient le persuader à saint

---

1. Disciples de Manès, hérésiarque    principes opposés, l'un bon, l'autre
du IIIᵉ siècle ap. J.-C., qui soutenait    mauvais, tous deux indépendants et
que le monde est l'œuvre de deux    éternels.

Augustin, pour le détourner du parti catholique. Non, cette foi surnaturelle dans son objet, dans son motif et dans son principe, n'est point une foi ignorante, puisque, avant de croire, il nous est permis de nous éclairer [1] si la chose est révélée de Dieu ou si elle ne l'est pas. Et en cela je puis dire, sans parler témérairement, que la foi qui me fait chrétien, tout obéissante qu'elle est, ne laisse pas d'être raisonnable, et qu'en sacrifiant même ma raison elle se réserve toujours le pouvoir de raisonner. J'avoue qu'elle ne peut plus raisonner quand elle connoît une fois que c'est Dieu qui parle, parce que Dieu ne prétend pas nous rendre compte de ce qu'il a fait, ni de ce qu'il a dit; mais il ne veut pas aussi que nous lui donnions créance sans raison et sans discernement, puisqu'il nous défend au contraire de croire à tout esprit, et qu'un des écueils qu'il veut que nous évitions le plus, est de nous exposer indiscrètement [2] à prendre la parole d'un homme pour la sienne Voilà pourquoi il nous permet, ou, pour mieux dire, il nous commande de raisonner, n'estimant pas, dit saint Jérôme, qu'il soit indigne de sa grandeur d'en passer par une telle épreuve, *Probate spiritus si ex Deo sint*; et de se soumettre en un sens à notre raison, avant que d'obliger notre raison à se soumettre à lui. Et c'est ce que le prince des apôtres a si bien exprimé dans ces deux mystérieuses paroles, lorsqu'il nous exhorte à devenir par la foi comme des enfants, mais comme des enfants raisonnables. Il semble, dit saint Augustin, qu'il y ait en cela de la contradiction; car si nous sommes des enfants, comment pouvons-nous être raisonnables, et si nous sommes raisonnables, comment pouvons-nous être des enfants? Mais ce qui est impossible dans l'ordre de la nature, est le devoir le plus naturel et le plus intelligible dans l'ordre de la grâce. Car c'est-à-dire que par la foi nous devons être comme des enfants, pour ne plus raisonner avec Dieu, quand il

1. Suppléez : pour savoir... si      2. Sans choix, sans discernement.

lui a plu de s'expliquer et de se déclarer à nous; mais
que nous devons être raisonnables pour discerner si ce
que l'on nous propose est de Dieu ou de quelqu'un auto-
risé de Dieu : en un mot que nous devons être raisonnables avant la foi, et non pas dans l'exercice actuel de
la foi; raisonnables pour les préliminaires de la religion
et non pas pour l'acte essentiel de la religion; raisonnables pour apprendre à croire, et non pas pour croire en
effet. Or ce tempérament et ce mélange de raison et de
foi, de raison et de religion, de raison et d'obéissance,
c'est en quoi consiste le repos d'un esprit judicieux et
bien sensé.

Ce n'est pas assez : notre foi n'est pas imprudente,
puisqu'elle est fondée sur des motifs qui ont convaincu
les premiers hommes du monde, qui ont persuadé les
esprits les plus délicats, qui ont converti les plus libertins et les plus impies, et qui ont fait dire à saint
Augustin qu'il n'y avoit qu'une folie extrême qui pût
résister à l'Evangile. Ne seroit-il pas bien étonnant que
ce qui a paru folie à ce docteur de l'Eglise nous parût
sagesse, et qu'on appelât imprudence ce qu'il a regardé
comme la souveraine raison. Enfin notre foi n'est point
une foi aveugle en toute manière, puisque à l'obscurité
des mystères qu'elle nous révèle, elle joint une espèce
d'évidence, et c'est l'évidence de la révélation de Dieu.
Concevez, s'il vous plaît, ma pensée. Je dis une espèce
d'évidence, parce qu'après les motifs qui m'engagent à
croire, par exemple, l'incarnation ou la résurrection de
Jésus-Christ, quoique le mystère d'un Dieu fait homme,
le mystère d'un Homme-Dieu ressuscité, me soit obscur
en lui-même, la révélation de ce mystère ne me l'est pas.
En effet, si, pour confirmer la vérité de ce mystère,
Dieu, au moment que je parle, faisoit un miracle à mes
yeux, il me seroit évident que ce mystère m'est révélé de
Dieu et cette évidence ne répugneroit ni à sa qualité ni
au mérite de ma foi.

Or j'ai des motifs plus forts et plus pressants pour

m'en convaincre que si j'avois vu ce miracle, et je puis
dire, aussi bien que le plus saint de nos rois, qu'il ne me
faut point de miracle, parce que la voix de l'Eglise, celle
des prophètes, et tant d'autres témoignages ont quelque
chose de plus authentique pour moi. Pourquoi donc ne
conclurois-je pas que j'ai comme une évidence de la
révélation divine au milieu des ténèbres de la foi? Or,
cela, joint à tout le reste, achève de calmer mon esprit.

Au contraire, si je sors des voies de la foi, de ces
voies simples et droites, je tombe dans un labyrinthe où
je ne fais que tourner, que me fatiguer, sans trouver
jamais d'issue. Il faut pour y renoncer, à cette foi, que je
me porte aux plus dures extrémités : à ne plus reconnoître de sauveur Homme-Dieu, à démentir tous les prophètes qui l'ont promis, à m'inscrire en faux contre
toutes les Écritures, à traiter tous les évangélistes d'im-
posteurs, à combattre tous les miracles de Jésus-Christ,
à contredire tous les historiens sacrés et profanes. Or,
pour en venir là et pour y demeurer, quels combats n'y
a-t-il pas à soutenir, et de quels flots de pensées un
esprit ne doit-il pas être agité?

(*Sermon sur la paix chrétienne*, 1<sup>re</sup> partie.)

---

## LACHETÉ DE LA MÉDISANCE

D'où vient qu'aujourd'hui la médisance s'est rendue
si agréable dans les entretiens et dans les conversations
du monde? Pourquoi emploie-t-elle tant d'artifices et
cherche-t-elle tant de tours? Ces manières de s'insinuer,
cet air enjoué qu'elle prend, ces bons mots qu'elle étudie,
ces termes dont elle s'enveloppe, ces équivoques dont
elle s'applaudit, ces louanges suivies de certaines restrictions et de certaines réserves, ces réflexions pleines
d'une compassion cruelle, ces œillades qui parlent sans
parler, et qui disent bien plus que les paroles mêmes :

pourquoi tout cela? le Prophète nous l'apprend : *Os
tuum abundavit malitia, et lingua tua concinnabat dolos* :
Votre bouche étoit remplie de malice, mais votre langue
savoit parfaitement l'art de déguiser cette malice et de
l'embellir; car quand vous aviez des médisances à faire,
c'étoit avec tant d'agrément, que l'on se sentoit même
charmé de les entendre : *Et lingua tua concinnabat dolos.*
Quoique ce fussent communément des mensonges, ces
mensonges, à force d'être parés et ornés, ne laissoient
pas de plaire, et, par une funeste conséquence, de produire leurs pernicieux effets : *Et lingua tua concinnabat
dolos.* Or, en quelle vue le médisant agit-il ainsi? Ah!
mes frères, répond saint Chrysostome, parce qu'autrement la médisance n'auroit pas le front de se montrer ni
de paroître. Etant d'elle-même aussi lâche qu'elle est, on
n'auroit pour elle que du mépris, si elle se faisoit voir
dans son naturel; et voilà pourquoi elle se farde aux
yeux des hommes, mais d'une manière qui la rend
encore plus méprisable et plus criminelle aux yeux de
Dieu.

Allons encore plus loin : ce qui met le comble à la
lâcheté de ce vice, c'est que, non content de vouloir
plaire et de s'ériger en censeur agréable, il veut même
passer pour honnête, pour charitable, pour bien inten-
tionné; car voilà l'un des abus les plus ordinaires. Per-
mettez-moi de vous le faire observer, et d'entrer avec
vous dans le détail de vos mœurs, puisqu'il est vrai de
ce péché ce que saint Augustin disoit des hérésies, qu'on
ne les combat jamais mieux qu'en les faisant connoître.
Voilà, dis-je, l'un des abus de notre siècle. On a trouvé
moyen de consacrer la médisance, de la changer en
vertu, et même dans une des plus saintes vertus, qui est
le zèle de la gloire de Dieu : c'est-à-dire qu'on a trouvé
le moyen de déchirer et de noircir le prochain non plus
par haine ni par emportement de colère, mais par maxime
de piété et pour l'intérêt de Dieu. Il faut humilier ces
gens-là, dit-on, et il est du bien de l'Église de flétrir

leur réputation et de diminuer leur crédit. Cela s'établit
comme un principe : là-dessus on se fait une conscience,
et il n'y a rien qu'on ne se croie permis par un si haut
motif. On invente, on exagère, on empoisonne les choses,
on ne les rapporte qu'à demi; on fait valoir ses préjugés
comme des vérités incontestables, on débite cent faus-
setés, on confond le général avec le particulier; ce qu'un
a mal dit, on le fait dire à tous; et ce que plusieurs ont
bien dit, on ne le fait dire à personne [1] : et tout cela
encore une fois, pour la gloire de Dieu. Car cette direction d'intention rectifie tout cela. Elle ne suffiroit pas
pour rectifier une équivoque; mais elle est plus que suffisante pour rectifier une calomnie, quand on est persuadé
qu'il y va du service de Dieu.

> (*Sermon sur la médisance*, première partie.)

---

1. Allusion aux *Provinciales* de Pas- suites responsable **des opinions de**
**cal** qui rendait tout l'ordre des Jé-   certains casuistes.

# NICOLAS BOILEAU–DESPRÉAUX

[Paris, 1636; † 1711, Paris.]

Quinzième enfant de Gilles Boileau, greffier au parlement de Paris, Nicolas Boileau n'avait pas deux ans lorsqu'il perdit sa mère et son enfance, pendant laquelle il fut confié à une vieille domestique, paraît avoir été assez triste. Quand il eut passé par les collèges d'Harcourt et de Beauvais, on le destina à l'Église; mais, comme il montrait peu de goût pour la théologie, il quitta les bancs de la Sorbonne pour ceux de l'École de droit. Reçu avocat en 1656, il plaida peu et mal, dit-on, et, lorsque la mort de son père survint, il quitta le barreau pour suivre désormais « son amour de rimer ». De 1660 à 1665, il composa ses *six premières Satires*, sa *Dissertation sur Joconde*, et son *Dialogue sur les héros de roman*. Toutefois, ce ne fut qu'en 1666 qu'il se décida à faire imprimer chez Billaine ses *six premières Satires* précédées du *Discours au Roi*. Il avait alors d'illustres amis, Molière, La Fontaine, Racine, avec qui il se réunissait aux cabarets du *Mouton Blanc* et de la *Pomme de Pin*; son livre paru, il compta les ennemis par légion, Cotin, Coras, Charles Perrault, Chapelain, pour n'en citer que quelques-uns et, dans la haute société, M. de Montausier, le mari de Julie d'Angennes. Mais, soutenu par ses amis, il fit front dans son *Discours sur la Satire* et dans la *IX^e Satire* qui parurent en 1669. Il avait d'ailleurs su gagner la protection du roi par sa première *Épître*, que suivirent la II^e et la III^e sur le *Passage du Rhin*, des fragments du *Lutrin*, en 1673, les *Épîtres* IV et V, les quatre premiers chants du *Lutrin* et l'*Art poétique*, en 1674. Cette dernière publication mit le comble à sa réputation et à sa faveur. en 1676, il est inscrit sur la liste des « bienfaits du roi »; l'année suivante, il est nommé, avec Racine, historiographe de Louis XIV; enfin, en 1684, il entre à l'Académie française. Du jour où il avait reçu mission d'écrire l'histoire, Boileau avait déclaré qu'il renonçait « au métier de poésie »; et en effet, pour le ramener aux lettres il ne fallut pas moins que l'éclat de la querelle des anciens et des modernes, soulevée en 1687, d'ailleurs assez innocemment, par Charles Perrault. C'est à cette occasion que Boileau écrivit ses *Réflexions sur Longin*. En 1701, en publiant une nouvelle édition de ses œuvres, il donna encore les *Satires X et XI* et les dernières *Épîtres*. Jusqu'en 1711, il vécut fort à l'écart dans sa maison d'Auteuil, n'ayant guère d'autre distraction que sa *Correspondance* avec le Lyonnais Brossette et la préparation d'une dernière édition de ses *Œuvres* qui parut en 1713.

---

## DU PERSONNAGE TRAGIQUE
### (1674)

Bientôt l'amour fertile en tendres sentiments,
S'empara du théâtre ainsi que des romans [1].
De cette passion, la sensible peinture
Est pour aller au cœur la route la plus sûre :
Peignez donc, j'y consens, les héros amoureux;
Mais ne m'en formez pas des bergers doucereux;
Qu'Achille aime autrement que Tircis et Philène;
N'allez point d'un Cyrus nous faire un Artamène [2];
Et que l'amour souvent de remords combattu,
Paroisse une faiblesse et non une vertu.
Des héros de roman fuyez les petitesses.
Toutefois, aux grands cœurs, donnez quelques foiblesses :
Achille déplairoit, moins bouillant et moins prompt;
J'aime à lui voir verser des pleurs pour un affront.
A ces petits défauts marqués dans sa peinture,
L'esprit avec plaisir reconnoît la nature.
Qu'il soit sur ce modèle en vos écrits tracé;
Qu'Agamemnon soit fier, superbe, intéressé;
Que pour ses dieux Enée ait un respect austère;
Conservez à chacun son propre caractère;
Des siècles, des pays étudiez les mœurs :
Les climats font souvent les diverses humeurs.
Gardez donc de donner, ainsi que dans *Clélie*,
L'air ni l'esprit françois à l'antique Italie;
Et sous des noms romains faisant notre portrait,
Peindre Caton galant et Brutus dameret [3].

---

1. Entendez : s'empara du théâtre *ainsi qu'il s'était emparé* des romans.

2. Artamène est le nom sous lequel se déguise Cyrus dans le roman fameux de M^lle de Scudéry.

3. La *Clélie* est un roman de M^lle de Scudéry. On y voit bien figurer Brutus, mais non Caton. M^lle de Scudéry n'a pas pris tant de libertés avec la chronologie.

Dans un roman frivole aisément tout s'excuse;
C'est assez qu'en courant la fiction amuse;
Trop de rigueur alors seroit hors de saison;
Mais la scène demande une exacte raison :
L'étroite bienséance y veut être gardée.
D'un nouveau personnage inventez-vous l'idée?
Qu'en tout avec soi-même il se montre d'accord,
Et qu'il soit jusqu'au bout tel qu'on l'a vu d'abord.
Souvent, sans y penser, un écrivain qui s'aime,
Forme tous ses héros semblables à soi-même;
Tout a l'humeur gasconne en un auteur gascon :
Calprenède [1] et Juba parlent du même ton.
La nature est en nous plus diverse et plus sage.
Chaque passion parle un différent langage :
La colère est superbe, et veut des mots altiers;
L'abattement s'explique en des termes moins fiers.
Que, devant Troie en flamme, Hécube désolée
Ne vienne pas pousser une plainte ampoulée,
Ni sans raison décrire, en quels affreux pays,
« Par sept bouches l'Euxin reçoit le Tanaïs [2] ».
Tous ces pompeux amas d'expressions frivoles
Sont d'un déclamateur, amoureux des paroles.
Il faut dans la douleur que vous vous abaissiez;
Pour me tirer des pleurs, il faut que vous pleuriez;
Ces grands mots dont alors l'acteur emplit sa bouche
Ne partent point d'un cœur que sa misère touche.

(*Art poétique*, Chant III.)

---

## DU CARACTÈRE DE L'ÉCRIVAIN
### (1674)

Que votre âme et vos mœurs peintes dans vos ouvrages,
N'offrent jamais de vous que de nobles images :

1. Gautier de Coste de la Calprenède (1609-1663), auteur tragique et romancier. Juba est un des personnages de son roman *Cléopâtre*.

2. C'est la traduction d'un vers d'une des tragédies attribuées à Sénèque.

Je ne puis estimer ces dangereux auteurs
Qui de l'honneur, en vers, infâmes déserteurs,
Trahissant la vertu sur un papier coupable,
Aux yeux de leurs lecteurs rendent le vice aimable.
Je ne suis pas pourtant de ces tristes esprits
Qui, bannissant l'amour de tous chastes écrits,
D'un si riche ornement veulent priver la scène,
Traitent d'empoisonneurs et Rodrigue et Chimène....
L'amour le moins honnête, exprimé chastement,
N'excite point en nous de honteux mouvement.
Didon a beau gémir et m'étaler ses charmes,
Je condamne sa faute en partageant ses larmes.
Un auteur vertueux, dans ses vers innocents,
Ne corrompt point le cœur en chatouillant les sens;
Son feu n'allume point de criminelle flamme.
Aimez donc la vertu, nourrissez-en votre âme;
En vain l'esprit est plein d'une noble vigueur,
Le vers se sent toujours des bassesses du cœur.
Fuyez surtout, fuyez ces basses jalousies,
Des vulgaires esprits malignes frénésies.
Un sublime écrivain n'en peut être infecté,
C'est un vice qui suit la médiocrité :
Du mérite éclatant cette sombre rivale
Contre lui chez les grands incessamment cabale,
Et, sur les pieds en vain tâchant de se hausser,
Pour s'égaler à lui cherche à le rabaisser.
Ne descendons jamais dans ces lâches intrigues;
N'allons point à l'honneur par de honteuses brigues.
Que les vers ne soient pas votre éternel emploi;
Cultivez vos amis, soyez homme de foi :
C'est peu d'être agréable et charmant dans un livre,
Il faut savoir encore, et converser, et vivre.
Travaillez pour la gloire, et qu'un sordide gain
Ne soit jamais l'objet d'un illustre écrivain.
Je sais qu'un noble esprit peut sans honte et sans crime,
Tirer de son travail un tribut légitime;
Mais je ne puis souffrir ces auteurs renommés,

Qui, dégoûtés de gloire et d'argeut affamés,
Mettent leur Apollon aux gages d'un libraire,
Et font d'un art divin un métier mercenaire.......
Ne vous flétrissez point par un vice si bas.
Si l'or seul a pour vous d'invincibles appas,
Fuyez ces lieux charmants qu'arrose le Permesse ;
Ce n'est point sur ses bords qu'habite la richesse ;
Aux plus savants auteurs, comme aux plus grands guerriers,
Apollon ne promet qu'un nom et des lauriers.

(Art poétique, IV.)

---

## LE JUGEMENT DE LA POSTÉRITÉ CONSACRE LES ŒUVRES DU GÉNIE

### (1693)

Il n'y a en effet que l'approbation de la postérité qui
puisse établir le vrai mérite des ouvrages. Quelque éclat
qu'ait fait un écrivain durant sa vie, quelques éloges qu'il
ait reçus, on ne peut pas pour cela infailliblement conclure que ses ouvrages soient excellents. De faux brillants, la nouveauté du style, un tour d'esprit qui étoit à
la mode, peuvent les avoir fait valoir ; et il arrivera peut-
être que dans le siècle suivant on ouvrira les yeux, et
que l'on méprisera ce que l'on a admiré. Nous en avons
un bel exemple dans Ronsard et dans ses imitateurs,
comme du Bellay, du Bartas, Desportes, qui, dans le
siècle précédent, ont été l'admiration de tout le monde,
et qui aujourd'hui ne trouvent pas même de lecteurs.

La même chose étoit arrivée chez les Romains à
Nævius, à Livius et à Ennius, qui du temps d'Horace,
comme nous l'apprenons de ce poète, trouvoient encore
beaucoup de gens qui les admiroient, mais qui à la fin
furent entièrement décriés. Et il ne faut point s'imaginer
que la chute de ces auteurs, tant les françois que les
latins, soit venue de ce que les langues de leur pays ont

changé. Elle n'est venue que de ce qu'ils n'avoient point
attrapé dans ces langues le point de solidité et de perfection qui est nécessaire pour faire durer et pour faire
à jamais priser les ouvrages. En effet, la langue latine,
par exemple, qu'ont écrite Cicéron et Virgile, étoit déjà
fort changée du temps de Quintilien, et encore plus du
temps d'Aulugelle [1]. Cependant Cicéron et Virgile y
étoient encore plus estimés que de leur temps même,
parce qu'ils avoient comme fixé la langue par leurs
écrits, ayant atteint le point de perfection que j'ai dit.

Ce n'est donc point la vieillesse des mots et des
expressions dans Ronsard qui a décrié Ronsard : c'est
qu'on s'est aperçu tout d'un coup que les beautés qu'on
y croyoit voir n'étoient point des beautés; ce que Ber-
taut, Malherbe, de Lingendes [2] et Racan, qui vinrent
après lui, contribuèrent beaucoup à faire connoître, ayant
attrapé dans le genre sérieux le vrai génie de la langue
françoise, qui bien loin d'être en son point de maturité
du temps de Ronsard, comme Pasquier [3] se l'étoit persuadé faussement, n'étoit pas encore sortie de sa première enfance. Au contraire, le vrai tour de l'épigramme,
du rondeau et des épîtres naïves ayant été trouvé même
avant Ronsard, par Marot, par Saint-Gelais [4], et par
d'autres, non seulement leurs ouvrages en ce genre ne
sont point tombés dans le mépris, mais ils sont encore
aujourd'hui généralement estimés; jusque-là même que
pour trouver l'air naïf en françois, on a encore quelquefois recours à leur style; et c'est ce qui a si bien réussi
au célèbre M. de La Fontaine. Concluons donc qu'il n'y
a qu'une longue suite d'années qui puisse établir la
valeur et le vrai mérite d'un ouvrage.

Mais, lorsque des écrivains ont été admirés durant un

---

1. Rhéteur latin du 11ᵉ siècle ap.
J.-C., auteur d'une compilation inti-
tulée les *Nuits attiques*
2. *Jean de Lingendes* (1580-1616) a
laissé quelques poésies correctes et
agréables.
3. *Pasquier* (Etienne) (1529-1615).

jurisconsulte et érudit célèbre, auteur
des *Recherches de la France*.
4. *Saint-Gelais* (Mellin de) (1491-
1558) fut évêque d'Angoulême et composa des poésies dans le goût de
Marot.

fort grand nombre de siècles, et n'ont été méprisés que par quelques gens de goût bizarre, car il se trouve toujours des goûts dépravés, alors non seulement il y a de la témérité, mais il y a de la folie à vouloir douter du mérite de ces écrivains.

Que si vous ne voyez point les beautés de leurs écrits, il ne faut pas conclure qu'elles n'y sont point, mais que vous êtes aveugle, et que vous n'avez point de goût. Le gros des hommes à la longue ne se trompe point sur les ouvrages d'esprit. Il n'est plus question à l'heure qu'il est, de savoir si Homère, Platon, Cicéron, Virgile, sont des hommes merveilleux; c'est une chose sans contestation, puisque vingt siècles en sont convenus; il s'agit de savoir en quoi consiste ce merveilleux qui les a fait admirer de tant de siècles, et il faut trouver moyen de le voir, ou renoncer aux belles-lettres, auxquelles vous devez croire que vous n'avez ni goût ni génie puisque vous ne sentez point ce qu'ont senti tous les hommes.

Quand je dis cela néanmoins, je suppose que vous sachiez la langue de ces auteurs; car si vous ne la savez point, et si vous ne vous l'êtes point familiarisée, je ne vous blâmerai pas de n'en point voir les beautés, je vous blâmerai seulement d'en parler. Et c'est en quoi on ne sauroit trop condamner M. Perrault, qui, ne sachant point la langue d'Homère, vient hardiment lui faire son procès sur les bassesses de ses traducteurs, et dire au genre humain, qui a tant admiré les ouvrages de ce grand poète durant tant de siècles : « Vous avez admiré des sottises. » C'est à peu près la même chose qu'un aveugle-né qui s'en iroit crier par toutes les rues : « Messieurs, je sais que le soleil que vous voyez vous paroît fort beau; mais moi je ne l'ai jamais vu, je vous déclare qu'il est fort laid. »

Mais pour revenir à ce que je disois, puisque c'est la postérité seule qui met le véritable prix aux ouvrages, il ne faut pas, quelque admirable que vous paroisse un écrivain moderne, le mettre aisément en parallèle avec ces écrivains admirés durant un si grand nombre de siècles, puisqu'il n'est pas même sûr que ses ouvrages passent avec gloire au siècle suivant. En effet, sans aller chercher des exemples éloignés, combien n'avons-nous point vu d'auteurs admirés dans notre siècle, dont la gloire est déchue en très peu d'années! Dans quelle estime n'ont point été il y a trente ans les ouvrages de Balzac! On ne parloit pas de lui simplement comme du plus éloquent homme de son siècle, mais comme du seul éloquent. Il a effectivement des qualités merveilleuses. On peut dire que jamais personne n'a mieux su sa langue que lui, et n'a mieux entendu la propriété des mots et la juste mesure des périodes; c'est une louange que tout le monde lui donne encore. Mais on s'est aperçu tout d'un coup que l'art où il s'est employé toute sa vie étoit l'art qu'il savoit le moins, je veux dire l'art de faire une lettre; car bien que les siennes soient toutes pleines d'esprit et de choses admirablement dites, on y remarque partout les deux vices les plus opposés au genre épistolaire, c'est à savoir l'affectation et l'enflure; et on ne peut plus lui pardonner ce soin vicieux qu'il a de dire les choses autrement que ne les disent les autres hommes. De sorte que tous les jours on rétorque contre lui ce même vers que Maynard a fait autrefois à sa louange :

    Il n'est point de mortel qui parle comme lui.

Il y a pourtant encore des gens qui le lisent; mais il n'y a plus personne qui ose imiter son style, ceux qui l'ont fait s'étant rendus la risée de tout le monde.

Mais, pour chercher un exemple encore plus illustre que celui de Balzac, Corneille est celui de tous nos poètes qui a fait le plus d'éclat en notre temps; et on ne croyoit pas qu'il pût y avoir en France un poète digne de lui être égalé. Il n'y en a point en effet qui ait eu plus d'élévation de génie, ni qui ait plus composé. Tout son mérite pourtant, à l'heure qu'il est, ayant été mis par le temps

comme dans un creuset, se réduit à huit ou neuf pièces
de théâtre qu'on admire, et qui sont, s'il faut ainsi
parler, comme le midi de sa poésie, dont l'orient et l'occident n'ont rien valu. Encore, dans ce petit nombre de
bonnes pièces, outre les fautes de langue qui y sont assez
fréquentes, on commence à s'apercevoir de beaucoup
d'endroits de déclamation qu'on n'y voyoit point autrefois. Ainsi, non seulement on ne trouve point mauvais
qu'on lui compare aujourd'hui M. Racine, mais il se
trouve même quantité de personnes qui le lui préfèrent.
La postérité jugera qui vaut le mieux des deux; car je
suis persuadé que les écrits de l'un et de l'autre passeront aux siècles suivants : mais jusque là ni l'un ni l'autre
ne doit être mis en parallèle avec Euripide et avec
Sophocle, puisque leurs ouvrages n'ont point encore le
sceau qu'ont les ouvrages d'Euripide et de Sophocle, je
veux dire l'approbation de plusieurs siècles.

Au reste, il ne faut pas s'imaginer que, dans ce nombre
d'écrivains approuvés de tous les siècles, je veuille ici
comprendre les auteurs, à la vérité anciens, mais qui ne
se sont acquis qu'une médiocre estime, comme Lycophron, Nonnus, Silius Italicus [1], l'auteur des tragédies
attribuées à Sénèque, et plusieurs autres à qui on peut,
non seulement comparer, mais à qui on peut, à mon avis,
justement préférer beaucoup d'écrivains modernes. Je
n'admets dans ce haut rang que ce petit nombre d'écrivains merveilleux dont le nom seul fait l'éloge. Comme
Homère, Platon, Cicéron, Virgile, etc... Et je ne règle
point l'estime que je fais d'eux par le temps qu'il y a
que leurs ouvrages durent, mais par le temps qu'il y a
qu'on les admire. C'est de quoi il est bon d'avertir beaucoup de gens qui pourroient mal à propos croire ce que
veut insinuer notre censeur, qu'on ne loue les anciens

---

1. *Lycophron* (iiᵉ siècle ap. J.-C.),
poète de l'école d'Alexandrie, fameux
par son obscurité. — *Nonnus*, poète
grec du vᵉ siècle ap. J.-C., auteur
d'un très long poème sur la légende de
Bacchus, les *Dionysiaques*. — *Silius Italicus*, poète latin du iᵉʳ siècle ap. J.-C.,
auteur d'une épopée sur la *Seconde
guerre punique*.

que parce qu'ils sont anciens, et qu'on ne blâme les modernes que parce qu'ils sont modernes; ce qui n'est point du tout véritable, y ayant beaucoup d'anciens qu'on n'admire point, et beaucoup de modernes que tout le monde loue. L'antiquité d'un écrivain n'est pas un titre certain de son mérite; mais l'antique et constante admiration qu'on a toujours eue pour ses ouvrages, est une preuve sûre et infaillible qu'on les doit admirer.

(Réflexions critiques sur Longin, Réflexion vii.)

# LA FEMME SAVANTE ET LA PRÉCIEUSE

(1694)

Qui s'offrira d'abord? Bon, c'est cette savante
Qu'estime Roberval et que Sauveur fréquente.
D'où vient qu'elle a l'œil trouble et le teint si terni?
C'est que sur le calcul, dit-on, de Cassini,
Un astrolabe en main, elle a, dans sa gouttière,
A suivre Jupiter passé la nuit entière.
Gardons de la troubler. Sa science, je croi,
Aura pour s'occuper ce jour plus d'un emploi;
D'un nouveau microscope on doit, en sa présence,
Tantôt chez Dalancé faire l'expérience;
Puis d'une femme morte avec son embryon
Il faut chez Du Verney voir la dissection :
Rien n'échappe aux regards de notre curieuse.
Mais qui vient sur ses pas? c'est une précieuse,
Reste de ces esprits jadis si renommés
Que d'un coup de son art Molière a diffamés.
De tous leurs sentiments cette noble héritière
Maintient encore ici leur secte façonnière.
C'est chez elle surtout que les fades auteurs
S'en vont se consoler du mépris des lecteurs.
Elle y reçoit leur plainte; et sa docte demeure
Aux Perrins, aux Coras, est ouverte à toute heure.

Là, du faux bel esprit se tiennent les bureaux :
Là, tous les vers sont bons, pourvu qu'ils soient nouveaux,
Au mauvais goût public la belle y fait la guerre ;
Plaint Pradon opprimé des sifflets du parterre ;
Rit des vains amateurs du grec et du latin ;
Dans la balance met Aristote et Cotin ;
Puis d'une main encore plus fine et plus habile,
Pèse sans passion Chapelain, et Virgile,
Remarque en ce dernier beaucoup de pauvretés,
Mais pourtant confessant qu'il a quelques beautés
Ne trouve en Chapelain, quoi qu'ait dit la satire,
Autre défaut, sinon qu'on ne le sauroit lire ;
Et, pour faire goûter son livre à l'univers,
Croit qu'il faudroit en prose y mettre tous les vers.

---

## A M. CHARLES PERRAULT

### DE L'ACADÉMIE FRANÇAISE

#### (1700)

... Maintenant que nous voilà bien remis[1], et qu'il ne reste plus entre nous aucun levain d'animosité ni d'aigreur, oserai-je, comme votre ami, vous demander ce qui a pu depuis si longtemps vous irriter, et vous porter à écrire contre tous les plus célèbres écrivains de l'antiquité ? Est-ce le peu de cas qu'il vous a paru que l'on faisoit parmi nous des bons auteurs modernes ? Mais où avez-vous vu qu'on les méprisât ? Dans quel siècle a-t-on plus volontiers applaudi aux bons livres naissants que dans le nôtre ? Quels éloges n'y a-t-on point donnés aux ouvrages de M. Descartes, de M. Arnauld, de M. Nicole et de tant d'autres admirables philosophes et théologiens, que la France a produits depuis soixante ans, et qui sont en si grand nombre qu'on pourroit faire un

---

1. Après une guerre d'épigrammes échangées au fort de la querelle des Anciens et des Modernes, Boileau et Perrault s'étaient réconciliés.

petit volume de la seule liste de leurs écrits? Mais, pour
ne nous arrêter ici qu'aux seuls auteurs qui nous touchent vous et moi de plus près, je veux dire aux poètes,
quelle gloire ne s'y sont point acquise les Malherbe, les
Racan, les Maynard [1]? Avec quels battements de mains
n'y a-t-on point reçu les ouvrages de Voiture, de Sarasin [2]
et de La Fontaine? Quels honneurs n'a-t-on point, pour
ainsi dire, rendus à M. Corneille et à M. Racine? Et
qui est-ce qui n'a point admiré les comédies de Molière?
Vous même, Monsieur, pouvez-vous vous plaindre qu'on
n'y ait pas rendu justice à votre *Dialogue de l'amour et
de l'amitié*, à votre poème sur la *Peinture*, à votre
épître sur M. de La Quintinie [3], et à tant d'autres excellentes pièces de votre façon? On n'y a pas véritablement fort estimé nos poèmes héroïques; mais a-t-on eu
tort? et ne confessez-vous pas vous-même, en quelque
endroit de vos *Parallèles*, que le meilleur de ces poèmes
est si dur et si forcé qu'il n'est pas possible de le lire [4]?

. . . . . . . . . . . . . . . . .

Votre dessein a été de montrer que pour la connoissance surtout des beaux-arts, et pour le mérite
des belles-lettres, notre siècle, ou pour mieux parler, le
siècle de Louis le Grand, est non seulement comparable,
mais supérieur à tous les fameux siècles de l'antiquité,
et même au siècle d'Auguste. Vous allez donc être bien
étonné, quand je vous dirai que je suis sur cela entièrement de votre avis, et que même, si mes infirmités et
mes emplois m'en laissoient le loisir, je m'offrirois
volontiers de prouver, comme vous, cette proposition la
plume à la main. A la vérité, j'emploierois beaucoup

---

1. *Racan* (1599-1670), *Maynard* (1582-
1646), poètes lyrique, disciples de Malherbe.

2. *Voiture* (1598-1648) fut un familier de l'hôtel de Rambouillet; ses lettres et ses poésies de circonstance lui
valurent en son temps beaucoup de
réputation. — *Sarrazin*, poète, contem-

porain de Voiture, qu'on cite toujours
à côté de lui.

Les galants Sarrazins et les tendres Voitures.
    Ch. Perrault, *Siècle de Louis le Grand.*

3. *La Quintinie* (1626-1688) est le
créateur des jardins de Versailles.

4. C'est de la *Pucelle* de Chapelain
qu'il s'agit.

d'autres raisons que les vôtres, car chacun a sa manière de raisonner; et je prendrois des précautions et des mesures que vous n'avez point prises.

Je n'opposerois donc pas, comme vous avez fait, notre nation et notre siècle seuls à toutes les autres nations et à tous les autres siècles joints ensemble. L'entreprise, à mon sens, n'est pas soutenable. J'examinerois chaque nation et chaque siècle l'un après l'autre; et après avoir mûrement pesé en quoi ils sont au-dessus de nous, et en quoi nous les surpassons, je suis fort trompé, si je ne prouvois invinciblement que l'avantage est de notre côté.

Ainsi, quand je viendrois au siècle d'Auguste, je commencerois par avouer sincèrement que nous n'avons point de poètes héroïques ni d'orateurs que nous puissions comparer aux Virgile et aux Cicéron; je conviendrois que nos plus habiles historiens sont petits devant les les Tive-Live et les Salluste; je passerois condamnation sur la satire et sur l'élégie, quoiqu'il y ait des satires de Regnier admirables, et des élégies de Voiture, de Sarasin, de la comtesse de La Suze [1], d'un agrément infini. Mais en même temps je ferois voir que, pour la tragédie, nous sommes beaucoup supérieurs aux Latins, qui ne sauroient opposer à tant d'excellentes pièces tragiques que nous avons en notre langue, que quelques déclamations plus pompeuses que raisonnables d'un prétendu Sénèque, et un peu de bruit qu'ont fait en leur temps le *Thyeste* de Varius [2] et la *Médée* d'Ovide. Je ferois voir que, bien loin qu'ils aient eu dans ce siècle là des poètes comiques meilleurs que les nôtres, ils n'en ont pas eu un seul dont le nom ait mérité qu'on s'en souvînt, les Plaute, les Cécilius et les Térence étant morts dans le siècle précédent. Je montrerois que si pour l'ode nous n'avons point d'auteurs si parfaits

1. Henriette Coligny, comtesse de la Suze, 1618-1675, dont on a en effet d'agréables *Elégies* aujourd'hui trop oubliées.

2. Ami d'Horace et de Virgile, dont il publia l'*Eneide*.

qu'Horate, qui est le seul poète lyrique, nous en avons néanmoins un assez grand nombre qui ne lui sont guère inférieurs en délicatesse de langue, et en justesse d'expression, et dont tous les ouvrages mis ensemble ne feroient peut-être pas dans la balance un poids de 5 mérite moins considérable que les cinq livres d'odes qui nous restent de ce grand poète. Je montrerois qu'il y a des genres de poésie où non seulement les Latins ne nous ont point surpassés, mais qu'ils n'ont pas même connus; comme par exemple ces poèmes en prose que nous appelons *Romans*, et dont nous avons chez nous des modèles qu'on ne sauroit trop estimer, à la morale près, qui est fort vicieuse, et qui en rend la lecture dangereuse aux jeunes personnes.

Je soutiendrois hardiment qu'à prendre le siècle d'Auguste dans sa plus grande étendue, c'est-à-dire depuis Cicéron jusqu'à Corneille Tacite, on ne sauroit pas trouver parmi les Latins un seul philosophe qu'on puisse mettre pour la physique, en parallèle avec Descartes, ni même avec Gassendi[1].

. . . . . . . . . . . . . .

Par tout ce que je viens de dire, vous voyez, Monsieur, qu'à proprement parler, nous ne sommes point d'avis différent sur l'estime qu'on doit faire de notre nation et de notre siècle, mais que nous sommes différemment de même avis. Aussi n'est-ce point votre sentiment que j'ai attaqué dans vos *Parallèles*, mais la manière hautaine et méprisante dont votre abbé et votre chevalier y traitent des écrivains pour qui, même en les blâmant, on ne sauroit, à mon avis, marquer trop d'estime, de respect et d'admiration. Il ne reste donc plus maintenant, pour assurer notre accord et pour étouffer en nous toute semence de dispute, que de nous guérir l'un et l'autre : vous, d'un penchant un peu trop fort à rabaisser les bons

---

1. Gassendi (1592-1656) professa les mathématiques au Collège de France, se posa en adversaire de la doctrine de Descartes, si bien que les raisonneurs de son temps se partageaient en *Cartésiens* et *Gassendistes*.

écrivains de l'antiquité, et moi, d'une inclination un
peu trop violente à blâmer les méchants et même les
médiocres auteurs de notre siècle. C'est à quoi nous
devons sérieusement nous appliquer; mais quand nous
n'en pourrions venir à bout, je vous réponds que de
mon côté cela ne troublera point notre réconciliation, et
que pourvu que vous ne me forciez point à lire le *Clovis*
ni la *Pucelle*, je vous laisserai tout à votre aise critiquer
l'Iliade et l'Énéide, me contentant de les admirer, sans
vous demander pour elles cette espèce de culte tendant
à l'adoration que vous vous plaignez en quelqu'un de vos
poèmes qu'on veut exiger de vous.

# NICOLAS MALEBRANCHE

[Paris, 1638; † 1715, Paris.]

Malebranche était le dernier des dix enfants d'une famille qui
avait de la considération et de l'aisance. Né avec une complexion
délicate, il reçut jusqu'à seize ans une éducation toute domestique.
Après avoir fait sa philosophie au collège de la Marche, sa théologie
à la Sorbonne, il entra, à vingt-six ans, à l'Oratoire. Ayant, en 1664,
trouvé par hasard chez un libraire le *Traité de l'Homme* de Descartes, la lecture de ce livre le transporta d'admiration et lui
révéla sa vocation philosophique. Dix ans s'écoulèrent durant
lesquels il vécut dans la méditation; puis, en 1674, parurent les
trois premiers livres de la *Recherche de la Vérité*, bientôt suivis
des trois derniers et des *Éclaircissements* (1675). Ses ouvrages,
dont nous indiquons ci-dessous les principaux, furent dès lors les
seuls événements de sa vie :

   *Traité de la nature et de la grâce*, 1680; *Méditations chrétiennes*,
1683; *Traité de morale*, 1684; *Entretiens sur la métaphysique*, 1688;
*Traité de l'Amour de Dieu*, 1697.

## DE LA COMPLAISANCE DES HOMMES
## POUR LES OPINIONS TOUTES FAITES
### (1674)

   Il est assez difficile de comprendre comment il se
peut faire que des gens qui ont de l'esprit aiment mieux
se servir de l'esprit des autres dans la recherche de la
vérité, que de celui que Dieu leur a donné. Il y a sans
doute infiniment plus de plaisir et plus d'honneur à se
conduire par ses propres yeux que par ceux des autres,
et un homme qui a de bons yeux ne s'avise jamais de
se les fermer, ou de se les arracher, dans l'espérance
d'avoir un conducteur : *Sapientis oculi in capite ejus,
stultus in tenebris ambulat.* Pourquoi le fou marche-t-il

dans les ténèbres? C'est qu'il ne voit que par les yeux d'autrui, et que ne voir que de cette manière, à proprement parler, c'est ne rien voir. L'usage de l'esprit est à l'usage des yeux ce que l'esprit est aux yeux, et de même que l'esprit est infiniment au-dessus des yeux, l'usage de l'esprit est accompagné de satisfactions bien plus solides, et qui le contentent bien autrement que la lumière et les couleurs ne contentent la vue. Les hommes toutefois se servent toujours de leurs yeux pour se conduire et ils ne se servent presque jamais de leur esprit pour découvrir la vérité.

Mais il y a plusieurs causes qui contribuent à ce renversement d'esprit. Premièrement, la paresse naturelle des hommes, qui ne veulent pas se donner la peine de méditer.

Secondement, l'incapacité de méditer dans laquelle on est tombé, pour ne s'être pas appliqué dans la jeunesse, lorsque les fibres du cerveau étoient capables de toutes sortes d'inflexions.

En troisième lieu, le peu d'amour qu'on a pour les vérités abstraites, qui font le fondement de tout ce qu'on peut connoître ici bas.

En quatrième lieu, la satisfaction qu'on reçoit dans la connoissance des vraisemblances, qui sont plus agréables et fort touchantes, parce qu'elles sont appuyées sur les notions sensibles.

En cinquième lieu, la sotte vanité qui nous fait souhaiter d'être estimés savants; car on appelle savants ceux qui ont le plus de lecture. La connoissance des opinions est bien plus d'usage pour la conversation et pour étourdir les esprits du commun, que la connoissance de la véritable philosophie qu'on apprend en méditant.

En sixième lieu, parce qu'on s'imagine sans raison que les anciens ont été plus éclairés que nous ne pouvons l'être, et qu'il n'y a rien à faire où ils n'ont pas réussi.

En septième lieu, parce qu'un respect mêlé d'une sotte curiosité fait qu'on admire davantage les choses les plus éloignées de nous, les choses les plus vieilles, celles qui viennent de plus loin, ou de pays inconnus, et même les livres les plus obscurs. Ainsi on estimoit autrefois Héraclite[1] pour son obscurité. On recherche les médailles anciennes quoique rongées de la rouille, et on garde avec grand soin la lanterne et la pantoufle de quelque ancien, quoique mangée de vers : leur antiquité fait leur prix... On estime davantage les opinions les plus vieilles, parce qu'elles sont les plus éloignées de nous. Et sans doute, si Nembrot[2] avoit écrit l'histoire de son règne, toute la politique la plus fine, et même toutes les autres sciences y seroient contenues, de même que quelques-uns trouvent qu'Homère et Virgile avoient une connoissance parfaite de la nature. Il faut respecter l'antiquité, dit-on; quoi! Aristote, Platon, Epicure, ces grands hommes, se seroient trompés! On ne considère pas qu'Aristote, Platon, Epicure étoient hommes comme nous et de même espèce que nous : et de plus, qu'au temps où nous sommes, le monde est plus âgé de deux mille ans, qu'il a plus d'expérience, qu'il doit être plus éclairé, et que c'est la vieillesse du monde et l'expérience qui font découvrir la vérité.

En huitième lieu, parce que lorsqu'on estime une opinion nouvelle et un auteur du temps, il semble que leur gloire efface la nôtre à cause qu'elle en est trop proche; mais on ne craint rien de pareil de l'honneur qu'on rend aux Anciens.

En neuvième lieu, parce que la vérité et la nouveauté ne peuvent pas se trouver ensemble dans les choses de la foi. Car les hommes ne veulent pas faire le discernement entre les vérités qui dépendent de la raison et celles qui dépendent de la tradition, ne considèrent pas qu'on doit les apprendre d'une manière toute différente. Ils confondent la nouveauté avec l'erreur, et l'antiquité

---

1. Héraclite, philosophe de l'école    2. Nembrot n'est autre que Nem-
ionienne, du vi⁰ siècle av. J.-C. On roɗ.
l'avait surnommé le *ténébreux.*

avec la vérité. Luther, Calvin et les autres ont innové
et ils ont erré; donc, Galilée, Harvey[1], Descartes se
trompent dans ce qu'ils disent de nouveau. L'impanation[2] de Luther est nouvelle, et elle est fausse : donc
la circulation d'Harvey est fausse puisqu'elle est nouvelle. C'est pour cela aussi qu'ils appellent indifféremment du nom odieux de novateur les hérétiques et les
nouveaux philosophes. Les idées et les mots de *vérité* et
d'*antiquité*, de *fausseté* et de *nouveauté* ont été liés les
uns avec les autres : c'en est fait, le commun des hommes
ne les sépare plus et les gens d'esprit sentent même
quelque peine à les séparer.

En dixième lieu, parce qu'on est dans un temps auquel
la science des opinions anciennes est encore en vogue,
et qu'il n'y a que ceux qui font usage de leur esprit qui
puissent, par la force de leur raison, se mettre au-dessus
des méchantes coutumes. Quand on est dans la presse
et dans la foule, il est difficile de ne pas céder au torrent qui nous emporte.

En dernier lieu, parce que les hommes n'agissent que
par intérêt : et c'est ce qui fait que ceux même qui se
détrompent, et qui reconnoissent la vanité de ces sortes
d'études, ne laissent pas de s'y appliquer, parce que les
honneurs, les dignités, et même les bénéfices y sont
attachés, et que ceux qui y excellent les ont toujours
plutôt que ceux qui les ignorent.

Toutes ces raisons font, ce me semble, assez comprendre pourquoi les hommes suivent aveuglément les
opinions anciennes comme vraies, et pourquoi ils rejet-
tent sans discernement toutes les nouvelles comme
fausses; enfin, pourquoi ils ne font point, ou presque
point d'usage de leur esprit. Il y a sans doute encore

---

1. Harvey (1578-1658), célèbre médecin anglais, qui découvrit la circulation du sang.

2. « Il (Luther) dit dans le dernier
livre (la Grande Confession de foi) qu'il
importoit peu de mettre ou d'ôter le
pain dans l'Eucharistie, mais qu'il étoit
plus raisonnable d'y reconnoître *un
pain charnel et du vin sanglant...* Ces
paroles sembloient nier l'impanation. »
(Bossuet, *Hist. des Variations*, liv. II.)

un fort grand nombre d'autres raisons plus particulières
qui contribuent à cela; mais si l'on considère avec attention celles que nous avons rapportées, on n'aura pas
sujet d'être surpris de voir l'entêtement de certaines gens
pour l'autorité des Anciens.

(*De la Recherche de la vérité.* Livre II, Partie ii, Chap. 3.)

---

## SUR MONTAIGNE ET SON LIVRE

### (1674)

Le livre de Montaigne contient des preuves si évidentes
de la vanité et de la fierté de son auteur, qu'il paroît
peut-être assez inutile de s'arrêter à les faire remarquer :
car il faut être bien plein de soi-même pour s'imaginer,
comme lui, que le monde veuille bien lire un assez gros
livre, pour avoir quelque connoissance de nos humeurs.
Il falloit nécessairement qu'il se séparât du commun et
qu'il se regardât comme un homme tout à fait extraordinaire.

Toutes les créatures ont une obligation essentielle de
tourner les esprits de ceux qui les veulent adorer vers
celui-là seul qui mérite d'être adoré; et la religion nous
apprend que nous ne devons jamais souffrir que l'esprit
et le cœur de l'homme qui n'est fait que pour Dieu s'occupe de nous et s'arrête à nous admirer et à nous aimer.
Lorsque saint Jean se prosterna devant l'Ange du Seigneur, cet Ange lui défendit de l'adorer : « Je suis serviteur, dit-il, comme vous et comme vos frères. Adorez
Dieu. » Il n'y a que les démons et ceux qui participent à
l'orgueil des démons qui se plaisent d'être adorés; et
c'est vouloir être adoré, non pas d'une adoration exté-
rieure et apparente, mais d'une adoration intérieure et
véritable, que de vouloir que les autres hommes s'occupent de nous; c'est vouloir être adoré comme Dieu veut
être adoré, c'est-à-dire en esprit et en vérité.

Montaigne n'a fait son livre que pour se peindre et
représenter ses humeurs et ses inclinations : il l'avoue
lui-même dans l'avertissement au lecteur inséré dans
toutes les éditions : « C'est moi que je peins, dit-il, je
suis moi-même la matière de mon livre. » Et cela paroît
assez en le lisant : car il y a très peu de chapitres dans
lesquels il ne fasse quelque digression pour parler de
lui, il y a même des chapitres entiers dans lesquels il ne
parle que de lui. Mais, s'il a composé son livre pour s'y
peindre, il l'a fait imprimer afin qu'on le lût. Il a donc
voulu que les hommes le regardassent et s'occupassent
de lui, quoiqu'il dise que « ce n'est pas la raison qu'on
emploie son loisir en un sujet si frivole et si vain ». Ces
paroles ne font que le condamner ; car, s'il eût cru que
ce n'était pas *raison* qu'on employât le temps à lire son
livre, il eût agi lui-même contre le sens commun en le
faisant imprimer. Ainsi on est obligé de croire, ou qu'il
n'a pas dit ce qu'il pensoit, ou qu'il n'a pas fait ce qu'il
devoit.

C'est encore une plaisante excuse de sa vanité de dire
qu'il n'a écrit que pour ses *parents et amis*. Car si cela eût
été ainsi, pourquoi en eût-il fait faire trois impressions?... Mais sa vanité seroit toujours assez criminelle
quand il n'auroit tourné et arrêté que l'esprit et le cœur
de ses parents et de ses amis vers son portrait, autant de
temps qu'il en faut pour lire son livre.

Si c'est un défaut de parler souvent de soi, c'est une
effronterie, ou plutôt une espèce de folie que de se louer
à tous moments, comme fait Montaigne ; car ce n'est pas
seulement pécher contre l'humilité chrétienne, mais c'est
encore choquer la raison.

Les hommes sont faits pour vivre ensemble, et pour
former des corps et des sociétés civiles. Mais il faut
remarquer que tous les particuliers qui composent les
sociétés ne veulent pas qu'on les regarde comme la dernière partie du corps duquel ils sont. Ainsi ceux qui se
louent, se mettant au-dessus des autres, les regardant

comme les dernières parties de leur société, et se considérant eux-mêmes comme les principales et les plus
honorables, ils se rendent nécessairement odieux à tout
le monde au lieu de se faire estimer.

C'est donc une vanité, et une vanité indiscrète et ridicule à Montaigne, de parler avantageusement de lui-même
à tous moments. Mais c'est une vanité encore plus extravagante à cet auteur de décrire ses défauts. Car, si l'on
y prend garde, on verra qu'il ne découvre guère que
les défauts dont on fait gloire dans le monde, à cause de
la corruption du siècle; qu'il s'attribue volontiers ceux
qui peuvent le faire passer pour esprit fort, ou lui donner
l'air cavalier, et afin que par cette franchise simulée de
la confession de ses désordres on le croie plus volontiers
lorsqu'il parle à son avantage. Il a raison de dire que *se
priser et se mépriser naissent souvent de pareil air d'ar-
rogance.* C'est toujours une marque certaine que l'on est
plein de soi-même; et Montaigne me paroît encore plus
vain quand il se blâme que lorsqu'il se loue, parce que
c'est un orgueil insupportable que de tirer vanité de ses
défauts, au lieu de s'en humilier. J'aime mieux un homme
qui cache ses crimes avec honte, qu'un autre qui les publie
avec effronterie; et il me semble qu'on doit avoir quelque
horreur de la manière cavalière et peu chrétienne dont
Montaigne représente ses défauts.

(*De la Recherche de la Vérité.* Livre II, Partie III, chap. 5.)

---

# LA NATURE RÉVÈLE LA MAGNIFICENCE
# DE DIEU

(1688)

De quelque côté qu'on jette les yeux dans l'univers,
on y voit une profusion de prodiges. Et si nous cessons
de les admirer, c'est assurément que nous cessons de
les considérer avec l'attention qu'ils méritent, car les

astronomes qui mesurent la grandeur des astres, et qui voudroient bien savoir le nombre des étoiles, sont d'autant plus surpris d'admiration, qu'ils deviennent plus savants. Autrefois le soleil leur paraissoit grand comme le Péloponèse ; mais aujourd'hui les plus habiles le trouvent un million de fois plus grand que la terre. Les anciens ne comptoient que mille vingt-deux étoiles, mais personne aujourd'hui n'ose les compter. Dieu même nous avait dit autrefois que nul homme n'en sauroit jamais le nombre : mais l'invention des télescopes nous force maintenant à reconnoître que les catalogues que nous en avons sont fort imparfaits. Ils ne contiennent que celles qu'on découvre sans lunettes : et c'est assurément le plus petit nombre. Je crois même qu'il y en a beaucoup plus qu'on ne découvrira jamais, qu'il n'y en a de visibles par les meilleurs télescopes ; et cependant il y a bien de l'apparence qu'une fort grande partie de ces étoiles ne le cèdent point, ni en grandeur ni en majesté, à ce vaste corps qui nous paroît ici bas le plus lumineux et le plus beau. Que Dieu est donc grand dans les cieux ! qu'il est élevé dans leur profondeur ! qu'il est magnifique dans leur éclat ! qu'il est sage, qu'il est puissant dans leurs mouvements réglés ! Mais quittons le grand. Notre imagination se perd dans ces espaces immenses que nous n'oserions limiter, et que nous craignons de laisser sans bornes. Combien d'ouvrages admirables sur la terre que nous habitons, sur ce point imperceptible à ceux qui ne mesurent que les corps célestes ! Mais cette terre, que les astronomes comptent pour rien, est encore trop vaste pour moi : je me renferme dans un parc. Que d'animaux, que d'oiseaux, que d'insectes, que de plantes, que de fleurs, que de fruits !

L'autre jour que j'étois couché à l'ombre, je m'avisai de remarquer la variété des herbes et des petits animaux que je trouvois sous mes yeux. Je comptai, sans changer de place, plus de vingt sortes d'insectes dans un fort petit espace, et pour le moins autant de petites plantes.

Je pris un de ces insectes dont je ne sais point le nom, et peut-être n'en a-t-il point. Car les hommes, qui donnent divers noms, et souvent de trop magnifiques à tout ce qui sort de leurs mains, ne croient pas seulement devoir nommer les ouvrages du Créateur, qu'ils ne savent point admirer. Je pris, dis-je, un de ces insectes. Je le considérai attentivement, et je ne crains point de vous dire de lui ce que Jésus-Christ assure des lis champêtres, que Salomon dans toute sa gloire n'avoit point de si magnifiques ornements. Après que j'eus admiré quelque temps cette petite créature si injustement méprisée, et même si indignement et si cruellement traitée par les autres animaux, à qui apparemment elle sert de pâture, je me mis à lire un livre que j'avois sur moi, et j'y trouvai une chose fort étonnante, c'est qu'il y a dans le monde un nombre infini d'insectes pour le moins un million de fois plus petits que celui que je venois de considérer, cinquante mille fois plus petits qu'un grain de sable.

(Entretiens sur la métaphysique, x.)

# PIERRE BAYLE

[Le Carlat (Ariège), 1647; † 1706, Rotterdam.]

Sorti d'une famille protestante, Bayle, tandis qu'il poursuivait
à Toulouse ses études commencées à Puylaurens, assista aux
leçons de philosophie des jésuites, conçut des doutes sur la vérité
de la religion réformée, et se convertit au catholicisme, 1689. Un
an après environ, ses idées ayant changé, il se reconvertissait
au protestantisme et partait pour Genève. Après avoir été précepteur en Suisse chez M. de Normandie, syndic de la république,
et chez le comte de Dhona, il revint en France, 1674, pour faire
l'éducation des enfants de M. de Beringhen. Dans cette situation
il poussait très ardemment ses études et obtenait au concours
une chaire de philosophie vacante à l'Académie protestante de
Sedan. Il y enseigna pendant six années environ (1675-1681); mais,
l'Académie de Sedan ayant été supprimée, il s'établit à Rotterdam,
comme professeur libre de philosophie, pensionné par la ville.
Les premiers écrits qui le firent connaître furent ses *Pensées sur
la Comète*, 1682, et la *Critique générale de l'histoire du calvinisme*
du père Maimbourg. En 1684, il entreprenait la publication des
*Nouvelles de la République des lettres*, sorte de journal ou de
« revue », dont, dès 1687, il abandonna la direction à Larroque.
Entre temps en effet il s'était attiré bien des embarras par la
publication de ses deux pamphlets : *Ce que c'est que la France
toute catholique sous le règne de Louis le Grand*, et le *Commentaire philosophique sur le Compelle intrare*, 1686. Le ministre protestant Jurieu dénonça ces ouvrages comme prêchant « le dogme
de l'indifférence des religions et de la tolérance universelle ».
L'*Avis aux réfugiés*, 1690, ouvrage anonyme, qui remontait aux
réfugiés français quel tort ils faisaient à leurs coreligionnaires
restés en France par leurs attaques contre le gouvernement de
Louis XIV, fut attribué à Bayle qui le désavoua, mais qui ne prouva
pas bien nettement qu'il ne l'eût point écrit. Jurieu alors signala
aux magistrats de Rotterdam tout ce qu'il y avait d'hétérodoxie
dans les *Pensées sur la Comète* et Bayle se vit supprimer sa
pension, 1693. Il employa les dernières années de sa vie à la
composition de son *Dictionnaire historique et critique*, qui commença de paraître en 1695 et qui eut le plus grand succès. Il
dut aussi lutter contre Jurieu et ses autres adversaires, qui,
irrités de son succès, le traduisirent devant le consistoire de Rot-

terdam. C'est à cette polémique que se rattachent les quatre
éclaircissements sur les *Athées*; sur les *Manichéens*; sur les
*Obscénités*; sur les *Pyrrhoniens*; et aussi les *Réponses aux ques-*
*tions d'un provincial*, 1703, et la *Continuation des Pensées sur la*
*Comète*, 1704.

Aux œuvres de Bayle que nous avons énumérées, il faut ajouter
sa *Correspondance*.

---

# RÉFLEXION SUR L'INJUSTICE DE CEUX QUI
## SE PLAIGNENT DE LA PROSPÉRITÉ DES
### MÉCHANTS

### (1682)

Je ne ferai point scrupule de dire, que tous ceux qui
trouvent étrange la prospérité des méchants, ont très
peu médité sur la nature de Dieu, et qu'ils ont réduit les
obligations d'une cause qui gouverne toutes choses, à la
mesure d'une Providence tout à fait subalterne, ce qui
est d'un petit esprit. Quoi donc! il faudroit que Dieu,
après avoir fait des causes libres et des causes nécessaires, par un mélange infiniment propre à faire éclater
les merveilles de sa sagesse infinie, eût établi des loix
conformes à la nature des causes libres, mais si peu fixes,
que le moindre chagrin qui arriveroit à un homme, les
bouleverseroit entièrement, à la ruine de la liberté
humaine! Un simple gouverneur de ville se fera moquer
de lui, s'il change ses règlements et ses ordres, autant
de fois qu'il plaît à quelqu'un de murmurer; et Dieu dont
es loix regardent un bien si universel, que peut-être
out ce qui nous est visible, n'y a sa part que comme un
etit accessoire, sera tenu de déroger à ses loix, parce
u'elles ne plairont pas aujourd'hui à l'un, demain à
autre, parce que tantôt un superstitieux jugeant fausse-
ent qu'un monstre [1] présage quelque chose de funeste,
assera de son erreur à un sacrifice criminel; tantôt une

---

1. *Un monstre*, c'est un phénomène extraordinaire.

bonne âme qui néanmoins ne fait pas assez cas de la vertu
pour croire qu'on est assez bien puni quand on n'en a
point, se scandalisera de ce qu'un méchant homme devient
riche et jouit d'une santé vigoureuse? Peut-on se faire
des idées plus fausses d'une Providence générale? Et
puisque tout le monde convient que cette loi de la Nature
*le fort l'emporte sur le foible*, a été posée fort sagement
et qu'il seroit ridicule de prétendre, que lorsqu'une pierre
tombe sur un vase fragile qui fait les délices de son
maître, Dieu doit déroger à cette loi, pour épargner du
chagrin à ce maître-là; ne faut-il pas avouer qu'il est
ridicule aussi de prétendre que Dieu doit déroger à la
même loi pour empêcher qu'un méchant homme ne s'en-
richisse de la dépouille d'un homme de bien?

(*Pensées diverses écrites à un Docteur de Sorbonne
à l'occasion de la Comète*, etc., § CCXXXI.)

## COMMENT BAYLE FUT PRIVÉ DE SA CHAIRE
## A ROTTERDAM

### (1693)

... Vous savez que le 30 octobre dernier la pension
de 500 francs et la permission que j'avois de faire des
leçons publiques me fut ôtée par le Conseil de cette Ville
qui est composé de vingt-quatre personnes, qu'on nomme
en Flamand *Voeschaps*. Les Bourgmestres, qui sont
quatre en nombre et tirés de ces vingt-quatre, me firent
savoir cette résolution, sans me dire pourquoi ils m'ô-
toient ce qu'ils m'avoient accordé en 1681. J'ai su que
plusieurs membres du Conseil s'opposèrent vigoureusement à cette injustice, mais la pluralité des voix l'emporta : distinguons la cause de ceci, d'avec le prétexte.
Le prétexte dont ils colorent leur conduite quand on
leur en parle en particulier, et qui fut même allégué par
quelques-uns en opinant le jour qu'on m'ôta ma charge

est, que le livre que je publiai ici en 1682 sur les *Comètes*, contient des propositions pernicieuses et telles qu'il n'est pas d'un Magistrat chrétien de souffrir que les jeunes gens en soient imbus. Pour mieux faire valoir ce prétexte, les auteurs de ce complot ont obtenu par une longue suite d'intrigues, que quelques ministres Flamands opiniâtres, grands ennemis des étrangers, et de la nouvelle Philosophie, violens et sédicieux, examinassent le livre des *Comètes* et jugeassent qu'il contient une mauvaise doctrine. Tout cela s'est fait avec un grand mystère sans m'avertir de rien, et sans avoir égard aux déclarations publiques que j'ai faites et que j'ai cent fois renouvellées aux Bourgmestres, aux Ministres, etc., en conversation, que j'étois prêt à montrer que mes *Comètes* ne contiennent rien qui soit contraire ou à la droite raison ou à l'Ecriture, ou « la Confession de foi des Eglises Reformées ».

Une infinité d'honnêtes gens sont ici dans l'indignation d'une conduite si violente, et qui ne se pratique point dans l'Eglise Romaine, car on y écoute un auteur accusé d'hétérodoxie; et on l'admet à donner des éclaircissements ou à retracter ses erreurs; cela, mon cher cousin, doit diminuer vos regrets de n'être point sorti de France. Vous serez une fois meilleur Reformé si vous ne voïez notre Religion que dans les païs où elle n'est pas sur le trône; vous seriez scandalisé si vous la voyiez où elle domine.

Venons à la cause de ma disgrâce. Vous devez savoir que le Gouvernement Républicain a cela de propre, que chaque Ville ou chaque Bourg est composé de deux ou plusieurs factions. En Hollande il y a partout deux partis : l'un est très-foible en crédit, mais composé de gens de bien et d'honneur; l'autre domine fièrement et abuse comme il arrive presque toujours de sa fortune.

J'avois en venant ici mes patrons, mes bienfaiteurs, ceux qui m'accueilloient civilement dans le parti foible, qui n'étoit pas alors si foible : J'ai toujours cultivé leur

amitié et ne me suis point accommodé aux maximes des
courtisans. Je n'ai point cherché à m'insinuer dans l'esprit de ceux de l'autre parti qui s'élevoient de jour en
jour, cela m'eût paru d'une âme lâche et vénale. Ainsi
une bourrasque étant survenue dans cette Ville, il y a
plus d'un an, qui renversa une partie de nos Magistrats,
à la place desquels on en substitua d'autres de ce parti
tout puissant, la balance n'a pu être égale; et pour montrer tout ce qu'on pouvoit faire contre ceux qui ne rampent pas devant ces nouveaux venus, et qui persistent
dans leurs liaisons avec leurs anciens amis, on m'a cassé
aux gages; et comme le prétexte étoit de prétendues
doctrines dangereuses à la jeunesse, il a fallu qu'on ait
joint la défense d'enseigner en particulier à celle d'enseigner en public. Par là on a bouché les deux sources de
ma subsistance. Je n'ai jamais eu un sol de mon patrimoine, jamais eu l'humeur d'amasser du bien; je n'ai
jamais été en état de faire des épargnes. Je me fondois
sur ma pension que je croîois devoir durer autant que
ma vie, mais je vois à cette heure qu'il n'y a rien de
ferme et de stable en ce monde. Vous pouvez juger que
j'aurois de grandes raisons de m'inquiéter pour l'avenir
dans un païs où il fait cher vivre; mais par la grâce de
Dieu, je n'ai senti encore aucune inquiétude, mais une
parfaite résignation aux ordres d'en haut.

Vous seriez surpris si je finissois sans vous parler du
Ministre françois [1] qui a écrit contre moi tant de libelles
et tant de calomnies. Je vous dirai que toutes ces calomnies sont tombées par terre et qu'il n'y a que le livre des
*Comètes* imprimé il y a près de douze ans qui ait été mis
en jeu. Ce sont d'ailleurs quelques Ministres Hollandois
de cette Ville qui ont fait les poursuites contre moi clan-
destinement : ces Ministres m'en vouloient de longue
main, parce qu'ils haïssent les amis et les patrons que
j'ai eu d'abord en cette Ville, et qu'entêtés d'Aristote

---

1. C'est de Jurieu, qui eut tant de démêlés avec Bayle, qu'il s'agit ici.

qu'ils n'entendent pas, ils ne peuvent entendre parler de
Descartes sans frémir de colère.

(Lettres, cxxiv<sup>e</sup> lettre — à Monsieur R**, —<br>28 décembre 1693.)

———

## QUE LA MULTITUDE D'APPROBATEURS N'EST PAS UNE MARQUE DE VÉRITÉ

### (1704)

Vous me proposez un scrupule sur ce que j'ai tâché
d'établir,... que c'est une très mauvaise preuve de la vérité
d'une chose que de dire qu'une infinité de gens l'ont
affirmée. Vous craignez que cela ne soit d'une dangereuse
conséquence par rapport à des doctrines qui nous doivent
être infiniment précieuses. Je vous réponds, monsieur,
que vous ne devez rien craindre de ce côté-là. Les
grandes et les importantes vérités ont des caractères
intérieurs qui les soutiennent : c'est à ces signes que
nous les devons discerner, et non par des caractères
extérieurs qui ne peuvent être qu'équivoques, s'ils conviennent tantôt à la fausseté, tantôt à la vérité. Or qui
peut révoquer en doute qu'il y ait beaucoup d'erreurs
capitales qui ont plus de sectateurs que les doctrines à
quoi elles sont opposées? Ceux qui connoissent la véritable religion ne sont-ils pas en plus petit nombre que
ceux qui errent sur le culte du vrai Dieu? La vertu et
l'orthodoxie sont à peu près dans les mêmes termes [1].
Les gens de bien sont fort rares.

Apparent rari nantes in gurgite vasto.

Vous n'avez pas besoin que je vous renvoie aux satires
de Juvénal. Ils sont à peine un contre cent mille. Les
hétérodoxes surpassent presque dans la même proportion

———

1. Dans les mêmes conditions

les orthodoxes. Ils se peuvent glorifier de leur multitude,

.... Illos
Defendit numerus junctaque umbone phalanges,

et insulter au petit nombre de leurs adversaires. En un mot, la vérité perdroit hautement sa cause, si elle étoit décidée à la pluralité des voix...

... Si la jurisprudence et la politique ont laissé la décision des affaires au jugement du plus grand nombre, c'est à cause qu'il n'a pas été possible de se servir de la méthode de peser les voix, et non pas de les compter. La méthode qu'il a fallu employer de toute nécessité est sujette à de grands inconvénients. La justice, la raison et la prudence sont du côté du petit nombre en cent occasions, et tel qui est seul de son avis opine plus sagement que tout le reste de la compagnie. Les plus sages têtes d'une assemblée ont très-souvent le déplaisir de voir que la cabale des jeunes gens emportés, et peu éclairés, obtient à la pluralité des suffrages une décision inique, téméraire et pernicieuse. Mais il faut passer par là, car si l'on établissoit la nécessité du concours de tous les suffrages, et si comme dans les Diètes de Pologne, l'opposition d'un seul député pouvoit rendre nulles toutes les délibérations, on se jetteroit dans un abîme beaucoup plus funeste. Que si vous exceptez les choses qui concernent le gouvernement, vous trouverez que rien n'oblige à se soumettre à l'autorité du grand nombre et qu'on doit prendre l'autre parti dans des matières historiques ou philosophiques, si la raison le demande, et dans les matières de Religion, si la conscience le veut.

(*Continuation des pensées diverses écrites à un Docteur de Sorbonne de la Comète*, etc., § IV.)

# BERNARD LE BOUVIER
# DE FONTENELLE

[Rouen, 1657; † 1757, Paris.]

———

Neveu des Corneille, filleul de Thomas, Fontenelle, qui vint à Paris de bonne heure et s'y établit définitivement en 1687, fit ses débuts littéraires au *Mercure galant*, dont son parrain lui avait ménagé l'accès. Ses premiers ouvrages sont d'un précieux; ses opéras de *Psyché* et de *Bellérophon*, 1678 et 1679, sa tragédie d'*Aspar*, ses *Lettres du chevalier d'Her...*, 1683, justifient amplement les épigrammes de Racine et de Boileau, les railleries de La Bruyère. Mais déjà dans les *Dialogues des Morts*, 1683, et surtout dans les *Entretiens sur la pluralité des mondes*, 1686, suivis de l'*Histoire des Oracles*, 1687, et de la *Digression sur les Anciens et les Modernes*, 1688, il y avait plus que du bel esprit. Nommé à quarante ans secrétaire perpétuel de l'Académie des sciences, 1697, Fontenelle trouva le véritable emploi de son talent; quand il appliqua son esprit à de grandes choses, il sut rester agréable, mais ne fut plus maniéré. Sa *Préface de l'Histoire de l'Académie des sciences*, ses *Éloges* des savants, nous le montrent infiniment curieux, délié, souvent profond. Dans les dernières années de sa vie, il donna une *Vie de Corneille*, 1729, des *Réflexions sur la Poétique*, et une *Théorie des tourbillons cartésiens*, 1752. La collection de ses œuvres contient en outre quantité d'opuscules, parmi lesquels il faut mentionner les *Fragments d'un traité de la Raison humaine*.

———

## LE SPECTACLE DE LA NATURE COMPARÉ
## A L'OPÉRA

### (1686)

Toute la philosophie, lui dis-je, n'est fondée que sur deux choses, sur ce qu'on a l'esprit curieux et les yeux mauvais; car si vous aviez les yeux meilleurs que vous

ne les avez, vous verriez bien si les Etoiles sont des
Soleils qui éclairent autant de mondes, ou si elles n'en
sont pas; et si d'un autre côté vous étiez moins curieuse
vous ne vous soucieriez pas de le savoir, qui reviendroit
au même; mais on veut savoir plus qu'on ne voit, c'est
là la difficulté. Encore si ce qu'on voit, on le voyoit bien,
ce seroit toujours autant de connu; mais on le voit tout
autrement qu'il n'est. Aussi les vrais Philosophes passent
leur vie à ne point croire ce qu'ils voient, et à tâcher de
deviner ce qu'ils ne voient point; et cette condition n'est
pas, ce me semble, trop à envier. Sur cela, je me figure
toujours que la nature est un grand Spectacle, qui ressemble à celui de l'Opéra. Du lieu où vous êtes à l'Opéra
vous ne voyez pas le Théâtre tout à fait comme il est; on
a disposé les décorations et les machines pour faire de
loin un effet agréable, et on cache à notre vue ces roües
et ces contrepoids qui font tous leurs mouvements. Aussi
ne vous embarrassez-vous guère de deviner comment
tout cela joue. Il n'y a peut-être que quelque machiniste
caché dans le parterre, qui s'inquiète d'un vol qui lui
aura paru extraordinaire, et qui veut absolument démêler
comment ce vol a été exécuté. Vous voyez bien que ce
machiniste-là est assez fait comme les Philosophes. Mais
ce qui, à l'égard des Philosophes, augmente la difficulté,
c'est que dans les machines que la Nature présente à
nos yeux, les cordes sont parfaitement bien cachées, et
elles le sont si bien, qu'on a été longtemps à deviner ce
qui causoit les mouvements de l'Univers : car repré-
sentez-vous tous les Sages à l'Opéra, ces Pythagores,
ces Platons, ces Aristotes, et tous ces gens dont le nom
fait aujourd'hui tant de bruit à nos oreilles; supposons
qu'ils voyoient le vol de Phaéton que les vents enlèvent,
qu'ils ne pouvoient découvrir les cordes et qu'ils ne
savoient point comment le derrière du Théâtre étoit disposé. L'un d'eux disoit : C'est une vertu secrète qui enlève
Phaéton. L'autre : Phaéton est composé de certains nombres qui le font monter. L'autre : Phaéton a une certaine

amitié pour le haut du Théâtre; il n'est pas à son aise
quand il n'y est pas. L'autre : Phaéton n'est pas fait pour
voler, mais il aime mieux voler que de laisser le haut du
Théâtre vuide, et cent autres rêveries que je m'étonne
qui n'aient perdu de réputation toute l'antiquité. A la
fin, Descartes et quelques autres modernes sont venus,
qui ont dit : Phaéton monte parce qu'il est tiré par des
cordes, et qu'un poids plus pesant que lui descend. Ainsi,
on ne croit plus qu'un corps se remue, s'il n'est tiré
ou plutôt poussé par un autre corps; on ne croit plus
qu'il monte ou qu'il descende, si ce n'est par l'effet d'un
contrepoids ou d'un ressort; et qui verroit la nature
telle qu'elle est, ne verroit que le derrière du théâtre de
l'Opéra. A ce compte, dit la marquise, la Philosophie est
devenue bien méchanique? Si méchanique, répondis-je,
que je crains qu'on en ait bientôt honte. On veut que
l'Univers ne soit en grand que ce qu'une montre est en
petit, et que tout s'y conduise par des mouvements
réglés qui dépendent de l'arrangement des parties.
Avouez la vérité. N'avez-vous pas eu quelquefois une
idée plus sublime de l'Univers, et ne lui avez-vous point
fait plus d'honneur qu'il ne méritoit? J'ai vu des gens
qui l'en estimoient moins, depuis qu'ils l'avoient connu.
Et moi, répliqua-t-elle, je l'en estime beaucoup plus
depuis que je sais qu'il ressemble à une montre. Il est
surprenant que l'ordre de la Nature, tout admirable qu'il
est, ne roule que sur des choses si simples.

(Entretiens sur la pluralité des mondes. Premier soir.)

## COMMENT L'ACADÉMIE DES SCIENCES
## PRÉPARE LA SYNTHÈSE SCIENTIFIQUE

(1699)

... Il est permis de compter que les Sciences ne font
que de naître, soit parce que chez les Anciens elles ne

pouvoient être encore qu'assez imparfaites, soit parce
que nous en avons presque entièrement perdu les traces
pendant les longues ténèbres de la barbarie, soit parce
qu'on ne s'est mis sur les bonnes voies que depuis
environ un siècle. Si l'on examinoit historiquement le
chemin qu'elles ont déjà fait dans un si petit espace de
temps, malgré les faux préjugés qu'elles ont eus à combattre de toutes parts, et qui leur ont longtemps résisté,
quelquefois même malgré les obstacles étrangers de
l'autorité et de la puissance; malgré le peu d'ardeur que
l'on a eu pour des connaissances éloignées de l'usage
commun, malgré le petit nombre de personnes qui se
sónt dévouées à ce travail, malgré la foiblesse des motifs
qui les y ont engagées, on seroit étonné de la grandeur
et de la rapidité du progrès des Sciences; on en verroit
même de toutes nouvelles sortir du néant, et peut-être
laîsseroit-on aller trop loin les espérances pour l'avenir.

Plus nous avons lieu de nous promettre qu'il sera
heureux, plus nous sommes obligés à ne regarder pré-
sentement les sciences que comme étant au berceau, du
moins la Physique. Aussi l'Académie n'en est-elle encore
qu'à faire une ample provision d'observations et de faits
bien avérés qui pourront être un jour les fondements
d'un système; car il faut que la Physique systématique
attende à élever des édifices, que la Physique expéri-
mentale soit en état de lui fournir les matériaux nécessaires.

Pour cet amas de matériaux, il n'y a que des Compagnies protégées par le Prince, qui puissent réussir à le
faire et à le préparer. Ni les lumières, ni les soins, ni la
vie, ni les facultés d'un particulier n'y suffiroient. Il faut
un trop grand nombre d'expériences, il en faut de trop
d'espèces différentes, il faut trop répéter les mêmes, il
les faut varier de trop de manières, il faut les suivre
trop longtemps avec un même esprit. La cause du
moindre effet est presque toujours enveloppée sous tant
de plis et de replis, qu'à moins qu'on ne les ait tous

démêlés avec un extrême soin, on ne doit pas prétendre qu'elle vienne à se manifester.

Jusqu'à présent l'Académie des Sciences ne prend la Nature que par petites parcelles. Nul système général, de peur de tomber dans l'inconvénient des systèmes précipités, dont l'impatience de l'esprit humain ne s'accommode que trop bien, et qui étant une fois établis s'opposent aux vérités qui surviennent. Aujourd'hui on s'assure d'un fait, demain d'un autre qui n'y a nul rapport. On ne laisse pas de hasarder des conjectures sur les causes, mais ce sont des conjectures. Ainsi les Recueils que l'Académie présente tous les ans au public, ne sont composés que de morceaux détachés et indépendants les uns des autres, dont chaque particulier qui en est l'auteur garantit les faits et les expériences, et dont l'Académie n'approuve les raisonnements qu'avec toutes les restrictions d'un sage pyrrhonisme.

Le temps viendra peut-être que l'on joindra en un corps régulier ces membres épars; et s'ils sont tels qu'on le souhaite, ils s'assembleront en quelque sorte d'eux-mêmes. Plusieurs vérités séparées. dès qu'elles sont en assez grand nombre, offrent si vivement à l'esprit leurs rapports et leurs mutuelles dépendances, qu'il semble qu'après avoir été détachées par une espèce de violence les unes des autres, elles cherchent naturellement à se réunir.

(*Histoire du renouvellement de l'Académie des sciences,* Préface.)

## LE SYSTÈME DE LEIBNITZ

(1728)

Il étoit métaphysicien, et c'étoit une chose presque impossible qu'il ne le fût pas; il avoit l'esprit trop universel. Je n'entends pas seulement universel, parce qu'il alloit à tout, mais encore parce qu'il saisissoit dans tout les principes les plus élevés et les plus généraux : ce qui est le caractère de la Métaphysique. Il avoit projetté d'en faire une toute nouvelle, et il en a répandu çà et là différents morceaux selon sa coutume.

Ses grands principes étoient, que rien n'existe ou ne se fait sans une raison suffisante; que les changements ne se font point brusquement et par sauts, mais par degrés et par nuances, comme dans des suites de nombres ou dans des courbes; que dans tout l'Univers, comme nous l'avons déjà dit, un meilleur est mêlé partout avec un plus grand, ou, ce qui revient au même, les lois de convenances avec les lois nécessaires ou géométriques. Ces principes si nobles et si précieux ne sont pas aisés à appliquer; car dès qu'on est hors du nécessaire rigoureux et absolu, qui n'est pas bien commun en Métaphysique, le suffisant, le convenable, un degré ou un saut, tout cela pourroit bien être un peu arbitraire; et il faut prendre garde que ce ne soit le besoin du système qui décide.

Sa manière d'expliquer l'union de l'âme et du corps par une harmonie préétablie, a été quelque chose d'imprévu et d'inespéré sur une matière où la Philosophie semblait avoir fait ses derniers efforts. Les Philosophes aussi bien que le peuple avoient cru que l'âme et le corps agissoient réellement et physiquement l'un sur l'autre. Descartes vint, qui prouva que leur nature ne permettoit point cette sorte de communication véritable, et qu'ils n'en pouvoient avoir qu'une apparence, dont Dieu était le médiateur. On croyoit qu'il n'y avoit que ces deux systèmes possibles : M. Leibnitz en imagina un troisième. Une âme doit avoir par elle-même une certaine suite de pensées, de désirs, de volontés. Un corps qui n'est qu'une machine doit avoir par lui-même une certaine suite de mouvements, qui seront déterminés par la combinaison de la disposition machinale avec les impressions des corps extérieurs. S'il se trouve une âme et un corps tels que toute la suite des volontés de l'âme d'une part, et

de toute la suite des mouvements du corps, se répondent
exactement; et que dans l'instant, par exemple, que
l'âme voudra aller en un lieu, les deux pieds du corps se
meuvent machinalement de ce côté-là, cette âme et ce
corps auront un rapport, non par une action réelle de
l'un sur l'autre, mais par la correspondance perpétuelle
des actions séparées de l'un et de l'autre. Dieu aura mis
ensemble l'âme et le corps qui avoient entr'eux cette correspondance antérieure à leur union, cette harmonie
préétablie. Et il faut en dire autant de tout ce qu'il y a
jamais eu, et de tout ce qu'il y aura jamais d'âmes et de
corps unis.

Ce système donne une merveilleuse idée de l'intelligence infinie du Créateur; mais peut-être cela même le
rend-il trop sublime pour nous. Il a toujours pleinement
contenté son auteur; cependant il n'a pas fait jusqu'ici et
ne paroît pas devoir faire la même fortune que celui de
Descartes: Si tous les deux succomboient aux objections,
il faudroit, ce qui seroit bien pénible pour les Philosophes, qu'ils renonçassent à se tourmenter davantage sur
l'union de l'âme et du corps. M. Descartes et M. Leibnitz
les justifieroient de n'en plus chercher le secret.

(Éloge de Leibnitz.)

# JEAN DE LA BRUYÈRE

[Paris, 1645; † 1696, Versailles.]

Le père de La Bruyère, contrôleur des rentes de l'Hôtel de Ville, appartenait à une famille d'ancienne bourgeoisie. Quoique peu aisé et chargé de famille, il fit bien élever ses enfants : Jean, après de bonnes études, fut reçu licencié en droit à l'Université d'Orléans, en 1665. Soutenu par les libéralités d'un frère de son père, qui était son parrain et avait quelque fortune, il mena pendant quelques années une existence libre de tout souci, de toute contrainte. Son oncle étant mort en 1671, il acheta en 1673, la charge de trésorier général de France au bureau des finances de la généralité de Caen. C'était une sinécure, qui l'assurait contre les accidents de la vie, sans l'obliger à rien. Il y renonça pourtant en 1684 pour se charger, sans doute à la prière de Bossuet, dont il était devenu le familier, de l'éducation du petit-fils du grand Condé. Cette tâche malaisée, et où La Bruyère réussit autant qu'il se pouvait, prit fin en 1686. Resté dans la maison de Condé en qualité « d'homme de lettres », il songea alors à publier le recueil d'observations qu'il mûrissait depuis longtemps sans doute, et la première édition des *Caractères* parut en 1688. Ce livre lui attira, suivant un mot connu, *beaucoup de lecteurs et beaucoup d'ennemis* : en moins de deux ans cinq éditions s'en débitèrent, et ce succès désigna La Bruyère pour une candidature à l'Académie. Ceux qui s'étaient crus atteints par sa satire, les jaloux, les partisans des *Modernes* dans la fameuse querelle où La Bruyère avait pris parti pour les Anciens, l'empêchèrent d'y entrer avant 1693. Trois ans plus tard il mourait emporté par une apoplexie.

Les œuvres de La Bruyère comprennent : 1º *Les Caractères de Théophraste traduits du grec, avec les Caractères ou les Mœurs de ce siècle* ; 2º Son *Discours de réception à l'Académie précédé d'une préface* ; 3º des *Dialogues sur le Quiétisme*.

## DU STYLE

Tout l'esprit d'un auteur consiste à bien définir et à bien peindre. Moïse, Homère, Platon, Virgile, Horace, ne sont au-dessus des autres écrivains que par leurs expressions et par leurs images. Il faut exprimer le vrai pour écrire naturellement, fortement, délicatement.

On a dû faire du style ce qu'on a fait de l'architecture. On a entièrement abandonné l'ordre gothique que la barbarie avoit introduit pour les palais et pour les temples [1] : on a rappelé le Dorique, l'Ionique et le Corinthien, ce qu'on ne voyoit plus que dans les ruines de l'ancienne Rome et de la vieille Grèce, devenu moderne, éclate dans nos portiques et dans nos péristyles. De même, on ne sauroit, en écrivant, rencontrer le parfait et, s'il se peut, surpasser les anciens, que par leur imitation.

Combien de siècles se sont écoulés avant que les hommes, dans les sciences et dans les arts, aient pu revenir au goût des anciens, et reprendre enfin le simple et le naturel.

Entre toutes les différentes expressions qui peuvent rendre une seule de nos pensées, il n'y en a qu'une qui soit la bonne : on ne la rencontre pas toujours en parlant ou en écrivant. Il est vrai néanmoins qu'elle existe, que tout ce qui ne l'est point est foible et ne satisfait point un homme d'esprit qui veut se faire entendre.

Un bon auteur, et qui écrit avec soin, éprouve souvent que l'expression qu'il cherchoit depuis longtemps sans la connoître, et qu'il a enfin trouvée, est celle qui étoit la plus simple, la plus naturelle, qui sembloit devoir se présenter d'abord et sans effort.

Ceux qui écrivent par humeur [2] sont sujets à retoucher leurs ouvrages : comme elle n'est pas toujours fixe, et qu'elle varie en eux selon les occasions, ils se

---

1. L'art gothique ne fut pas apprécié au XVIIᵉ siècle. Dans sa *Lettre à l'Académie*, Fénelon n'en parle pas autrement que La Bruyère.

2. Ceux qui écrivent par *humeur* sont, comme le dit ailleurs La Bruyère,

« ceux que le cœur fait parler, à qui il inspire les termes et les figures, et qui tirent, pour ainsi dire, de leurs entrailles tout ce qu'ils expriment sur le papier ».

refroidissent bientôt pour les expressions et les termes
qu'ils ont le plus aimés.

*(Des ouvrages de l'esprit.)*

---

## DE L'ÉLOQUENCE, DU SUBLIME,
## DU STYLE ET DES FIGURES

Le peuple appelle éloquence, la facilité que quelques-
uns ont de parler seuls et longtemps, jointe à l'emportement du geste, à l'éclat de la voix, et à la force des
poumons. Les pédants ne l'admettent aussi que dans le
discours oratoire, et ne la distinguent pas de l'entasse-
ment des figures, de l'usage des grands mots, et de la
rondeur des périodes.

Il semble que la logique est l'art de convaincre de
quelque vérité, et l'éloquence un don de l'âme, lequel
nous rend maîtres du cœur et de l'esprit des autres; qui
fait que nous leur inspirons ou que nous leur persua-
dons tout ce qui nous plaît.

L'éloquence peut se trouver dans les entretiens, et
dans tout genre d'écrire. Elle est rarement où on la
cherche, et elle est quelquefois où on ne la cherche
point.

L'éloquence est au sublime ce que tout est à sa partie.
Qu'est-ce que le sublime [1]? Il ne paroît pas qu'on l'ait
défini. Est-ce une figure? tout genre d'écrire reçoit-il le
sublime ou s'il n'y a que les grands sujets qui en soient
capables? peut-il briller autre chose dans l'églogue qu'un
beau naturel, et, dans les lettres familières comme dans
les conversations qu'une grande délicatesse? ou plutôt
le naturel et le délicat ne sont-ils pas le sublime des

---

1. Cette question du *sublime* était à
l'ordre du jour. Ce passage n'a paru
que dans la quatrième édition des *Caractères*, et l'on a vu plus haut que les
*Réflexions* sur *Longin* furent données

par Boileau en 1693. La Bruyère, dans
la querelle des modernes et des anciens,
s'était rangé d'abord du parti de La Fontaine (voyez ci-dessus, p. 258), de Racine et de Boileau.

ouvrages dont ils font la perfection? Qu'est-ce que le sublime? où entre le sublime?

Les synonymes sont plusieurs dictions ou plusieurs phrases différentes qui signifient une même chose. L'antithèse est une opposition de deux vérités qui se donnent du jour l'une à l'autre. La métaphore ou la comparaison emprunte d'une chose étrangère une image sensible et naturelle d'une vérité. L'hyperbole exprime au delà de la vérité, pour ramener l'esprit à la mieux connaître. Le sublime ne peint que la vérité, mais en un sujet noble : il la peint tout entière, dans sa cause et dans son effet; il est l'expression ou l'image la plus digne de cette vérité. Les esprits médiocres ne trouvent point l'unique expression, et usent de synonymes. Les jeunes gens sont éblouis de l'éclat de l'antithèse, et s'en servent. Les esprits justes et qui aiment à faire des images qui soient précises, donnent naturellement dans la comparaison et la métaphore. Les esprits vifs, pleins de feu, et qu'une vaste imagination emporte hors des règles et de la justesse, ne peuvent s'assouvir de l'hyperbole. Pour le sublime, il n'y a, même entre les grands génies, que les plus élevés qui en soient capables.

(Des ouvrages de l'esprit.)

---

## COMMENT IL FAUT SE FAIRE VALOIR

Se faire valoir par des choses qui ne dépendent point des autres, mais de soi seul, ou renoncer à se faire valoir : maxime inestimable et d'une ressource infinie dans la pratique, utile aux foibles, aux vertueux, à ceux qui ont de l'esprit, qu'elle rend maîtres de leur fortune ou de leur repos; pernicieuse pour les grands, qui diminueroit leur cour, ou plutôt le nombre de leurs esclaves; qui feroit tomber leur morgue avec une partie de leur autorité, et les réduiroit presque à leurs entremets et à

leurs équipages; qui les priveroit du plaisir qu'ils sentent à se faire prier, presser, solliciter, à faire attendre
ou à refuser, à promettre et à ne pas donner; qui les
traverseroit dans le goût qu'ils ont quelquefois à mettre
les sots en vue, et à anéantir le mérite, quand il leur
arrive de le discerner; qui banniroit des cours les brigues, les cabales, les mauvais offices, la bassesse, la
flatterie, la fourberie; qui feroit d'une cour orageuse,
pleine de mouvements et d'intrigues, comme une pièce
comique, ou même tragique, dont les sages ne seroient
que les spectateurs; qui remettroit de la dignité dans
les différentes conditions des hommes, et de la sérénité
sur leurs visages; qui étendroit leur liberté; qui réveil-
leroit en eux avec les talents naturels, l'habitude du travail et de l'exercice; qui les exciteroit à l'émulation, au
désir de la gloire, à l'amour de la vertu; qui, au lieu de
courtisans vils, inquiets, inutiles, souvent onéreux à la
république, en feroit ou de sages économes, ou d'excellents pères de famille, ou des juges intègres, ou de
bons officiers, ou de grands capitaines, ou des orateurs,
ou des philosophes, et qui ne leur attireroit à tous nul
autre inconvénient que celui peut-être de laisser à leurs
héritiers moins de trésors que de bons exemples.

                                   (*Du mérite personnel.*)

------------

## LE DISEUR DE PHÉBUS

Que dites-vous? comment? Je n'y suis pas. Vous plai-
roit-il de recommencer? J'y suis encore moins. Je devine
enfin : vous voulez, Acis, me dire qu'il fait froid; que
ne disiez-vous : il fait froid? Vous voulez m'apprendre
qu'il pleut ou qu'il neige; dites : il pleut, il neige. Vous
me trouvez bon visage, et vous désirez de m'en féliciter;
dites : je vous trouve bon visage. — Mais, répondez-
vous, cela est bien uni et bien clair, et d'ailleurs qui ne

pourroit pas en dire autant ? Qu'importe, Acis, est-ce
un si grand mal d'être entendu quand on parle, et de
parler comme tout le monde ? Une chose vous manque,
Acis, à vous et à vos semblables, les diseurs de *phébus* ;
vous ne vous en défiez point, et je vais vous jeter dans
l'étonnement : une chose vous manque, c'est l'esprit. Ce
n'est pas tout ; il y a en vous une chose de trop, qui est
l'opinion d'en avoir plus que les autres : voilà la source
de votre pompeux galimatias, de vos phrases embrouillées, et de vos grands mots qui ne signifient rien. Vous
abordez cet homme, ou vous entrez dans cette chambre ;
je vous tire par votre habit, et vous dis à l'oreille : « Ne
songez point à avoir de l'esprit, n'en ayez point, c'est
votre rôle ; ayez, si vous pouvez, un langage simple, et
tel que l'ont ceux en qui vous ne trouvez aucun esprit ;
peut-être alors croira-t-on que vous en avez. »

(De la société et de la conversation.)

---

## LE BEL ESPRIT DE PROFESSION

Ascagne est statuaire, Hégion fondeur, Eschine fou-
lon, et *Cydias* bel esprit [1], c'est sa profession. Il a une
enseigne, un atelier, des ouvrages de commande, et des
compagnons qui travaillent sous lui [2] ; il ne vous sauroit
rendre de plus d'un mois les stances qu'il vous a promises, s'il ne manque de parole à *Dosithée*, qui l'a
engagé [3] à faire une élégie : une idylle est sur le métier ;
c'est pour Crantor, qui le presse, et qui lui laisse
espérer un riche salaire. Prose, vers, que voulez-vous ?

---

1. *Phébus*, langage prétentieux et
vide. On disait : *parler phébus*.

1. Il n'y a pas à douter que, sous
les traits de *Cydias*, La Bruyère ait
voulu peindre Fontenelle. Contre lui,
il avait des griefs personnels, ayant été
maltraité par le *Mercure galant*, feuille
inspirée par Fontenelle ; celui-ci, d'autre part, dans la querelle des Anciens

et des Modernes, tenait pour les Modernes, et cela eût suffi pour indisposer
La Bruyère.

2. Fontenelle avait collaboré avec
Thomas Corneille, de Visé, d'autres
encore.

3. Comme on *engage* un ouvrier pour
une tâche.

Il réussit également en l'un et en l'autre. Demandez-lui
des lettres de consolation, ou sur une absence, il les
entreprendra; prenez-les toutes faites et entrez dans son
magasin, il y a choisir. Il a un ami qui n'a pas d'autre
fonction sur la terre que de le promettre longtemps à un
certain monde, et de le présenter enfin dans les maisons
comme un homme rare et d'une exquise conversation :
et là, ainsi que le musicien chante, et que le joueur de
luth touche son luth devant les personnes à qui il l'a
promis, Cydias, après avoir toussé, relevé sa manchette,
étendu la main et ouvert les doigts, débite gravement
ses pensées quintessenciées et ses raisonnements sophis-
tiqués. Différent de ceux qui, convenant de principes,
et connoissant la raison ou la vérité qui est une, s'arrachent la parole l'un à l'autre pour s'accorder sur leurs
sentiments, il n'ouvre la bouche que pour contredire :
« *Il me semble*, dit-il gracieusement, *que c'est tout le contraire de ce que vous dites* »; ou : « *Je ne saurais être de
votre opinion* »; ou bien : « *Ç'a été autrefois mon entêtement comme il*[1] *est le vôtre, mais... Il y a trois choses*,
ajoute-t-il, *à considérer* », et il en ajoute une quatrième.
Fade discoureur, qui n'a pas mis plutôt le pied dans une
assemblée, qu'il cherche quelques femmes auprès de qui
il puisse s'insinuer, se parer de son bel esprit ou de sa
philosophie, et mettre en œuvre ses rares conceptions;
car, soit qu'il parle ou qu'il écrive, il ne doit pas être
soupçonné d'avoir en vue ni le vrai ni le faux, ni le raisonnable ni le ridicule; il évite uniquement de donner
dans le sens des autres, et d'être de l'avis de quelqu'un; aussi attend-il, dans un cercle, que chacun se
soit expliqué sur le sujet qui s'est offert, ou souvent
qu'il a amené lui-même, pour dire dogmatiquement des
choses toutes nouvelles, mais à son gré décisives et
sans réplique. Cydias s'égale à Lucien et à Sénèque, se
met au-dessus de Platon, de Virgile et de Théocrite[2];

---

1. *Il* est au neutre pour *cela*.                des morts, comme Lucien; des *Lettres*,
2. Fontenelle a écrit des *Dialogues*   comme Sénèque; des Dialogues philo-

et son flatteur a soin de le confirmer tous les matins dans cette opinion. Uni de goût et d'intérêt avec les contempteurs d'Homère, il attend paisiblement que les hommes détrompés lui préfèrent les poètes modernes; il se met en ce cas à la tête de ces derniers, et il sait à qui il adjuge la seconde place. C'est, en un mot, un composé du pédant et du précieux, fait pour être admiré de la bourgeoisie et de la province, en qui néanmoins on n'aperçoit rien de grand que l'opinion qu'il a de lui-même.

*(De la société et de la conversation.)*

---

## LE PRÉDICATEUR ET L'AVOCAT

L'éloquence de la chaire, en ce qui y entre d'humain et du talent de l'orateur, est cachée [1], connue de peu de personnes, et d'une difficile exécution; quel art en ce genre pour plaire en persuadant! il faut marcher par des chemins battus; dire ce qui a été dit, et ce que l'on prévoit que vous allez dire. Les matières sont grandes, mais usées et triviales; les principes sûrs, mais dont les auditeurs pénètrent les conclusions d'une seule vue. Il y entre des sujets qui sont sublimes, mais qui peut traiter le sublime? Il y a des mystères que l'on doit expliquer, et qui s'expliquent mieux par une leçon de l'école que par un discours oratoire. La morale même de la chaire, qui comprend une matière aussi vaste et aussi diversifiée que le sont les mœurs des hommes, roule sur les mêmes pivots, retrace les mêmes images, et se prescrit des bornes bien plus étroites que la satire: après l'invective commune [2] contre les honneurs, les

sophiques (*Entretien sur la pluralité des mondes*), comme Platon; des *Églogues*, comme Théocrite et Virgile. L'allusion est complète et transparente.

1. *Cachée* signifie sans doute qu'il est difficile de bier concevoir ce qu'est

cette éloquence qui est aussi d'une difficile exécution.

2. *Commune*, à ce qu'il semble, ne signifie pas *banale*, mais *générale*; le prédicateur doit se tenir dans les généralités, quand il critique les mœurs.

richesses et le plaisir, il ne reste plus à l'orateur qu'à
courir à la fin de son discours et à congédier l'assemblée. Si quelquefois on pleure, si on est ému, après
avoir fait attention au génie et au caractère de ceux qui
font pleurer, peut-être conviendra-t-on que c'est la
matière qui se prêche elle-même, et notre intérêt le plus
capital qui se fait sentir; que c'est moins une véritable
éloquence que la ferme poitrine du missionnaire qui
nous ébranle et qui cause en nous ces mouvements.
Enfin le prédicateur n'est point soutenu, comme l'avocat,
par des faits toujours nouveaux, par de différents événements, par des aventures inouïes[1]; il ne s'exerce
point sur les questions douteuses, il ne fait point valoir
les violentes conjectures et les présomptions, toutes
choses néanmoins qui élèvent le génie, lui donnent de
la force et de l'étendue, et qui contraignent bien moins
l'éloquence qu'elles ne la fixent et ne la dirigent; il doit,
au contraire, tirer son discours d'une source commune,
et où tout le monde puise; et, s'il s'écarte de ces lieux
communs, il n'est plus populaire, il est abstrait ou
déclamateur, il ne prêche plus l'évangile. Il n'a besoin
que d'une noble simplicité, mais il faut l'atteindre;
talent rare, et qui passe les forces du commun des
hommes; ce qu'ils ont de génie, d'imagination, d'érudition et de mémoire, ne leur sert souvent qu'à s'en
éloigner.

La fonction de l'avocat est pénible, laborieuse, et
suppose, dans celui qui l'exerce, un riche fonds et de
grandes ressources; il n'est pas seulement chargé, comme
le prédicateur, d'un certain nombre d'oraisons composées avec loisir, récitées de mémoire, avec autorité,
sans contradicteurs, et qui, avec de médiocres changements, lui font honneur plus d'une fois; il prononce
de graves plaidoyers devant les juges, qui peuvent lui
imposer silence, et contre des adversaires qui l'inter-

1. *Inouïes,* c'est-à-dire : encore inconnues du public, partant neuves pour lui.

rompent; il doit être prêt sur la réplique; il parle en
un même jour, dans divers tribunaux, de différentes
affaires; sa maison n'est pas pour lui un lieu de repos
et de retraite, ni un asile contre les plaideurs; elle est
ouverte à tous ceux qui viennent l'accabler de leurs
questions et de leurs doutes; il ne se met pas au lit, on
ne l'essuie point, on ne lui prépare point des rafraîchis-
sements[1]; il ne se fait point dans sa chambre un concours de monde de tous les états et de tous les sexes,
pour le féliciter sur l'agrément et sur la politesse de
son langage, lui remettre l'esprit[2] sur un endroit où il
a couru risque de demeurer court, ou sur un scrupule
qu'il a, sur le chevet[3], d'avoir plaidé moins vivement
qu'à l'ordinaire : il se délasse d'un long discours par
de longs écrits, il ne fait que changer de travaux et de
fatigues : j'ose dire qu'il est, dans son genre, ce qu'é-
toient dans le leur les premiers hommes apostoliques.

Quand on a ainsi distingué l'éloquence du barreau de
la fonction de l'avocat, et l'éloquence de la chaire du
ministère du prédicateur, on croit voir qu'il est plus
aisé de prêcher que de plaider, et plus difficile de bien
prêcher que de bien plaider.

*(De la Chaire.)*

1. Ce sont petits soins qu'on prend
pour le prédicateur.
2. C'est-à-dire : pour le tranquil-
liser.

3. C'est ainsi que Corneille a dit
dans le *Menteur* :

Allons sur le chevet rêver quelque moyen.

# FRANÇOIS DE SALIGNAC
# DE LA MOTHE-FÉNELON

[Château de Fénelon, près de Sarlat, 1651 ; † 1715, Cambrai.]

La famille de Fénelon était noble et ancienne. Il fit ses premières études dans le château paternel, les continua à Cahors et
vint les achever à Paris, au collège du Plessis. C'est au séminaire
de Saint-Sulpice qu'il se prépara à recevoir l'ordination, qui lui
fut conférée à une date que nous ne connaissons pas. Il avait dû
donner assez tôt bonne opinion de son talent et de sa piété, car
en 1678 nous le voyons nommé supérieur des *Nouvelles Catholiques*. Bien qu'il fût en relations avec le duc de Beauvilliers et
avec Bossuet, Louis XIV semble n'avoir jamais eu de goût pour
Fénelon ; en effet, malgré l'éclat des sermons *pour la fête de
l'Épiphanie* (1685), *pour le sacre de l'Électeur de Cologne*, malgré
le succès de sa mission parmi les protestants d'Aunis et de Poitou,
jamais Fénelon ne fut appelé à prêcher devant la cour. Cependant
son *Traité de l'Éducation des Filles* (1687), puis son *Traité du
ministère des pasteurs*, ouvrages où il mettait en œuvre l'expérience qu'il avait acquise comme directeur et missionnaire, atti-
raient l'attention sur lui ; et M^me^ de Maintenon, l'ayant alors pris
en gré, il fut nommé en 1689 précepteur des enfants de France.
On sait que sa merveilleuse habileté vint à bout du naturel terrible du duc de Bourgogne, et qu'il composa pour l'éducation de
ce prince quelques-uns de ses ouvrages les plus populaires : les
*Fables*, les *Dialogues des Morts*, qui ne parurent pas de son vivant,
et aussi le *Télémaque* qui, en 1699, fut imprimé sans son aveu.
En 1695, l'éducation du duc de Bourgogne ayant pris fin, Fénelon
avait été élevé à l'archevêché de Cambrai. Peu avant, ayant
connu une femme de piété exaltée, M^me^ Guyon, il s'était laissé
aller à partager ses idées mystiques. Il ne craignit pas de les
défendre dans son *Explication des Maximes des saints*, 1697, et
alors s'ouvre sa grande querelle avec Bossuet, qui se termina,
en 1699, par un bref de la Cour de Rome condamnant le *Quiétisme*.
L'éclat de la publication du *Télémaque* survenant peu après,
acheva de perdre Fénelon dans l'esprit du roi et il dut alors se
confiner dans son diocèse de Cambrai. Là, il attendait l'avènement
de son élève, et, tout en s'occupant de l'administration de son
diocèse, il traçait dans l'*Examen de conscience sur les devoirs de*

*la royauté*, dans les *Tables de Chaulnes*, des plans de gouvernement pour le jour où le duc de Bourgogne serait roi. La mort brisa ces espérances; le jeune duc fut enlevé en 1712. Fénelon lui survécut peu; après avoir donné son *Traité de l'existence de Dieu* (1712) et sa *Lettre sur les occupations de l'Académie française* (1714), il mourut dans sa ville épiscopale, le 7 janvier 1715.

Les œuvres de Fénelon forment trente-trois volumes dans l'édition de Versailles. Nous avons énuméré les principales; mais il nous faut encore citer ses *Dialogues sur l'éloquence*, parus en 1718, ses *Lettres spirituelles ou de direction* et enfin sa *Correspondance*, très importante et très étendue.

---

# PROGRÈS DE L'IMPIÉTÉ

## (1685)

.... Qui pourra remédier aux maux de nos églises et relever la vérité qui est foulée aux pieds dans les places publiques? L'orgueil a rompu ses digues et inondé la terre; toutes les conditions sont confondues; le faste s'appelle politesse, la plus folle vanité une bienséance; les insensés entraînent les sages, et les rendent semblables à eux; la mode, si ruineuse par son inconstance et par ses excès capricieux, est une loi tyrannique à laquelle on sacrifie toutes les autres; le dernier des devoirs est celui de payer ses dettes. Les prédicateurs n'osent plus parler pour les pauvres, à la vue d'une foule de créanciers dont les clameurs montent jusqu'au ciel; ainsi la justice fait taire la charité, mais la justice elle-même n'est plus écoutée. Plutôt que de modérer les dépenses superflues, on refuse cruellement le nécessaire à ses créanciers. La simplicité, la modestie, la frugalité, la probité exacte de nos pères, leur ingénuité, leur pudeur, passent pour des vertus rigides et austères d'un temps trop grossier. Sous prétexte de se polir, on s'est amolli pour la volupté, et endurci contre la vertu et contre l'honneur. On invente chaque jour et à l'infini de nouvelles nécessités pour autoriser les passions les

plus odieuses. Ce qui étoit un faste scandaleux dans les
conditions les plus élevées, il y a quarante ans, est
devenu une bienséance pour les plus médiocres. Détes-
table raffinement de nos jours! monstre de nos mœurs!
La misère et le luxe augmentent comme de concert; on
est prodigue de son bien, et avide de celui d'autrui; le
premier pas de la fortune est de se ruiner. Qui pourroit
supporter les folles hauteurs que l'orgueil affecte, et les
bassesses infâmes que l'intérêt fait faire? On ne connoît
plus d'autre prudence que la dissimulation, plus de
règle des amitiés que l'intérêt, plus de bienfaits qui
puissent attacher à une personne, dès qu'on la trouve
ou inutile ou ennuyeuse. Les hommes, gâtés jusque dans
la moelle des os par les ébranlements et les enchantements des plaisirs violents et raffinés, ne trouvent
plus qu'une douceur fade dans les consolations d'une
vie innocente; ils tombent dans les langueurs mortelles
de l'ennui, dès qu'ils ne sont plus animés par la fureur
de quelque passion. Est-ce donc là être chrétien? Allons,
allons dans d'autres terres, où nous ne soyons plus
réduits à voir de tels disciples de Jésus-Christ! O
Évangile! est-ce là ce que vous enseignez? O foi chrétienne, vengez-vous! laissez une éternelle nuit sur la
face de la terre, de cette terre couverte d'un déluge
d'iniquités.

Mais, encore une fois, voyons nos ressources sans
nous flatter. Quelle autorité pourra redresser des
mœurs si dépravées? Une sagesse vaine et intempé-
rante, une curiosité superbe et effrénée emporte les
esprits. Le Nord ne cesse d'enfanter de nouveaux
monstres d'erreur : parmi ces ruines de l'ancienne foi,
tout tombe comme par morceaux; le reste des nations
chrétiennes en sent le contre-coup; on voit les mystères
de Jésus-Christ ébranlés jusqu'aux fondements. Des
hommes profanes et téméraires ont franchi les bornes,
et ont appris à douter de tout. C'est ce que nous entendons tous les jours; un bruit sourd d'impiété vient

frapper nos oreilles, et nous en avons le cœur déchiré. Après s'être corrompus dans ce qu'ils connoissent, ils blasphèment enfin ce qu'ils ignorent. Prodige réservé à nos jours! l'instruction augmente et la foi diminue. La parole de Dieu, autrefois si féconde, deviendroit stérile, si l'impiété l'osoit. Mais elle tremble sous Louis, et, comme Salomon, il la dissipe de son regard. Cependant de tous les vices, on ne craint plus que le scandale; que dis-je? Le scandale même est au comble; car l'incrédulité, quoique timide n'est pas muette; elle sait se glisser dans les conversations, tantôt sous des railleries envenimées, tantôt sous des questions où l'on veut tenter Jésus-Christ, comme les pharisiens. En même temps l'aveugle sagesse de la chair, qui prétend avoir droit de tempérer la religion au gré de ses désirs, deshonore et énerve ce qui reste de foi parmi nous. Chacun marche dans la voie de son propre conseil; chacun, ingénieux à se tromper, se fait une fausse conscience. Plus d'autorité dans les pasteurs, plus d'uniformité de discipline. Le dérèglement ne se contente plus d'être toléré, il veut être la règle même, et appelle excès tout ce qui s'y oppose. La chaste colombe, dont le partage ici-bas est de gémir, redouble ses gémissements. Le péché abonde, la charité se refroidit, les ténèbres s'épaississent, le mystère d'iniquité se forme; dans ce jour d'aveuglement et de péché, les élus mêmes seroient séduits, s'ils pouvoient l'être. Le flambeau de l'Evangile, qui doit faire le tour de l'univers, achève sa course. O Dieu! que vois-je? où sommes-nous? Le jour de la ruine est proche, et les temps se hâtent d'arriver. Mais adorons en silence et avec tremblement l'impénétrable secret de Dieu.

*(Sermon pour la fête de l'Épiphanie. Second point.)*

# HORACE ET VIRGILE

## (écrit entre 1689 et 1695)

### VIRGILE.

Que nous sommes tranquilles et heureux sur ces gazons toujours fleuris, au bord de cette onde si pure, auprès de ce bois odoriférant!

### HORACE.

Si vous n'y prenez garde, vous allez faire une églogue. Les ombres n'en doivent point faire. Voyez Homère, Hésiode, Théocrite : couronnés de laurier, ils entendent chanter leurs vers; mais ils n'en font plus.

### VIRGILE.

J'apprends avec joie que les vôtres sont encore après tant de siècles les délices des gens de lettres. Vous ne vous trompiez pas quand vous disiez dans vos odes, d'un ton si assuré : Je ne mourrai pas tout entier.

### HORACE.

Mes ouvrages ont résisté au temps, il est vrai; mais il faut vous aimer autant que je le fais pour n'être point jaloux de votre gloire. On vous place d'abord après Homère.

### VIRGILE.

Nos muses ne doivent point être jalouses l'une de l'autre; leurs genres sont si différents! Ce que vous avez de merveilleux, c'est la variété. Vos Odes sont tendres, gracieuses, souvent véhémentes, rapides, sublimes. Vos Satires sont simples, naïves, courtes, pleines de sel; on y trouve une profonde connoissance de l'homme, une philosophie très-sérieuse, avec un tour plaisant qui redresse les mœurs des hommes, et qui les instruit en se jouant. Votre Art poétique montre que vous aviez toute l'étendue des connoissances acquises, et toute la force de génie nécessaire pour exécuter les

plus grands ouvrages, soit pour le poème épique, soit
pour la tragédie.

### HORACE.

C'est bien à vous à parler de variété, vous qui avez
mis dans vos Églogues la tendresse naïve de Théocrite!
Vos Géorgiques [sont pleines des peintures les plus
riantes ; vous embellissez et vous passionnez toute la
nature. Enfin dans votre Énéide, le bel ordre, la magnificence, la force et la sublimité d'Homère éclatent partout.

### VIRGILE.

Mais je n'ai fait que le suivre pas à pas.

### HORACE.

Vous n'avez point suivi Homère quand vous avez
traité les amours de Didon. Ce quatrième livre est tout
original. On ne peut pas même vous ôter la louange
d'avoir fait la descente d'Énée aux Enfers plus belle que
n'est l'évocation des âmes qui est dans l'Odyssée.

### VIRGILE.

Mes derniers livres sont négligés. Je ne prétendois
pas les laisser si imparfaits. Vous savez que je voulus
les brûler.

### HORACE.

Quel dommage si vous l'eussiez fait! C'étoit une délicatesse excessive : on voit bien que l'auteur des Géorgiques auroit pu finir l'Énéide avec le même soin. Je
regarde moins cette dernière exactitude que l'essor du
génie, la conduite de tout l'ouvrage, la force et la hardiesse des peintures. A vous parler ingénument, si
quelque chose vous empêche d'égaler Homère, c'est
d'être plus poli, plus châtié, plus fini, mais moins
simple, moins fort, moins sublime : car d'un seul trait
il met la nature toute nue devant les yeux.

### VIRGILE.

J'avoue que j'ai dérobé quelque chose à la simple
nature, pour m'accommoder au goût d'un peuple magni-

fique et délicat sur toutes les choses qui ont rapport à
la politesse. Homère semble avoir oublié le lecteur
pour ne songer qu'à peindre en tout la vraie nature. En
cela je lui cède.

### HORACE.

Vous êtes toujours ce modeste Virgile qui eut tant de
peine à se produire à la cour d'Auguste. Je vous ait dit
librement ce que je pense sur vos ouvrages; dites-moi
de même les défauts des miens. Quoi donc? me croyez-
vous incapable de les reconnoître?

### VIRGILE.

Il y a ce me semble, quelques endroits de vos odes
qui pourroient être retranchés sans rien ôter au sujet,
et qui n'entrent point dans votre dessein. Je n'ignore
pas le transport que l'ode doit avoir; mais il y a des
choses écartées qu'un beau transport ne va point chercher. Il y a aussi quelques endroits passionnés et merveilleux, où vous remarquerez peut-être quelque chose
qui manque, ou pour l'harmonie, ou pour la simplicité
de la passion. Jamais homme n'a donné un tour plus
heureux que vous à la parole, pour lui faire signifier un
beau sens avec brièveté et délicatesse; les mots deviennent tout nouveaux par l'usage que vous en faites. Mais
tout n'est pas également coulant; il y a des choses que
je croirois un peu trop tournées.

### HORACE.

Pour l'harmonie, je ne m'étonne pas que vous soyez
si difficile. Rien n'est si doux et si nombreux que vos
vers; leur cadence seule attendrit et fait couler les
larmes des yeux.

### VIRGILE.

L'ode demande une autre harmonie toute différente,
que vous avez trouvée presque toujours, et qui est plus
variée que la mienne.

### HORACE.

Enfin je n'ai fait que de petits ouvrages; j'ai blâmé ce

qui est mal; j'ai montré les règles de ce qui est bien, mais je n'ai rien exécuté de grand comme votre poème héroïque.

### VIRGILE.

En vérité, mon cher Horace, il y a déjà trop long-temps que nous nous donnons des louanges; pour d'hon-nêtes gens, j'en ai honte. Finissons.

(*Dialogues des morts.*, I).

———————

## C'EST PAR LES LUMIÈRES DE LA VÉRITÉ PRIMI-TIVE QUE L'HOMME JUGE SI CE QU'ON LUI DIT EST VRAI OU FAUX

### (1712)

Les hommes peuvent nous parler pour nous instruire; mais nous ne pouvons les croire qu'autant que nous trouvons une certaine conformité entre ce qu'ils nous disent et ce que nous dit le maître intérieur. Après qu'ils ont épuisé tous les raisonnements, il faut toujours revenir à lui, et l'écouter, pour la décision. Si un homme nous disoit qu'une partie égale le tout dont elle est partie, nous ne pourrions nous empêcher de rire, et il se rendroit méprisable, au lieu de nous persuader. C'est au fond de nous-mêmes, par la consultation du maître intérieur, que nous avons besoin de trouver les vérités qu'on nous enseigne, c'est-à-dire qu'on nous propose extérieurement. Ainsi, à proprement parler, il n'y a qu'un seul véritable maître, qui enseigne tout, et sans lequel on n'apprend rien. Les autres maîtres nous ramènent toujours dans cette école intime, où il parle seul. C'est là que nous recevons ce que nous n'avions pas; c'est là que nous apprenons ce que nous avions ignoré; c'est là que nous retrouvons ce que nous avions perdu par l'oubli; c'est dans ce fond intime de nous-mêmes qu'il nous garde certaines connoissances comme ensevelies qui se réveillent au besoin, c'est là que nous rejetons le mensonge que nous avions cru.

Loin de juger ce maître, c'est par lui seul que nous sommes jugés souverainement en toutes choses. C'est un juge désintéressé et supérieur à tous. Nous pouvons refuser de l'écouter et nous étourdir; mais en l'écoutant nous ne pouvons le contredire. Rien ne ressemble moins à l'homme que ce maître invisible qui l'instruit et qui le juge avec tant de rigueur et de perfection. Ainsi notre raison, bornée, incertaine, fautive, n'est qu'une inspiration foible et momentanée d'une raison primitive, suprême et immuable, qui se communique avec mesure à tous les êtres intelligents.

La raison supérieure qui réside dans l'homme est Dieu même.

On ne peut point dire que l'homme se donne lui-même les pensées qu'il n'avoit pas : on peut encore moins dire qu'il les reçoive des autres hommes, puisqu'il est certain qu'il n'admet et ne peut rien admettre du dehors sans le trouver aussi dans son propre fonds, en consultant au dedans de soi les principes de la raison, pour voir si ce qu'on lui dit y répugne. Il y a donc une école intérieure où l'homme reçoit ce qu'il ne peut ni se donner ni attendre des autres hommes, qui vivent d'emprunt comme lui.

Voilà donc deux raisons que je trouve en moi : l'une est moi-même, l'autre est au-dessus de moi. Celle qui est moi est très-imparfaite, fautive, incertaine, prévenue, précipitée, sujette à s'égarer, changeante, opiniâtre, ignorante et bornée; enfin, elle ne possède jamais rien que d'emprunt. L'autre est commune à tous les hommes et supérieure à eux : elle est parfaite, éternelle, immuable, toujours prête à se communiquer en tous lieux et à redresser tous les esprits qui se trompent, enfin incapable d'être jamais ni épuisée ni partagée, quoiqu'elle se donne à tous ceux qui la veulent. Où est cette raison parfaite, qui est si près de moi et si différente de

moi. Où est-elle? Il faut qu'elle soit quelque chose de
réel; car le néant ne peut être parfait, ni perfectionner
les natures. Où est-elle cette raison suprême? N'est-elle
pas le Dieu que je cherche?

(*Traité de l'existence et des attributs de Dieu.*
Part. I chap. II. LIX. LX.)

## SUPÉRIORITÉ DES ANCIENS DANS L'ÉLOQUENCE

### (1714)

Je suis très éloigné de vouloir préférer en général le 5
génie des anciens orateurs à celui des modernes. Je suis
très persuadé de la vérité d'une comparaison qu'on a
faite : c'est que comme les arbres ont aujourd'hui la
même forme et portent les mêmes fruits qu'ils portoient
il y a deux mille ans, les hommes produisent les mêmes 10
pensées [1]. Mais il y a deux choses que je prends la
liberté de représenter. La première est que certains
climats sont plus heureux que d'autres pour certains
talents, comme pour certains fruits. Par exemple, le
Languedoc et la Provence produisent des raisins et des 5
figues d'un meilleur goût que la Normandie et que les
Pays-Bas. De même les Arcadiens étoient d'un naturel
plus propre aux beaux-arts que les Scythes. Les Siciliens
sont encore plus propres à la musique que les Lapons.
On voit même que les Athéniens avoient un goût plus 20
vif et plus subtil que les Béotiens. La seconde chose que
je remarque, c'est que les Grecs avoient une espèce de
longue tradition qui nous manque; ils avoient plus de
culture pour l'éloquence que notre nation n'en peut
avoir. Chez les Grecs tout dépendoit du peuple, et le 25
peuple dépendoit de la parole. Dans leur forme de gou-

---

1. C'est ce que soutient Charles Perrault dans le *Parallèle des anciens et des modernes.*

vernement, la fortune, la réputation, l'autorité étoient
attachées à la persuasion de la multitude; le peuple étoit
entraîné par les rhéteurs artificieux et véhéments; la
parole étoit le grand ressort en paix et en guerre : de
là viennent tant de harangues qui sont rapportées dans
les histoires, et qui nous sont presque incroyables, tant
elles sont loin de nos mœurs. On voit dans Diodore de
Sicile, Nicias et Gylippe [1] qui entraînent tour à tour les
Syracusains : l'un leur fait d'abord accorder la vie aux
prisonniers athéniens; et l'autre, un moment après, les
détermine à faire mourir ces mêmes prisonniers.

La parole n'a aucun pouvoir semblable chez nous; les
assemblées n'y sont que des cérémonies et des spectacles. Il ne nous reste guère de monuments d'une forte
éloquence, ni de nos anciens parlements, ni de nos états
généraux, ni de nos assemblées de notables; tout se
décide en secret dans le cabinet des princes, ou dans
quelque négociation particulière; ainsi notre nation n'est
point excitée à faire les mêmes efforts que les Grecs pour
dominer par la parole. L'usage public de l'éloquence est
maintenant presque borné aux prédicateurs et aux
avocats.

Nos avocats n'ont pas autant d'ardeur pour gagner le
procès de la rente d'un particulier, que les rhéteurs de
la Grèce avoient d'ambition pour s'emparer de l'autorité
suprême dans une république. Un avocat ne perd rien
et gagne même de l'argent en perdant la cause qu'il
plaide. Est-il jeune? il se hâte de plaider avec un peu
d'élégance pour acquérir quelque réputation, et sans
avoir jamais étudié ni le fond des lois ni les grands
modèles de l'antiquité. A-t-il quelque réputation établie?
il cesse de plaider, et se borne aux consultations, où il
s'enrichit. Les avocats les plus estimables, sont ceux qu

---

1. Diodore de Sicile, historien grec,
contemporain d'Auguste, composa une
histoire universelle sous le titre de
*Bibliothèque historique*. — Nicias com-
mandait les Athéniens et fut défait par
Gylippe, général lacédémonien, en 414
av. J.-C., pendant la fameuse expédi-
tion de Sicile.

remontent avec précision à un principe de droit, et qui répondent aux objections suivant ce principe. Mais où sont ceux qui possèdent le grand art d'enlever la persuasion, et de remuer les cœurs de tout un peuple?...

*(Lettre sur les occupations de l'Académie française.
Projet de rhétorique.)*

# ALAIN-RENÉ LE SAGE

[Sarzeau (Morbihan), 1668; † 1747, Boulogne-sur-Mer.]

La famille de Le Sage était une ancienne famille de robe, qui
avait de l'aisance et de la considération; mais le petit René fut
orphelin à quatorze ans et confié en tutelle à des oncles qui gas-
pillèrent son bien. Après avoir passé par le collège de Vannes,
il vint terminer ses études à l'Université de Paris, où il fit son
droit et fut reçu avocat. Le barreau ne l'arrêta guère et, dès
1695, il commençait sa carrière d'homme de lettres en donnant
une traduction des *Lettres d'Aristénète*. L'abbé de Lionne, avec
qui il se lia, le protégea, le pensionna et lui indiqua la littérature espagnole comme une mine à exploiter. Le Sage, suivant cet
avis, traduisit quelques comédies et, en 1704, le *Don Quichotte*
d'Avellaneda. En 1707, il arriva à la renommée avec sa petite
comédie de *Crispin rival de son maître*, jouée au Théâtre français,
et avec son roman *le Diable boiteux*, dont le succès fut très vif.
*Turcaret*, comédie en cinq actes, dirigée contre les « traitants »
et jouée en 1709 fit plus de bruit encore; les financiers avaient
essayé d'en faire interdire la représentation; puis ils avaient offert
100 000 livres à l'auteur, s'il consentait à la supprimer. Le Sage
déclina cette offre; et il n'y avait pas un médiocre mérite, car,
à cette heure, il avait la charge de quatre enfants et point d'autre
ressource que son travail. Aussi le voyons-nous jusqu'à la fin de
sa vie condamné à produire sans relâche : en collaboration avec
d'Orneval et Fuzelier, il fournit au Théâtre de la Foire une foule
de pièces très gaies, mais toujours improvisées; il retouche des
manuscrits dont il n'est pas l'auteur, comme les *Mille et un Jours*
de Pétis de la Croix. Malgré cette besogne assez peu littéraire,
il conserva son talent de conteur : les diverses parties de *Gil-
Blas* paraissent successivement en 1715, 1724, 1735; et il donne
encore d'autres romans, qui ont moins de portée sans doute, mais
où l'agrément ne manque pas : *Gusman d'Alfarache*, *Aventures
du chevalier de Beauchesne*, 1732; *Estévanille Gonzalès*, 1734; le
*Bachelier de Salamanque*, 1736. En 1743, le Sage alla habiter
avec sa femme et sa fille chez un de ses fils, chanoine à Boulogne-sur-Mer; c'est là qu'il s'éteignit en 1747.

En dehors des œuvres que nous avons énumérées, il ne reste
guère à citer que la petite comédie de *La Tontine*, composée en

1708 et représentée seulement en 1732, les dialogues de *la Jour-*
*née des Parques*, 1735, *la Valise trouvée*, 1740 et le *Mélange*
*amusant*, 1743.

---

## TURCARET EN AFFAIRES

### (1709)

#### M. TURCARET.

De quoi est-il question, monsieur Rafle? Pourquoi me
venir chercher jusqu'ici? Ne savez-vous pas bien que
quand on vient chez les dames ce n'est pas pour y entendre
parler d'affaires?

#### M. RAFLE.

L'importance de celles que j'ai à vous communiquer
doit me servir d'excuse.

#### M. TURCARET.

Qu'est-ce donc que ces choses d'importance?

#### M. RAFLE.

Peut-on parler librement?

#### M. TURCARET.

Oui, vous le pouvez; je suis le maître : parlez.

#### M. RAFLE, *tirant des papiers de sa poche et regardant*
*dans un bordereau.*

Premièrement, cet enfant de famille à qui nous prê-
tâmes l'année passée trois mille livres, et à qui je fis
faire un billet de neuf[2], par votre ordre, se voyant sur le
point d'être inquiété pour le paiement, a déclaré la chose
à son oncle, le Président, qui, de concert avec toute la
famille, travaille actuellement à vous perdre.

---

1. Turcaret fait partie du corps des
*traitants*, c'est-à-dire de ceux qui,
moyennant certaines conditions réglées
par un *traité* avec le roi, percevaient
les impositions. Turcaret, comme beaucoup de ses collègues, profitait de sa
situation pour faire de l'usure : pour
ce trafic, M. Rafle, nom significatif, lui
prête ses bons offices.

2. *Un billet de neuf*, c'est-à-dire un
billet par lequel il s'engage à payer
des intérêts à 9 0/0.

M. TURCARET.

Peine perdue que ce travail-là !... Laissons-les venir.
Je ne prends pas facilement l'épouvante.

M. RAFLE, *après avoir regardé de nouveau
dans le bordereau.*

Ce caissier que vous avez cautionné, et qui vient de
faire banqueroute de deux cent mille écus.....

M. TURCARET, *l'interrompant.*

C'est par mon ordre qu'il..... Je sais où il est.

M. RAFLE.

Mais les procédures se font contre vous. L'affaire est
sérieuse et pressante !

M. TURCARET.

On l'accommodera. J'ai pris mes mesures : cela sera
réglé demain.

M. RAFLE.

J'ai peur que ce ne soit trop tard.

M. TURCARET.

Vous êtes trop timide !.... Avez-vous passé chez ce
jeune homme de la rue Quinquempoix, à qui j'ai fait avoir
une caisse ?

M. RAFLE.

Oui, Monsieur. Il veut bien vous prêter vingt mille
francs, des premiers deniers qu'il touchera, à condition
qu'il fera valoir à son profit ce qui pourra lui rester à la
compagnie [1], et que vous prendrez son parti si l'on vient
à s'apercevoir de la manœuvre.

M. TURCARET.

Cela est dans les règles ; il n'y a rien de plus juste.
Voilà un garçon raisonnable. Vous lui direz, monsieur
Rafle, que je le protégerai dans toutes ses affaires... Y
a-t-il encore quelque chose ?

---

1. La compagnie des traitants.

**M. RAFLE**, *après avoir encore regardé dans le bordereau.*

Ce grand homme sec, qui vous donna, il y a deux mois, deux mille francs pour une Direction [1] que vous lui avez fait avoir à Valognes...

**M. TURCARET.**

Hé bien?

**M. RAFLE.**

Il lui est arrivé un malheur.

**M. TURCARET.**

Quoi?

**M. RAFLE.**

On a surpris sa bonne foi; on lui a volé quinze mille francs... Dans le fond, il est trop bon.

**M. TURCARET.**

Trop bon! trop bon! Hé pourquoi diable s'est-il donc mis dans les affaires? Trop bon! trop bon!

**M. RAFLE.**

Il m'a écrit une lettre fort touchante par laquelle il vous prie d'avoir pitié de lui...

**M. TURCARET.**

Papier perdu! lettre inutile!

**M. RAFLE.**

Et de faire en sorte qu'il ne soit point révoqué.

**M. TURCARET.**

Je ferai plutôt en sorte qu'il le soit : l'emploi me reviendra; je le donnerai à un autre, pour le même prix.

**M. RAFLE.**

C'est ce que j'ai pensé comme vous.

**M. TURCARET.**

J'agirois contre mes intérêts? Je mériterois d'être cassé à la tête de la compagnie!

(*Turcaret*, III, 9).

1. Une charge de directeur de la ferme des impôts.

## LE SALON DE LA MARQUISE DE CHAVES

### (1715)

Sa maison étoit appelée par excellence, dans la ville,
le bureau des ouvrages d'esprit [1].

Effectivement, on y lisoit chaque jour, tantôt des
poèmes dramatiques, et tantôt d'autres poésies. Mais on
n'y faisoit guère que des lectures sérieuses; les pièces
comiques y étoient méprisées. On n'y regardoit la meilleure comédie, ou le roman le plus ingénieux et le plus
égayé, que comme une foible production qui ne méritoit
aucune louange; au lieu que le moindre ouvrage sérieux,
une ode, une églogue, un sonnet, y passoit pour le plus
grand effort de l'esprit humain. Il arrivoit souvent que
le public ne confirmoit pas les jugements du bureau, et
que même il siffloit quelquefois impoliment les pièces
qu'on y avoit fort applaudies.

J'étois maître de salle dans cette maison, c'est-à-dire
que mon emploi consistoit à tout préparer dans l'appar-
tement de ma maîtresse pour recevoir la compagnie, à
ranger des chaises pour les hommes et des carreaux pour
les femmes : après quoi je me tenois à la porte de la
chambre pour annoncer et introduire les personnes qui
arrivoient. Le premier jour, à mesure que je les faisois
entrer, le gouverneur des pages, qui par hasard étoit
alors dans l'antichambre avec moi, me les dépeignoit
agréablement. Il se nommoit André Molina. Il étoit naturellement froid et railleur et ne manquoit pas d'esprit.
D'abord un évêque se présenta. Je l'annonçai; et, quand
il fut entré, le gouverneur me dit : « Ce prélat est d'un
caractère assez plaisant. Il a quelque crédit à la cour;

---

1. C'est le salon de la marquise de
Lambert que Le Sage a satirisé dans ce
passage. Mme de Lambert (1647-1733)
fut une femme de grand mérite, mais
qui comptait parmi les personnes de
son cercle quelques hommes de lettres
alors fort discutés, tels que Fontenelle
et Lamotte-Houdar. — L'expression
*bureau d'esprit* a commencé à être en
faveur à la fin du XVIIᵉ siècle; Boileau
l'emploie dans sa satire X :
Là du faux bel-esprit se tiennent les bureaux.

mais il voudroit bien persuader qu'il en a beaucoup. Il fait des offres de service à tout le monde et ne sert personne. Un jour il rencontre chez le roi un cavalier qui le salue; il l'arrête, l'accable de civilités, et lui serrant la main : Je suis, lui dit-il, tout acquis à votre seigneurie. Mettez-moi, de grâce, à l'épreuve; je ne mourrai point content si je ne trouve une occasion de vous obliger. — Le cavalier le remercia d'une manière pleine de reconnoissance; et, quand ils furent tous deux séparés, le prélat dit à un de ses officiers qui le suivoit : « Je crois connoître cet homme-là; j'ai une idée confuse de l'avoir vu quelque part. »

Un moment après l'évêque, le fils d'un grand parut; et lorsque je l'eus introduit dans la chambre de ma maîtresse : « Ce seigneur, me dit Molina, est encore un original. Imaginez-vous qu'il entre souvent dans une maison pour traiter d'une affaire importante avec le maître du logis qu'il quitte sans se souvenir de lui en parler. — Mais, ajouta le gouverneur en voyant arriver deux femmes, voici dona Angela de Pennafiel et dona Margarita de Montalvan. Ce sont deux dames qui ne se ressemblent nullement. Dona Margarita se pique d'être philosophe; elle va tenir tête aux plus profonds docteurs de Salamanque, et jamais ses raisonnements ne céderont à leurs raisons. Pour dona Angela, elle ne fait point la savante, quoiqu'elle ait l'esprit cultivé! Ses discours ont de la justesse, ses pensées sont fines, ses expressions délicates, nobles et naturelles. — Ce dernier caractère est aimable, dis-je à Molina; mais l'autre ne convient guère, ce me semble, au beau sexe. — Pas trop, répondit-il en souriant; il y a même bien des hommes qu'il rend ridicules. Madame la marquise notre maîtresse, continua-t-il, est aussi un peu grippée de philosophie. Qu'on va disputer ici aujourd'hui! Dieu veuille que la religion ne soit pas intéressée dans la dispute! »

Comme il achevoit ces mots, nous vîmes entrer un homme sec, qui avoit l'air grave et renfrogné. Mon gou-

verneur ne l'épargna point. « Celui-ci, me dit-il, est un
de ces grands esprits sérieux qui veulent passer pour
de grands génies à la faveur de leur silence ou de quelques sentences tirées de Sénèque, et qui ne sont que de
sots personnages à les examiner fort sérieusement ». Il
vint ensuite un cavalier d'assez belle taille, qui avoit la
mine grecque, c'est à dire le maintien plein de suffi-
sance. Je demandai qui c'étoit. « C'est un poète dramatique, me dit Molina. Il a fait cent mille vers en sa vie,
qui ne lui ont pas rapporté quatre sous..... »

(*Gil Blas*, IV, 8).

# SAINT-SIMON
## (Louis de Rouvroy duc de)

[Paris, 1675; † 1755, Paris.]

Fils d'un ancien favori de Louis XIII, il fut tenu sur les fonts baptismaux par Louis XIV et Marie-Thérèse. A seize ans, il entra aux Mousquetaires gris, parut avec éclat au siège de Namur, 1692, succéda à son père dans ses gouvernements de Blaye et de Senlis, se distingua à la bataille de Nerwinde, et, en 1702, se retira du service à l'occasion d'un passe-droit qui lui fut fait. En 1699, il épousa la fille du maréchal de Lorges, petite-nièce du maréchal de Turenne, et il se montra dès lors très infatué de son titre de *duc et pair*. Tant que vécut Louis XIV, il se tint à l'écart dans une attitude boudeuse; quand vint la Régence, il joua un rôle de premier plan grâce aux relations amicales qu'il avait nouées dès longtemps avec Philippe d'Orléans. Dans les premières mesures de la Régence, il eut une influence très réelle et très active. Mais son austérité gênait, et, après une ambassade honorifique en Espagne dont il fut chargé en 1721, il comprit qu'il lui fallait entrer dans la retraite et il n'en sortit plus jusqu'à l'heure de sa mort, survenue en 1755.

Saint-Simon n'a pas laissé d'autre œuvre que ses *Mémoires*. Il avait commencé à les écrire dès 1694, avec la volonté qu'ils ne fussent publiés que longtemps après lui. Et en effet ce n'est qu'en 1788 qu'en parut un premier abrégé, en 3 volumes, et la première édition complète ne fut donnée qu'en 1829-1831 par le duc de Saint-Simon, descendant de l'auteur. Nous avons suivi le texte de l'édition Chéruel (Paris, 1856, 20 vol. in-8).

## LES SOURCES DE L'INFORMATION
## DE SAINT-SIMON

Entièrement uni aux ducs de Beauvilliers [1] et de Chevreuse [2] et à presque toute leur famille, lié entière-

---

1. Le duc de Beauvilliers (1648-1714) fut gouverneur du duc de Bourgogne.
2. Le duc de Chevreuse, mort en 1712, très lié avec Fénelon, se tint à l'écart des affaires publiques, mais eut une grande influence sur le Dauphin et le duc de Bourgogne.

ment avec Chamillart [1] jusque dans sa plus profonde disgrâce, fort bien avec les Jésuites et avec Mgr le duc de
Bourgogne, bien aussi, quoique de loin et par les deux
ducs [2], avec M. de Cambrai sans connaissance immé-
diate, mon cœur était à cette cabale, qui pouvait compter
Mgr le duc de Bourgogne à elle envers et contre tous.

D'autre part, dépositaire de la plus entière confiance
domestique et publique du chancelier et de toute sa
famille, en continuelle liaison avec le duc et la duchesse
de Villeroy [3], et par eux avec le duc de la Rocheguyon,
qui n'était qu'un avec eux, en confiance aussi avec le premier écuyer, avec du Mont, avec Bignon (lui et sa femme
dans toute celle de Mlle Choin [4], et ces derniers de la
cabale de Meudon [5]), je ne pouvais désirer qu'aucune des
deux autres succombât, d'autant plus que les ménagements constants d'Harcourt [6] pour moi étaient tels qu'ils
m'ôtaient tout lieu de le craindre et me donnaient tout
celui d'entrer plus avant avec lui toutes les fois que je
l'aurais voulu.

Je n'oserais dire que l'estime de tous ces principaux
personnages, jointe à l'amitié que plusieurs d'eux avaient
pour moi, leur donnait, d'Harcourt excepté, une liberté,
une aisance, une confiance entière à me parler de ce qui
se passait de plus secret et de plus important, non quelquefois sans qu'il leur échappât quelque chose sur ceux
de mes amis qui leur étaient opposés. J'en savais beaucoup plus par le chancelier et par le maréchal de Boufflers que par les ducs de Chevreuse et de Beauvilliers.

A ces connaissances sérieuses, j'ajoutais celle d'un

---

1. Ministre de Louis XIV, né en
1652, mort en 1721, homme estimable,
mais de capacité très médiocre.

2. Les ducs de Beauvilliers et de
Chevreuse.

3. *Villeroy* (François de Neufville,
duc de) né en 1643, mort en 1730, fut
élevé avec Louis XIV, qui le combla
de faveurs, ne lui tint pas rigueur de
sa défaite retentissante à Crémone

(1702) et, par son testament, le nomma
gouverneur de Louis XV.

4. Emilie Joly de Chouin, morte
en 1744, joua près du Dauphin le
même rôle que Mme de Maintenon
près de Louis XIV. Le Dauphin l'avait
épousée secrètement.

5. Meudon était la résidence du
Dauphin.

6. D'Harcourt fut nommé maréchal
de France en 1703.

intérieur intime de cour par les femmes les plus instruites
et les plus admises en tout avec Mme la duchesse de
Bourgogne, qui vieilles et jeunes en divers genres,
voyaient beaucoup de choses par elles-mêmes et savaient
tout de la princesse, de sorte que jour à jour j'étais
informé du fond de cette curieuse sphère, et fort souvent
par les mêmes voies, de beaucoup de choses secrètes du
sanctuaire de Mme de Maintenon.

La bourre [1] même en était amusante, et parmi cette
bourre rarement n'y avait pas quelque chose d'important
et toujours d'instructif pour quelqu'un fort au fait de
toutes choses. J'y étais mis encore quelquefois d'un autre
intérieur, non moins sanctuaire [2], par des valets très
principaux, et qui, à toute heure, dans les cabinets du
roi, n'y avaient pas les yeux ni les oreilles fermées.

Je me suis donc toujours trouvé instruit journellement de toutes choses par des canaux purs, directs et
certains, et de toutes choses grandes et petites. Ma
curiosité, indépendamment d'autres raisons, y trouvait
fort son compte.

(VII, 297.)

---

## LES MÉMOIRES DE DANGEAU

Dès les commencements qu'il vint à la cour Dangeau [3]
se mit à écrire tous les soirs les nouvelles de la journée;
et il a été fidèle à ce travail jusqu'à sa mort. Il le fut
aussi à les écrire comme une gazette, sans aucun raisonnement, en sorte qu'on n'y voyait que les événements
avec une date exacte, sans un mot de leur cause, encore

---

1. C'est-à-dire, les commérages, le
fatras...
2. C'est-à-dire où les profanes ne
pénètrent pas.
3. *Dangeau* (Philippe de *Courcillon*,
marquis de), né en 1638, mort en 1720,
homme assez médiocre, mais bon cour-

tisan, jouit constamment de la faveur
de Louis XIV. Il a laissé un *Journal de
la Cour* (1685-1715), qui ne prouve
guère la portée de son esprit, mais
qui contient des informations intéres-
santes pour l'historien des mœurs.

moins d'aucune intrigue, ni d'aucune sorte de mouvement de cour, ni d'entre les particuliers.

La bassesse d'un humble courtisan, le culte du
maître ou de tout ce qui est ou sent la faveur, la prodi-
galité des plus fades et des plus misérables louanges,
l'encens éternel et suffocant jusque [1] des actions du roi
les plus indifférentes, la terreur et la faveur suprême qui
ne l'abandonnent nulle part pour ne blesser personne,
excuser tout.... Tout ce que le roi a fait chaque jour,
même de plus indifférent, et souvent les premiers princes
et les ministres les plus accrédités, quelquefois d'autres
sortes de personnages, s'y trouvent [2] avec sécheresse
pour les faits, mais tant qu'il se peut avec les plus serviles
louanges, et pour des choses que nul autre que lui ne
s'aviserait de louer.

Il est difficile de comprendre comment un homme a
pu avoir la patience et la persévérance d'écrire un pareil
ouvrage tous les jours pendant plus de cinquante ans, si
maigre, si sec, si contraint, si précautionné, si littéral à
n'écrire que des œuvres de la plus repoussante aridité
Mais il faut dire aussi qu'il eût été difficile à Dangeau
d'écrire de vrais mémoires, qui demandent qu'on soit au
fait de l'intérieur et des diverses machines d'une cour.
Quoiqu'il n'en sortît presque jamais, et encore pour des
moments, quoiqu'il y fût avec distinction et dans les
bonnes compagnies, quoiqu'il y fût aimé, et même estimé
du côté de l'honneur et du secret [3], il est pourtant vrai
qu'il ne fut jamais au fait d'aucune chose ni initié dans
quoi que ce fût. Sa vie frivole et d'écorce était telle que
ses mémoires; il ne sentait rien au delà de ce que tout le
monde voyait; il se contentait aussi d'être des festins et
des fêtes; sa vanité a grand soin de l'y montrer dans ses
Mémoires; mais il ne fût jamais de rien de particulier.
Ce n'est pas qu'il ne fût instruit quelquefois de ce qui

---

1. Même...
2. Le style de Saint-Simon, très
expressif et très clair, n'a cure de la
régularité.

3. Quoiqu'il fût estimé pour sa dis-
crétion.

pouvait regarder ses amis par ceux mêmes qui, étant
quelques-uns des gens considérables, pouvaient lui
donner quelques connaissances relatives ; mais cela était
rare et court. Ceux qui étaient de ses amis de ce genre
en très petit nombre, connaissaient trop la légèreté de
son étoffe pour perdre leur temps avec lui.

(XVIII, 61.)

## DE L'IMPARTIALITÉ EN HISTOIRE

Reste à toucher l'impartialité, ce point si essentiel et
tenu pour si difficile, je ne crains point de le dire, impossible à qui écrit ce qu'il a vu et manié. On est charmé
des gens droits et vrais ; on est irrité contre les fripons
dont les cours fourmillent ; on l'est encore plus contre
ceux dont on a reçu du mal. Le stoïque est une belle et
noble chimère. Je ne me pique donc pas d'impartialité ;
je le ferais vainement. On trouvera trop, dans ces
Mémoires, que la louange et le blâme coulent de source
à l'égard de ceux dont je suis affecté, et que l'un et l'autre
est plus froid sur ceux qui me sont plus indifférents ; mais
néanmoins vif toujours pour la vertu et contre les
malhonnêtes gens, selon leur degré de vice ou de vertu.

Toutefois je me rendrai encore ce témoignage, et je
me flatte que le tissu de ces Mémoires ne me le rendra
pas moins, que j'ai été infiniment en garde contre mes
affections et mes aversions, et encore plus contre celles-
ci, pour ne parler des uns et des autres que la balance à
la main, non seulement ne rien outrer, mais ne rien
grossir, ni oublier, me défier de moi comme d'un ennemi,
rendre une exacte justice, et faire surnager à tout la vérité
la plus pure. C'est en cette matière que je puis assurer
que j'ai été entièrement impartial, et je crois qu'il n'y a
point d'autre manière de l'être.

(XX, 90.)

## SAINT-SIMON JUGE SON STYLE

Dirai-je enfin un mot du style, de sa négligence, de répétitions trop prochaines des mêmes mots, quelquefois de synonymes trop multipliés, surtout de l'obscurité qui naît souvent de la longueur des phrases, peut-être de quelques répétitions? J'ai senti ces défauts; je n'ai pu les éviter, emporté toujours par la matière, et peu attentif à la manière de la rendre, sinon pour la bien expliquer Je ne fus jamais un sujet académique; je n'ai pu me défaire d'écrire rapidement. De rendre mon style plus correct et plus agréable en le corrigeant, ce serait refondre tout l'ouvrage, et ce travail passerait mes forces; il courrait risque d'être ingrat. Pour bien corriger ce que l'on a écrit, il faut savoir bien écrire; on verra aisément ici que je n'ai pas dû m'en piquer. Je n'ai songé qu'à l'exactitude et la vérité. J'ose dire que l'une et l'autre se trouvent étroitement dans mes Mémoires, qu'elles en sont la loi et l'âme, et que le style mérite en leur faveur une bénigne indulgence. Il en a d'autant plus besoin que je ne puis le promettre meilleur pour la suite que je me propose.

(XX, 94.)

———

# CHARLES DE SECONDAT

## Baron de la Brède et de Montesquieu

[Château de la Brède, près Bordeaux, 1689; † 1755, Paris.]

---

Par sa naissance, Montesquieu appartenait à la noblesse de robe, et, après avoir étudié chez les oratoriens de Juilly, il se destina à la magistrature. Il entra au Parlement de Bordeaux en 1714 et, en 1716, y succéda à un de ses oncles dans la charge de Président à mortier. Il emploie alors les loisirs que lui laisse sa charge à l'étude des sciences physiques et compose pour l'Académie de Bordeaux ses *Discours sur la cause de l'écho* et *sur l'usage des glandes rénales*, 1718. Vers le même temps il écrivait ses *Lettres persanes* et les publiait en 1721. Le succès de cet ouvrage le décida à se livrer tout entier aux lettres. En 1726 il se démet de sa charge et est élu membre de l'Académie française en 1728. Cette élection ne se fit pas sans quelques tracasseries qui engagèrent peut-être Montesquieu à entreprendre une série de voyages. Il put connaître ainsi presque toute l'Europe civilisée et, à son retour, riche d'observations et de matériaux, se fixa à son château de la Brède pour y travailler en paix aux ouvrages qu'il méditait. Les *Considérations sur les causes de la grandeur et de la décadence des Romains* parurent en 1734; mais ce n'était que comme un morceau détaché d'un vaste ensemble. Quatorze ans plus tard Montesquieu donnait l'*Esprit des lois*, 1748, ouvrage qu'il préparait depuis plus de vingt ans. Bien qu'il ait provoqué des critiques très vives, ce livre mit le comble à sa réputation tant en France qu'à l'étranger. Cependant le travail avait affaibli sa vue, et ses dernières années se passèrent en grande partie à son château de la Brède, où il s'occupait surtout à améliorer ses terres.

Ajoutons aux œuvres que nous avons citées : le *Dialogue de Sylla et d'Eucrate*, 1735; *Lysimaque*, 1751-1754; l'*Essai sur le goût*, paru après la mort de Montesquieu, en 1757.

---

## USBEK A RHEDI

(1721)

...... Tu ne le croirois pas peut-être : nous sommes reçus agréablement dans toutes les compagnies et dans toutes les sociétés...... Notre air étranger n'offense plus personne; nous jouissons même de la surprise où l'on est de nous trouver quelque politesse; car les François n'imaginent pas que notre climat produise des hommes. Cependant, il faut l'avouer, ils valent la peine qu'on les détrompe.

J'ai passé quelques jours dans une maison de campagne auprès de Paris, chez un homme de considération, qui est ravi d'avoir de la compagnie chez lui. Il a une femme fort aimable, et qui joint à une grande modestie une gaîté que la vie retirée ôte toujours à nos dames de Perse.

Etranger que j'étois, je n'avois rien de mieux à faire que d'étudier cette foule de gens qui y abordoient sans cesse, et qui me présentoient toujours quelque chose de nouveau. Je remarquai d'abord un homme dont la simplicité me plut; je m'attachai à lui, il s'attacha à moi; de sorte que nous nous trouvions toujours l'un auprès de l'autre.

Un jour que, dans un grand cercle, nous nous entretenions en particulier, laissant les conversations générales à elles-mêmes : Vous trouverez peut-être en moi, lui dis-je, plus de curiosité que de politesse; mais je vous supplie d'agréer que je vous fasse quelques questions; car je m'ennuie de n'être au fait de rien, et de vivre avec des gens que je ne saurois démêler. Mon esprit travaille depuis deux jours : il n'y a pas un seul de ces hommes qui ne m'ait donné deux cents fois la torture; et je ne les devinerois de mille ans : ils me sont plus invisibles que les femmes de notre grand monarque. — Vous n'avez qu'à dire, me répondit-il, et je vous instruirai de tout ce que vous souhaiterez; d'autant mieux que je vous crois

homme discret, et que vous n'abuserez pas de ma
confiance.

Qui est cet homme, lui dis-je, qui nous a tant parlé des
repas qu'il a donnés aux grands, qui est si familier avec
vos ducs, et qui parle si souvent à vos ministres, qu'on
me dit être d'un accès si difficile? Il faut bien que ce
soit un homme de qualité : mais il a la physionomie si
basse, qu'il ne fait guère honneur aux gens de qualité;
et d'ailleurs je ne lui trouve point d'éducation. Je suis
étranger, mais il me semble qu'il y a, en général, une
certaine politesse commune à toutes les nations; je ne
lui trouve point de celle-là : est-ce que vos gens de qualité sont plus mal élevés que les autres? — Cet homme,
me répondit-il en riant, est un fermier [1] : il est autant
au-dessus des autres par ses richesses, qu'il est au-dessous de tout le monde par sa naissance : il auroit la meilleure table de Paris, s'il pouvoit se résoudre à ne manger
jamais chez lui. Il est bien impertinent, comme vous
voyez; mais il excelle par son cuisinier : aussi n'en est-
il pas ingrat; car vous avez entendu qu'il l'a loué tout
aujourd'hui.

Et ce gros homme vêtu de noir, lui dis-je, que cette
dame a fait placer auprès d'elle, comment a-t-il un habit
si lugubre, avec un air si gai et un teint si fleuri? il
sourit gracieusement dès qu'on lui parle; sa parure est
plus modeste, mais plus arrangée que celle de vos
femmes. — C'est, me répondit-il, un prédicateur, et, qui
pis est, un directeur..... — Il me semble, dis-je, qu'on
le distingue beaucoup et qu'on a de grands égards pour
lui. — Comment! si on le distingue! C'est un homme nécessaire; il fait la douceur de la vie retirée; il dissipe un
mal de tête mieux qu'homme du monde; il est excellent.

Mais, si je ne vous importune pas, dites-moi qui est
celui qui est vis-à-vis de nous, qui est si mal habillé, qui
fait quelquefois des grimaces, et a un langage différent

1. Un fermier-général.

des autres; qui n'a pas d'esprit pour parler, mais qui parle pour avoir de l'esprit. — C'est, me répondit-il, un poëte, et le grotesque du genre humain. Ces gens-là disent qu'ils sont nés ce qu'ils sont; cela est vrai; et aussi ce qu'ils seront toute leur vie, c'est-à-dire presque toujours les plus ridicules de tous les hommes : aussi ne les épargne-t-on point; on verse sur eux le mépris à pleines mains. La famine a fait entrer celui-ci dans cette maison, et il y est bien reçu du maître et de la maîtresse, dont la bonté et la politesse ne se démentent à l'égard de personne. Il fit leur épithalame lorsqu'ils se marièrent; c'est ce qu'il a fait de mieux en sa vie; car il s'est trouvé que le mariage a été aussi heureux qu'il l'a prédit....

Et ce vieux homme, lui dis-je tout bas, qui a l'air si chagrin? Je l'ai pris d'abord pour un étranger; car, outre qu'il est habillé autrement que les autres, il censure tout ce qui se fait en France et n'approuve pas votre gouvernement. — C'est un vieux guerrier, me dit-il, qui se rend mémorable à tous ses auditeurs par la longueur de ses exploits. Il ne peut souffrir que la France ait gagné des batailles où il ne se soit pas trouvé, ou qu'on vante un siège où il n'ait pas monté à la tranchée; il se croit si nécessaire à notre histoire, qu'il s'imagine qu'elle finit où il a fini; il regarde quelques blessures qu'il a reçues comme la dissolution de la monarchie; et, à la différence de ces philosophes qui disent qu'on ne jouit que du présent, et que le passé n'est rien, il ne jouit au contraire que du passé, et n'existe que dans les campagnes qu'il a faites; il respire dans les temps qui se sont écoulés, comme les héros doivent vivre dans ceux qui passeront après eux. — Mais pourquoi, dis-je, a-t-il quitté le service? — Il ne l'a point quitté, me répondit-il, mais le service l'a quitté : on l'a employé dans une petite place, où il racontera ses aventures le reste de ses jours; mais il n'ira jamais plus loin, le chemin des honneurs lui est fermé. — Et pourquoi? lui dis-je. — Nous avons une maxime en France, me répondit-il : c'est de

n'élever jamais les officiers dont la patience a langui dans
les emplois subalternes : nous les regardons comme des
gens dont l'esprit s'est rétréci dans les détails, et qui, par
l'habitude des petites choses, sont devenus incapables
de plus grandes. Nous croyons qu'un homme qui n'a pas
les qualités d'un général à trente ans, ne les aura jamais ;
que celui qui n'a pas ce coup d'œil qui montre tout d'un
coup un terrain de plusieurs lieues dans toutes ses situations différentes, cette présence d'esprit qui fait que,
dans une victoire, on se sert de tous ses avantages, et,
dans un échec, de toutes ses ressources, n'acquerra
jamais ces talents : c'est pour cela que nous avons des
emplois brillants pour ces hommes grands et sublimes
que le ciel a partagés non seulement d'un cœur, mais
aussi d'un génie héroïque, et des emplois subalternes
pour ceux dont les talents le sont aussi...

(Lettres persanes, XLVIII.)

---

## DES LOIS, DANS LE RAPPORT
## QU'ELLES ONT AVEC LES DIVERS ÊTRES
### (1748)

Les lois, dans la signification la plus étendue, sont les
rapports nécessaires qui dérivent de la nature des
choses : et dans ce sens tous les êtres ont leurs lois ; la
Divinité a ses lois ; le monde matériel a ses lois ; les
intelligences supérieures à l'homme ont leurs lois ; les
bêtes ont leurs lois ; l'homme a ses lois.

Ceux qui ont dit qu'une fatalité aveugle a produit tous
les effets que nous voyons dans le monde, ont dit une
grande absurdité : car quelle plus grande absurdité
qu'une fatalité aveugle, qui auroit produit des êtres intelligents ?

Il y a donc une raison primitive ; et les lois sont les

rapports qui se trouvent entre elle et les différents êtres, et les rapports de ces divers êtres entre eux.

Dieu a du rapport avec l'univers comme créateur et comme conservateur; les lois selon lesquelles il a créé sont celles selon lesquelles il conserve. Il agit selon ces règles, parce qu'il les connoît; il les connoît, parce qu'il les a faites; il les a faites, parce qu'elles ont du rapport avec sa sagesse et sa puissance.

Comme nous voyons que le monde, formé par le mouvement de la matière et privé d'intelligence, subsiste toujours, il faut que ses mouvements aient des lois invariables; et si l'on pouvoit imaginer un autre monde que celui-ci, il auroit des règles constantes, ou il seroit détruit.

Ainsi la création, qui paroît être un acte arbitraire, suppose des règles aussi invariables que la fatalité des athées. Il seroit absurde de dire que le Créateur, sans ces règles, pourroit gouverner le monde, puisque le monde ne subsisteroit pas sans elles.

Ces règles sont un rapport constamment établi. Entre un corps mû et un autre corps mû, c'est suivant les rapports de la masse et de la vitesse que tous les mouvements sont reçus, augmentés, diminués, perdus; chaque diversité est *uniformité*, chaque changement est *constance*.

Les êtres particuliers intelligents peuvent avoir des lois qu'ils ont faites; mais ils en ont aussi qu'ils n'ont pas faites. Avant qu'il y eût des êtres intelligents, ils étoient possibles; ils avoient donc des rapports possibles, et par conséquent des lois possibles. Avant qu'il y eût des lois faites, il y avoit des rapports de justice possibles. Dire qu'il n'y a rien de juste ni d'injuste que ce qu'ordonnent ou défendent les lois positives, c'est dire qu'avant qu'on eût tracé le cercle, tous les rayons n'étoient pas égaux.

Il faut donc avouer des rapports d'équité antérieurs à la loi positive qui les établit, comme, par exemple, que, supposé qu'il y eût des sociétés d'hommes, il seroit juste

de se conformer à leurs lois; que, s'il y avoit des êtres
intelligents qui eussent reçu quelque bienfait d'un autre
être, ils devroient en avoir de la reconnoissance; que,
si un être intelligent avoit créé un être intelligent, le créé
devroit rester dans la dépendance qu'il a eue dès son
origine; qu'un être intelligent, qui a fait du mal à un
être intelligent, mérite de recevoir le même mal; et
ainsi du reste.

Mais il s'en faut bien que le monde intelligent soit
aussi bien gouverné que le monde physique; car,
quoique celui-là ait aussi des lois qui, par leur nature
sont invariables, il ne les suit pas constamment comme
le monde physique suit les siennes. La raison en est que
les êtres particuliers intelligents sont bornés par leur
nature, et par conséquent sujets à l'erreur; et d'un autre
côté, il est de leur nature qu'ils agissent par eux-mêmes.
Ils ne suivent donc pas constamment leurs lois primitives; et celles mêmes qu'ils se donnent, ils ne les suivent pas toujours.

On ne sait si les bêtes sont gouvernées par les lois
générales du mouvement, ou par une notion particulière.
Quoi qu'il en soit, elles n'ont point avec Dieu de rapport plus intime que le reste du monde matériel; et le
sentiment ne leur sert que dans le rapport qu'elles ont
entre elles, ou avec d'autres êtres particuliers ou avec
elles-mêmes.

Par l'attrait du plaisir elles conservent leur être particulier, et par le même attrait elles conservent leur
espèce. Elles ont des lois naturelles, parce qu'elles sont
unies par le sentiment; elles n'ont point de lois positives,
parce qu'elles ne sont point unies par la connoissance.
Elles ne suivent pourtant pas invariablement leurs lois
naturelles; les plantes, en qui nous ne remarquons ni
connoissance ni sentiment, les suivent mieux.

Les bêtes n'ont point les suprêmes avantages que nous
avons; elles en ont que nous n'avons pas. Elles n'ont
point nos espérances, mais elles n'ont pas nos craintes;

elles subissent comme nous la mort, mais c'est sans la
connoître : la plupart même se conservent mieux que
nous, et ne font pas un aussi mauvais usage de leurs
passions.

L'homme, comme être physique, est, ainsi que les
autres corps, gouverné par des lois invariables; comme
être intelligent, il viole sans cesse les lois que Dieu a
établies, et change celles qu'il établit lui-même. Il faut
qu'il se conduise; et cependant il est un être borné, il est
sujet à l'ignorance et à l'erreur, comme toutes les intelligences finies; les foibles connoissances qu'il a, il les
perd encore. Comme créature sensible, il devient sujet
à mille passions. Un tel être pouvoit à tous les instants
oublier son créateur; Dieu l'a rappelé à lui par les lois
de la religion : un tel être pouvoit à tous les instants
s'oublier lui-même; les philosophes l'ont averti par les
lois de la morale : fait pour vivre dans la société, il y
pouvoit oublier les autres; les législateurs l'ont rendu
à ses devoirs par les lois politiques et civiles.

(*De l'esprit des lois*, i, 1.)

---

## QUELQUES TRAITS DU PORTRAIT DE
## MONTESQUIEU PAR LUI-MÊME.

Ma machine est si heureusement construite, que je
suis frappé par tous les objets assez vivement pour
qu'ils puissent me donner du plaisir, pas assez pour
qu'ils puissent me causer de la peine.

J'ai l'ambition qu'il faut pour me faire prendre part
aux choses de cette vie; je n'ai point celle qui pourroit
me faire trouver du dégoût dans le poste où la nature
m'a mis...

L'étude a été pour moi le souverain remède contre les
dégoûts de la vie, n'ayant jamais eu de chagrin qu'une
heure de lecture n'ait dissipé.

Je m'éveille le matin avec une joie secrète de voir la lumière; je vois la lumière avec une espèce de ravissement; et tout le reste du jour je suis content. Je passe la nuit sans m'éveiller, et le soir, quand je vais au lit, une espèce d'engourdissement m'empêche de faire des réflexions...

J'ai eu naturellement de l'amour pour le bien et l'honneur de ma patrie, et peu pour ce qu'on appelle la gloire; j'ai toujours senti une joie secrète lorsqu'on a fait quelque règlement qui alloit au bien commun...

Je n'ai pas été fâché de passer pour distrait; cela m'a fait hasarder bien des négligences qui m'auroient embarrassé. J'aime les maisons où je puis me tirer d'affaire avec mon esprit de tous les jours...

Quand je me fie à quelqu'un, je le fais sans réserve; mais je me fie à très peu de personnes.

Ce qui m'a toujours donné une assez mauvaise opinion de moi, c'est qu'il y a fort peu d'états dans la république auxquels j'eusse été véritablement propre. Quant à mon métier de président, j'ai le cœur très droit; je comprenois assez les questions en elles-mêmes; mais quant à la procédure, je n'y entendois rien. Je m'y suis pourtant appliqué, mais ce qui m'en dégoûtoit le plus, c'est que je voyois à des bêtes le même talent qui me fuyoit, pour ainsi dire...

Je n'ai jamais vu couler de larmes sans en être attendri.

Je suis amoureux de l'amitié.

Je pardonne aisément par la raison que je ne suis pas haineux. Il me semble que la haine est douloureuse. Lorsque quelqu'un a voulu se réconcilier avec moi, j'ai senti ma vanité flattée, et j'ai cessé de regarder comme ennemi un homme qui me rendoit le service de me donner bonne opinion de moi...

Quand j'ai été dans le monde, je l'ai aimé comme si je ne pouvois souffrir la retraite; quand j'ai été dans mes terres, je n'ai plus songé au monde...

Je suis, je crois, le seul homme qui ait mis des livres
au jour sans être touché de la réputation de bel esprit.
Ceux qui m'ont connu savent que, dans mes conversations, je ne cherchois pas trop à le paroître, et que
j'avois assez le talent de prendre la langue de ceux avec
qui je vivois...

Je n'ai pas laissé, je crois, d'augmenter mon bien; j'ai
fait de grandes améliorations à mes terres : mais je sen-
tois que c'étoit plutôt pour une certaines idée d'habileté
que cela me donnoit, que pour l'idée de devenir plus
riche...

Je ne sache pas encore avoir dépensé quatre louis par
air, ni fait une visite par intérêt. Dans ce que j'entreprenois, je n'employois que la prudence commune, et
j'agissois moins pour ne pas manquer les affaires que
pour ne pas manquer aux affaires...

J'ai la maladie de faire des livres et d'en être honteux
quand je les ai faits.

Je n'ai pas aimé à faire ma fortune par le moyen de la
cour; j'ai songé à la faire en faisant valoir mes terres, et
à tenir toute ma fortune immédiatement de la main des
Dieux. N... qui avoit de certaines fins, me fit entendre
qu'on me donneroit une pension; je dis que, n'ayant
point fait de bassesses, je n'avois pas besoin d'être con-
solé par des grâces.

Je suis un bon citoyen, mais dans quelque pays que je
fusse né, je l'aurois été tout de même. Je suis un bon
citoyen parce que j'ai toujours été content de l'état où je
suis, que j'ai toujours approuvé ma fortune, que je n'ai
jamais rougi d'elle, ni envié celle des autres. Je suis un
bon citoyen, parce que j'aime le gouvernement où je suis
né, sans le craindre, et que je n'en attends d'autre faveur
que ce bien inestimable que je partage avec tous mes
compatriotes; et je rends grâces au ciel de ce qu'ayant
mis en moi de la médiocrité en tout, il a bien voulu
mettre un peu de modération dans mon âme...

Si je savois quelque chose qui me fût utile et qui fût

préjudiciable à ma famille, je le rejetterois de mon esprit. Si je savois quelque chose qui fût utile à ma famille, et qui ne le fût pas à ma patrie, je chercherois à l'oublier. Si je savois quelque chose utile à ma patrie, et qui fût préjudiciable à l'Europe et au genre humain, je le regarderois comme un crime.

# PIERRE CARLET
# DE CHAMBLAIN DE MARIVAUX

[Paris, 1688 ; † 1763, Paris.]

Marivaux sortait d'une bonne famille de robe; son origine lui facilita l'accès du salon de M^me de Lambert, où il connut ses premiers protecteurs ou patrons littéraires : Fontenelle et Lamotte. Il fut aussi le familier de la maison de M^me de Tencin et des Helvétius. D'ailleurs il resta toujours purement un homme de lettres et les événements de sa vie se réduisent à sa réception à l'Académie française et à la publication de ses ouvrages.

Il a donné : 1° des romans : *La Vie de Marianne*, 1731-1741; *le Paysan parvenu*, 1735-1736; 2° des comédies : *La Surprise de l'amour*, 1722, *la Double inconstance*, 1723, *la Seconde surprise de l'Amour*, 1728, *le Jeu de l'Amour et du Hasard*, 1730, *les Fausses confidences*, 1737, *l'Épreuve*, 1740; 3° des articles ou essais de littérature et de morale parus dans ses « feuilles » : *le Spectateur français*, 1722-1723, *l'Indigent philosophe*, 1728, *le Cabinet du philosophe*, 1734.

## UN BOHÈME DU XVIII° SIÈCLE

### (1728)

« Tenez, je l'ai toujours dit et je le dis encore, et je le dirai tant qu'il y aura du vin, sans quoi je ne dis plus mot; c'est ma bouffonne de face qui m'a fait tort dans le monde; elle m'a coupé la gorge, tous les hommes s'y sont trompés, on ne m'a jamais pris que pour un convive. Regardez-la, cette face, si mes souliers n'ont point de semelle, c'est elle qui en est cause...

Or, par toutes les choses que je viens de vous expliquer, vous concevez, mon garçon, que c'est une face

joyeuse qui est l'origine du dépit qui m'a conduit à la
taverne, où je me suis brouillé avec la vanité de la belle
chaussure, et où j'ai bu, de même que j'y boirai toutes
les semelles qu'un autre fait mettre à mes souliers.
Qu'avez-vous à dire à cela? il n'y manque pas un iota.
Voilà qui est clair et net; si je suis mal chaussé et mal
peigné, ce n'est pas à moi qu'il faut s'en prendre, c'est
aux hommes qui vous font perdre ou gagner votre procès
sur la mine que vous portez. S'ils étoient aveugles, ils
n'auroient fait que m'entendre, ils m'auroient admiré,
car je parlois d'or; *ergo*, si leurs yeux n'y voyoient
goutte, leur jugement y verroit clair. Race de dupes, je
vous le pardonne, et à ma face aussi! Je lui en veux si
peu de mal, que vous voyez tous les rubis dont je l'ai
ornée, et j'espère qu'elle n'en manquera jamais : savez-
vous qu'elle me vaut une pièce de crédit au cabaret?
Tous les jours on me prête hardiment dessus, parce
qu'on voit bien que celui à qui elle appartient ne manquera jamais de revenir dès qu'il aura de l'argent; il faut
que ce drôle-là boive où qu'il crève... A vous de tout
mon cœur, en vérité...

Où est-ce que j'ai laissé mon histoire? N'est-ce pas à
Jupiter? Il valoit bien une parenthèse! C'étoit un gaillard aussi, à ce que dit maître Ovide, qui en étoit un
autre. Car, à propos j'ai étudié, j'avois oublié de le dire,
parlez-moi d'*hoc vinum, hujus vini*; voilà ce qui s'appelle
un fier substantif; savez-vous le décliner au cabaret?...
Eh bien! ne suis-je pas un dru? Ah! ah! ah! Allons,
mon ami, un peu d'*hujus vini* dans mon verre, et chapeau
bas, s'il vous plaît, malgré mes haillons! »

                    (*L'Indigent philosophe*).

## UNE JEUNE FILLE DÉFIANTE

(1730)

SYLVIA.

..... Mais encore une fois, de quoi vous mêlez-vous?
Pourquoi répondre de mes sentiments?

LISETTE.

C'est que j'ai cru que, dans cette occasion-ci, vos sentiments ressembleroient à ceux de tout le monde. Monsieur votre père me demande si vous êtes bien aise qu'il
vous marie, si vous en avez quelque joie : moi, je lui
réponds que oui; cela va tout de suite; et il n'y a peut-
être que vous de fille au monde, pour qui ce *oui* là ne
soit pas vrai ; le *non* n'est pas naturel.

SYLVIA.

Le *non* n'est pas naturel ! quelle sotte naïveté ! Le
mariage auroit donc de grands charmes pour vous?

LISETTE.

Eh bien ! c'est encore *oui*, par exemple.

SYLVIA.

Taisez-vous; allez répondre vos impertinences ailleurs, et sachez que ce n'est pas à vous à juger mon
cœur par le vôtre.

LISETTE.

Mon cœur est fait comme celui de tout le monde. De
quoi le vôtre s'avise-t-il de n'être fait comme celui de
personne?

SYLVIA.

Je vous dis que, si elle osoit, elle m'appelleroit une
originale.

LISETTE.

Si j'étois votre égale, nous verrions.

SYLVIA.

Vous travaillez à me fâcher, Lisette.

#### LISETTE.

Ce n'est pas mon dessein. Mais dans le fond, voyons, quel mal ai-je fait de dire à M. Orgon que vous étiez bien aise d'être mariée?

#### SYLVIA.

Premièrement, c'est que tu n'as pas dit vrai; je ne m'ennuie pas d'être fille.

#### LISETTE.

Cela est encore tout neuf.

#### SYLVIA.

C'est qu'il n'est pas nécessaire que mon père croie me faire tant de plaisir en me mariant, parce que cela le fait agir avec une confiance qui ne servira peut-être de rien.

#### LISETTE.

Quoi! vous n'épouserez pas celui qu'il vous destine?

#### SYLVIA.

Que sais-je? peut-être ne me conviendra-t-il point, et cela m'inquiète.

#### LISETTE.

On dit que votre futur est un des plus honnêtes hommes du monde; qu'il est bien fait, aimable, de bonne mine; qu'on ne peut pas avoir plus d'esprit; qu'on ne sauroit être d'un meilleur caractère; que voulez-vous de plus? Peut-on se figurer de mariage plus doux, d'union plus délicieuse?

#### SYLVIA.

Délicieuse! que tu es folle, avec tes expressions!

#### LISETTE.

Ma foi! madame, c'est qu'il est heureux qu'un amant de cette espèce-là veuille se marier... Aimable, bien fait, voilà de quoi vivre pour l'amour; sociable et spirituel, voilà pour l'entretien de la société. Pardi! tout en sera bon dans cet homme-là; l'utile et l'agréable, tout s'y trouve.

### SYLVIA.

Oui, dans le portrait que tu en fais, et on dit qu'il y
ressemble; mais c'est un *on-dit*, et je pourrois bien n'être
pas de ce sentiment-là, moi. Il est bel homme, dit-on, et
c'est presque tant pis.

### LISETTE.

Tant pis! tant pis! mais voilà une pensée bien hété-
roclite!

### SYLVIA.

C'est une pensée de très bon sens. Volontiers un bel
homme est fat; je l'ai remarqué.

### LISETTE.

Oh! il a tort d'être fat; mais il a raison d'être beau.

### SYLVIA.

On ajoute qu'il est bien fait, passe!

### LISETTE.

Oui-dà; cela est pardonnable.

### SYLVIA.

De beauté et de bonne mine, je l'en dispense; ce sont
là des agréments superflus.

### LISETTE.

Vertuchoux! si je me marie jamais, ce superflu-là sera
mon nécessaire.

### SYLVIA.

Tu ne sais ce que tu dis. Dans le mariage, on a plus
souvent affaire à l'homme raisonnable qu'à l'aimable
homme; en un mot je ne lui demande qu'un bon caractère, et cela est plus difficile à trouver qu'on ne pense.
On loue beaucoup le sien; mais qui est-ce qui a vécu
avec lui? Les hommes ne se contrefont-ils pas, surtout
quand ils ont de l'esprit? N'en ai-je pas vu, moi, qui
paraissoient avec leurs amis les meilleurs gens du
monde? C'est la raison, la douceur, l'enjouement même;
il n'y a pas jusqu'à leur physionomie qui ne soit garante

de toutes les bonnes qualités qu'on leur trouve. « Monsieur un tel a l'air d'un galant homme, d'un homme bien raisonnable, disoit-on tous les jours d'Ergaste. — Aussi l'est-il, répondoit-on... sa physionomie ne vous ment pas d'un mot ». Oui, fiez-vous y à cette physionomie si douce, si prévenante, qui disparoît un quart d'heure après pour faire place à un visage sombre, brutal, farouche, qui devient l'effroi de toute une maison! Ergaste s'est marié; sa femme, ses enfants, son domestique, ne lui connoissent encore que ce visage-là, pendant qu'il promène partout ailleurs cette physionomie si aimable que nous lui voyons, et qui n'est qu'un masque qu'il prend au sortir de chez lui.

### LISETTE.

Quel fantasque avec ses deux visages!

### SYLVIA.

N'est-on pas content de Léandre quand on le voit? Eh bien! chez lui, c'est un homme qui ne dit mot, qui ne rit ni qui ne gronde; c'est une âme glacée, solitaire, inaccessible. Sa femme ne la connoît point, n'a point de commerce avec elle; elle n'est mariée qu'avec une figure qui sort d'un cabinet, qui vient à table, et qui fait expirer de langueur, de froid et d'ennui, tout ce qui l'environne. N'est-ce pas là un mari bien amusant?

### LISETTE.

Je gèle au récit que vous m'en faites; mais Tersandre, par exemple?

### SYLVIA.

Oui, Tersandre! il venoit l'autre jour de s'emporter contre sa femme; j'arrive; on m'annonce; je vois un homme qui vient à moi les bras ouverts, d'un air serein, dégagé; vous auriez dit qu'il sortoit de la conversation la plus badine; sa bouche et ses yeux rioient encore. Le fourbe! Voilà ce que c'est que les hommes. Qui est-ce qui croit que sa femme est à plaindre avec lui? Je la trouvai tout abattue, le teint plombé, avec des yeux qui

venoient de pleurer; je la trouvai comme je serai peut-
être; voilà mon portrait à venir; je vais du moins ris-
quer d'en être une copie. Elle me fit pitié, Lisette; si
j'allois te faire pitié aussi! cela est terrible! qu'en dis-tu?
Songe à ce que c'est qu'un mari.

(*Le Jeu de l'Amour et du Hasard*, acte **I**, scène **I**.)

---

## UN PORTRAIT DE FEMME
### (1731-1741)

Madame Dorsin étoit belle, encore n'est-ce pas là dire
ce qu'elle étoit; ce n'auroit pas été la première idée qu'on
eût eue d'elle; en la voyant on avoit quelque chose de
plus pressé à sentir : voici un moyen de me faire
entendre.

Personnifions la beauté, et supposons qu'elle s'ennuie
d'être si sérieusement belle, qu'elle veuille essayer du
seul plaisir de plaire, qu'elle tempère sa beauté sans la
perdre, et qu'elle se déguise en grâces; c'est à madame
Dorsin qu'elle voudra ressembler : et voilà le portrait
que vous devez vous faire de cette dame.

Ce n'est pas là tout; je ne parle ici que du visage, tel
que vous l'auriez pu voir dans un tableau de madame
Dorsin.

Ajoutez à présent une âme qui passe à tout moment sur
cette physionomie, qui va y peindre tout ce qu'elle sent,
qui y répand l'air de tout ce qu'elle est; qui la rend aussi
spirituelle, aussi délicate, aussi vive, aussi fière, aussi
sérieuse, aussi badine qu'elle l'est tour à tour elle-même;
et jugez par là des accidents de force, de grâce, de
finesse et de l'infinité des expressions rapides qu'on
voyoit sur ce visage.

Parlons maintenant de cette âme, puisque nous y
sommes. Quand quelqu'un a peu d'esprit et de sentiment,
on dit d'ordinaire qu'il a les organes épais; et un de mes

amis, à qui je demandai ce que cela signifioit, me dit gravement et en termes savants : « C'est que notre âme est
plus ou moins bornée, plus ou moins embarrassée, suivant la conformation des organes auxquels elle est unie. »

Et s'il m'a dit vrai, il falloit que la nature eût donné à
madame Dorsin des organes bien favorables ; car jamais
âme ne fut plus agile que la sienne et ne souffrit moins
de diminution dans sa faculté de penser.

La plupart des femmes qui ont beaucoup d esprit ont
une certaine façon d'en avoir qu'elles n'ont pas naturellement, mais qu'elles se donnent.

Celle-ci s'exprime nonchalamment et d'un air distrait,
afin qu'on croie qu'elle n'a presque pas besoin de
prendre la peine de penser, et que tout ce qu'elle dit lui
échappe.

C'est d'un air froid, sérieux et décisif, que celle-là
parle, et c'est pour avoir aussi un caractère d'esprit
particulier.

Une autre s'adonne à ne dire que des choses fines,
mais d'un ton qui est encore plus fin que tout ce qu'elle
dit ; une autre se met à être vive et pétillante. Madame
Dorsin ne débitoit rien de ce qu'elle disoit dans aucune
de ces petites manières de femme ; c'étoit le caractère de
ses pensées qui régloit bien franchement le ton dont elle
parloit : elle ne songeoit à avoir aucune sorte d'esprit ;
mais elle avoit l'esprit avec lequel on en a de toutes les
sortes, suivant que le hasard des matières l'exige ; et je
crois que vous m'entendrez, si je vous dis qu'ordinairement son esprit n'avoit point de sexe, et qu'en même
temps ce devoit être de tous les esprits de femme le plus
aimable, quand madame Dorsin vouloit.

Il n'y a point de jolie femme qui n'ait un peu trop
envie de plaire ; de là naissent ces petites minauderies
plus ou moins adroites par lesquelles elle vous dit :
Regardez-moi.

Et toutes ces singeries n'étoient point à l'usage de
madame Dorsin ; elle avoit une fierté d'amour-propre

qui ne lui permettoit pas de s'y abaisser, et qui la dégoûtoit des avantages qu'on en peut tirer; ou, si dans la
journée elle se relâchoit un instant là-dessus, il n'y avoit
qu'elle qui le savoit; mais, en général, elle aimoit mieux
qu'on pensât bien de sa raison que de ses charmes; elle
ne se confondoit pas avec ses grâces; c'étoit elle que
vous honoriez en la trouvant raisonnable; vous n'honoriez que sa figure en la trouvant aimable.

Voilà quelle étoit sa façon de penser; aussi auroit-elle
rougi de vous avoir plu, si dans la réflexion vous aviez
pu dire : « Elle a tâché de me plaire »; de sorte qu'elle
vous laissoit le soin de sentir ce qu'elle valoit, sans se
faire l'affront de vous y aider.

(*La vie de Marianne*, **IV<sup>e</sup> partie.**)

# VOLTAIRE

## (François-Marie Arouet)

[Paris, 1694; † 1778, Paris.]

---

**Dernier** enfant d'un ancien notaire au Châtelet, François-Marie
Arouet reçut une éducation soignée et fut mis de bonne heure au
collège de Clermont, où il eut d'excellents maîtres, les PP. Porée,
Tournemine, et des camarades qui restèrent ses amis dans la
vie, les d'Argenson, Cideville, d'Argental. Ses succès d'écolier,
les relations de son père, lui assurèrent un bon accueil dans le
monde quand il quitta les bancs; présenté par son parrain, l'abbé
de Châteauneuf, il eut accès dans la société des Vendôme, société
d'esprit et de mœurs très libres, où l'on encourageait ses har-
diesses de jeune homme. Exilé une première fois en province
pour des vers satiriques, 1716, il récidive et se fait embastiller,
1717. Libre au bout d'un an, il donne sa tragédie d'*Œdipe*, 1718,
qui est son premier grand succès et qui lui vaut des liaisons flatteuses [les Villars, les Richelieu, la duchesse du Maine] et des
liaisons profitables [les financiers Pâris]. Alors il recevait des
pensions du Régent, du Roi, de la Reine; guidé par les Pâris, il
faisait d'heureuses affaires d'argent; tout lui souriait, quand, à
la suite d'une querelle avec le chevalier de Rohan-Chabot, il dut
s'exiler en Angleterre après avoir passé par la Bastille, 1726.

Ses trois ans de séjour chez les Anglais ne lui furent pas inutiles; il s'était lié avec Pope, Bolingbroke; il avait appris la
langue, étudié Newton, Locke, Bacon, vu jouer les comédies de
Congrève et les drames de Shakespeare, observé les mœurs
publiques et privées; son esprit s'était mûri et élevé. Aussi son
retour en France est-il marqué par des œuvres de grande portée;
son *Histoire de Charles XII* est de 1731; sa tragédie la plus touchante, *Zaïre*, est de 1732; et en 1734, dans ses *Lettres philosophiques*, il prend position comme novateur.

Ce dernier ouvrage l'ayant fait inquiéter, il s'éloigna et alla
vivre à Cirey, près de M^me du Châtelet. Dans cette retraite, il
travailla avec une ardeur extraordinaire; les œuvres les plus
variées se suivent alors d'année en année : ouvrages de sciences,
*Essai sur la nature du feu*, 1737; *Éléments de la philosophie de
Newton*, 1738, *Doutes sur la mesure des forces motrices*, 1741;

poésies morales, le *Mondain*, 1736 ; *Discours sur l'homme*, 1738; comédie, l'*Enfant prodigue*, 1736 ; tragédies, *Alzire*, 1736; *Mahomet*, 1742 ; *Mérope*, 1743.

Après tant de succès, Voltaire (il avait pris ce nom après la représentation d'*Œdipe*) ne se défendit pas de l'ambition ; il voulut jouer un rôle à la cour. Depuis 1736, il était entré en correspondance réglée avec le prince royal de Prusse, qui devint le roi Frédéric II ; on ne pouvait donc, à Versailles, le considérer comme un personnage négligeable, et il eut en effet un moment de faveur, qui lui valut sa réception à l'Académie, 1746, et, la même année, le titre de gentilhomme ordinaire du roi. Mais il déplut vite et, disgrâcié, chercha une retraite chez la duchesse du Maine, où il écrivit ses premiers contes, *Zadig*, *Micromégas*, 1747, puis, après une brouillerie avec son hôtesse, revint à Cirey.

M^me du Châtelet étant morte en 1749, Voltaire, après bien des hésitations, se décida à céder aux instances de Frédéric II qui l'appelait près de lui, et il partit pour Berlin en 1750. Il y fut d'abord comblé d'honneurs et admis à l'intimité du roi ; honneurs et intimité éphémères. Après trois ans, durant lesquels il eut toute sorte de querelles avec les hommes de lettres que Frédéric avait groupés autour de lui, La Beaumelle, Maupertuis, etc., Voltaire quitta le roi qu'il avait lassé par ses allures trop libres, et, ayant séjourné à Strasbourg, Colmar, Lyon, Genève, puis aux Délices de 1755 à 1758, il se fixa enfin à Ferney, où il devait demeurer jusqu'à la veille de sa mort. Au reste, malgré cette existence agitée, il ne cessait pas de produire ; il donnait ses deux grands ouvrages historiques, *Le Siècle de Louis XIV*, 1751 et l'*Essai sur les Mœurs*, sa tragédie de *Rome sauvée*, 1752, ses poèmes sur la *Loi naturelle* et sur le *Désastre de Lisbonne*, 1756.

De son installation à Ferney date ce que l'on a pu, sans exagération, appeler sa *royauté* ; il est alors en pleine possession de sa gloire et de son influence. C'est le temps où il se fait le défenseur des Calas, 1759, du chevalier de La Barre, de Sirven, où, à demi-réconcilié avec Frédéric II, il correspond avec lui et Catherine II, où il reçoit chez lui « les philosophes » et leur donne le mot d'ordre. De Ferney se répandent sur l'Europe une foule de pamphlets, de brochures, de poésies légères, et aussi des ouvrages plus considérables : des contes et des romans, *Candide*, 1759 ; l'*Ingénu*, 1767, la *Princesse de Babylone*, 1768; des tragédies, *Tancrède*, 1760 ; *Olympie*, 1764; son *Commentaire sur Corneille*, 1760; son *Dictionnaire philosophique*, 1765.

Très vieux, il voulut revoir ce Paris dont l'applaudissement lui arrivait de loin, et, ayant su qu'il pouvait entrer en France sans être inquiété, il partit de Ferney le 4 février 1778. Les Parisiens lui firent un accueil enthousiaste ; mais tant de fatigues et d'émotions brisèrent ce vieillard, et il mourut le 30 mai.

Au cours de cette notice, nous avons indiqué les œuvres principales de Voltaire. La collection complète en est si considérable
que nous ne pouvons songer à les énumérer. Mais nous ne devons
pas omettre de mentionner sa *Correspondance*, qui ne remplit pas
moins de 20 volumes de l'édition Beuchot, et qui est un monument unique dans notre littérature.

---

## SUR LES ACADÉMIES
### (1734)

Les grands hommes se sont tous formés ou avant les
académies ou indépendamment d'elles. Homère et Phidias, Sophocle et Apelle, Virgile et Vitruve, l'Arioste et
Michel-Ange n'étaient d'aucune académie : le Tasse
n'eut que des critiques injustes de la Crusca [1], et Newton
ne dut point à la Société royale de Londres ses découvertes sur l'optique, sur la gravitation, sur le calcul
intégral et sur la chronologie. A quoi peuvent donc
servir les académies? A entretenir le feu que les grands
génies ont allumé.

La Société royale de Londres fut formée en 1660, six
ans avant notre Académie des sciences. Elle n'a point de
récompenses comme la nôtre; mais aussi elle est libre;
point de ces distinctions désagréables inventées par
l'abbé Bignon [2], qui distribua l'Académie des sciences en
savants qu'on payait, et en honoraires qui n'étaient pas
savants. La Société de Londres, indépendante, et n'étant
encouragée que par elle-même, a été composée de sujets
qui ont trouvé le calcul de l'infini, les lois de la lumière,
celles de la pesanteur, l'aberration des étoiles, le télescope de réflexion, la pompe à feu, le microscope solaire,
et beaucoup d'autres inventions aussi utiles qu'admi-

---

1. L'académie de la *Crusca* (c'est-à-
dire du *crible*), fondée à Florence en
1582, s'occupa de critique et de littérature. Elle censura en effet les poésies
du Tasse.

2. *Bignon*, petit-fils de Jérome Bignon,
fut bibliothécaire du roi comme son
grand-père. Il appartenait à la congrégation de l'Oratoire et vécut de 1662 à
1743.

rables. Qu'auraient fait de plus ces grands hommes s'ils avaient été pensionnaires ou honoraires?

Le fameux docteur Swift [1] forma le dessein, dans les dernières années du règne de la reine Anne, d'établir une académie pour la langue, à l'exemple de l'Académie française. Ce projet était appuyé par le comte d'Oxford, grand trésorier, et encore plus par le vicomte Bolingbroke [2], secrétaire d'État, qui avait le don de parler sur le champ dans le Parlement avec autant de pureté que Swift écrivait dans son cabinet, et qui aurait été le protecteur et l'ornement de cette académie. Les membres qui la devaient composer étaient des hommes dont les ouvrages dureront autant que la langue anglaise : c'étaient ce docteur Swift, M. Prior [3], que nous avons vu ici ministre public, et qui en Angleterre a la même réputation que La Fontaine a parmi nous : c'étaient M. Pope [4], le Boileau d'Angleterre, M. Congrève [5], qu'on en peut appeler le Molière : plusieurs autres dont les noms m'échappent ici auraient tous fait fleurir cette compagnie dans sa naissance. Mais la reine mourut subitement : les wighs se mirent dans la tête de faire pendre les protecteurs de l'académie; ce qui, comme vous croyez bien, fut mortel aux belles-lettres. Les membres de ce corps auraient eu un grand avantage sur les premiers qui composèrent l'Académie française. Swift, Prior, Congrève, Dryden [6], Pope, Addison, etc., avaient fixé la langue anglaise par leurs écrits; au lieu que Chapelain, Colletet, Cassaigne, Faret, Cotin, nos pre-

---

1. *Swift* (Jonathan), né en 1677, mort en 1745, auteur du *Conte du Tonneau* (1704), des *Voyages de Galliver* (1726) et d'une foule de pamphlets politiques et littéraires.

2. *Bolingbroke* (1678-1750), homme politique et philosophe, a laissé un grand nombre d'ouvrages où il professe le déisme.

3. *Prior* (1664-1721), poète et diplomate anglais. Ses *Œuvres complètes* ont été publiées à Londres, en 1733.

4. *Pope* (1668-1744), fameux surtout par son *Essai sur la critique* (1709), poème dans le genre de l'*Art poetique* de Boileau, et son *Essai sur l'homme* (1733), où il met en vers la doctrine optimiste de Leibnitz.

5. *Congrève* (1672-1729), poète comique, que ses compatriotes ont surnommé le *Térence anglais*.

6. *Dryden* (1631-1701), s'est exercé dans plusieurs genres et est surtout connu par sa traduction de l'*Enéide* (1697).

miers académiciens, étaient l'opprobre de notre nation, et
que leurs noms sont devenus si ridicules, que, si quelque
auteur passable avait le malheur de s'appeler aujourd'hui
Chapelain ou Cotin, il serait obligé de changer de nom.
Il aurait fallu surtout que l'académie anglaise se fût proposé des occupations toutes différentes des nôtres. Un
jour un bel esprit de ce pays-là me demanda les mémoires
de l'Académie française : elle n'écrit point de mémoires,
lui répondis-je; mais elle a fait imprimer soixante ou
quatre-vingts volumes de compliments. Il en parcourut
un ou deux; il ne put jamais entendre ce style, quoiqu'il
entendît fort bien tous nos bons auteurs. Tout ce que
j'entrevois, me dit-il, dans ces beaux discours, c'est que
le récipiendaire ayant assuré que son prédécesseur était
un grand homme, que le cardinal de Richelieu était un
très grand homme, le chevalier Séguier un assez grand
homme, le directeur lui répond la même chose, et ajoute
que le récipiendaire pourrait bien aussi être une espèce
de grand homme, et que, pour lui directeur, il n'en
quitte pas sa part.

Il est aisé de voir par quelle fatalité presque tous ces
discours académiques ont fait si peu d'honneur à ce
corps, *vitium est temporis potius quam hominis*. L'usage
s'est insensiblement établi que tout académicien répéte-
rait ces éloges à sa réception. On s'est imposé une
espèce de loi d'ennuyer le public. Si on cherche ensuite
pourquoi les plus grands génies qui sont entrés dans ce
corps ont fait quelquefois les plus mauvaises harangues,
la raison en est encore bien aisée; c'est qu'ils ont voulu
briller, c'est qu'ils ont voulu traiter nouvellement une
matière tout usée. La nécessité de parler, l'embarras de
n'avoir rien à dire, et l'envie d'avoir de l'esprit, sont
trois choses capables de rendre ridicule même le plus
grand homme. Ne pouvant trouver des pensées nouvelles,
ils ont cherché des tours nouveaux, et ont parlé sans
penser, comme des gens qui mâcheraient à vide, et
feraient semblant de manger en périssant d'inanition.

Au lieu que c'est une loi dans l'Académie française de faire imprimer tous ces discours, par lesquels seuls elle est connue, ce devrait être une loi de ne les imprimer pas.

L'Académie des belles-lettres s'est proposé un but plus sage et plus utile, c'est de présenter au public un recueil de mémoires remplis de recherches et de critiques curieuses. Ces mémoires sont déjà estimés chez les étrangers. On souhaiterait seulement que quelques matières y fussent plus approfondies, et qu'on n'en eût point traité d'autres. On se serait, par exemple, fort bien passé de je ne sais quelle dissertation sur les prérogatives de la main droite sur la main gauche, et de quelques autres recherches qui, sous un titre moins ridicule, n'en sont guère moins frivoles.

L'Académie des sciences, dans ses recherches plus difficiles et d'une utilité plus sensible, embrasse la connaissance de la nature et la perfection des arts. Il est à croire que des études si profondes et si suivies, des calculs si exacts, des découvertes si fines, des vues si grandes produiront enfin quelque chose qui servira au bien de l'univers.

(Lettres anglaises, XXIV.)

---

## SUR LA PHILOSOPHIE DE NEWTON

(1736)

Dieu parle, et le chaos se dissipe à sa voix :
Vers un centre commun tout gravite à la fois.
Ce ressort si puissant [1], l'âme de la nature,
Était enseveli dans une nuit obscure ;
Le compas de Newton, mesurant l'univers,
Lève enfin ce grand voile, et les cieux sont ouverts.

---

1. C'est la loi de la gravitation universelle, découverte par Newton

Il déploie à mes yeux, par une main savante,
De l'astre des saisons la robe étincelante [1] :
L'émeraude, l'azur, le pourpre, le rubis,
Sont l'immortel tissu dont brillent ses habits.
Chacun de ses rayons, dans sa substance pure,
Porte en soi les couleurs dont se peint la nature,
Et, confondus ensemble, ils éclairent nos yeux ;
Ils animent le monde, ils emplissent les cieux.
Confidents du Très-Haut, substances éternelles,
Qui brûlez de ses feux, qui couvrez de vos ailes
Le trône où votre maître est assis parmi vous,
Parlez : du grand Newton n'êtes-vous point jaloux ?
La mer entend sa voix. Je vois l'humide empire
S'élever, s'avancer vers le ciel qui l'attire [2] ;
Mais un pouvoir central arrête ses efforts ;
La mer tombe, s'affaisse et roule vers ses bords.
Comètes [3], que l'on craint à l'égal du tonnerre,
Cessez d'épouvanter les peuples de la terre :
Dans une ellipse immense achevez votre cours ;
Remontez, descendez près de l'astre des jours,
Lancez vos feux, volez, et, revenant sans cesse,
Des mondes épuisés ranimez la vieillesse.
Et toi, sœur du soleil, astre qui, dans les cieux,
Des sages éblouis trompais les faibles yeux,
Newton de ta carrière a marqué les limites ;
Marche, éclaire les nuits : tes bornes sont prescrites.
Terre, change de forme ; et que la pesanteur,
En abaissant le pôle, élève l'équateur [4] ;
Pôle immobile aux yeux, si lent dans votre course,
Fuyez le char glacé des sept astres de l'Ourse ;
Embrassez, dans le cours de vos longs mouvements,
Deux cents siècles entiers par delà six mille ans [5].

1. Allusion à la découverte de la décomposition de la lumière du soleil en sept couleurs simples.
2. Newton avait expliqué par l'attraction le phénomène du flux et du reflux.

3. Newton exposa le premier les lois du mouvement des comètes.
4. Allusion à la théorie de Newton sur le renflement équatorial.
5. Voltaire met en vers la théorie de la précession des équinoxes.

Que ces objets sont beaux! Que notre âme épurée
Vole à ces vérités dont elle est éclairée!
Oui, dans le sein de Dieu, loin de ce corps mortel,
L'esprit semble écouter la voix de l'Eternel.

*(Epîtres, LI.)*

---

## A M. L'ABBÉ TRUBLET

*Au château de Ferney, ce 27 avril* [1761].

Votre lettre et votre procédé généreux, Monsieur,
sont des preuves que vous n'êtes pas mon ennemi, et
votre livre vous faisait soupçonner de l'être. J'aime bien
mieux en croire votre lettre que votre livre : vous aviez
imprimé que je vous faisais bâiller, et moi j'ai laissé
imprimer que je me mettais à rire. Il résulte de tout cela
que vous êtes difficile à amuser, et que je suis mauvais
plaisant; mais enfin, en bâillant et en riant, vous voilà
mon confrère, et il faut tout oublier en bons chrétiens et
en bons académiciens.

Je suis fort content, Monsieur, de votre harangue, et
très reconnaissant de la bonté que vous avez de me l'envoyer; à l'égard de votre lettre,

*Nardi parvus onyx eliciet cadum.*

Pardon de vous citer Horace, que vos héros MM. de
Fontenelle et de La Motte ne citaient guère. Je suis
obligé, en conscience, de vous dire que je ne suis pas
né plus malin que vous, et que, dans le fond, je suis bon
homme. Il est vrai qu'ayant fait réflexion, depuis quel-

---

1. L'abbé Trublet (1697-1770) ami de
La Motte et de Fontenelle, fut un des
compilateurs les plus abondants du
XVIIIe siècle. Il collabora à l'*Année littéraire* de Fréron, où il écrivit un jour
que la *Henriade* le faisait bâiller. Pour
se venger de ce propos, Voltaire le
drapa dans sa pièce du *Pauvre diable* :

Au peu d'esprit que le bonhomme avait
L'esprit d'autrui par supplément servait, etc...
Admis à l'Académie en 1761, Trublet
envoya son discours de réception avec
une lettre aimable à Voltaire, qui,
comme on voit, répondit gracieusement
à cette démarche.

2. Horace (*Odes*, IV.-10.)

ques années, qu'on ne gagnait rien à l'être, je me suis
mis à être un peu gai, parce qu'on m'a dit que cela est
bon pour la santé. D'ailleurs je ne me suis pas cru assez
important, assez considérable, pour dédaigner toujours
certains illustres ennemis qui m'ont attaqué personnellement pendant une quarantaine d'années, et qui, les uns
après les autres, ont essayé de m'accabler, comme si je
leur avais disputé un évêché ou une place de fermier
général. C'est donc par pure modestie que je leur ai
donné enfin sur les doigts. Je me suis cru précisément à
leur niveau; *et in arenam cum æqualibus descendi*, comme
dit Cicéron.

Croyez, Monsieur, que je fais une grande différence
entre vous et eux; mais je me souviens que mes rivaux
et moi, quand j'étais à Paris, nous étions tous fort peu
de chose, de pauvres écoliers du siècle de Louis XIV,
les uns en vers, les autres en prose, quelques-uns moitié
prose, moitié vers, du nombre desquels j'avais l'honneur
d'être; infatigables auteurs de pièces médiocres, grands
compositeurs de riens, pesant gravement des œufs de
mouche dans des balances de toile d'araignée. Je n'ai
presque vu que de la petite charlatanerie; je sens parfaitement la valeur de ce néant; mais comme je sens également le néant de tout le reste, j'imite le *Vejanius*
d'Horace :

> *Vejanius armis*
> *Herculis ad postem fixis, latet abditus agro* [1].

C'est de cette retraite que je vous dis très sincèrement
que je trouve des choses utiles et agréables dans tout ce
que vous avez fait, que je vous pardonne cordialement
de m'avoir pincé, que je suis fâché de vous avoir donné
quelques coups d'épingle, que votre procédé me désarme
pour jamais, que bonhomie vaut mieux que raillerie, et
que je suis, Monsieur mon cher confrère, de tout mon

---

1. *Horace (Epîtres, I. 1.)*

cœur, avec une véritable estime et sans compliment, comme si de rien n'était, votre, etc.

---

## LA TOLÉRANCE

### (1763)

Ce n'est plus aux hommes que je m'adresse; c'est à toi, Dieu de tous les êtres, de tous les mondes et de tous les temps : s'il est permis à de faibles créatures perdues dans l'immensité, et imperceptibles au reste de l'univers, d'oser te demander quelque chose, à toi qui as tout donné, à toi dont les décrets sont immuables comme éternels, daigne regarder en pitié les erreurs attachées à notre nature; que ces erreurs ne fassent point nos calamités. Tu ne nous as point donné un cœur pour nous haïr, et des mains pour nous égorger; fais que nous nous aidions mutuellement à supporter le fardeau d'une vie pénible et passagère, que les petites différences entre les vêtements qui couvrent nos débiles corps, entre tous nos langages insuffisants, entre tous nos usages ridicules, entre toutes nos lois imparfaites, entre toutes nos opinions insensées, entre toutes nos conditions si disproportionnées à nos yeux et si égales devant toi; que toutes ces petites nuances qui distinguent les atomes appelés *hommes* ne soient pas des signaux de haine et de persécution; que ceux qui allument des cierges en plein midi pour te célébrer supportent ceux qui se contentent de la lumière de ton soleil; que ceux qui couvrent leur robe d'une toile blanche pour dire qu'il faut t'aimer ne détestent pas ceux qui disent la même chose sous un manteau de laine noire; qu'il soit égal de t'adorer dans un jargon formé d'une ancienne langue, ou dans un jargon plus nouveau; que ceux dont l'habit est teint en rouge ou en violet, qui dominent sur une petite parcelle d'un petit tas de la boue de ce monde et qui possèdent quelques fragments arrondis d'un certain métal, jouissent sans orgueil de ce qu'ils appellent *grandeur* et *richesse*, et que les autres les voient sans envie; car tu sais qu'il n'y a dans ces vanités ni de quoi envier, ni de quoi s'enorgueillir.

Puissent tous les hommes se souvenir qu'ils sont frères! qu'ils aient en horreur la tyrannie exercée sur les âmes, comme ils ont en exécration le brigandage qui ravit par la force le fruit du travail et de l'industrie possible! Si les guerres sont inévitables, ne nous haïssons pas, ne nous déchirons pas les uns les autres dans le sein de la paix, et employons l'instant de notre existence à bénir également en mille langages divers, depuis Siam jusqu'à la Californie, la bonté qui nous a donné cet instant.

(*Traité de la tolérance*, Chap. XXIII.)

———————

# DIEU, LA CONSCIENCE ET L'IMMORTALITÉ DE L'AME

## (1769)

La nuit était venue; elle était belle; l'atmosphère était une voûte d'azur transparent, semée d'étoiles d'or; ce spectacle touche toujours les hommes et leur inspire une douce rêverie : le bon Parouba [1] admirait le ciel, comme un Allemand admire Saint-Pierre de Rome, ou l'opéra de Naples quand il le voit pour la première fois : « Cette voûte est bien hardie, » disait Parouba à Freind, et Freind lui disait : « Mon cher Parouba, il n'y a pas de voûte : ce cintre bleu n'est autre chose qu'une étendue de vapeurs, de nuages légers, que Dieu a tellement disposés et combinés avec la mécanique de vos yeux, qu'en quelque endroit que vous soyez, vous êtes toujours au

---

1. Le Docteur Freind est allé en Amérique pour arracher son fils Jenni à l'influence qu'a prise sur lui le jeune Birton, qui fait profession d'épicurisme et d'athéisme. Le bonhomme **Parouba** est un américain

centre de votre promenade, et vous voyez ce qu'on
nomme le ciel, et qui n'est point le ciel, arrondi sur votre
tête. — Et ces étoiles, monsieur Freind? — Ce sont
autant de soleils autour desquels tournent d'autres
mondes; loin d'être attachées à cette voûte bleue, souvenez-vous qu'elles en sont à des distances différentes et
prodigieuses : cette étoile, que vous voyez, est à douze
cents millions de mille pas de notre soleil. » Alors il lui
montra le télescope qu'il avait apporté : il lui fit voir nos
planètes, Jupiter avec ses quatre lunes, Saturne avec ses
cinq lunes et son incroyable anneau lumineux : « C'est
la même lumière, lui disait-il, qui part de tous ces globes,
et qui arrive à nos yeux, de cette planète-ci en un quart
d'heure, de cette étoile-ci en six mois. » Parouba se mit
à genoux et dit : « Les cieux annoncent Dieu. » Tout
l'équipage était autour du vénérable Freind, regardait et
admirait. Le coriace Birton avança sans rien regarder et
parla ainsi :

Eh bien! soit : il y a un Dieu, je vous l'accorde; mais
qu'importe à vous et à moi? qu'y a-t-il entre l'Être infini
et nous autres vers de terre? quel rapport peut-il exister
de son essence à la nôtre? Epicure, en admettant des
dieux dans les planètes, avait bien raison d'enseigner
qu'ils ne se mêlaient nullement de nos sottises et de nos
horreurs; que nous ne pourrions ni les offenser ni leur
plaire; qu'ils n'avaient nul besoin de nous, ni nous d'eux :
vous admettez un Dieu plus digne de l'esprit humain que
es Dieux d'Epicure, et que tous ceux des Orientaux et
des Occidentaux. Mais si vous disiez, comme tant d'autres, que ce Dieu a formé le monde et nous pour sa
gloire,... vous diriez, ce me semble, une chose absurde,
qui ferait rire tous les gens qui pensent. L'amour de la
gloire n'est autre chose que de l'orgueil, et l'orgueil
n'est que de la vanité : un orgueilleux est un fat que
Shakespeare jouait sur son théâtre; cette épithète ne peut
pas plus convenir à Dieu que celle d'injuste, de cruel,
d'inconstant. Si Dieu a daigné faire, ou plutôt arranger

l'univers, ce ne doit être que dans la vue d'y faire des heureux. Je vous laisse à penser s'il est venu à bout de ce dessein, le seul pourtant qui pût convenir à la nature divine.

FREIND.

Oui, sans doute, il y a réussi avec toutes les âmes honnêtes; elles seront heureuses un jour, si elles ne le sont pas aujourd'hui.

BIRTON.

Heureuses! quel rêve! quel conte de Peau d'âne? où? quand? comment? qui vous l'a dit?

FREIND.

Sa justice.

BIRTON.

Nous a-t-il dicté des lois? nous a-t-il parlé?

FREIND.

Oui, par la voix de notre conscience. N'est-il pas vrai que, si vous aviez tué votre père et votre mère, cette conscience vous déchirerait par des remords aussi affreux qu'involontaires? Cette vérité n'est-elle pas sentie et avouée par l'univers entier? Descendons maintenant à de moindres crimes. Y en a-t-il un seul qui ne vous effraye au premier coup d'œil, qui ne vous fasse pâlir la première fois que vous le commettez, et qui ne laisse dans votre cœur l'aiguillon du repentir?

BIRTON.

Il faut que je l'avoue.

FREIND.

Dieu vous a donc expressément ordonné, en parlant à votre cœur, de ne vous souiller jamais d'un crime évident. Et quant à toutes ces questions équivoques, que les uns condamnent et que les autres justifient, qu'avons-nous de mieux à faire que de suivre cette grande loi du premier des Zoroastres, tant remarquée de nos jours par un auteur français? « Quand tu ne sais si l'action que tu médites est bonne ou mauvaise, abstiens-toi. »

##### BIRTON.

Cette maxime est admirable; c'est sans doute ce qu'on a jamais dit de plus beau, c'est-à-dire de plus utile en morale; et cela me ferait presque penser que Dieu a suscité de temps en temps des sages qui ont enseigné la vertu aux hommes égarés. Je vous demande pardon d'avoir raillé de la vertu.

##### FREIND.

Demandez-en pardon à l'Être éternel qui peut la récompenser éternellement, et punir les transgresseurs.

. . . . . . . . . . . .

##### BIRTON.

Je conçois bien que le grand Être, le maître de la nature, est éternel; mais nous, qui n'étions pas hier, pouvons-nous avoir la folle hardiesse de prétendre à une éternité future? Tout périt sans retour autour de nous, depuis l'insecte dévoré par l'hirondelle jusqu'à l'éléphant mangé des vers.

##### FREIND.

Non, rien ne périt, tout change; les germes impalpables des animaux et des végétaux subsistent, se développent et perpétuent les espèces. Pourquoi ne voudriez-vous pas que Dieu conservât le principe qui vous fait agir et penser, de quelque nature qu'il puisse être? Dieu me garde de faire un système, mais certainement il y a dans nous quelque chose qui pense et qui veut : ce quelque chose, que l'on appelait autrefois une monade, ce quelque chose est imperceptible. Dieu nous l'a donnée, ou peut-être, pour parler plus juste, Dieu nous a donnés à elle. Êtes-vous bien sûr qu'il ne peut la conserver? Songez, examinez; pouvez-vous m'en fournir quelque démonstration?

##### BIRTON.

Non : j'en ai cherché dans mon entendement, dans tous les livres des athées, et surtout dans le troisième

...hant de Lucrèce; j'avoue que je n'ai jamais trouvé que
des vraisemblances.

## FREIND.

Et sur ces simples vraisemblances, nous nous aban-
donnerions à toutes nos passions funestes! nous vivrions
en brutes! n'ayant pour règle que nos appétits, et pour
frein que la crainte des autres hommes, rendus éternellement ennemis les uns des autres par cette crainte
mutuelle; car on veut toujours détruire ce qu'on craint :
pensez-y bien monsieur Birton : n'attendre de Dieu ni
châtiment ni récompense, c'est être véritablement athée.
A quoi servirait l'idée d'un Dieu qui n'aurait sur vous
aucun pouvoir? C'est comme si l'on disait : « Grand bien
lui fasse; qu'il reste dans son manoir, et moi dans le
mien : Je ne me soucie pas plus de lui qu'il ne se soucie
de moi, il n'a pas plus de juridiction sur ma personne
qu'un chanoine de Windsor n'en a sur un membre de
notre parlement. » Alors je suis mon dieu à moi-même,
je sacrifie le monde entier à mes fantaisies, si j'en trouve
l'occasion; je suis sans loi, je ne regarde que moi. Si les
autres êtres sont moutons, je me fais loup; s'ils sont
poules, je me fais renard.

Je suppose, ce qu'à Dieu ne plaise, que toute notre
Angleterre soit athée par principes; je conviens qu'il
pourra se trouver plusieurs citoyens qui, nés tranquilles
et doux, assez riches pour n'avoir pas besoin d'être
injustes, gouvernés par l'honneur, et par conséquent
attentifs à leur conduite, pourront vivre ensemble en
société; ils cultiveront les beaux-arts par qui les mœurs
s'adoucissent, ils pourront vivre dans la paix, dans l'innocente gaieté des honnêtes gens; mais l'athée pauvre et
violent, sûr de l'impunité, sera un sot s'il ne vous assas-
sine pas pour voler votre argent. Dès lors tous les liens
de la société sont rompus, tous les crimes secrets inon-
dent la terre, comme les sauterelles, à peine d'abord aper-
çues, viennent ravager les campagnes; le bas peuple ne
sera qu'une horde de brigands...

Qui retiendra les grands et les rois dans leurs vengeances, dans leur ambition à laquelle ils veulent tout immoler? Un roi athée est plus dangereux qu'un Ravaillac fanatique.

⸫ Les athées fourmillaient en Italie au xvᵉ siècle; qu'en arriva-t-il? Il fut aussi commun d'empoisonner que de donner à souper, et d'enfoncer un stylet dans le cœur de son ami que de l'embrasser; il y eut des professeurs du crime, comme il y a aujourd'hui des maîtres de musique et de mathématiques. On choisissait exprès les temples pour y assassiner les princes aux pieds des autels.

La croyance d'un Dieu rémunérateur des bonnes actions, punisseur des méchantes, pardonneur des fautes légères, est donc la croyance la plus utile au genre humain; c'est le seul frein des hommes puissants qui commettent insolemment les crimes publics; c'est le seul frein des hommes qui commettent adroitement les crimes secrets.

(Histoire de Jenni, Chap. X et XI.)

---

## EPITRE A HORACE

### (1772)

Toujours ami des vers, et du diable poussé,
Au rigoureux Boileau j'écrivis l'an passé... [1]
Je t'écris aujourd'hui, voluptueux Horace,
A toi qui respiras la mollesse et la grâce,
Qui, facile en tes vers et gai dans tes discours,
Chantas les doux loisirs, les vins et les amours,
Et qui connus si bien cette sagesse aimable
Que n'eut point de Quinault le rival intraitable.

---

1. Allusion à l'épitre qui commence par ces vers :

Boileau, correct auteur de quelques bons écrits,
Zoïle de Quinault et flatteur de Louis...

2. *Quinault* (1635-1688), auteur de tragédies et d'opéras, versificateur assez habile, pour qui Boileau fut peut-être trop dur et Voltaire trop complaisant

Je suis un peu fâché pour Virgile et pour toi,
Que tous deux, nés Romains, vous flattiez tant un roi...
Frédéric exigeait des soins moins complaisants ;
Nous soupions avec lui sans lui donner d'encens ;
De son goût délicat la finesse agréable
Faisait, sans nous gêner, les honneurs de sa table ;
Nul roi ne fut jamais plus fertile en bons mots
Contre les préjugés, les fripons et les sots.
Maupertuis [1] gâta tout. L'orgueil philosophique
Aigrit de nos beaux jours la douceur pacifique. 10
Le plaisir s'envola. Je partis avec lui.
Je cherchai la retraite. On disait que l'ennui
De ce repos trompeur est l'insipide frère.
Oui, la retraite pèse à qui ne sait rien faire ;
Mais l'esprit qui s'occupe y trouve un vrai bonheur. 15
Tibur [2] était pour toi la cour et l'empereur ;
Tibur dont tu nous fais l'agréable peinture,
Surpassa les jardins vantés par Epicure.
Je crois Ferney plus beau. Les regards étonnés,
Sur cent vallons fleuris doucement promenés, 20
De la mer de Genève admirent l'étendue ;
Et les Alpes de loin, s'élevant dans la nue,
D'un long amphithéâtre enferment ces coteaux,
Où le pampre en festons rit parmi les ormeaux.
Jouissons, écrivons, vivons, mon cher Horace. 25
J'ai déjà passé l'âge où ton grand protecteur,
Ayant joué son rôle en excellent acteur,
Et sentant que la mort assiégeait sa vieillesse,
Voulut qu'on l'applaudît lorsqu'il finit sa pièce [3].
J'ai vécu plus que toi, mes vers dureront moins ; 30
Mais au bord du tombeau je mettrai tous mes soins

1. *Maupertuis* (1698-1759), géomètre et astronome, que Frédéric II attira en Prusse et qui fut président de son Académie de Berlin. Voltaire eut avec lui des différends et l'accabla de railleries que Frédéric n'approuva pas.
2. Ville du Latium, aujourd'hui Tivoli, où Horace avait sa maison de campagne.

3. Suétone (*Vie d'Octave*, 99) rapporte qu'Auguste, sentant la mort toute proche, dit aux amis qui l'entouraient : « Trouvez-vous que j'ai joué comme il faut la comédie de la vie ? » Et il ajouta : « Si vous êtes contents, applaudissez. »

A suivre les leçons de ta philosophie,
A mépriser la mort en savourant la vie,
A lire tes écrits pleins de grâce et de sens,
Comme on boit d'un vin vieux qui rajeunit les sens.
Avec toi l'on apprend à souffrir l'indigence,
A jouir sagement d'une honnête opulence,
A vivre avec soi-même, à servir ses amis,
A se moquer un peu de ses sots ennemis,
A sortir d'une vie ou triste ou fortunée,
En rendant grâce aux dieux de nous l'avoir donnée...

# DENIS DIDEROT

[Langres, 1713; † 1784, Paris.]

Bien que fils d'un artisan (son père était coutelier), Diderot fit
ses études chez les Jésuites de sa ville natale, et eut de si beaux
succès scolaires que ses maîtres songèrent à l'enrôler dans leur
compagnie. Mais son père l'envoya à Paris, au collège d'Harcourt,
d'où il sortit pour entrer comme clerc de procureur chez
M. Clément de Ris. La chicane ne lui convenant guère, il quitta
bientôt son patron, et, pendant quelques années, vécut au hasard,
répétiteur de mathématiques, précepteur chez un financier,
fabriquant pour quelques louis des traductions, des sermons, des
mandements. S'étant marié avec une fille pauvre (1743) et devenu
bientôt père de famille, il lui fallut pour faire subsister son
ménage se mettre aux gages des libraires et il leur donna des
traductions d'ouvrages anglais : *Histoire de la Grèce* de Stanyan,
1743; *Essai sur le mérite et la vertu* de Shaftesbury, 1745; *Dictionnaire de médecine* de James, 1746. Les *Pensées philosophiques*,
1746, furent son premier ouvrage original; mais l'attention ne
se porta sur lui que du jour où sa *Lettre sur les aveugles*, 1749,
l'eut fait emprisonner à Vincennes. C'est en sortant de prison
qu'il prend avec d'Alembert la direction de l'*Encyclopédie* que le
libraire Lebreton préparait assez confusément depuis quelques
années, et qui, entre les mains de Diderot, devint une machine
de guerre contre les idées et les institutions du passé. Grâce à
son labeur énorme (il donna à ce recueil les articles d'histoire de
la philosophie, d'histoire et de politique, de grammaire, sur les
arts et métiers), grâce à son activité de propagandiste et à sa
ténacité, l'ouvrage, supprimé en 1752, en 1757, en 1759, put,
malgré toutes ces traverses, s'achever en 1772. Il n'enrichit point
Diderot, difficile à enrichir, et qui prodiguait son argent comme
son talent : on sait que les *Salons* (1761-1767) qui figurent dans
la *Correspondance* de Grimm sont de sa main. Quand il lui fallut
doter sa fille (1765), il ne trouva d'autre ressource que de vendre
sa bibliothèque; Catherine II eut la bonne grâce de l'acheter
50 000 livres, tout en en laissant la disposition au *philosophe*.
Par reconnaissance, Diderot fit en 1773 un voyage près de la
tsarine, qui l'accueillit avec distinction. Revenu à Paris en 1774,

il vécut fort à l'écart et, avant sa mort, ne publia plus que l'*Essai sur les règnes de Claude et de Néron*, 1778.

Outre les ouvrages que nous avons indiqués, il faut citer parmi les écrits publiés du vivant de Diderot, 1° ses pièces de théâtre : *Le Fils naturel*, 1757 ; *le Père de famille*, précédé d'un *Discours sur la poésie dramatique*, 1758.

Ses livres les plus vantés n'ont été imprimés qu'après sa mort : *Ceci n'est pas un conte*, 1798 ; *Le Neveu de Rameau*, 1823 ; *Paradoxe sur le Comédien*, 1830, et ses *Salons*, parus à des dates diverses depuis 1819.

Dans sa *Correspondance*, malheureusement trop incomplète, mais très intéressante, il faut signaler spécialement les *Lettres à Falconnet* et les *Lettres à M*^lle^ *Volland*.

# POURQUOI DIDEROT A ENTREPRIS L'ENCYCLOPÉDIE MALGRÉ LES DIFFICULTÉS DE LA TACHE.

(1755)

Nous croyons sentir tous les avantages d'une entreprise telle que celle dont nous nous occupons. Nous croyons n'avoir eu que trop d'occasions de connaître combien il était difficile de sortir avec quelque succès d'une première tentative, et combien les talents d'un seul homme, quel qu'il fût, étaient au-dessous de ce projet. Nous avions là-dessus, longtemps avant que d'avoir commencé, une partie des lumières, et toute la défiance qu'une longue méditation pouvait inspirer. L'expérience n'a point affaibli ces dispositions ; nous avons vu, à mesure que nous travaillions, la matière s'étendre ; la nomenclature s'obscurcir ; des substances ramenées sous une multitude de noms différents ; les instruments, les machines et les manœuvres se multiplier sans mesure, et les détours nombreux d'un labyrinthe inextricable se compliquer de plus en plus. Nous avons vu combien il en coûtait pour s'assurer que les mêmes choses étaient les mêmes ; et combien pour s'assurer que d'autres, qui paraissaient très différentes, n'étaient pas différentes.

Nous avons vu que cette forme alphabétique, qui nous ménageait à chaque instant des repos, qui répandait tant de variété dans le travail, et qui, sous ces points de vue, paraissait si avantageuse à suivre dans un long ouvrage, avait ses difficultés qu'il fallait surmonter à chaque instant. Nous avons vu qu'elle exposait à donner aux articles capitaux une étendue immense, si l'on y faisait entrer tout ce qu'on pouvait assez naturellement espérer d'y trouver; ou à les rendre secs et appauvris, si à l'aide des renvois, on les élaguait, et si l'on en excluait beaucoup d'objets qu'il n'était pas impossible d'en séparer. Nous avons vu combien il était important et difficile de garder un juste milieu. Nous avons vu combien il échappait de choses inexactes et fausses; combien on en omettait de vraies. Nous avons vu qu'il n'y avait qu'un travail de plusieurs siècles qui pût introduire entre tant de matériaux rassemblés la forme véritable qui leur convenait; donner à chaque partie son étendue, réduire chaque article à une juste longueur; supprimer ce qu'il a de mauvais, suppléer ce qui manque de bon, et finir un ouvrage qui remplît le dessein qu'on avait formé quand on l'entreprit. Mais nous avons vu que de toutes les difficultés, une des plus considérables, c'était de le produire une fois, quelque informe qu'il fût, et qu'on ne nous ravirait pas l'honneur d'avoir surmonté cet obstacle. Nous avons vu que l'*Encyclopédie* ne pouvait être que la tentative d'un siècle philosophe; que ce siècle était arrivé; que la renommée, en portant à l'immortalité les noms de ceux qui l'achèveraient peut-être ne dédaignerait pas de se charger des nôtres, et nous nous sommes sentis ranimés par cette idée si consolante et si douce, qu'on s'entretiendrait aussi de nous, lorsque nous ne serions plus; par ce murmure si voluptueux, qui nous faisait entendre, dans la bouche de quelques-uns de nos contemporains, ce que diraient de nous des hommes à l'instruction et au bonheur desquels nous nous immolions, que nous estimions et que nous aimions, quoiqu'ils ne fussent pas encore. Nous avons senti se développer en nous ce germe d'émulation qui envie au trépas la meilleure partie de nous-mêmes, et ravit au néant les seuls moments de notre existence dont nous soyons réellement flattés. En effet, l'homme se montre à ses contemporains, et se voit tel qu'il est, composé bizarre de qualités sublimes et de faiblesses honteuses. Mais les faiblesses suivent la dépouille mortelle dans le tombeau, et disparaissent avec elle ; la même terre les couvre, il ne reste que les qualités éternisées dans les monuments qu'il s'est élevés à lui-même, ou qu'il doit à la vénération et à la reconnaissance publiques ; honneurs dont la conscience de son propre mérite lui donne une jouissance anticipée ; jouissance aussi pure, aussi forte, aussi réelle qu'aucune autre jouissance, et dans laquelle il ne peut y avoir d'imaginaire que les titres sur lesquels on fonde ses prétentions. Les nôtres sont déposés dans cet ouvrage ; la postérité les jugera.

(Article *Encyclopédie*.)

---

# LES ÉPOQUES DE CIVILISATION AVANCÉE
## SONT PEU FAVORABLES A LA POÉSIE
### (1758)

En général, plus un peuple est civilisé, poli, moins ses mœurs sont poétiques ; tout s'affaiblit en s'adoucissant. Quand est-ce que la nature prépare des modèles à l'art ? C'est au temps où les enfants s'arrachent les cheveux autour du lit d'un père moribond ; où une mère découvre son sein, et conjure son fils par les mamelles qui l'ont allaité ; où un ami se coupe la chevelure, et la répand sur le cadavre de son ami ; où c'est lui qui le soutient par la tête et qui le porte sur un bûcher, qui recueille sa cendre et qui la renferme dans une urne

qu'il va, en certains jours, arroser de ses pleurs ; où les
veuves échevelées se déchirent le visage de leurs ongles
si la mort leur a ravi un époux ; où les chefs du peuple,
dans les calamités publiques, posent leur front humilié
dans la poussière, ouvrent leurs vêtements dans la douleur, et se frappent la poitrine ; où un père prend entre
ses bras son fils nouveau-né, l'élève vers le ciel, et fait
sur lui sa prière aux dieux ; où le premier mouvement
d'un enfant, s'il a quitté ses parents, et qu'il les revoie
après une longue absence, c'est d'embrasser leurs genoux, et d'en attendre, prosterné, la bénédiction ; où les
repas sont des sacrifices qui commencent et finissent par
des coupes remplies de vin, et versées sur la terre ; où
le peuple parle à ses maîtres, et où ses maîtres l'entendent et lui répondent : où l'on voit un homme le front
ceint de bandelettes devant un autel, et une prêtresse
qui étend les mains sur lui en invoquant le ciel et en
exécutant les cérémonies expiatoires, et lustratives [1] ;
où des pythies écumantes par la présence d'un démon
qui les tourmente, sont assises sur des trépieds, ont les
yeux égarés, et font mugir de leurs cris prophétiques le
fond obscur des antres ; où les dieux, altérés du sang
humain, ne sont apaisés que par son effusion ; où des
bacchantes, armées de thyrses, s'égarent dans les forêts
et inspirent l'effroi au profane qui se rencontre sur leur
passage, etc.

Je ne dis pas que ces mœurs sont bonnes, mais qu'elles
sont poétiques.

Qu'est-ce qu'il faut au poète ? Est-ce une nature brute
ou cultivée, paisible ou troublée ? Préférera t-il la beauté
d'un jour pur et serein à l'horreur d'une nuit obscure,
où le sifflement interrompu des vents se mêle par intervalles au murmure sourd et continu d'un tonnerre éloigné,
et où il voit l'éclair allumer le ciel sur sa tête. Préférera-
t-il le spectacle d'une mer tranquille à celui des flots

---

1. Cérémonies qui ont pour objet de purifier les personnes ou les objets.

agités? Le muet et froid aspect d'un palais, à la promenade parmi des ruines? Un édifice construit, un espace
planté de la main des hommes, au touffu d'une antique
forêt, au creux ignoré d'une roche déserte? Des nappes
d'eau, des bassins, des cascades, à la vue d'une cataracte
qui se brise en tombant à travers des rochers, et dont
le bruit se fait entendre au loin du berger qui a conduit
son troupeau dans la montagne, et qui l'écoute avec
effroi?

La poésie veut quelque chose d'énorme, de barbare et
de sauvage.

C'est lorsque la fureur de la guerre civile ou du fanatisme arme les hommes de poignards, et que le sang
coule à grands flots sur la terre, que le laurier d'Apollon
s'agite et verdit. Il en veut être arrosé. Il se flétrit dans
les temps de la paix et du loisir. Le siècle d'or eût produit une chanson peut-être ou une élégie. La poésie
épique et la poésie dramatique demandent d'autres
mœurs.

Quand verra-t-on naître des poètes? Ce sera après les
temps de désastres et de grands malheurs; lorsque les
peuples harassés commenceront à respirer. Alors les
imaginations, ébranlées par des spectacles terribles,
peindront des choses inconnues à ceux qui n'en ont pas
été les témoins. N'avons-nous pas éprouvé, dans quelques circonstances, une sorte de terreur qui nous était
étrangère? Pourquoi n'a-t-elle rien produit? N'avons-
nous plus de génie?

Le génie est de tous les temps; mais les hommes qui
le portent en eux demeurent engourdis, à moins que des
événements extraordinaires n'échauffent la masse et ne
les fassent paraître. Alors les sentiments s'accumulent
dans la poitrine, la travaillent; et ceux qui ont un organe, pressés de parler, le déploient et se soulagent.

(*De la poésie dramatique*, XVIII.)

# UN PARADOXE

## ON NE NAIT POINT, ON NE MEURT POINT

### (1759)

Il me passa par la tête un paradoxe que je me souviens d'avoir entamé un jour à votre sœur, et je dis au
père Hoop [1], car c'est ainsi que nous l'avons surnommé
parce qu'il a l'air ridé, sec et vieillot : « Vous êtes bien
à plaindre ! Mais s'il était quelque chose de ce que je
pense, vous le seriez bien davantage. — Le pis est
d'exister et j'existe. — Le pis n'est pas d'exister, mais
d'exister pour toujours. — Aussi je me flatte qu'il n'en
sera rien. — Peut-être ; dites-moi, avez-vous jamais
pensé sérieusement à ce que c'est que vivre ? Concevez-
vous bien qu'un être puisse jamais passer de l'état de
non vivant à celui de vivant ! Un corps s'accroît ou diminue, se meut ou se repose ; mais s'il ne vit pas par
lui-même, croyez-vous qu'un changement, quel qu'il
soit, puisse lui donner de la vie ? Il n'en est pas de vivre
comme de se mouvoir ; c'est autre chose. Un corps en
mouvement frappe un corps en repos et celui-ci se meut ;
mais arrêtez, accélérez un corps non vivant, ajoutez-y,
retranchez-en, organisez-le, c'est-à-dire disposez-en les
parties comme vous l'imaginerez ; si elles sont mortes,
elles ne vivront non plus dans une position que dans
une autre. Supposer qu'en mettant à côté d'une particule
morte, une, deux ou trois particules mortes, on en for-
mera un système de corps vivant, c'est avancer, ce me
semble, une absurdité très forte, ou je ne m'y connais
pas. Quoi ! la particule A placée à gauche de la particule B n'avait point la conscience de son existence, ne
sentait point, était inerte et morte ; et voilà que celle
qui était à gauche mise à droite et celle qui était à droite

---

1. Chirurgien écossais, hôte à ce    tenue au Grandval, maison de campagne
moment du baron d'Holbach. La con-    du baron.
versation, rapportée par Diderot, est

mise à gauche, le tout vit, se connaît, se sent! Cela ne
se peut. Que fait ici la droite ou la gauche? Y a-t-il un
côté et un autre dans l'espace? Cela serait, que le sentiment et la vie n'en dépendraient pas. Ce qui a ces
qualités les a toujours eues et les aura toujours. Le sentiment et la vie sont éternels. Ce qui vit a toujours
vécu, et vivra sans fin. La seule différence que je con-
naisse entre la mort et la vie, c'est qu'à présent, vous
vivez en masse, et que dissous, épars en molécules, dans
vingt ans d'ici vous vivrez en détail. — Dans vingt ans
c'est bien loin! »

Et Madame d'Aine : « On ne naît point, on ne meurt
point; quelle diable de folie! — Non, madame. — Quoiqu'on ne meure point, je veux mourir tout à l'heure si
vous me faites croire cela. — Attendez : Thisbé vit,
n'est-il pas vrai? — Si ma chienne vit, je vous en réponds,
elle pense, elle aime, elle raisonne, elle a de l'esprit et du
jugement. — Vous vous souvenez bien du temps où elle
n'était pas plus grosse qu'un rat. — Oui. — Pourriez-
vous me dire comment elle est devenue si rondelette?
Pardi, en se crevant de mangeaille comme vous et moi.
— Fort bien, et ce qu'elle mangeait vivait-il? ou non? —
Quelle question! pardi non, il ne vivait pas. — Quoi!
une chose qui ne vivait pas appliquée à une chose qui
vivait, est devenue vivante et vous entendez cela? —
Pardi, il faut bien que je l'entende.

Le reste de la soirée s'est passé à me plaisanter sur
mon paradoxe..... On m'offrait de belles poires qui
vivaient, des raisins qui pensaient, et moi je disais :
Ceux qui se sont aimés pendant leur vie et qui se font
inhumer l'un à côté de l'autre ne sont peut-être pas si
fous qu'on pense. Peut-être leurs cendres se pressent,
se mêlent et s'unissent, que sais-je? Peut-être n'ont-elles
pas perdu tout sentiment, toute mémoire de leur premier état. Peut-être ont-elles un reste de chaleur et de
vie dont elles jouissent à leur manière au fond de l'urne
froide qui les renferme. Nous jugeons de la vie des élé-

ments par la vie des masses grossières. Peut-être sont-ce des choses bien diverses. On croit qu'il n'y a qu'un polype : Et pourquoi la nature entière ne serait-elle pas du même ordre ? Lorsque le polype est divisé en cent mille parties, l'animal primitif et générateur n'est plus; mais tous ses principes sont vivants.

*(Lettres à mademoiselle Volland.* Lettre du 15 octobre 1759.

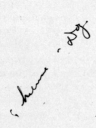

# JEAN-JACQUES ROUSSEAU

[Genève, 1712; † 1778, Ermenonville.]

---

La mère de Rousseau mourut en le mettant au monde. Il fut élevé par son père, fabricant de montres et maître de danse, artisan qui ne manquait pas d'esprit, mais léger et peu capable de faire une éducation; il apprit à lire à son fils dans les *Vies* de Plutarque et aussi dans les romans de La Calprenède. Forcé de s'expatrier à la suite d'un duel, il laissa l'enfant à un oncle qui, après l'avoir mis deux ans en pension chez le ministre Lambercier, voulut en faire un commis greffier, puis un apprenti graveur. A seize ans, las des mauvais traitements de son maître, Rousseau s'enfuit de Genève, est accueilli en Savoie par Mme de Warens, envoyé par elle au séminaire de Turin, où, de mauvaise foi, il se convertit au catholicisme, puis commence une vie d'aventures où il fit tous les métiers qui s'offraient à lui, même celui de laquais. Après un séjour chez Mme de Warens, son humeur aventureuse l'entraîne de nouveau; il passe quelque temps à Lyon avec un maître de musique, qui lui enseigne son art, parcourt la Suisse en tous sens, et revient enfin près de sa protectrice, qui le fixe durant trois ans (1738-1741). C'est alors que, pendant une maladie assez longue, il se prit de goût pour l'étude, lut les philosophes, Descartes, Malebranche, Leibnitz, Locke et apprit le latin, la géométrie et l'algèbre. Il put ainsi, entre temps, faire fonctions de précepteur, à Lyon, chez M. de Mably, frère des abbés de Mably et de Condillac.

De retour chez Mme de Warens, il inventa une méthode pour noter la musique en chiffres. Croyant sa fortune faite, il part pour Paris, se lie avec Grimm et Diderot, fait par eux la connaissance de quelques grandes dames, Mme de Broglie, Mme Dupin, de quelques hommes de lettres, Buffon, Voltaire, l'abbé de Saint-Pierre, et grâce à ces relations est choisi comme secrétaire par l'ambassadeur à Venise, M. de Montaigu. Il le suivit en Italie, mais ne put s'entendre avec lui, et, au bout de quelques mois, revint à Paris, résolu à tirer parti de ses talents de musicien. Le succès était plus malaisé qu'il ne pensait et il fut obligé, pour vivre, d'entrer comme secrétaire chez Mme Dupin (1746). Il végétait ainsi, composant des articles pour l'*Encyclopédie*, des opéras que l'on ne jouait pas ou que l'on goûtait peu, quand l'Académie de

Dijon mit au concours la question fameuse : *Le rétablissement des sciences et des arts a-t-il contribué à épurer les mœurs ?* Le discours que Rousseau écrivit sur ce sujet le rendit célèbre du jour au lendemain (1749).

Dès lors, il est non seulement connu, mais à la mode, et la cour applaudit avec transport son opéra, *le Devin du village* (1752). C'est pourtant aussi le moment où l'humeur misanthropique et révolutionnaire commence à se développer en lui; en 1755, il écrit son *Discours sur l'origine de l'inégalité*; la même année, il fait un voyage à Genève et, pour reprendre son titre de citoyen d'une république, il se reconvertit au protestantisme. Puis, étant revenu à Paris, il affecte de fuir le monde et accepte la retraite que M^me d'Épinay lui offre à l'Hermitage (1756). Brouillé par une intrigue de société avec Diderot, Grimm et M^me d'Épinay, il engagea la lutte contre les Encyclopédistes dans sa *Lettre sur les spectacles* (1758), réplique à un article de d'Alembert. Peu de temps avant, il avait quitté l'Hermitage et s'était établi à Montmorency, protégé et encouragé par la maréchale de Luxembourg, la comtesse de Boufflers, la marquise de Créqui. Dans cette retraite, il composa ses grands ouvrages, la *Nouvelle Héloïse*, 1760; le *Contrat social*, 1762; l'*Émile*, 1762.

Le scandale soulevé par ce dernier livre le contraignit à quitter la France. Mais en Suisse, où il se réfugia, les ministres protestants étaient aussi irrités que le clergé de France et *Émile* fut brûlé à Genève comme à Paris. Rousseau alors mène une vie errante jusqu'au moment où il se fixe au Val de Travers. Pendant les trois ans qu'il y passe, il compose sa *Lettre à l'archevêque de Paris*, 1762; son *Projet de constitution pour la Corse* et ses *Lettres de la Montagne*, 1765. Les *Lettres de la Montagne* déchaînèrent sur lui un nouvel orage, et, après quelques mois passés dans l'île de Saint-Pierre (1765), il crut que l'Angleterre seule pouvait lui offrir un asile sûr (1766). Établi à Wooton, il vécut quelque temps dans une grande intimité avec le philosophe Hume; on ne sait trop quels ombrages rompirent cette amitié, et, après la rupture, Rousseau revint en France, où, pendant quatre ans, il erra sans pouvoir se fixer nulle part. Enfin, en 1770, il se décide à rentrer à Paris; on l'y accueille, il y trouve de nouveaux amis, Dusaulx, Rulhière, Bernardin de Saint-Pierre, et donne avec succès des lectures de ses *Confessions*, jusqu'au jour où il est obligé de les interrompre *par ordre*, sur la dénonciation de M^me d'Épinay.

Depuis longtemps son humeur s'était assombrie; ce dernier coup détermina chez lui le délire des persécutions, qui ne l'abandonna plus qu'à de rares intervalles, durant lesquels il écrivit ses *Considérations sur le gouvernement de Pologne*, 1772; les *Dialogues de Rousseau juge de Jean-Jacques*, 1772-1776 et les

*Rêveries d'un promeneur solitaire*, 1777. Il mourut en 1778, le 3 juillet, deux mois après Voltaire, à Ermenonville, chez le marquis de Girardin, dont il avait accepté l'hospitalité.

Outre les œuvres que nous avons énumérées, il convient de rappeler que Rousseau a composé des opuscules sur la musique, des comédies, *Narcisse*, 1734; *l'Engagement téméraire* (en vers), 1747; des *Lettres sur la botanique*, parues en 1805 et que, de plus, il a laissé une volumineuse *Correspondance*, qui est loin encore d'avoir été complètement publiée.

---

# ORIGINES DE LA SOCIÉTÉ HUMAINE

## (1755)

Le premier qui ayant enclos un terrain s'avisa de dire *ceci est à moi*, et trouva des gens assez simples pour le croire, fut le vrai fondateur de la société civile. Que de crimes, de guerres, de meurtres, que de misères et d'horreurs n'eût point épargnés au genre humain celui qui, arrachant les pieux ou comblant le fossé, eût crié à ses semblables : « Gardez-vous d'écouter cet imposteur ; vous êtes perdus si vous oubliez que les fruits sont à tous et que la terre n'est à personne ! » Mais il y a grande apparence qu'alors les choses en étaient déjà venues au point de ne pouvoir plus durer comme elles étaient : car cette idée de propriété, dépendant de beaucoup d'idées antérieures qui n'ont pu naître que successivement, ne se forma pas tout d'un coup dans l'esprit humain : il fallut faire bien des progrès, acquérir bien de l'industrie et des lumières, les transmettre et les augmenter d'âge en âge, avant que d'arriver à ce dernier terme de l'état de nature. Reprenons donc les choses de plus haut, et tâchons de rassembler sous un seul point de vue cette lente succession d'événements et de connaissances dans leur ordre le plus naturel.

Le premier sentiment de l'homme fut celui de son existence ; son premier soin celui de sa conservation.

Les productions de la terre lui fournissaient tous les secours nécessaires; l'instinct le porta à en faire usage...

Telle fut la condition de l'homme naissant; telle fut la vie d'un animal borné d'abord aux pures sensations, et profitant à peine des dons que lui offrait la nature, loin de songer à lui rien arracher. Mais il se présenta bientôt des difficultés; il fallut apprendre à les vaincre : la hauteur des arbres qui l'empêchait d'atteindre à leurs fruits, la concurrence des animaux qui cherchaient à s'en nourrir, la férocité de ceux qui en voulaient à sa propre vie, tout l'obligea de s'appliquer aux exercices du corps; il fallut se rendre agile, vite à la course, vigoureux au combat. Les armes naturelles, qui sont les branches d'arbres et les pierres, se trouvèrent bientôt sous sa main. Il apprit à surmonter les obstacles de la nature, à combattre au besoin les autres animaux, à disputer sa subsistance aux hommes mêmes, ou à se dédommager de ce qu'il fallait céder aux plus forts.

A mesure que le genre humain s'étendit, les peines se multiplièrent avec les hommes. La différence des terrains, des climats, des saisons, put les forcer à en mettre dans leurs manières de vivre. Des années stériles, des hivers longs et rudes, des étés brûlants, qui consument tout, exigèrent d'eux une nouvelle industrie. Le long de la mer et des rivières ils inventèrent la ligne et l'hameçon, et devinrent pêcheurs et ichthyophages. Dans les forêts ils se firent des arcs et des flèches, et devinrent chasseurs et guerriers. Dans les pays froids ils se couvrirent des peaux des bêtes qu'ils avaient tuées. Le tonnerre, un volcan, ou quelque heureux hasard, leur fit connaître le feu, nouvelle ressource contre la rigueur de l'hiver : ils apprirent à conserver cet élément, puis à le reproduire, et enfin à préparer les viandes qu'auparavant ils dévoraient crues.

Cette application réitérée des êtres divers à lui-même, et des uns aux autres, dut naturellement engendrer dans l'esprit de l'homme les perceptions de certains rapports.

Ces relations que nous exprimons par les mots de grand, de petit, de fort, de faible, de vite, de lent, de peureux, de hardi, et d'autres idées pareilles, comparées au besoin, et presque sans y songer, produisirent enfin chez lui quelque sorte de réflexion, ou plutôt une prudence machinale qui lui indiquait les précautions les plus nécessaires à sa sûreté.

Les nouvelles lumières qui résultèrent de ce développement augmentèrent sa supériorité sur les autres animaux en la lui faisant connaître. Il s'exerça à leur dresser des pièges, il leur donna le change en mille manières; et quoique plusieurs le surpassent en force au combat, ou en vitesse à la course, de ceux qui pouvaient lui servir ou lui nuire, il devint avec le temps le maître des uns et le fléau des autres. C'est ainsi que le premier regard qu'il porta sur lui-même y produisit le premier mouvement d'orgueil; c'est ainsi que sachant encore à peine distinguer les rangs, et se contemplant au premier par son espèce, il se préparait de loin à y prétendre par son individu.

Quoique ses semblables ne fussent pas pour lui ce qu'ils sont pour nous, et qu'il n'eût guère plus de commerce avec eux qu'avec les autres animaux, ils ne furent pas oubliés dans ses observations. Les conformités que le temps put lui faire apercevoir entre eux, sa femelle et lui-même, lui firent juger de celles qu'il n'apercevait pas; et, voyant qu'ils se conduisaient tous comme il aurait fait en pareilles circonstances, il conclut que leur manière de penser et de sentir était entièrement conforme à la sienne; et cette importante vérité, bien établie dans son esprit, lui fit suivre, par un pressentiment aussi sûr et plus prompt que la dialectique, les meilleures règles de conduite que, pour son avantage et sa sûreté, il lui convint de garder avec eux.

Instruit par l'expérience que l'amour du bien-être est le seul mobile des actions humaines, il se trouva en état de distinguer les occasions rares où l'intérêt commun devait le faire compter sur l'assistance de ses semblables, et celles plus rares encore où la concurrence devait le faire se défier d'eux. Dans le premier cas, il s'unissait avec eux en troupeau, ou tout au plus par quelque sorte d'association libre qui n'obligeait personne, et qui ne durait qu'autant que le besoin passager qui l'avait formée. Dans le second, chacun cherchait à prendre ses avantages, soit à force ouverte, s'il croyait le pouvoir, soit par adresse et subtilité, s'il se sentait le plus faible.

Voilà comment les hommes purent insensiblement acquérir quelque idée grossière des engagements mutuels, et de l'avantage de les remplir, mais seulement autant que pouvait l'exiger l'intérêt présent et sensible; car la prévoyance n'était rien pour eux; et, loin de s'occuper d'un avenir éloigné, ils ne songeaient pas même au lendemain.

(Discours sur l'origine de l'inégalité parmi les hommes.<br>Seconde partie.)

## LA SOCIÉTÉ PARISIENNE AU XVIIIᵉ SIÈCLE

### (1760)

Le Français est naturellement bon, ouvert, hospitalier, bienfaisant : mais il a aussi mille manières de parler qu'il ne faut pas prendre à la lettre, mille offres apparentes qui ne sont faites que pour être refusées, mille espèces de pièges que la politesse tend à la bonne foi rustique. Je n'entendis jamais tant dire : Comptez sur moi dans l'occasion, disposez de mon crédit, de ma bourse, de ma maison, de mon équipage. Si tout cela était sincère et pris au mot, il n'y aurait pas de peuple moins attaché à la propriété; la communauté des biens serait ici presque établie : le plus riche offrant sans cesse, et le plus pauvre acceptant toujours, tout se mettrait naturellement de niveau, et Sparte même eut des partages moins égaux

qu'ils ne seraient à Paris. Au lieu de cela, c'est peut-être
la ville du monde où les fortunes sont le plus inégales,
et où règnent à la fois la plus somptueuse opulence et la
plus déplorable misère. Il n'en faut pas davantage pour
comprendre ce que signifient cette apparente commisé-
ration qui semble toujours aller au-devant des besoins
d'autrui, et cette facile tendresse de cœur qui contracte
en un moment des amitiés éternelles.

Au lieu de tous ces sentiments suspects et de cette
confiance trompeuse, veux-je chercher des lumières et de
l'instruction? C'en est ici l'aimable source; et l'on est
d'abord enchanté du savoir et de la raison qu'on trouve
dans les entretiens non seulement des savants et des gens
de lettres, mais des hommes de tous les états et même
des femmes : le ton de la conversation y est coulant et
naturel; il n'est ni pesant ni frivole; il est savant sans
pédanterie, gai sans tumulte, poli sans affectation, galant
sans fadeur, badin sans équivoque. Ce ne sont ni des
dissertations ni des épigrammes; on y raisonne sans
argumenter; on y plaisante sans jeux de mots; on y
associe avec art l'esprit et la raison, les maximes et les
saillies, la satire aiguë, l'adroite flatterie, et la morale
austère. On y parle de tout pour que chacun ait quelque
chose à dire, on n'approfondit point les questions de
peur d'ennuyer, on les propose comme en passant, on
les traite avec rapidité; la précision même a de l'élégance;
chacun dit son avis et l'appuie en peu de mots; nul n'attaque avec chaleur celui d'autrui, nul ne défend opiniâ-
trément le sien; on discute pour s'éclairer, on s'arrête
avant la dispute, chacun s'instruit, chacun s'amuse; tous
s'en vont contents, et le sage même peut rapporter de ces
entretiens des sujets dignes d'être médités en silence.

Mais au fond, que penses-tu qu'on apprenne dans ces
conversations si charmantes? à juger sainement des
choses du monde? à bien user de la société? à connaître
au moins les gens avec qui l'on vit? Rien de tout cela,
ma Julie; on y apprend à plaider avec art la cause du

mensonge; à ébranler à force de philosophie tous les
principes de la vertu, à colorer de sophismes subtils ses
passions et ses préjugés, et à donner à l'erreur un certain
tour à la mode selon les maximes du jour. Il n'est point
nécessaire de connaître le caractère des gens, mais seulement leurs intérêts, pour deviner à peu près ce qu'ils
diront de chaque chose. Quand un homme parle, c'est
pour ainsi dire son habit et non pas lui qui a un sentiment; et il en changera sans façon tout aussi souvent que
d'état. Donnez-lui tour à tour une longue perruque, un
habit d'ordonnance, et une croix pectorale, vous l'entendrez successivement prêcher avec le même zèle les lois,
le despotisme et l'inquisition. Il y a une raison commune
pour la robe, une autre pour la finance, une autre pour
l'épée. Chacun prouve très bien que les deux autres sont
mauvaises, conséquence facile à tirer pour les trois.
Ainsi nul ne dit jamais ce qu'il pense, mais ce qu'il lui
convient de faire penser à autrui; et le zèle apparent de
la vérité, n'est jamais en eux que le masque de l'intérêt.

Vous croiriez que les gens isolés qui vivent dans l'indépendance ont au moins un esprit à eux : point du tout :
autres machines qui ne pensent point, et qu'on fait penser
par ressort. On n'a qu'à s'informer de leurs sociétés, de
leurs coteries, de leurs amis, des femmes qu'ils voient,
des auteurs qu'ils connaissent; là-dessus on peut d'avance
établir leur sentiment futur sur un livre prêt à paraître
et qu'ils n'ont point lu; sur une pièce prête à jouer et
qu'il n'ont point vue, sur tel ou tel système dont ils n'ont
aucune idée; et comme la pendule ne se monte ordinairement que pour vingt-quatre heures, tous ces gens là
s'en vont chaque soir apprendre dans leurs sociétés ce
qu'ils penseront le lendemain.

Il y a ainsi un petit nombre d'hommes et de femmes
qui pensent pour tous les autres, et pour lesquels tous
les autres parlent et agissent; et comme chacun songe à
son intérêt, personne au bien commun, et que les intérêts
particuliers sont toujours opposés entre eux, c'est **un**

choc perpétuel de brigues et de cabales, un flux et reflux
de préjugés d'opinions contraires, où les plus échauffés,
animés par les autres, ne savent presque jamais de quoi
il est question. Chaque coterie a ses règles, ses jugements, ses principes qui ne sont point admis ailleurs.
L'honnête homme d'une maison est un fripon dans la
maison voisine : le bon, le mauvais, le beau, le laid, la
vérité, la vertu, n'ont qu'une existence locale et circons-
crite. Quiconque aime à se répandre et fréquente plusieurs sociétés doit être plus flexible qu'Alcibiade,
changer de principes comme d'assemblées, modifier son
esprit pour ainsi dire à chaque pas, et mesurer ses
maximes à la toise : il faut qu'à chaque visite il quitte en
entrant son âme, s'il en a une ; qu'il en prenne une autre
aux couleurs de la maison, comme un laquais prend un
habit de livrée ; qu'il la pose de même en sortant et
reprenne, s'il veut, la sienne jusqu'à nouvel échange.

Il y a plus ; c'est que chacun se met sans cesse en contradiction avec lui-même, sans qu'on s'avise de le trouver
mauvais. On a des principes pour la conversation et
d'autres pour la pratique ; leur opposition ne scandalise
personne, et l'on est convenu qu'ils ne se ressembleraient
point entre eux : on n'exige pas même d'un auteur, surtout d'un moraliste, qu'il parle comme ses livres, ni qu'il
agisse comme il parle ; ses écrits, ses discours, sa conduite, sont trois choses toutes différentes, qu'il n'est
point obligé de concilier. En un mot, tout est absurde,
et rien ne choque, parce qu'on y est accoutumé ; et il y
a même à cette inconséquence une sorte de bon air dont
bien des gens se font honneur. En effet, quoique tous
prêchent avec zèle les maximes de leur profession, tous
se piquent d'avoir le ton d'une autre. Le robin prend l'air
cavalier ; le financier fait le seigneur ; l'évêque a le propos
galant ; l'homme de cour parle de philosophie ; l'homme
d'État, ne pouvant prendre un autre ton que le sien, se
met en noir le dimanche pour avoir l'air d'un homme de
palais. Les militaires seuls, dédaignant tous les autres

états, gardent sans façon le ton du leur, et sont insupportables de bonne foi. Ce n'est pas que M. de Muralt n'eût raison quand il donnait la préférence à leur société; mais ce qui était vrai de son temps ne l'est plus aujourd'hui. Le progrès de la littérature a changé en mieux le ton général : les militaires seuls n'auront point voulu changer; et le leur, qui était le meilleur auparavant, est enfin devenu le pire.

Ainsi les hommes à qui l'on parle ne sont point ceux avec qui l'on converse; leurs sentiments ne partent point de leur cœur, leurs lumières ne sont point dans leur esprit, leurs discours ne représentent point leurs pensées; on n'aperçoit d'eux que leur figure, et l'on est dans une assemblée à peu près comme devant un tableau où le spectateur paisible est le seul être mû par lui-même.

(Nouvelle Héloïse, II, xiv.)

## LETTRE A CHRISTOPHE DE BEAUMONT
### (1762)

Pourquoi faut-il, monseigneur, que j'aie quelque chose à vous dire? Quelle langue commune pouvons-nous parler? Comment pouvons-nous nous entendre? et qu'y a t-il entre vous et moi?

Cependant il faut vous répondre; c'est vous-même qui m'y forcez. Si vous n'eussiez attaqué que mon livre, je vous aurais laissé dire; mais vous attaquez en moi ma personne; et plus vous avez d'autorité parmi les hommes, moins il m'est permis de me taire quand vous voulez me déshonorer.

Je ne puis m'empêcher, en commençant cette lettre de

1. Christophe de Beaumont, archevêque de Paris, après la publication de l'*Emile* (1762), avait lancé un mandement où il ne se contentait pas de condamner l'œuvre, mais où il attaquait aussi l'auteur. Rousseau lui répliqua par la lettre éloquente dont nous donnons le début.

réfléchir sur les bizarreries de ma destinée : elle en a qui n'ont été que pour moi.

J'étais né avec quelque talent; le public l'a jugé ainsi : cependant j'ai passé ma jeunesse dans une heureuse obscurité, dont je ne cherchais point à sortir. Si je l'avais cherché, cela même eût été une bizarrerie, que durant tout le feu du premier âge je n'eusse pu réussir, et que j'eusse trop réussi dans la suite quand ce feu commençait à passer. J'approchais de ma quarantième année, et j'avais, au lieu d'une fortune que j'ai toujours méprisée et d'un nom qu'on m'a fait payer si cher, le repos et des amis, les deux seuls biens dont mon cœur soit avide. Une misérable question d'académie, m'agitant l'esprit malgré moi, me jeta dans un métier pour lequel je n'étais point fait; un succès inattendu m'y montra des attraits qui me séduisirent. Des foules d'adversaires m'attaquèrent sans m'entendre, avec une étourderie qui me donna de l'humeur, et avec un orgueil qui m'en inspira peut-être. Je me défendis et de dispute en dispute, je me sentis engagé dans la carrière, presque sans y avoir pensé. Je me trouvai pour ainsi dire devenu auteur à l'âge où on cesse de l'être, et homme de lettres par mon mépris même pour cet état. Dès là je fus dans le public quelque chose; mais aussi le repos et les amis disparurent. Quels maux ne souffris-je point avant de prendre une assiette plus fixe et des attachements plus heureux! il fallut dévorer mes peines; il fallut qu'un peu de réputation me tînt lieu de tout. Si c'est un dédommagement pour ceux qui sont toujours loin d'eux-mêmes, ce n'en fut jamais un pour moi.

Si j'eusse un moment compté sur un bien si frivole, que j'aurais été promptement désabusé! Quelle inconstance perpétuelle n'ai-je pas éprouvée dans les jugements du public sur mon compte! J'étais trop loin de lui; ne me jugeant que sur le caprice ou l'intérêt de ceux qui le mènent, à peine deux jours de suite avait-il pour moi les mêmes yeux. Tantôt j'étais un homme noir et tantôt un ange de lumière. Je me suis vu dans la même année, fêté, recherché, même à la cour, puis insulté, menacé, détesté, maudit : le soir on m'attendait pour m'assassiner dans les rues ; les matins on m'annonçait une lettre de cachet. Le bien et le mal coulaient à peu près de la même source ; le tout me venait pour des chansons.

J'ai écrit sur divers sujets, mais toujours dans les mêmes principes ; toujours la même morale, la même croyance, les mêmes maximes, et, si l'on veut, les mêmes opinions. Cependant on a porté des jugements opposés de mes livres, ou plutôt de l'auteur de mes livres, parce qu'on m'a jugé sur les matières que j'ai traitées, bien plus que sur mes sentiments. Après mon premier *Discours*, j'étais un homme à paradoxes, qui se faisait un jeu de prouver ce qu'il ne pensait pas ; après ma *Lettre sur la musique française*, j'étais l'ennemi déclaré de la nation ; il s'en fallait peu qu'on ne m'y traitât en conspirateur ; on eût dit que le sort de la monarchie était attaché à la gloire de l'Opéra ; après mon *Discours sur l'inégalité*, j'étais athée et misanthrope, après la *Lettre à M. D'Alembert*, j'étais le défenseur de la morale chrétienne ; après l'*Héloïse* j'étais tendre et doucereux : maintenant je suis un impie ; bientôt peut-être serai-je un dévot.

Ainsi va flottant le sot public sur mon compte, sachant aussi peu pourquoi il m'abhorre que pourquoi il m'aimait auparavant. Pour moi, je suis toujours demeuré le même ; plus ardent qu'éclairé dans mes recherches, mais sincère en tout, même contre moi ; simple et bon, mais sensible et faible : faisant souvent le mal, et toujours aimant le bien ; lié par l'amitié, jamais par les choses, et tenant plus à mes sentiments qu'à mes intérêts ; n'exigeant rien des hommes, et n'en voulant point dépendre ; ne cédant pas plus à leurs préjugés qu'à leurs volontés, et gardant la mienne aussi libre que ma raison ; craignant Dieu sans peur de l'enfer, raisonnant sur la religion sans libertinage, n'aimant ni l'impiété ni le fanatisme, mais haïssant les intolérants, encore plus que les esprits forts ; ne vou-

lant cacher mes façons de penser à personne; sans fard,
sans artifice en toutes choses; disant mes fautes à mes
amis, mes sentiments à tout le monde, au public ses
vérités sans flatterie et sans fiel, et me souciant tout
aussi peu de le fâcher que de lui plaire. Voilà mes
crimes, et voilà mes vertus.

----

## COMMENT ROUSSEAU SENTAIT
## LA NATURE

### (1762)

Quels temps croiriez-vous, monsieur, que je me
rappelle le plus souvent et le plus volontiers dans mes
rêves? Ce ne sont point les plaisirs de la jeunesse; ils
furent trop rares, trop mêlés d'amertume, et sont déjà
trop loin de moi. Ce sont ceux de ma retraite; ce sont
mes promenades solitaires, ce sont ces jours rapides,
mais délicieux que j'ai passés tout entiers avec moi seul,
avec ma bonne et simple gouvernante, mon chien bien
aimé, ma vieille chatte, avec les oiseaux de la campagne
et les biches de la forêt, avec la nature entière et son
inconcevable auteur. En me levant avant le soleil pour
aller voir, contempler son lever dans mon jardin, quand
je voyais commencer une belle journée, mon premier
souhait était que ni lettres, ni visites n'en vinssent troubler le charme. Après avoir donné la matinée à divers
soins que je remplissais tous avec plaisir, parce que je
pouvais les remettre à un autre temps, je me hâtais de
dîner pour échapper aux importuns, et me ménager un
plus long après-midi. Avant une heure, même les jours
les plus ardents, je partais par le grand soleil avec le
fidèle Achate[1], pressant le pas dans la crainte que
quelqu'un ne vînt s'emparer de moi avant que j'eusse

----

1. C'est de son chien qu'il veut parler.

pu m'esquiver; mais quand une fois j'avais pu doubler un certain coin, avec quel battement de cœur, avec quel pétillement de joie je commençais à respirer en me sentant sauvé, en me disant : « Me voilà maître de moi pour le reste de ce jour ! » J'allais alors d'un pas plus tranquille chercher quelque lieu sauvage dans la forêt, quelque lieu désert où rien ne montrant la main des hommes n'annonçât la servitude et la domination, quelque asile où je pusse croire avoir pénétré le premier, et où nul tiers importun ne vînt s'interposer entre la nature et moi. C'était là qu'elle semblait déployer à mes yeux une magnificence toujours nouvelle. L'or des genêts et la pourpre des bruyères frappaient mes yeux d'un luxe qui touchait mon cœur; la majesté des arbres qui me couvraient de leur ombre, la délicatesse des arbustes qui m'environnaient, l'étonnante variété des herbes et des fleurs que je foulais sous mes pieds, tenaient mon esprit dans une alternative continuelle d'observation et d'admiration : le concours de tant d'objets intéressants qui se disputaient mon attention, m'attirant sans cesse de l'un à l'autre, favorisait mon humeur rêveuse et paresseuse, et me faisait souvent redire en moi-même : « Non, Salomon dans toute sa gloire, ne fut jamais vêtu comme l'un d'eux [1]. »

Mon imagination ne laissait pas longtemps déserte la terre ainsi parée. Je la peuplais bientôt d'êtres selon mon cœur, et chassant bien loin l'opinion, les préjugés, toutes les passions factices, je transportais dans les asiles de la nature des hommes dignes de les habiter. Je m'en formais une société charmante dont je ne me sentais pas indigne, je me faisais un siècle d'or à ma fantaisie, et, remplissant ces beaux jours de toutes les scènes de ma vie qui m'avaient laissé de doux souvenirs, et de toutes celles que mon cœur pouvait désirer encore, je m'attendrissais jusqu'aux larmes sur les plaisirs de

1. Évangile selon saint Mathieu VI, 29.

l'humanité, plaisirs si délicieux, si purs, et qui sont désormais si loin des hommes. Oh! si dans ce moment, quelque idée de Paris, de mon siècle, et de ma petite gloriole d'auteur venait troubler mes rêveries, avec quel dédain je la chassais à l'instant pour me livrer, sans distraction, aux sentiments exquis dont mon âme était pleine! Cependant au milieu de tout cela, je l'avoue, le néant de mes chimères venait quelquefois la contrister tout à coup. Quand tous mes rêves se seraient tournés en réalités, ils ne m'auraient pas suffi; j'aurais imaginé, rêvé, désiré encore. Je trouvais en moi un vide inexplicable que rien n'aurait pu remplir, un certain élancement de cœur vers une autre sorte de jouissance dont je n'avais pas d'idée, et dont pourtant je sentais le besoin. Hé bien, monsieur, cela même était jouissance, puisque j'en étais pénétré d'un sentiment très vif, et d'une tristesse attirante que je n'aurais pas voulu ne pas avoir.

Bientôt de la surface de la terre j'élevais mes idées à tous les êtres de la nature, au système universel des choses, à l'être incompréhensible qui embrasse tout. Alors, l'esprit perdu dans cette immensité, je ne pensais pas, je ne raisonnais pas, je ne philosophais pas, je me sentais, avec une sorte de volupté, accablé du poids de cet univers, je me livrais avec ravissement à la confusion de ces grandes idées, j'aimais à me perdre en imagination dans l'espace, mon cœur resserré dans les bornes des êtres s'y trouvait trop à l'étroit; j'étouffais dans l'univers; j'aurais voulu m'élancer dans l'infini. Je crois que si j'eusse dévoilé tous les mystères de la nature je me serais senti dans une situation moins délicieuse que cette étourdissante extase à laquelle mon esprit se livrait sans retenue, et qui dans l'agitation de mes transports me faisait écrier quelquefois : « O grand Être! ô grand Être! » sans pouvoir dire ni penser rien de plus.

Ainsi s'écoulaient dans un délire continuel les journées les plus charmantes que jamais créature humaine

ait passées : et quand le coucher du soleil me faisait
songer à la retraite, étonné de la rapidité du temps, je
croyais n'avoir pas assez mis à profit ma journée, je pensais en pouvoir jouir davantage encore ; et, pour réparer
le temps perdu je me disais : « Je reviendrai demain. »

(*Troisième lettre à M. de Malesherbes.*)

---

## LA TRANSFORMATION DE ROUSSEAU
## A L'ERMITAGE
### (écrit vers 1770)

Jusque-là j'avais été bon : dès lors je devins vertueux,
ou du moins enivré de la vertu. Cette ivresse avait
commencé dans ma tête, mais elle avait passé dans mon
cœur. Le plus noble orgueil y germa sur les débris de la
vanité déracinée. Je ne jouai rien ; je devins en effet tel
que je parus ; et, pendant quatre ans au moins que dura
cette effervescence dans toute sa force, rien de grand et
de beau ne peut entrer dans un cœur d'homme dont je
ne fusse capable entre le ciel et moi. Voilà d'où naquit
ma subite éloquence ; voilà d'où se répandit dans mes
premiers livres ce feu vraiment céleste qui m'embrasait,
et dont pendant quarante ans il ne s'était pas échappé la
moindre étincelle, parce qu'il n'était pas encore allumé.

J'étais vraiment transformé, mes amis, mes connaissances ne me reconnaissaient plus. Je n'étais plus cet
homme timide, et plutôt honteux que modeste, qui
n'osait ni se présenter ni parler ; qu'un mot badin
déconcertait, qu'un regard de femme faisait rougir.
Audacieux, fier, intrépide, je portais partout une assurance d'autant plus ferme, qu'elle était simple et résidait
dans mon âme plus que dans mon maintien. Le mépris
que mes profondes méditations m'avaient inspiré pour
les mœurs, les maximes et les préjugés de mon siècle,
me rendait insensible aux railleries de ceux qui les

avaient, et j'écrasais leurs petits bons mots avec mes
sentences, comme j'écraserais un insecte entre mes
doigts. Quel changement! tout Paris répétait les âcres
et mordants sarcasmes de ce même homme qui, deux
ans auparavant et dix ans après, n'a jamais su trouver
la chose qu'il avait à dire, ni le mot qu'il devait employer.
Qu'on cherche l'état du monde le plus contraire à mon
naturel, on trouvera celui-là. Qu'on se rappelle un de
ces courts moments de ma vie, où je devenais un autre
et cessais d'être moi; on le trouve encore dans le temps
dont je parle : mais au lieu de durer six jours, six semaines,
il dura près de six ans, et durerait peut-être encore, sans
les circonstances particulières qui le firent cesser, et me
rendirent à la nature, au-dessus de laquelle j'avais voulu
m'élever.

*(Confessions,* II, ix.)

# DE BEAUMARCHAIS

## (Pierre-Augustin-Caron)

[Paris, 1732; † 1799, Paris.]

---

**Charles** Caron, horloger dans la rue Saint-Denis, ne fit point donner à son fils l'éducation classique; et l'auteur futur du *Barbier de Séville*, après avoir été apprenti dans la boutique paternelle, devint un artisan habile qui, à vingt ans, inventait un nouveau système d'échappement pour les montres. Cette invention lui fut disputée par un sieur Lepaute : d'où premier procès de celui qui devait être un infatigable plaideur. S'étant marié avec une femme riche, Augustin Caron acheta des lettres de noblesse, prit le nom de Beaumarchais, et, à la faveur de son talent de musicien, se glissa à la cour, où il donna des leçons de harpe à mesdames de France, filles de Louis XV. C'est alors qu'il connut le financier Pâris-Duverney, qui l'envoya régler en Espagne quelques affaires et lui donna ainsi l'occasion de venger sa sœur de l'abandon de son fiancé Clavijo. Cette aventure ayant fait du bruit, Beaumarchais, à son retour en France, en tira sa pièce d'*Eugénie*, 1767, qui réussit peu; son drame des *Deux Amis*, 1770, n'eut pas une meilleure fortune. Mais la réputation lui vint soudaine et éclatante avec les *Mémoires* qu'il publia lors de son procès avec le conseiller Goëzman, 1773-1774. En mourant, Pâris-Duverney avait réglé tous ses comptes avec Beaumarchais et reconnaissait lui devoir 15 000 livres; le comte de la Blache, légataire universel du financier, n'accepta pas ce réglement; d'où procès. Beaumarchais, pour obtenir audience de Goëzman, rapporteur de son affaire, lui fit tenir un cadeau d'argent pour lui, sa femme et son secrétaire; le cadeau fut accepté d'abord, puis, renvoyé après le jugement du procès; mais on retenait les quinze louis donnés au secrétaire. Beaumarchais les réclama; Goëzman l'accusa de tentative de corruption d'un juge, et telle est l'origine de ces fameux *Mémoires*, qui comptent entre les pamphlets les plus amusants de notre littérature. La représentation du *Barbier de Séville*, 1775, le rôle joué par Beaumarchais, qui eut mission de la cour pour amener le gazetier Théveneau de Morande a supprimer ses libelles, son intervention équivoque, mais brillante, dans les affaires d'Amérique, firent de lui un personnage à la mode. Le scandale du *Mariage de Figaro*, 1783, le mit encore plus en vue. Mais, à dater de ce moment, son étoile pâlit. Il ne fit pas bonne figure dans une polémique engagée contre Mirabeau, 1786; il ne retrouva plus sa verve d'antan quand il se mêla au procès du sieur Kornmann et de sa femme; son opéra de *Tarare*, 1787; son drame de la *Mère Coupable*, 1792, sont à une distance infinie du *Barbier de Séville* et du *Mariage de Figaro*. Sous la Révolution, Beaumarchais s'avisa d'acheter en Hollande des armes pour la nation; cette affaire fut pour lui la cause de mille tracas : la foule envahit son hôtel, il fut incarcéré à l'Abbaye; à un moment, la Commune de Paris le déclara suspect et émigré, parce qu'il lui avait fallu faire un voyage à Hambourg; et s'il ne fut pas ruiné, comme on l'a dit, au moins dit-il vrai que, lorsqu'il mourut en 1799, il était notablement appauvri.

---

## EXORDE DU QUATRIÈME MÉMOIRE
## A CONSULTER

### (1773)

Si l'Être bienveillant qui veille à tout m'eût honoré de sa présence un jour, et m'eût dit « : Je suis celui par qui tout est; sans moi tu n'existerais point. Je te douai d'un corps sain et robuste; j'y plaçai l'âme la plus active; tu nais avec quelle profusion je versai la sensibilité dans ton cœur et la gaîté sur ton caractère. Mais, pénétré que je te vois du bonheur de penser, de sentir, tu serais aussi trop heureux si quelques chagrins ne balançaient pas cet état fortuné : ainsi tu vas être accablé sous des calamités sans nombre; déchiré par mille ennemis; privé de ta liberté, de tes biens; accusé de rapines, de faux, d'imposture, de corruption, de calomnie; gémissant sous l'opprobre d'un procès criminel, garotté dans les liens d'un décret [1]; attaqué sur tous les points de ton existence par les plus absurdes *on dit* [2] et balloté longtemps au

---

1. Comme son procès avec le comte de la Blache, qu'il avait gagné en première instance, allait venir en appel, Beaumarchais, à la suite d'une querelle avec le duc de Chaulnes, fut emprisonné à For-l'Evêque.

2. On l'accusa d'avoir tué sa première et sa seconde femme.

scrutin de l'opinion publique, pour décider si tu n'es que le plus vil des hommes, ou seulement un honnête citoyen » ;

Je me serais prosterné et j'aurais répondu : « Être des êtres, je te dois tout, le bonheur d'exister, de penser et de sentir ; je crois que tu nous as donné les biens et les maux en mesure égale ; je crois que ta justice a tout sagement compensé pour nous, et que la variété des peines et des plaisirs, des craintes et des espérances, est le vent frais qui met le navire en branle et le fait avancer gaîment dans sa route.

« S'il est écrit que je doive être exercé par toutes les traverses que ta rigueur m'annonce, tu ne veux pas apparemment que je succombe à ces chagrins. Donne-moi la force de les repousser, d'en soutenir l'excès par des compensations, et malgré tant de maux, je ne cesserai de chanter tes louanges *in cithara et decachordo*.

« Si mes malheurs doivent commencer par l'attaque imprévue d'un légataire avide [1] sur une créance légitime, sur un acte appuyé de l'estime réciproque et de l'équité des deux contractants, accorde-moi pour adversaire un homme avare, injuste et reconnu pour tel ; de sorte que les honnêtes gens puissent s'indigner que celui qui, sans droit naturel, vient d'hériter quinze cent mille francs, m'intente un horrible procès, et veuille me dépouiller de cinquante mille écus, pour éviter de me payer quinze mille francs au nom et sur la foi de l'engagement de son bienfaiteur.

« Fais qu'aveuglé par la haine, il s'égare assez pour me supposer tous les crimes ; et que, m'accusant faussement au tribunal du public *d'avoir osé compromettre les noms les plus sacrés*, il soit enfin couvert de honte quand la nécessité de me justifier m'arrachera au silence le plus respectueux.

« Fais qu'il soit assez maladroit pour prouver sa liaison secrète avec mes ennemis en écrivant contre moi dans

---

1. C'est le comte de la Blache.

Paris des lettres de *Grenoble* à celui qui l'aura aidé à me dépouiller de mes biens ; de façon que je n'aie qu'à poser les faits dans leur ordre naturel pour être vengé de ce riche légataire par lui-même.

« S'il est écrit qu'au milieu de cet orage, je doive être outragé dans ma personne, emprisonné pour une querelle particulière [1], s'il est écrit que l'usurpateur de mon bien profite de ma détention pour faire juger notre procès au parlement, et si je suis destiné de toute éternité à tomber à cette époque entre les mains d'un rapporteur inabordable, j'oserais désirer que l'autorité, qui n'est jamais formaliste sur rien, le devînt assez contre moi pour qu'il me fût interdit de sortir de prison, pour solliciter ce rapporteur, sans être suivi d'un homme public et sermenté, dont le témoignage pût servir un jour à me sauver des misérables embûches de mes ennemis.

« Si, pour les suites de ce procès, je dois être dénoncé au parlement comme ayant voulu corrompre un juge incorruptible et calomnier un homme incalomniable, suprême Providence, ton serviteur est prosterné devant toi ; je me soumets. Fais que mon dénonciateur soit un homme de peu de cervelle ; qu'il soit faux et faussaire [2] ; et, puisque ce procès criminel doit être de toute iniquité, comme le procès civil qui y a donné lieu, fais, ô mon maître, que celui qui veut me perdre se trompe sur moi, me croie un homme sans force, et s'abuse dans ses moyens.

« S'il se donne une complice, que ce soit une femme de peu de sens [3] ; si elle est interrogée, qu'elle se coupe, avoue, nie ce qu'elle avoue, y revienne encore.

« Si mon dénonciateur suborne un témoin [4], que ce soit un homme simple et droit, que l'horreur des cachots n'empêche pas de revenir à la vérité, dont on l'aura un moment écarté. »

---

1. Allusion à son affaire avec le duc de Chaulnes.

2. Goëzman.

3. Mme Goëzman.

4. Le libraire Lejay, à qui Goëzman avait dicté un faux témoignage et qui se rétracta.

Telle eût été ma prière ardente, et, si tous ces points m'avaient été accordés, encouragé par tant de condescendance, j'aurais ajouté : « Suprême bonté! s'il est encore écrit que quelque intrus doive s'immiscer dans cette horrible affaire, et prétendre à l'honneur de l'arranger en sacrifiant un innocent et me jetant moi-même dans des embarras inextricables, je désirerais que cet homme fût d'un esprit gauche et lourd; que sa méchanceté maladroite l'eût depuis longtemps chargé de deux choses incompatibles jusqu'à lui, la haine et le mépris publics; je demanderais surtout qu'infidèle à ses amis, ingrat envers ses protecteurs, odieux aux auteurs dans ses censures, nauséabond aux lecteurs dans ses écritures, terrible aux emprunteurs dans ses usures, colportant les livres défendus, espionnant les gens qui *l'admettent*, écorchant les étrangers dont il fait les affaires, désolant pour s'enrichir les malheureux libraires, il fût tel enfin dans l'opinion des hommes, qu'il suffît d'être accusé par lui pour être présumé honnête, son protégé pour être à bon droit suspecté : *donne-moi* MARIN.

« Que si cet intrus doit former le projet d'affaiblir un jour ma cause, en subornant un témoin dans cette affaire, j'oserais demander que cet autre *argouzin* fût un cerveau fumeux, un capitan sans caractère, girouette à tous les vents de la cupidité; pauvre hère, qui, voulant jouer dix rôles à la fois, dénué de sens pour en soutenir un seul, allât, dans la nuit d'une intrigue obscure, se brûler à toutes les chandelles en croyant s'approcher du soleil, et qui, livré, sur l'escarpolette de l'intérêt, à un balancement perpétuel, en eût la tête et le cœur étourdis au point de ne savoir ce qu'il affirme ni ce qu'il a dessein de nier : *donne-moi* BERTRAND [2].

« Et si quelque auteur infortuné doit servir un jour de

1. Marin (1721-1809), eut la direction de la *Gazette de France* et fut censeur royal. Il a laissé plusieurs ouvrages, aujourd'hui complètement oubliés.

2. Dayrolles Bertrand est un des comparses qui, dans cette affaire, prirent parti contre Beaumarchais. Il n'est pas autrement connu.

conseiller à cette belle ambassade, j'oserais supplier ta
divine providence de permettre qu'il remplît un rôle si
pitoyable, que bouffi de colère et tout rouge de honte, il
fût réduit à se faire en lui-même tous les reproches que
la pitié me ferait supprimer; heureux encore, quand une
expérience de soixante-quatre ans et demi ne lui aurait
pas appris à parler, que cet événement lui apprît au
moins à se taire! *donne-moi* BACULARD [1].

## MONOLOGUE DE FIGARO
### (1783)

..... Est-il rien de plus bizarre que ma destinée?
Fils de je ne sais pas qui, volé par des bandits, élevé
dans leurs mœurs, je m'en dégoûte, et veux courir une
carrière honnête; et partout je suis repoussé! J'apprends
la chimie, la pharmacie, la chirurgie; et tout le crédit
d'un grand seigneur peut à peine me mettre à la main
une lancette de vétérinaire. — Las d'attrister des bêtes
malades, et pour faire un métier contraire, je me jette à
corps perdu dans le théâtre. Me fussé-je mis une pierre
au cou! Je broche [2] une comédie dans les mœurs du
sérail : auteur espagnol, je croyais pouvoir y fronder
Mahomet sans scrupule. A l'instant un envoyé... de je
ne sais où se plaint que j'offense dans mes vers la
Sublime Porte, la Perse, une partie de la presqu'île de
l'Inde, toute l'Egypte, les royaumes de Barca, de Tri-
poli, de Tunis, d'Alger et de Maroc; et voilà ma comédie
flambée, pour plaire aux princes mahométans, dont pas
un, je crois, ne sait lire et qui nous meurtrissent l'omo-

1. Baculard d'Arnaud (1718-1805),
protégé à ses débuts par Voltaire, lui
dut de devenir le correspondant littéraire de Frédéric II, à Paris, et plus
tard d'être appelé par le roi de Prusse
à Berlin. Quand Voltaire alla à Postdam,
il eut des démêlés avec son ancien
client, qui fut dès lors l'objet de ses
railleries méprisantes. Baculard a donné
des drames, des contes et des nouvelles
dans le genre lugubre.

2. Je *bâcle* une comédie sur les mœurs
du sérail...

plate en nous disant : *Chiens de chrétiens !* — Ne pouvant
avilir l'esprit, on se venge en le maltraitant. — Mes
joues se creusaient; mon terme était échu. Je voyais de
loin arriver l'affreux recors [1], la plume fichée dans sa
perruque. En frémissant je m'évertue. Il s'élève une
question sur la nature des richesses [2]; et, comme il
n'est pas nécessaire de tenir les choses pour en raisonner, n'ayant pas un sou, j'écris sur la valeur de
l'argent et sur son produit net. Sitôt je vois, du fond
d'un fiacre, baisser pour moi le pont d'un château-fort [3],
à l'entrée duquel je laissai l'espérance et la liberté. —
(*Il se lève*). Que je voudrais bien tenir un de ces puissants de quatre jours, si légers sur le mal qu'ils ordonnent, quand une bonne disgrâce a cuvé son orgueil ! Je
lui dirais... que les sottises imprimées n'ont d'importance qu'aux lieux où l'on en gêne le cours; que, sans
la liberté de blâmer, il n'est point d'éloge flatteur; et
qu'il n'y a que les petits hommes qui redoutent les
petits écrits. (*Il se rassied.*) Las de nourrir un obscur
pensionnaire, on me met un jour dans la rue; et, comme
il faut dîner, quoiqu'on ne soit plus en prison, je taille
encore ma plume, et demande à chacun de quoi il est
question. On me dit que pendant ma retraite économique
il s'est établi dans Madrid un système de liberté sur la
vente des productions, qui s'étend même à celles de la
presse; et que, pourvu que je ne parle en mes écrits ni
de l'autorité, ni du culte, ni de la politique, ni de la
morale, ni des gens en place, ni des corps en crédit, ni
de l'opéra [4], ni des autres spectacles, ni de personne qui
tienne à quelque chose, je puis tout imprimer librement,
sous l'inspection de deux ou trois censeurs. Pour profiter de cette douce liberté, j'annonce un écrit périodique,
et, croyant n'aller sur les brisées d'aucun autre, je le

---

1. Officier subalterne de la justice, qui accompagne l'huissier pour lui prêter main-forte contre les débiteurs récalcitrants.

2. Le passage de Turgot au ministère avait donné un regain de nouveauté aux théories des *économistes*.

3. Allusion à la Bastille.

4. Allusion à la récente querelle des *Glückistes* et des *Piccinistes*.

nomme *Journal inutile*. — Pou-ou! Je vois s'élever contre moi mille pauvres diables à la feuille [1]; on me supprime; et me voilà derechef sans emploi! — Le désespoir m'allait saisir. On pense à moi pour une place; mais par malheur j'y étais propre. Il fallait un calculateur, ce fut un danseur qui l'obtint. Il ne me restait plus qu'à voler. Je me fais banquier de pharaon [2]. Alors, bonnes gens! Je soupe en ville, et les personnes dites *comme il faut* m'ouvrent poliment leur maison, en retenant pour elles les trois quarts du profit. J'aurais bien pu me remonter; je commençais même à comprendre que, pour gagner du bien, le savoir-faire vaut mieux que le savoir. Mais, comme chacun pillait autour de moi, en exigeant que je fusse honnête, il fallut bien périr encore. Pour le coup je quittais le monde, et vingt brasses d'eau m'en allaient séparer, lorsqu'un Dieu bienfaisant m'appelle à mon premier état. Je reprends ma trousse et mon cuir anglais; puis, laissant la fumée aux sots qui s'en nourrissent, et la honte au milieu du chemin, comme trop lourde à un piéton, je vais rasant de ville en ville, et je vis enfin sans souci. Un grand seigneur passe à Séville; il me reconnaît; je le marie; et, pour prix d'avoir eu par mes soins son épouse, il veut intercepter la mienne. Intrigue, orage à ce sujet..... O bizarre suite d'événements! Comment cela m'est-il arrivé? Pourquoi ces choses, et non pas d'autres? Qui les a fixées sur ma tête? Forcé de parcourir la route où je suis entré sans le savoir, comme j'en sortirai sans le vouloir, je l'ai jonchée d'autant de fleurs que ma gaieté me l'a permis. Encore je dis ma gaieté, sans savoir si elle est à moi plus que le reste, ni même quel est ce *moi* dont je m'occupe : un assemblage informe de parties inconnues, puis un chétif être imbé-

---

1. C'est-à-dire : payés à la feuille, suivant le nombre de feuilles qu'ils remplissent.

2. La manie du jeu fut à l'état épidémique durant les premières années du règne de Louis XVI. En 1780, Dusaulx publia un pamphlet sur les tripots, qui fit beaucoup de bruit.

cille, un petit animal folâtre, un jeune homme ardent au plaisir, ayant tous les goûts pour jouir, faisant tous les métiers pour vivre, maître ici, valet là, selon qu'il plaît à la fortune! ambitieux par vanité, laborieux par nécessité, mais paresseux... avec délices! orateur selon le danger, poète par délassement, musicien par occasion, amoureux par folles bouffées; j'ai tout vu, tout fait, tout usé.

(*Le Mariage de Figaro*, **V, 3.**)

# BUFFON

## (Georges-Louis Leclerc de)

[Montbard, 1707; ‡ 1788, Paris.]

Le père de Buffon, d'abord conseiller du roi et commissaire général des maréchaussées de France, fut nommé en 1720 conseiller au Parlement de Bourgogne. Sa mère, Anne-Christine Marlin, était une femme de rare mérite, et le grand naturaliste parlait souvent d'elle avec la plus respectueuse émotion. Élevé chez les Jésuites de Dijon, Buffon s'y adonna avec ardeur à l'étude des sciences mathématiques et en particulier de la géométrie. Après le collège, sa jeunesse est peu connue. On sait pourtant qu'en 1730, se trouvant à Angers, il blessa en duel un Anglais. A la même époque il se lia très étroitement avec un autre Anglais, lord Kingston, et voyagea en sa compagnie, durant deux années, dans le midi de la France, en Italie, en Suisse et en Angleterre. A partir de ce moment, sa vie va appartenir tout entière à l'étude. En 1735, il publie la traduction de l'ouvrage de Hales sur la *Statique des végétaux*, puis en 1740 la traduction de la *Méthode des fluxions et des suites infinies* de Newton. En 1739, Dufay, intendant du Jardin du Roi, le désigna comme son successeur; dès qu'il fut nommé, Buffon se consacra à sa tâche nouvelle. Il fut un administrateur éminent et transforma en un établissement très beau et vraiment scientifique ce jardin que son prédécesseur avait négligé plus que de raison. Partageant son temps entre Paris et son château de Montbard, à Paris, il organisait, administrait, bâtissait; à Montbard, il préparait, dans le recueillement, son grand ouvrage. Les trois premiers volumes de l'*Histoire naturelle* parurent en 1749. Le succès en fut immense, et lui attira l'hommage des princes, comme Henri de Prusse et Joseph II, aussi bien que des hommes de lettres, comme Jean-Jacques Rousseau. En 1753, il entra à l'Académie française. Jusqu'à sa mort il poursuivit son œuvre, guidant ses collaborateurs, Guéneau de Montbeillard, Daubenton, l'abbé Bexon, et travaillant lui-même sans trêve et sans lassitude jusqu'à quatorze heures par jour.

Sous le titre d'*Histoire Naturelle* on a confondu l'œuvre de Buffon et celle de ses continuateurs. Nous donnons ici l'indication

de ce qui, dans ce vaste ensemble, doit être attribué à Buffon :
La *Théorie de la terre* ; l'*Histoire de l'homme* et l'*Histoire des qua-
drupèdes* (en collaboration avec Daubenton pour la partie anato-
mique) ; l'*Histoire des oiseaux* (en collaboration avec l'abbé Bexon
et Guéneau de Montbeillard ; les *Époques de la nature* ; l'*Histoire
des minéraux* (en collaboration avec Thouin) ; enfin plusieurs
volumes de *Suppléments*.

---

## L'HISTOIRE CIVILE ET L'HISTOIRE
## NATURELLE

### (1778)

Comme, dans l'histoire civile, on consulte les titres,
on recherche les médailles, on déchiffre les inscriptions
antiques pour déterminer les époques des révolutions
humaines, et constater les dates des événements moraux,
de même, dans l'histoire naturelle, il faut fouiller les
archives du monde, tirer des entrailles de la terre les
vieux monuments, recueillir leurs débris, et rassembler
en un corps de preuves tous les indices des changements physiques qui peuvent nous faire remonter aux
différents âges de la nature. C'est le seul moyen de
fixer quelques points dans l'immensité de l'espace, et
de placer un certain nombre de pierres numéraires sur
la route éternelle du temps.

Le passé est comme la distance, notre vue y décroit,
et s'y perdrait de même, si l'histoire et la chronologie
n'eussent placé des fanaux, des flambeaux aux points les
plus obscurs ; mais, malgré ces lumières de la tradition
écrite, si l'on remonte à quelques siècles, que d'incertitude dans les faits ! que d'erreur sur les causes des
événements ! et quelle obscurité profonde n'environne
pas les temps antérieurs à cette tradition ! D'ailleurs
elle ne nous a transmis que les gestes de quelques
nations, c'est-à-dire les actes d'une très petite partie du
genre humain ; tout le reste des hommes est demeuré

nul pour nous, nul pour la postérité; ils ne sont sortis
de leur néant que pour passer comme des ombres qui
ne laissent point de traces. Et plût au ciel que le nom de
tous ces prétendus héros dont on a célébré les crimes
ou la gloire sanguinaire fût également enseveli dans la
nuit de l'oubli!

Ainsi l'histoire civile, bornée d'un côté par les
ténèbres d'un temps assez voisin du nôtre, ne s'étend
de l'autre qu'aux petites portions de terre qu'ont occu-
pées successivement les peuples soigneux de leur
mémoire; au lieu que l'histoire naturelle embrasse également tous les espaces, tous les temps, et n'a d'autres
limites que celles de l'univers.

La Nature étant contemporaine de la matière, de
l'espace et du temps, son histoire est celle de toutes les
substances, de tous les lieux, de tous les âges; et, quoiqu'il paraisse à la première vue que ces grands ouvrages
ne s'altèrent ni ne changent, et que dans ses productions, même les plus fragiles et les plus passagères,
elle se montre toujours et constamment la même,
puisque à chaque instant ses premiers modèles repa-
raissent à nos yeux sous de nouvelles représentations,
cependant, en l'observant de près, on s'apercevra que
son cours n'est pas absolument uniforme; on recon-
naîtra qu'elle admet des variations sensibles, qu'elle
reçoit des altérations successives, qu'elle se prête
même à des combinaisons nouvelles, à des mutations de
matière et de forme, qu'enfin autant elle paraît fixe dans
son tout, autant elle est variable dans chacune de ses
parties; et si nous l'embrassons dans toute son étendue,
nous ne pourrons douter qu'elle ne soit aujourd'hui très
différente de ce qu'elle était au commencement et de ce
qu'elle est devenue dans la succession des temps; ce
sont ces changements divers que nous appelons ses
époques.

(Epoques de la nature, 1<sup>re</sup> époque.)

## LES PREMIERS HOMMES
(1778)

Les premiers hommes, témoins des mouvements convulsifs de la terre, encore récents et très fréquents, n'ayant que les montagnes pour asile contre les inondations, chassés souvent de ces mêmes asiles par le feu des volcans, tremblants sur une terre qui tremblait sous leurs pieds, nus d'esprit et de corps, exposés aux injures de tous les éléments, victimes de la fureur des animaux féroces dont ils ne pouvaient éviter de devenir la proie ; tous également pénétrés du sentiment commun d'une terreur funeste, tous également pressés par la nécessité, n'ont-ils pas très promptement cherché à se réunir, d'abord pour se défendre par le nombre, ensuite pour s'aider et travailler de concert à se faire un domicile et des armes ? Ils ont commencé par aiguiser en formes de haches, ces cailloux durs, ces jades, *ces pierres de soufre* que l'on a cru tombées des nues et formées par le tonnerre, et qui néanmoins ne sont que les premiers monuments de l'art de l'homme dans l'état de pure nature ; il aura bientôt tiré du feu de ces mêmes cailloux en les frappant les uns contre les autres, il aura saisi la flamme des volcans, ou profité du feu de leurs laves brûlantes pour le communiquer, pour se faire jour dans les forêts, les broussailles ; car, avec le concours de ce puissant élément, il a nettoyé, assaini, purifié les terrains qu'il voulait habiter ; avec la hache de pierre, il a tranché, coupé les arbres, menuisé le bois, façonné ses armes et les instruments de première nécessité. Et, après s'être muni de massues et d'autres armes pesantes et défensives, ces premiers hommes n'ont-il pas trouvé le moyen d'en faire d'offensives plus légères, pour atteindre de loin ? Un nerf, un tendon d'animal, des fils d'aloès, ou l'écorce souple d'une plante ligneuse, leur ont servi de corde pour réunir les deux extrémités d'une branche élastique dont ils ont fait leur arc ; ils **ont**

aiguisé d'autres petits cailloux pour en armer la flèche.
Bientôt ils auront eu des filets, des radeaux, des canots,
et s'en sont tenus là tant qu'ils n'ont formé que de
petites nations composées de quelques familles, ou plutôt
de parents issus d'une même famille, comme nous le
voyons encore aujourd'hui chez les sauvages qui veulent
demeurer sauvages et qui le peuvent, dans les lieux où
l'espace libre ne leur manque pas plus que le gibier, le
poisson et les fruits. Mais dans tous ceux où l'espace
s'est trouvé confiné par les eaux, ou resserré par les
hautes montagnes, ces petites nations, devenues trop
nombreuses, ont été forcées de partager leurs terrains
entre elles, et c'est de ce moment que la terre est devenue
le domaine de l'homme; il en a pris possession par ses
travaux de culture, et l'attachement de la patrie a suivi
de très près les premiers actes de sa propriété. L'intérêt
particulier faisant partie de l'intérêt national, l'ordre, la
police et les lois ont dû succéder et la société prendre
de la consistance et des forces.

Néanmoins, ces hommes, profondément affectés des
calamités de leur premier état, et ayant encore sous
leurs yeux les ravages des inondations, les incendies
des volcans, les gouffres ouverts par les secousses de la
terre, ont conservé un souvenir durable et presque
éternel de ces malheurs du monde; l'idée qu'il doit périr
par un déluge universel ou un embrasement général; le
respect pour certaines montagnes sur lesquelles ils
s'étaient sauvés des inondations; l'horreur pour ces
autres montagnes qui lançaient des feux plus terribles
que ceux du tonnerre; la vue de ces combats de la terre
contre le ciel, fondement de la fable des Titans et de
leurs assauts contre les dieux, l'opinion de l'existence
réelle d'un être malfaisant, la crainte et la superstition
qui en sont le premier produit; tous ces sentiments,
fondés sur la terreur, se sont dès lors emparés à jamais
du cœur et de l'esprit de l'homme; à peine est-il encore
aujourd'hui rassuré par l'expérience des temps, par le

calme qui a succédé à ces siècles d'orages, enfin par la
connaissance des effets et des opérations de la nature;
connaissance qui n'a pu s'acquérir qu'après l'établissement de quelque grande société dans les terres paisibles.

*(Les époques de la nature*, VII⁰ époque.)

---

## CONCLUSION DES ÉPOQUES DE LA NATURE
### (1778)

Et que ne pourrait-il (l'homme) pas sur lui-même, je
veux dire sur sa propre espèce, si sa volonté était toujours dirigée par l'intelligence! Qui sait jusqu'à quel
point l'homme pourrait perfectionner sa nature, soit au
moral, soit au physique? Y a-t-il une seule nation qui
puisse se vanter d'être arrivée au meilleur gouvernement possible, qui serait de rendre tous les hommes,
non pas également heureux, mais moins inégalement
malheureux, en veillant à leur conservation, à l'épargne
de leurs sueurs et de leur sang par la paix, par l'abondance des subsistances, par les aisances de la vie?...
Voilà le but moral de toute société qui chercherait à
s'améliorer. Et pour la physique, la médecine et les
autres arts dont l'objet est de nous conserver, sont-ils
aussi avancés, aussi connus que les arts destructeurs
enfantés par la guerre? Il semble que de tout temps
l'homme ait fait moins de réflexions sur le bien que de
recherches pour le mal. Toute société est mêlée de l'un
et de l'autre, et comme de tous les sentiments qui affectent la multitude, la crainte est le plus puissant, les
grands talents dans l'art de faire du mal ont été les premiers qui aient frappé l'esprit de l'homme; ensuite
ceux qui l'ont amusé ont occupé son cœur; et ce n'est
qu'après un trop long usage de ces deux moyens de faux
honneur et de plaisir stérile, qu'enfin il a reconnu que sa
vraie gloire est la science, et la paix son vrai bonheur.

*(Époques de la nature.)*

# BERNARDIN DE SAINT-PIERRE

## (Jacques-Henri)

### [Le Hâvre, 1737; † 1814, Eragny.]

Né dans une famille où l'on avait plus de prétentions et
d'illusions que de bon sens, Bernardin de Saint-Pierre, durant son
enfance, reçut une éducation assez décousue, fit toute sorte de
rêves, voulut être explorateur, puis capucin, puis missionnaire, et
durant sa jeunesse, où nous le voyons servant comme officier du
génie, pendant la guerre de Sept Ans, en Autriche, puis à Malte,
— voyageant en Russie, où il veut faire agréer à Catherine II son
projet de fonder une colonie près du lac d'Aral, — cher à une
princesse polonaise, quand, au retour, il séjourna à Varsovie, —
il passa par une foule d'aventures. Rentré en France, il accabla
les ministres de sollicitations pour obtenir un emploi et fut enfin
envoyé à l'Ile de France en 1768, comme ingénieur des colonies.
Il avait rêvé de fonder une Salente dans ces lointains pays; la
désillusion ne se fit pas attendre; mais, quand il se rapatria en
1771, il trouvait sa voie en publiant la *Relation du Voyage à l'Ile
de France*, 1773. Sa vie dès lors est celle d'un homme de lettres;
il se lie avec Jean-Jacques Rousseau, est admis dans la société
de M^lle de Lespinasse, de M^me Geoffrin, et, après une crise lamen-
table où sa raison faillit sombrer, il donne en 1784 ses *Études
de la Nature* qui le rendirent célèbre. *Paul et Virginie*, 1787, eut
plus de vogue encore, et Bernardin avait une popularité excep-
tionnelle quand vint la Révolution. Aussi le voyons-nous nommer
intendant du Jardin du Roi en 1792, puis professeur de morale à
l'École normale en 1794. Sous l'Empire il fut aussi comblé de
faveurs.

Complétons la liste de ses œuvres en citant : les *Vœux d'un
solitaire*, 1789; *la Chaumière indienne*, 1790, suivie du *Café de
Surate*; les *Harmonies de la Nature*, 1796; un *Essai sur Jean-
Jacques Rousseau*, publié en 1820; enfin une *Correspondance* encore
très incomplète.

## LES NUAGES

(1784)

J.-J. Rousseau me disait un jour que, quoique le champ de ces couleurs célestes soit le bleu, les teintes de jaune qui se fondent avec lui, n'y produisent point la couleur verte, comme il arrive à nos couleurs matérielles, lorsqu'on mêle ces deux nuances ensemble. Mais je lui répondis que j'avais aperçu plusieurs fois du vert au ciel, non seulement entre les tropiques, mais sur l'horizon de Paris. A la vérité, cette couleur ne se voit guère ici que dans quelque belle soirée de l'été. J'ai aperçu aussi dans les nuages des tropiques, principalement sur la mer et dans les tempêtes, toutes les couleurs qu'on peut voir sur la terre. Il y en a alors de cuivrées, de couleur de fumée de pipe, de brunes, de rouges, de noires, de grises, de livides, de couleur marron, et de celle de gueule de four enflammé. Quant à celles qui y paraissent dans les jours sereins, il y en a de si vives et de si éclatantes, qu'on n'en verra jamais de semblables dans aucun palais, quand on y rassemblerait toutes les pierreries du Mogol. Quelquefois les vents alisés du nord-est ou du sud-est, qui y soufflent constamment, cardent les nuages comme si c'étaient des flocons de soie; puis il les chassent à l'occident en les croisant les uns sur les autres comme les mailles d'un panier à jour. Ils jettent sur les côtés de ce réseau les nuages qu'ils n'ont pas employés et qui ne sont pas en petit nombre; ils les roulent en énormes masses blanches comme la neige, les contournant sur leurs bords en forme de croupes, et les entassent les uns sur les autres comme les Cordillères du Pérou, en leur donnant des formes de montagnes, de cavernes et de rochers; ensuite vers le soir, ils calmissent [1] un peu, comme s'ils craignaient

1. Terme technique, appliqué par les marins au vent, à la mer, quand ils commencent à devenir calmes.

de déranger leur ouvrage. Quand le soleil vient à descendre derrière ce magnifique réseau, on voit passer par toutes ses losanges [1] une multitude de rayons lumineux qui y font un tel effet que les deux côtés de chaque losange qui en sont éclairés paraissent relevés d'un filet d'or, et les deux autres, qui devraient être dans l'ombre, sont teints d'un superbe nacarat [2]. Quatre ou cinq gerbes de lumière, qui s'élèvent du soleil couchant jusqu'au zénith, bordent de franges d'or les sommets indécis de cette barrière céleste et vont frapper des reflets de leurs feux les pyramides des montagnes aériennes collatérales qui semblent être d'argent et de vermillon. C'est dans ce moment qu'on aperçoit au milieu de leurs croupes redoublées une multitude de vallons qui s'étendent à l'infini, en se distinguant à leur ouverture par quelque nuance de couleur chair ou de rose. Ces vallons célestes présentent, dans leurs divers contours, des teintes inimitables de blanc, qui fuient à perte de vue dans le blanc, ou des ombres qui se prolongent, sans se confondre, sur d'autres ombres. Vous voyez çà et là sortir des flancs caverneux de ces montagnes, des fleuves de lumière qui se précipitent en lingots d'or et d'argent sur des rochers de corail. Ici, ce sont de sombres rochers percés à jour, qui laissent apercevoir, par leurs ouvertures, le bleu pur du firmament; là ce sont de longues grèves sablées d'or, qui s'étendent sur de riches fonds du ciel, ponceaux [3], écarlates et verts comme l'émeraude. La réverbération de ces couleurs occidentales se répand sur la mer dont elle glace les flots azurés de safran et de pourpre. Les matelots appuyés sur les passavants [4] du navire, admirent en silence ces paysages aériens. Quelquefois ce spectacle sublime se présente à eux à l'heure de la prière, et

1. Jusqu'à notre siècle, on faisait *losange* du féminin.
2. Couleur entre rouge et orange.
3. Rouge fort vif.

4. Partie du pont supérieur qui sert de passage entre l'avant et l'arrière du navire.

semble les inviter à élever leurs cœurs comme leurs
yeux vers les cieux. Il change à chaque instant : bientôt
ce qui était coloré est dans l'ombre. Les formes en sont
aussi variables que les nuances, ce sont tour à tour des
îles, des hameaux, des collines plantées de palmiers, de
grands ponts qui traversent des fleuves, des campagnes
d'or, d'améthystes, de rubis, ou plutôt ce n'est rien de
tout cela; ce sont des couleurs et des formes célestes
qu'aucun pinceau ne peut rendre, ni aucune langue
exprimer.

*(Etudes de la nature.)*

---

## LA MÉLANCOLIE

### (1784)

Je goûte du plaisir quand il pleut à verse, que je vois
les vieux murs moussus tout dégouttants d'eau, et que
j'entends les murmures des vents qui se mêlent aux
bruissements de la pluie. Ces bruits mélancoliques me
jettent, pendant la nuit, dans un doux et profond sommeil. Je ne suis pas le seul homme sensible à ces affections. Pline parle d'un consul romain qui faisait dresser,
lorsqu'il pleuvait, son lit sous le feuillage d'un arbre,
afin d'entendre frémir les gouttes de pluie et de s'endormir à leur murmure.

Je ne sais à quelle loi physique les philosophes peuvent rapporter les sensations de la mélancolie. Pour
moi, je trouve que ce sont les affections de l'âme les plus
voluptueuses. « La mélancolie est friande », dit Michel
Montaigne. Cela vient, ce me semble, de ce qu'elle satisfait à la fois les deux puissances dont nous sommes
formés, le corps et l'âme, le sentiment de notre misère et
celui de notre existence.

... Si je suis triste, et que je ne veuille pas étendre
mon âme si loin, je goûte encore du plaisir à me laisser

aller à la mélancolie que m'inspire le mauvais temps. Il me semble alors que la nature se conforme à ma situation, comme une tendre amie. Elle est d'ailleurs toujours si intéressante, sous quelque aspect qu'elle se montre, que, quand il pleut, il me semble voir une belle femme qui pleure. Elle me paraît d'autant plus belle qu'elle me semble plus affligée.

*(Études de la nature.)*

# ANDRÉ-MARIE DE CHÉNIER

[Constantinople, 1762; † 1794, Paris.]

André Chénier était le troisième fils de Louis de Chénier, qui, lorsque lui naquit cet enfant, remplissait à Constantinople les fonctions de consul général de France; la mère d'André, Élisabeth Santi-Lhomaka de son nom de jeune fille, appartenait à une famille grecque très cultivée, où elle avait appris à connaître la langue et la littérature de la Grèce antique. Les Chénier quittèrent Constantinople en 1765 et vinrent se fixer à Paris. Vers sa douzième année, André fut mis au collège de Navarre, où il semble qu'il fut un bon écolier; c'est là qu'il se lia avec quelques jeunes gens qui restèrent ses amis jusqu'à la mort, les deux frères Trudaine, les trois de Pange et Abel de Malartic. Très jeune, André Chénier s'éprit de passion pour la poésie et le poète pindarique Écouchard-Lebrun encouragea ses premiers essais. Il lui fallut pourtant choisir une carrière et il se résigna à aller rejoindre, à Strasbourg, le régiment où son père l'avait fait entrer comme cadet gentilhomme (1782). Étant tombé gravement malade, il quitta l'état militaire et, pour se rétablir, fit, en compagnie des frères Trudaine, un voyage d'une année en Suisse et en Italie. M. de la Luzerne, ambassadeur en Angleterre, l'emmena avec lui à Londres, en 1787, comme secrétaire particulier. Mais, quand survinrent les événements de 1789, André ne put supporter d'être éloigné de la France et il y rentra au commencement de 1790. Plein d'enthousiasme pour la Révolution, il en vint vite à se défier des hommes qui se disaient les plus ardents à la servir; son *Avis au peuple français sur ses véritables ennemis* (août 1790), ses *Reflexions sur l'esprit de parti*, brochure parue en 1791; ses articles au *Moniteur* et au *Journal de Paris*, son *Hymne sur l'entrée triomphale des Suisses de Châteauvieux*, le classèrent parmi ceux qu'on appelait les *Feuillants* et le rendirent suspect aux exaltés. S'étant, après le 21 janvier 1793, retiré à Versailles, il eût peut-être échappé à la Terreur; on l'oubliait en effet et ce fut un hasard qui amena son incarcération à Saint-Lazare. Mais, du jour où on l'arrêta, il était perdu; les démarches de son père, de son frère Marie-Joseph, restèrent inutiles, et le 7 thermidor 1794 il mourut sur l'échafaud.

Les œuvres d'André Chénier se composent : 1° de ses *Poésies*

(*Idylles, Élégies, Poèmes* ou *fragments de Poèmes, Iambes*); 2° de ses *Œuvres en prose* (brochures politiques, articles de journaux); 3° d'un *Commentaire sur Malherbe*, assez peu étendu, mais très important. On peut dire de l'œuvre poétique d'André Chénier que, presque tout entière, elle n'a été connue qu'après sa mort.

---

## LE MALADE

« Apollon, dieu sauveur, dieu des savants mystères,
Dieu de la vie, et dieu des plantes salutaires,
Dieu vainqueur de Python, dieu jeune et triomphant,
Prends pitié de mon fils, de mon unique enfant !
Prends pitié de sa mère aux larmes condamnée,
Qui ne vit que pour lui, qui meurt abandonnée,
Qui n'a pas dû rester pour voir mourir son fils !
Dieu jeune, viens aider sa jeunesse. Assoupis,
Assoupis dans son sein cette fièvre brûlante
Qui dévore la fleur de sa vie innocente.
Apollon ! si jamais, échappé du tombeau,
Il retourne au Ménale [1] avoir soin du troupeau,
Ces mains, ces vieilles mains orneront ta statue
De ma coupe d'onyx à tes pieds suspendue ;
Et, chaque été nouveau, d'un jeune taureau blanc
La hache à ton autel fera couler le sang.
Eh bien, mon fils, es-tu toujours impitoyable ?
Ton funeste silence est-il inexorable ?
Enfant, tu veux mourir ? tu veux, dans ses vieux ans,
Laisser ta mère seule avec ses cheveux blancs ?
Tu veux que ce soit moi qui ferme ta paupière ?
Que j'unisse ta cendre à celle de ton père ?
C'est toi qui me devais ces soins religieux,
Et ma tombe attendait tes pleurs et tes adieux.
Parle, parle, mon fils ! quel chagrin te consume ?
Les maux qu'on dissimule en ont plus d'amertume.

---

1. Montagne d'Arcadie, **terre classique de la pastorale.**

Ne lèveras-tu point ces yeux appesantis ?
— Ma mère, adieu ; je meurs, et tu n'as plus de fils.
Non, tu n'as plus de fils, ma mère bien aimée.
Je te perds. Une plaie ardente, envenimée,
Me ronge ; avec effort je respire, et je crois
Chaque fois respirer pour la dernière fois.
Je ne parlerai pas. Adieu ; ce lit me blesse,
Ce tapis qui me couvre accable ma faiblesse ;
Tout me pèse et me lasse. Aide-moi, je meurs.
Tourne-moi sur le flanc. Ah ! j'expire ! ô douleurs !
— Tiens, mon unique enfant, mon fils, prend ce breuvage ;
Sa chaleur te rendra ta force et ton courage.
La mauve, le dictame [1] ont, avec les pavots,
Mêlé leurs sucs puissants qui donnent le repos ;
Sur le vase bouillant, attendrie à mes larmes,
Une Thessalienne [2] a composé des charmes.
Ton corps débile a vu trois retours du soleil
Sans connaître Cérès, ni tes yeux le sommeil.
Prends, mon fils, laisse-toi fléchir à ma prière ;
C'est ta mère, ta vieille inconsolable mère
Qui pleure, qui jadis te guidait pas à pas,
T'asseyait sur son sein, te portait dans ses bras ;
Que tu disais aimer, qui t'apprit à le dire,
Qui chantait, et souvent te forçait à sourire
Lorsque tes jeunes dents, par de vives douleurs,
De tes yeux enfantins faisaient couler des pleurs.
Tiens, presse de ta lèvre, hélas ! pâle et glacée,
Par qui cette mamelle était jadis pressée.
Que ce suc te nourrisse et vienne à ton secours,
Comme autrefois mon lait nourrit tes premiers jours,
— O coteaux d'Erymanthe ! [3] ô vallons ! ô bocage !
O vent sonore et frais qui troublais le feuillage,
Et faisais frémir l'onde et sur leur jeune sein
Agitais les replis de leur robe de lin !

---

1. Plante aromatique que les anciens considéraient comme un puissant vulméraire.
2. La Thessalie était la terre classique des enchantements, des magiciens et magiciennes.
3. Montagne entre l'Arcadie et l'Elide.

De légères beautés troupe agile et dansante...
Tu sais, tu sais, ma mère? aux bord de l'Erymanthe...
Là, ni loups ravisseurs, ni serpents, ni poisons...
O visage divin, ô fêtes, ô chansons!
Des pas entrelacés, des fleurs, une onde pure,
Aucun lieu n'est si beau dans toute la nature.
Dieux! ces bras et ces flancs, ces cheveux, ces pieds nus,
Si blancs, si délicats! Je ne te verrai plus.
O portez, portez-moi sur les bords d'Erymanthe;
Que je la voie encor, cette vierge dansante!
Oh! que je voie au loin la fumée à longs flots
S'élever de ce toit au bord de cet enclos...
Assise à tes côtés, ses discours, sa tendresse,
Sa voix, trop heureux père! enchante ta vieillesse.
Dieux! par dessus la haie élevée en remparts,
Je la vois, à pas lents, en longs cheveux épars,
Seule, sur un tombeau, pensive, inanimée,
S'arrêter et pleurer sa mère bien-aimée.
Oh! que tes yeux sont doux! que ton visage est beau!
Viendras-tu point aussi pleurer sur mon tombeau?
Viendras-tu point aussi, la plus belle des belles,
Dire sur mon tombeau : « Les Parques sont cruelles! »...

(Églogues, V)

## LES PROCÉDÉS D'IMITATION
## D'ANDRÉ CHÉNIER

Souvent des vieux auteurs j'envahis les richesses.
Plus souvent leurs écrits, aiguillons généreux,
M'embrasent de leur flamme, et je crée avec eux.
Un juge sourcilleux, épiant mes ouvrages,
Tout à coup à grand cris dénonce vingt passages
Traduits de tel auteur qu'il nomme; et, les trouvant,
Il s'admire et se plaît de se voir si savant.
Que ne vient-il vers moi? Je lui ferai connaître
Mille de mes larcins qu'il ignore peut-être.

Mon doigt sur mon manteau lui dévoile à l'instant
La couture invisible et qui va serpentant
Pour joindre à mon étoffe une pourpre étrangère.
Je lui montrerai l'art, ignoré du vulgaire,
De séparer aux yeux, en suivant leur lien,
Tous ces métaux unis dont j'ai formé le mien.
Tout ce que des Anglais la muse inculte et brave,
Tout ce que des Toscans [1] la voix fière et suave,
Tout ce que les Romains, ces rois de l'univers,
M'offraient d'or et de soie, a passé dans mes vers.
Je m'abreuve surtout des flots que le Permesse [2]
Plus féconds et plus purs fit couler dans la Grèce ;
Là, Prométhée ardent, je dérobe les feux
Dont j'anime l'argile et dont je fais des dieux.
Tantôt chez un auteur j'adopte une pensée,
Mais qui revêt chez moi, souvent entrelacée,
Mes images, mes tours, jeune et frais ornement ;
Tantôt je ne retiens que les mots seulement :
J'en détourne le sens, et l'art sait les contraindre
Vers des objets nouveaux qu'ils s'étonnent de peindre ;
La prose plus souvent vient subir d'autres lois,
Et se transforme, et suit mes poétiques doigts ;
De rimes couronnée, et légère et dansante,
En nombres mesurés elle s'agite et chante.
Des antiques vergers ces rameaux empruntés
Croissent sur mon terrain mollement transplantés :
Aux troncs de mon verger ma main avec adresse
Les attache, et bientôt même écorce les presse.
De ce mélange heureux l'insensible douceur
Donne à mes fruits nouveaux une antique saveur.
Dévot adorateur de ces maîtres antiques,
Je veux m'envelopper de leurs saintes reliques.
Dans leur triomphe admis, je veux le partager,
Ou bien de ma défense eux-mêmes les charger.
Le critique imprudent, qui se croit bien habile,

---

1. André Chénier a fait des imita-     2. Rivière de Béotie consacrée aux
ions de Shakespeare et de Pétrarque.   Muses.

Donnera sur ma joue un soufflet à Virgile
Et ceci (tu peux voir si j'observe ma loi),
Montaigne, il t'en souvient, l'avait dit avant moi.

*(Épitres, II.)*

---

## IAMBES

### (1794)

... S'il est écrit aux cieux que jamais une épée
    N'étincellera dans mes mains ;
Dans l'encre et l'amertume une autre arme trempée
    Peut encor servir les humains.
Justice, vérité, si ma main, si ma bouche,
    Si mes pensers les plus secrets
Ne froncèrent jamais votre sourcil farouche,
    Et si les infâmes progrès,
Si la risée atroce, ou, plus atroce injure,
    L'encens de hideux scélérats,
Ont pénétré vos cœurs d'une longue blessure,
    Sauvez-moi. Conservez un bras
Qui lance votre foudre, un amant qui vous venge.
    Mourir sans vider mon carquois !
Sans percer, sans fouler, sans pétrir dans leur fange
    Ces bourreaux barbouilleurs de lois !
Ces vers cadavéreux de la France asservie,
    Egorgée ! ô mon cher trésor,
O ma plume, fiel, bile, horreur, dieux de ma vie !
    Par vous seuls je respire encor :
Comme la poix brûlante agitée en ses veines
    Ressuscite un flambeau mourant,
Je souffre ; mais je vis. Par vous, loin de mes peines,
    D'espérance un vaste torrent
Me transporte. Sans vous, comme un poison livide,
    L'invincible dent du chagrin,
Mes amis opprimés, du menteur homicide
    Les succès, le sceptre d'airain,

Des bons proscrits par lui la mort ou la ruine,
    L'opprobre de subir sa loi,
Tout eût tari ma vie, ou contre ma poitrine
    Dirigé mon poignard. Mais quoi!
Nul ne resterait donc pour attendrir l'histoire
    Sur tant de justes massacrés!
Pour consoler leurs fils, leurs veuves, leur mémoire!
    Pour que des brigands abhorrés
Frémissent aux portraits noirs de leur ressemblance,
    Pour descendre jusqu'aux enfers
Nouer le triple fouet, le fouet de la vengeance
    Déjà levé sur ces pervers!
Pour cracher sur leurs noms, pour chanter leur supplice...
    Allons, étouffe tes clameurs;
Souffre, ô cœur gros de haine, affamé de justice.
    Toi, vertu, pleure si je meurs.

                        **(Iambes, X.)**

# DE CHATEAUBRIAND

## (François-René)

[Saint-Malo, 1768; † 1848, Paris.]

Chateaubriand était le dernier des dix enfants d'une famille noble, mais sans fortune. Il passa son enfance au manoir paternel de Combourg, puis il fit ses études aux collèges de Dol, Rennes et Dinan, où il se montra écolier supérieur, mais irrégulier. Reçu à l'examen de garde-marine, il attendit deux années son brevet d'officier, et, dans l'attente, vivant au château de Combourg, il traversa une crise de mélancolie qui lui révéla peut-être sa vocation d'écrivain. Nommé en 1786 sous-lieutenant au régiment de Navarre, il fut présenté au roi Louis XVI, connut à Paris quelques hommes de lettres, entre autres Fontanes, avec qui il se lia d'une étroite amitié et donna quelques vers assez insignifiants dans l'*Almanach des Muses*. La Révolution étant venue, Chateaubriand, royaliste par tradition de famille, songea à quitter la France et, en 1791, il passa aux États-Unis pour découvrir le passage nord-ouest de l'Amérique. Son voyage, durant lequel il amassa des matériaux pour ses œuvres futures, dura un an. Un hasard lui apprit alors la nouvelle de la fuite du roi. Aussitôt il revient en Europe, prend du service dans l'armée des princes, est blessé au siège de Thionville, atteint de la petite vérole et, non sans peine, réussit à passer en Angleterre, où il vit quelques années dans un véritable dénûment. La publication de l'*Essai sur les Révolutions*, 1797, le tira de la misère et lui donna quelque réputation. Cet ouvrage brillant, fort inégal, empreint de scepticisme, attrista sa mère. Elle vint à mourir l'année suivante : ce deuil fut pour Chateaubriand comme une sommation céleste et il médita dès lors ce qu'il appelle son « expiation ». Dès 1799, il conçoit en effet l'idée du *Génie du christianisme*, et, quand il rentre en France, pour sonder l'opinion, il en donne un épisode détaché, *Atala*, qui, en 1801, obtient un succès d'enthousiasme. Encouragé par le premier consul, dont Fontanes lui avait ménagé la faveur, Chateaubriand fit paraître le *Génie du Christianisme* en 1802. L'effet en fut immense; comme ce livre servait les desseins de Bonaparte qui restaurait alors le culte catholique, Chateaubriand reçut des honneurs officiels et fut nommé secrétaire d'ambassade à Rome, puis ministre en Valais. Mais, quand il apprit l'assassinat du duc d'Enghien, il donna sa démission et compta dès lors parmi les adversaires du régime impérial. Pendant dix années, de 1804 à 1814, il voyage en Orient ou vit dans sa retraite de la Vallée aux Loups; c'est là qu'il écrit les *Martyrs*, 1809, et l'*Itinéraire de Paris à Jérusalem*, 1811. En 1814, son pamphlet de *Buonaparte et des Bourbons* le plaçait au premier rang des serviteurs de la monarchie restaurée. Alors en effet cesse sa vie littéraire et commence sa carrière politique, durant laquelle il occupa les plus hautes situations, mais connut aussi bien des déboires et commit bien des fautes.

Outre les œuvres que nous avons indiquées, il faut mentionner *René*, 1805; les *Natchez*, 1820; *Voyage en Amérique*, 1827; *Études historiques*, 1831; les *Mémoires d'Outre-tombe*, 1849.

## DESSEIN ET PLAN DU « GÉNIE DU CHRISTIANISME »

### (1802)

Ce n'étaient pas les sophistes qu'il fallait réconcilier à la religion, c'était le monde qu'ils égaraient. On l'avait séduit en lui disant que le christianisme était un culte né du sein de la barbarie, absurde dans ses dogmes, ridicule dans ses cérémonies, ennemi des arts et des lettres, de la raison et de la beauté; un culte qui n'avait fait que verser le sang, enchaîner les hommes et retarder le bonheur et les lumières du genre humain : on devait donc chercher à prouver au contraire que de toutes les religions qui ont jamais existé, la religion chrétienne, est la plus poétique, la plus humaine, la plus favorable à la liberté, aux arts et aux lettres, que le monde moderne lui doit tout, depuis l'agriculture jusqu'aux sciences abstraites, depuis les hospices pour les malheureux jusqu'aux temples bâtis par Michel-Ange et décorés par Raphaël. On devait montrer qu'il n'y a rien de plus divin que sa morale, rien de plus aimable, de plus pompeux que ses dogmes, sa doctrine et son culte; on devait dire qu'elle favorise le génie, épure le goût,

développe les passions vertueuses, donne de la vigueur
à la pensée, offre des formes nobles à l'écrivain et des
moules parfaits à l'artiste; qu'il n'y a point de honte à
croire avec Newton et Bossuet, Pascal et Racine; enfin
il fallait appeler tous les enchantements de l'imagination
et tous les intérêts du cœur au secours de cette même
religion contre laquelle on les avait armés.

Ici le lecteur voit notre ouvrage. Les autres genres
d'apologie sont épuisés, et peut-être seraient-ils inutiles aujourd'hui. Qui est-ce qui lirait maintenant un
ouvrage de théologie? Quelques hommes pieux qui n'ont
pas besoin d'être convaincus, quelques vrais chrétiens
déjà persuadés. Mais n'y a-t-il pas de danger à envisager la religion sous un jour purement humain? Et
pourquoi? Notre religion craint-elle la lumière? Une
grande preuve de sa céleste origine, c'est qu'elle souffre
l'examen le plus sévère et le plus minutieux de la raison.
Veut-on qu'on nous fasse éternellement le reproche de
cacher nos dogmes dans une nuit sainte, de peur qu'on
n'en découvre la fausseté? Le christianisme sera-t-il
moins vrai quand il paraîtra plus beau? Bannissons une
frayeur pusillanime; par excès de religion ne laissons
pas la religion périr. Nous ne sommes plus dans le
temps où il était bon de dire : *Croyez et n'examinez pas*;
on examinera malgré nous; et notre silence timide, en
augmentant le triomphe des incrédules, diminuera le
nombre des fidèles.

Il est temps qu'on sache enfin à quoi se réduisent ces
reproches d'*absurdité*, de *grossièreté* de *petitesse*, qu'on
fait tous les jours au christianisme; il est temps de
montrer que, loin de rapetisser la pensée, il se prête
merveilleusement aux élans de l'âme, et peut enchanter
l'esprit aussi divinement que les dieux de Virgile et
d'Homère. Nos raisons auront du moins cet avantage
qu'elles seront à la portée de tout le monde, et qu'il ne
faudra qu'un bon sens pour en juger. On néglige peut-
être un peu trop dans les ouvrages de ce genre, de

parler la langue de ses lecteurs : il faut être docteur avec le docteur, et poète avec le poète. Dieu ne défend pas les routes fleuries quand elles servent à revenir à lui, et ce n'est pas toujours par les sentiers rudes et sublimes de la montagne que la brebis égarée retourne au bercail.

Nous osons croire que cette manière d'envisager le christianisme présente des rapports peu connus : sublime par l'antiquité de ses souvenirs, qui remontent au berceau du monde, ineffable dans ses mystères, adorable dans ses sacrements, intéressant dans son histoire, céleste dans sa morale, riche et charmant dans ses pompes, il réclame toutes les sortes de tableaux. Voulez-vous le suivre dans la poésie? le Tasse, Milton, Corneille, Racine, Voltaire, vous retracent ses miracles. Dans les belles-lettres, l'éloquence, l'histoire, la philosophie? Que n'ont point fait par son inspiration, Bossuet, Fénelon, Massillon, Bourdaloue, Bacon, Pascal, Euler, Newton, Leibnitz! Dans les arts? que de chefs-d'œuvre! Si vous l'examinez dans son culte, que de choses ne vous disent point et ses vieilles églises gothiques, et ses prières admirables, et ses superbes cérémonies! Parmi son clergé, voyez tous ces hommes qui vous ont transmis la langue et les ouvrages de Rome et de la Grèce, tous ces solitaires de la Thébaïde, tous ces lieux de refuge pour les infortunés, tous ces missionnaires à la Chine, au Canada, au Paraguay, sans oublier les ordres militaires, d'où va naître la Chevalerie! Mœurs de nos aïeux, peinture des anciens jours, poésie, romans même, choses secrètes de la vie, nous avons tout fait servir à notre cause. Nous demandons des sourires au berceau et des pleurs à la tombe; tantôt avec le moine maronite, nous habitons les sommets du Carmel et du Liban, tantôt avec la fille de la Charité, nous veillons au lit du malade; ici deux époux américains nous appellent au fond de leurs déserts [1]; là nous entendons gémir la

---

1. Il s'agit d'*Atala*. Chateaubriand fit d'abord incorporé cet épisode au *Génie du christianisme*, paraître ce livre en 1801; mais il avait

vierge dans les profondeurs du cloître; Homère vient se placer auprès de Milton, Virgile à côté du Tasse; les ruines de Memphis et d'Athènes contrastent avec les ruines des monuments chrétiens, les tombeaux d'Ossian avec nos cimetières de campagne; à Saint-Denis nous visitons la cendre des rois; et quand notre sujet nous force de parler du dogme de l'existence de Dieu, nous cherchons seulement nos preuves dans les merveilles de la nature; enfin nous essayons de frapper au cœur de l'incrédule de toutes les manières, mais nous n'osons nous flatter de posséder cette verge miraculeuse de la religion, qui fait jaillir du rocher les sources d'eau vive.

Quatre parties divisées chacune en six livres, composent notre ouvrage. La première traite des dogmes et de la doctrine.

La seconde et la troisième renferment la *poétique* du christianisme, ou les rapports de cette religion avec la poésie, la littérature et les arts.

La quatrième contient le culte, c'est-à-dire tout ce qui concerne les cérémonies de l'Église et tout ce qui regarde le clergé séculier et régulier.

(Génie du christianisme, première partie, livre I, 1.)

---

## LE MAL DU SIÈCLE

### (1805)

[René n'a pas connu sa mère, morte en le mettant au monde; il a été élevé dans un vieux château perdu dans les bois; il a eu une enfance triste et son penchant à la mélancolie a été encore développé par sa sœur aînée, fille d'une piété austère et exaltée à la fois. Quand il fut devenu un jeune homme, il perdit son père, dut quitter la solitude où il avait vécu jusqu'alors, et il porta dans le monde son âme déjà malade d'un mal qu'il ne devait pas guérir.]

Cependant, plein d'ardeur, je m'élançais seul sur

cet orageux océan du monde dont je ne connaissais ni les ports, ni les écueils. Je visitai d'abord les peuples qui ne sont plus; je m'en allai, m'asseyant sur les débris de Rome et de la Grèce, pays de forte et d'ingénieuse mémoire, où les palais sont ensevelis dans la poudre et les mausolées des rois cachés sous les ronces. Force de la nature et faiblesse de l'homme! Un brin d'herbe perce souvent le marbre le plus dur de ces tombeaux, que tous ces morts si puissants ne soulèveront jamais!

Quelquefois une haute colonne se montrait seule, debout dans un désert, comme une grande pensée s'élève par intervalles dans une âme que le temps et le malheur ont dévastée.

Je méditai sur ces monuments dans tous les accidents et à toutes les heures de la journée. Tantôt ce même soleil qui avait vu jeter les fondements de ces cités se couchait majestueusement à mes yeux sur leurs ruines; tantôt la lune se levant dans un ciel pur, entre deux urnes cinéraires à moitié brisées, me montrait les pâles tombeaux. Souvent, aux rayons de cet astre qui alimente les rêveries, j'ai cru voir le génie des souvenirs assis tout pensif à mes côtés.

Mais je me lassai de fouiller dans les cercueils, où je ne remuais trop souvent qu'une poussière criminelle.

Je voulais voir si les races vivantes m'offriraient plus de vertus ou moins de malheurs que les races évanouies. Comme je me promenais un jour dans une grande cité, en passant derrière un palais, dans une cour retirée et déserte, j'aperçus une statue qui indiquait du doigt un lieu fameux par un sacrifice. Je fus frappé du silence de ces lieux; le vent seul gémissait autour du marbre tragique. Des manœuvres étaient couchés avec indifférence au pied de la statue ou taillaient des pierres en sifflant. Je leur demandai ce que signifiait ce monument: les uns purent à peine me le dire, les autres ignoraient la catastrophe qu'ils retraçaient. Rien ne m'a plus donné la juste mesure des événements de la vie et du peu que

nous sommes. Que sont devenus ces personnages qui
firent tant de bruit? Le temps a fait un pas, et la face de
la terre a été renouvelée.

Je recherchai surtout dans mes voyages les artistes
et ces hommes divins qui chantent les dieux sur la lyre
et la félicité des peuples qui honorent les lois, la religion et les tombeaux.

Ces chantres sont de race divine, ils possèdent le
seul talent incontestable dont le ciel ait fait présent à la
terre. Leur vie est à la fois naïve et sublime; ils célè-
brent les dieux avec une bouche d'or, et sont les plus
simples des hommes; ils causent comme des immortels
ou des petits enfants; ils expliquent les lois de l'univers
et ne peuvent comprendre les affaires les plus innocentes
de la vie; ils ont des idées merveilleuses de la mort, et
meurent sans s'en apercevoir, comme des nouveau-
nés...

Cependant qu'avais-je appris jusque alors avec tant
de fatigue? Rien de certain parmi les anciens, rien de
beau parmi les modernes. Le passé et le présent sont
deux statues incomplètes : l'une a été retirée toute
mutilée du débris des âges, l'autre n'a pas encore reçu
sa perfection de l'avenir.

Mais peut-être, mes vieux amis [1], vous surtout, habitants du désert, êtes-vous étonnés que, dans ce récit de
mes voyages, je ne vous aie pas une seule fois entre-
tenus des monuments de la nature?

Un jour j'étais monté au sommet de l'Etna, volcan
qui brûle au milieu d'une île. Je vis le soleil se lever
dans l'immensité de l'horizon au-dessus de moi, la Sicile
resserrée comme un point à mes pieds et la mer déroulée
au loin dans les espaces. Dans cette vue perpendiculaire
du tableau, les fleuves ne me semblaient plus que des
lignes géographiques tracées sur une carte : mais tandis

---

1. *René*, comme *Atala*, était un épisode du *Génie du christianisme*. René,
après ses aventures, s'est réfugié en
Amérique, parmi les Natchez! et il
conte sa vie au sauvage Chactas et à
un prêtre missionnaire, le père Souel.

que d'un côté mon œil apercevait ces objets, de l'autre il plongeait dans le cratère de l'Etna, dont je découvris les entrailles brûlantes entre les bouffées d'une noire vapeur.

Un jeune homme plein de passions, assis sur la bouche d'un volcan, et pleurant sur les mortels dont à peine il voyait à ses pieds les demeures, n'est sans doute, ô vieillards! qu'un objet digne de votre pitié; mais quoi que vous puissiez penser de René, ce tableau vous offre l'image de son caractère de son existence : c'est ainsi que toute ma vie j'ai eu devant les yeux une création à la fois immense et imperceptible et un abîme ouvert à mes côtés.....

[René, après ses voyages, est rentré en France.]

Je me trouvai bientôt plus isolé dans ma patrie que je ne l'avais été sur une terre étrangère. Je voulus me jeter pendant quelque temps dans un monde qui ne me disait rien et qui ne m'entendait pas. Mon âme, qu'aucune passion n'avait encore usée, cherchait un objet qui pût l'attacher; mais je m'aperçus que je donnais plus que je ne recevais. Ce n'était ni un langage élevé, ni un sentiment profond qu'on demandait de moi : je n'étais occupé qu'à rapetisser ma vie pour la mettre au niveau de la société. Traité partout d'esprit romanesque, honteux du rôle que je jouais, dégoûté de plus en plus des choses et des hommes, je pris le parti de me retirer dans un faubourg pour y vivre totalement ignoré.

Je trouvai d'abord assez de plaisir dans cette vie obscure et indépendante. Inconnu, je me mêlais à la foule : vaste désert d'hommes!

Souvent assis dans une église peu fréquentée, je passais des heures entières en méditation. Je voyais de pauvres femmes venir se prosterner devant le Très-Haut, ou des pécheurs s'agenouiller au tribunal de la pénitence. Nul ne sortait de ces lieux sans un visage plus serein, et les sourdes clameurs qu'on entendait au dehors

semblaient être les flots des passions et les orages du
monde qui venaient expirer au pied du temple du
Seigneur. Grand Dieu, qui vis en secret couler mes
larmes dans ces retraites sacrées, tu sais combien de fois
je me jetai à tes pieds pour te supplier de me décharger
du poids de l'existence, ou de changer en moi le vieil
homme! Ah! qui n'a senti quelquefois le besoin de se
régénérer, de se rajeunir aux eaux du torrent, de
retremper son âme à la fontaine de vie! Qui ne se retrouve
quelquefois accablé du fardeau de sa propre corruption
et incapable de rien faire de grand, de noble, de juste!

Quand le soir était venu, reprenant le chemin de ma
retraite, je m'arrêtais sur les ponts pour voir se coucher
le soleil. L'astre enflammant les vapeurs de la cité,
semblait osciller lentement dans un fluide d'or, comme
le pendule de l'horloge des siècles. Je me retirais
ensuite avec la nuit, à travers un labyrinthe de rues
solitaires. En regardant les lumières qui brillaient dans
la demeure des hommes, je me transportais par la
pensée au milieu des scènes de douleur et de joie
qu'elles éclairaient, et je songeais que sous tant de toits
habités, je n'avais pas un ami. Au milieu de mes
réflexions, l'heure venait frapper à coups mesurés dans
la tour de la cathédrale gothique; elle allait se répétant
sur tous les tons, et à toutes les distances, d'église en
église. Hélas! chaque heure dans la société ouvre un
tombeau et fait couler des larmes.

Cette vie qui m'avait d'abord enchanté, ne tarda pas
à me devenir insupportable. Je me fatiguai de la répétition des mêmes scènes et des mêmes idées. Je me mis
à sonder mon cœur, à me demander ce que je désirais.
Je ne le savais pas, mais je crus tout à coup que les bois
me seraient délicieux. Me voilà soudain résolu d'achever
dans un exil champêtre une carrière à peine commencée
et dans laquelle j'avais déjà dévoré des siècles.

J'embrassai ce projet avec l'ardeur que je mets à tous
mes desseins, je partis précipitamment pour m'ense-

velir dans une chaumière, comme j'étais parti autrefois pour faire le tour du monde.

On m'accuse d'avoir des goûts inconstants, de ne pouvoir jouir longtemps de la même chimère, d'être la proie d'une imagination qui se hâte d'arriver au fond de mes plaisirs, comme si elle était accablée de leur durée ; on m'accuse de passer toujours le but que je puis atteindre : hélas ! je cherche seulement un bien inconnu dont l'instinct me poursuit. Est-ce ma faute si je trouve partout des bornes, si ce qui est fini n'a pour moi aucune valeur ? Cependant je sens que j'aime la monotonie des sentiments de la vie, et si j'avais encore la folie de croire au bonheur, je le chercherais dans l'habitude.

La solitude absolue, le spectacle de la nature, me plongèrent bientôt dans un état presque impossible à décrire. Sans parents, sans amis, pour ainsi dire, sur la terre, n'ayant point encore aimé, j'étais accablé d'une surabondance de vie. Quelquefois je rougissais subitement, et je sentais couler dans mon cœur comme des ruisseaux d'une lave ardente ; quelquefois je poussais des cris involontaires, et la nuit était également troublée de mes songes et de mes veilles. Il me manquait quelque chose pour remplir l'abîme de mon existence : je descendais dans la vallée, je m'élevais sur la montagne, appelant de toute la force de mes désirs l'idéal objet d'une flamme future ; je l'embrassais dans les vents ; je croyais l'entendre dans les gémissements du fleuve ; tout était ce fantôme imaginaire, et les astres dans les cieux et le principe même de vie dans l'univers.

Toutefois cet état de calme et de trouble, d'indigence et de richesse, n'était pas sans quelques charmes : un jour je m'étais amusé à effeuiller une branche de saule sur un ruisseau et à attacher une idée à chaque feuille que le courant entraînait. Un roi qui craint de perdre sa couronne par une révolution subite ne ressent pas des angoisses plus vives que les miennes à chaque accident qui menaçait les débris de mon rameau. O faiblesse des mortels! ô enfance du cœur humain qui ne vieillit jamais! voilà donc à quel degré de puérilité notre superbe raison peut descendre! Et encore est-il vrai que bien des hommes attachent leur destinée à des choses d'aussi peu de valeur que mes feuilles de saule.

Mais comment exprimer cette foule de sensations fugitives que j'éprouvais dans mes promenades? Les sons que rendent les passions dans le vide d'un cœur solitaire ressemblent au murmure que les vents et les eaux font entendre dans le silence d'un désert : on en jouit, mais on ne peut les peindre.

L'automne me surprit au milieu de ces incertitudes : j'entrai avec ravissement dans les mois des tempêtes. Tantôt j'aurais voulu être un de ces guerriers errant au milieu des vents, des nuages et des fantômes; tantôt j'enviais jusqu'au sort du pâtre que je voyais réchauffer ses mains à l'humble feu de broussailles qu'il avait allumé au coin d'un bois. J'écoutais ses chants mélancoliques, qui me rappelaient que dans tout pays le chant naturel de l'homme est triste, lors même qu'il exprime le bonheur. Notre cœur est un instrument incomplet, une lyre où il manque des cordes et où nous sommes forcés de rendre les accents de la joie sur le ton consacré aux soupirs.

Le jour, je m'égarais sur de grandes bruyères terminées par des forêts. Qu'il fallait peu de choses à ma rêverie! une feuille séchée que le vent chassait devant moi, une cabane dont la fumée s'élevait dans la cime dépouillée des arbres, la mousse qui tremblait au souffle du nord sur le tronc d'un chêne, une roche écartée, un étang désert où le jonc flétri murmurait!

Le clocher solitaire s'élevant au loin dans la vallée a souvent attiré mes regards; souvent j'ai suivi des yeux les oiseaux de passage qui volaient au-dessus de ma tête. Je me figurais les bords ignorés, les climats lointains où ils se rendent; j'aurais voulu être sur leurs ailes. Un secret instinct me tourmentait; je sentais que je n'étais moi-même qu'un voyageur, mais une voix du ciel semblait me dire : « Homme, la saison de ta migration n'est pas encore venue; attends que le vent de la mort se lève, alors tu déploieras ton vol vers ces régions inconnues que ton cœur demande. »

Levez-vous vite, orages désirés qui devez emporter René dans les espaces d'une autre vie! Ainsi disant, je marchais à grand pas, le visage enflammé, le vent sifflant dans ma chevelure, ne sentant ni pluie, ni frimas, enchanté, tourmenté et comme possédé par le démon de mon cœur.

(René.)

---

## CHATEAUBRIAND JUGE SA VIE

### (1836)

Ma vie a été fort agitée. J'ai traversé plusieurs fois les mers; j'ai vécu dans la hutte des sauvages et dans le palais des rois, dans les camps et dans les cités. Voyageur aux champs de la Grèce, pèlerin à Jérusalem, je me suis assis sur toutes sortes de ruines. J'ai vu passer le royaume de Louis XVI et l'empire de Buonaparte; j'ai partagé l'exil des Bourbons, et j'ai annoncé leur retour. Deux poids qui semblent attachés à ma fortune la font successivement monter et descendre dans une portion égale : on me prend, on me laisse; on me reprend dépouillé un jour, le lendemain on me jette un manteau, pour m'en dépouiller encore. Accoutumé à ces bourrasques, dans quelque port que j'arrive, je me regarde toujours comme un navigateur qui va bientôt remonter sur son vaisseau et je ne fais à terre aucun établissement solide. Deux heures m'ont suffi pour quitter le ministère et pour remettre les clefs de l'hôtellerie à celui qui devait l'occuper.

Qu'il faille en gémir ou s'en féliciter, mes écrits ont teint de leur couleur grand nombre des écrits de mon

temps. Mon nom depuis vingt-cinq années se trouve
mêlé aux mouvements de l'ordre social : il s'attache au
règne de Buonaparte, au rétablissement des autels, à
celui de la monarchie légitime, à la fondation de la
monarchie constitutionnelle. Les uns repoussent ma
personne, mais prêchent mes doctrines et s'emparent de
ma politique en la dénaturant; les autres s'arrangeraient
de ma personne si je consentais à la séparer de mes
principes. Les plus grandes affaires ont passé par mes
mains. J'ai connu presque tous les rois, presque tous
les hommes, ministres ou autres, qui ont joué un rôle de
mon temps. Présenté à Louis XVI, j'ai vu Washington
au début de ma carrière et je suis retombé à la fin
sur ce que je vois aujourd'hui. Plusieurs fois Buonaparte
me menaça de sa colère et de sa puissance, et cependant
il était entraîné par un secret penchant vers moi,
comme je ressentais une involontaire admiration de ce
qu'il y avait de grand en lui. J'aurais tout été dans
son gouvernement si je l'avais voulu; mais il m'a toujours manqué pour réussir une passion et un vice :
l'ambition et l'hypocrisie.

(Préface générale des œuvres.)

# ANNE-LOUISE-GERMAINE NECKER

## (Baronne de Stael-Holstein)

[Paris, 1766; † 1817, Paris.]

Fille du banquier genevois qui, avant de devenir ministre de Louis XVI, s'était fait connaître par son goût pour les lettres et par l'hospitalité qu'il offrait aux littérateurs et aux philosophes en vue, Germaine Necker fut, pour ainsi dire, élevée dans le salon de sa mère et donna des marques de précocité intellectuelle : à quinze ans, elle présentait à son père un commentaire sur l'*Esprit des Lois*. J.-J. Rousseau fut son écrivain favori et trois ans après son mariage avec le baron de Staël, ambassadeur de Suède, elle publiait ses *Lettres sur les écrits et le caractère de Jean-Jacques* (1789). Ce commerce avec le philosophe de Genève augmenta son exaltation naturelle : elle ne put s'entendre avec son mari et l'incompatibilité d'humeur amena bientôt la séparation. Quand vint la Révolution, Mᵐᵉ de Staël se trouvait toute préparée à l'accueillir avec enthousiasme; mais les violences des meneurs populaires la décidèrent à émigrer et, après le 2 septembre, elle se retira avec son père à Coppet. Restée fidèle à la personne du roi et de la reine, elle proposa le 20 juin un plan d'évasion des Tuileries, qui ne fut pas accueilli, et écrivit ses *Réflexions* sur le procès de Marie-Antoinette (1793). Thermidor venu, elle se rangea parmi les républicains modérés et comptait parmi ses amis Lanjuinais, Boissy d'Anglas, Cabanis, Daunou. C'est alors qu'elle compose son écrit sur l'*Influence des passions sur le bonheur des individus et des nations*, 1796. Dès le 18 Brumaire, on la voit prendre place parmi les rares fidèles de la légalité qui firent de l'opposition à Bonaparte, et alors commence pour elle la période la plus agitée de sa vie. Son livre de la *Littérature considérée dans ses rapports avec les institutions sociales* (1800) avait eu du succès et la désignait à l'attention du Premier Consul; aussi prit-il occasion de la publication des *Dernières vues de finances et de politique de M. Necker* pour exiler Mᵐᵉ de Staël à 40 lieues de Paris. Se sentant surveillée en France, elle voyagea alors en Allemagne (1803), où elle vit Gœthe, Wieland, Schiller; en Suisse, où elle recevait à son château de Coppet une véritable colonie allemande, Schlegel, Zacharias Werner, Œlenschlager; en Italie, d'où

elle rapportait *Corinne*, roman qui parut en 1807 et qui avait été
précédé par *Delphine*, 1802. De ces voyages sortit aussi son livre
*De l'Allemagne*, 1810, qui attira sur elle les tracasseries de la police
impériale. Ne se croyant plus alors en sûreté, même à Coppet,
elle mena une vie errante tour à tour en Autriche, en Russie, en
Suède, en Angleterre. La Restauration la ramena en France, où,
avant de mourir, elle put achever ses *Considérations sur la Révolution française*, que son fils publia en 1818.

Outre les ouvrages que nous avons mentionnés, M^me de Staël a
laissé des Mémoires, qu'elle a intitulés *Dix années d'exil*, et qui
parurent pour la première fois en 1818.

-----

## DE LA PERFECTIBILITÉ DE L'ESPÈCE
## HUMAINE

### (1800)

En parcourant les révolutions du monde et la succession des siècles, il est une idée première dont je ne
détourne jamais mon attention : c'est la pefectibilité de
l'espèce humaine. Je ne pense pas que ce grand œuvre de la
morale ait jamais été abandonné ; dans les périodes lumi-
neuses, comme dans les siècles de ténèbres, la marche
graduelle de l'esprit humain n'a point été interrompue.

Ce système est devenu odieux à quelques personnes,
par les conséquences atroces qu'on en a tirées à quelques
époques désastreuses de la révolution ; mais rien cependant n'a moins de rapport avec de telles conséquences
que ce noble système. Comme la nature fait quelquefois
servir des maux partiels au bien général, de stupides
barbares se croyaient des législateurs suprêmes, en
versant sur l'espèce humaine des infortunes sans nombre,
dont il se promettaient de diriger les effets, et qui n'ont
amené que le malheur et la destruction. La philosophie
peut quelquefois considérer les souffrances passées
comme des leçons utiles, comme des moyens réparateurs
dans la main du temps ; mais cette idée n'autorise point
à s'écarter soi-même en aucune circonstance des lois

positives de la justice. L'esprit humain ne pouvant connaître l'avenir avec certitude, la vertu doit être sa divination. Les suites quelconques des actions des hommes
ne sauraient ni les rendre innocents, ni les rendre coupables; l'homme a pour guide des devoirs fixes, et non
des combinaisons arbitraires; et l'expérience même a
prouvé qu'on n'atteint pas au but moral qu'on se propose, lorsqu'on se permet des moyens coupables pour y
parvenir. Mais, parce que des hommes cruels ont pros-
titué dans leur langage des expressions généreuses,
s'ensuivrait-il qu'il n'est plus permis de se rallier à de
sublimes pensées? Le scélérat pourrait ainsi ravir à
l'homme de bien tous les objets de son culte; car c'est
toujours au nom d'une vertu que se commettent les
attentats politiques.

Non, rien ne peut détacher la raison des idées
fécondes en résultats heureux. Dans quel découragement l'esprit ne tomberait-il pas, s'il cessait d'espérer
que chaque jour ajoute à la masse des lumières, que
chaque jour des vérités philosophiques acquièrent un
développement nouveau! Persécutions, calomnies, douleurs, voilà le partage des penseurs courageux et des
moralistes éclairés. Les ambitieux et les avides, tantôt
cherchent à tourner en dérision la duperie de la conscience, tantôt s'efforcent de supposer d'indignes motifs
à des actions généreuses : ils ne peuvent supporter que
la morale subsiste encore; ils la poursuivent dans le
cœur où elle se réfugie. L'envie des méchants s'attache à
un rayon lumineux qui brille encore sur la tête de
l'homme moral. Cet éclat que leurs calomnies obscurcissent souvent aux yeux du monde, ne cesse jamais
d'offusquer leurs propres regards. Que deviendrait
l'être estimable que tant d'ennemis persécutent, si l'on
voulait encore lui ôter l'espérance la plus religieuse qui
soit sur la terre, les progrès futurs de l'espèce humaine ?

J'adopte de toutes mes facultés cette croyance philosophique : un de ses principaux avantages, c'est d'ins-

pirer un grand sentiment d'élévation; et je le demande à
tous les esprits d'un certain ordre, y a-t-il au monde
une plus pure jouissance que l'élévation de l'âme? C'est
par elle qu'il existe encore des instants où tous ces
hommes si bas, tous ces calculs si vils disparaissent à
nos regards. L'espoir d'atteindre à des idées utiles,
l'amour de la morale, l'ambition de la gloire, inspirent
une force nouvelle; des impressions vagues, des sentiments qu'on ne peut entièrement se définir, charment un
moment la vie, et tout notre être moral s'enivre du bonheur et de l'orgueil de la vertu. Si tous les efforts
devaient être inutiles, si les travaux intellectuels étaient
perdus, si les siècles les engloutissaient sans retour
quel but l'homme de bien pourrait-il se proposer dans
ses méditations solitaires? Je suis donc revenue sans
cesse, dans cet ouvrage, à tout ce qui peut prouver la
perfectibilité de l'espèce humaine. Ce n'est point une
vaine théorie, c'est l'observation des faits qui conduit à
ce résultat. Il faut se garder de la métaphysique qui n'a
pas l'appui de l'expérience; mais il ne faut pas oublier
que, dans les siècles corrompus, on appelle métaphysique
tout ce qui n'est pas aussi étroit que les calculs de
l'égoïsme, aussi positif que les combinaisons de l'intérêt personnel.

(*De la Littérature*. Discours préliminaire.)

---

## L'ENTHOUSIASME RELIGIEUX

### (1807)

... Si la religion consistait seulement dans la stricte
observation de la morale, qu'aurait-elle de plus que la
philosophie et la raison? Et quels sentiments de piété se
développeraient en nous, si notre principal but était
d'étouffer les sentiments du cœur? Les stoïciens en
savaient presque autant que nous sur les devoirs et

l'austérité de la conduite; mais ce qui n'est dû qu'au christianisme, c'est l'enthousiasme religieux qui s'unit à toutes les affections de l'âme; c'est la puissance d'aimer et de se plaindre; c'est le culte de sentiment et d'indulgence qui favorise si bien l'essor de l'âme vers le ciel! Que signifie la parabole de l'enfant prodigue, si ce n'est l'amour, l'amour sincère, préféré même à l'accomplissement de tous les devoirs? Il avait quitté, cet enfant, la maison paternelle, et son frère y était resté; il s'était plongé dans tous les plaisirs du monde, et son frère ne s'était pas écarté un instant de la régularité de la vie domestique; mais il revint, mais il pleura, mais il aima, et son père fit une fête pour son retour. Ah! sans doute que, dans les mystères de notre nature, aimer, encore aimer, est ce qui nous est resté de notre héritage céleste. Nos vertus mêmes sont souvent trop compliquées avec la vie, pour que nous puissions toujours comprendre ce qui est bien, ce qui est mieux, et quel est le sentiment secret qui nous dirige et nous égare. Je demande à mon Dieu de m'apprendre à l'adorer, je sens l'effet de mes prières par les larmes que je répands. Mais, pour se soutenir dans cette disposition, les pratiques religieuses sont plus nécessaires que vous ne pensez; c'est une relation constante avec la divinité; ce sont des actions journalières sans rapport avec aucun des intérêts de la vie, et seulement dirigées vers le monde invisible. Les objets extérieurs aussi sont d'un grand secours pour la piété; l'âme retombe sur elle-même, si les beaux-arts, les grands monuments, les chants harmonieux, ne viennent pas ranimer ce génie poétique, qui est aussi le génie religieux.

L'homme le plus vulgaire, lorsqu'il prie, lorsqu'il souffre, et qu'il espère dans le ciel, cet homme, dans ce moment, a quelque chose en lui qui s'exprimerait comme Milton, comme Homère, ou comme le Tasse, si l'éducation lui avait appris à revêtir de paroles ses pensées. Il n'y a que deux classes d'hommes distinctes sur la terre,

celle qui sent l'enthousiasme, et celle qui le méprise;
toutes les autres différences sont le travail de la société.
Celui-là n'a pas de mots pour ses sentiments; celui-ci
sait ce qu'il faut dire pour cacher le vide de son cœur.
Mais la source qui jaillit du rocher même, à la voix du
ciel, cette source est le vrai talent, la vraie religion, le
véritable amour.

La pompe de notre culte, ces tableaux, où les saints à
genoux expriment dans leurs regards une prière continuelle; ces statues placées sur les tombes, comme
pour se réveiller un jour avec les morts; ces églises et
leurs voûtes immenses, ont un rapport intime avec les
idées religieuses. J'aime cet hommage éclatant rendu
par les hommes à ce qui ne leur promet ni la fortune, ni
la puissance, à ce qui ne les punit ou ne les récompense que par un sentiment du cœur : je me sens alors
plus fière de mon être; je reconnais dans l'homme
quelque chose de désintéressé, et, dût-on multiplier
trop les magnificences religieuses, j'aime cette prodiga-
lité des richesses terrestres pour une autre vie, du
temps pour l'éternité : assez de choses se font pour
demain, assez de soins se prennent pour l'économie des
affaires humaines. Oh! que j'aime l'inutile! l'inutile, si
l'existence n'est qu'un travail pénible pour un misérable
gain. Mais si nous sommes sur cette terre en marche
vers le ciel, qu'y a-t-il de mieux à faire, que d'élever
notre âme pour qu'elle sente l'infini, l'invisible et
l'éternel, au milieu de toutes les bornes qui l'entourent?

*(Corinne.* Livre X chap. v.)

---

## DE LA POÉSIE CLASSIQUE ET DE LA POÉSIE ROMANTIQUE

### (1810)

Le nom de *romantique* a été introduit nouvellement en
Allemagne, pour désigner la poésie dont les chants des

troubadours ont été l'origine, celle qui est née de la chevalerie et du christianisme. Si l'on n'admet pas que le
paganisme et le christianisme, le Nord et le Midi, l'antiquité et le moyen âge, la chevalerie et les institutions
grecques et romaines, se sont partagé l'empire de la littérature, l'on ne parviendra jamais à juger sous un point
de vue philosophique le goût antique et le goût moderne.

On prend quelquefois le mot classique comme syno-
nyme de perfection. Je m'en sers ici dans une autre
acception, en considérant la poésie classique comme celle
des anciens, et la poésie romantique comme celle qui
tient de quelque manière aux traditions chevaleresques.
Cette division se rapporte également aux deux ères du
monde ; celle qui a précédé l'établissement du christianisme, et celle qui l'a suivi.

On a comparé aussi dans divers ouvrages allemands la
poésie antique à la sculpture, et la poésie romantique à la
peinture ; enfin, l'on a caractérisé de toutes les manières
la marche de l'esprit humain, passant des religions maté-
rialistes aux religions spiritualistes. de la nature à la
Divinité !

La nation française, la plus cultivée des nations latines,
penche vers la poésie classique, imitée des Grecs et des
Romains. La nation anglaise, la plus illustre des nations
germaniques, aime la poésie romantique et chevaleresque,
et se glorifie des chefs-d'œuvre qu'elle possède en ce
genre. Je n'examinerai point ici lequel de ces deux genres
de poésie mérite la préférence : il suffit de montrer que
la diversité des goûts, à cet égard, dérive non seulement
des causes accidentelles, mais aussi des sources primitives
de l'imagination et de la pensée.

Il y a dans les poèmes épiques et dans les tragédies
des anciens un genre de simplicité qui tient à ce que les
hommes étaient identifiés à cette époque avec la nature
et croyaient dépendre du destin, comme elle dépend de
la nécessité. L'homme, réfléchissant peu, portait toujours
l'action de son âme au dehors ; la conscience elle-même

était figurée par des objets extérieurs, et les flambeaux des Furies secouaient les remords sur la tête des coupables. L'événement était tout dans l'antiquité; le caractère tient plus de place dans les temps modernes; et cette réflexion inquiète, qui nous dévore souvent comme le vautour de Prométhée, n'eût semblé que de la folie, au milieu des rapports clairs et prononcés qui existaient dans l'état civil et social des anciens.

On ne faisait en Grèce, dans le commencement de l'art, que des statues isolées; les groupes ont été composés plus tard. On pourrait dire de même, avec vérité, que dans tous les arts il n'y avait point de groupes : les objets représentés se succédaient comme dans les bas-reliefs, sans combinaison, sans complication d'aucun genre. L'homme personnifiait la nature; des nymphes habitaient les eaux, des hamadryades les forêts : mais la nature, à son tour, s'emparait de l'homme, et l'on eût dit qu'il ressemblait au torrent, à la foudre, au volcan, tant il agissait par une impulsion involontaire, et sans que la réflexion pût en rien altérer les motifs ni les suites de ses actions. Les anciens avaient, pour ainsi dire, une âme corporelle, dont tous les mouvements étaient forts, directs et conséquents. Il n'en est pas de même du cœur humain développé par le christianisme : les modernes ont puisé dans le repentir chrétien l'habitude de se replier continuellement sur eux-mêmes.

Mais, pour manifester cette existence tout intérieure, il faut qu'une grande variété dans les faits présente sous toutes les formes les nuances infinies de ce qui se passe dans l'âme. Si de nos jours les beaux-arts étaient astreints à la simplicité des anciens, nous n'atteindrions pas à la force primitive qui les distingue, et nous perdrions les émotions intimes et multipliées dont notre âme est susceptible. La simplicité de l'art, chez les modernes, tournerait facilement à la froideur et à l'abstraction, tandis que celle des anciens était pleine de vie. L'honneur et l'amour, la bravoure et la pitié sont les sentiments qui

signalent le christianisme chevaleresque; et ces dispositions de l'âme ne peuvent se faire voir que par les dangers, les exploits, les amours, les malheurs, l'intérêt
romantique enfin, qui varie sans cesse les tableaux. Les
sources des effets de l'art sont donc différentes, à beaucoup d'égards, dans la poésie classique et dans la poésie
romantique; dans l'une, c'est le sort qui règne; dans
l'autre, c'est la Providence; le sort ne compte pour
rien les sentiments des hommes, la Providence ne juge
les actions que d'après les sentiments. Comment la poésie
ne créerait-elle pas un monde d'une tout autre nature,
quand il faut peindre l'œuvre d'un destin aveugle et
sourd, toujours en lutte avec les mortels, ou cet ordre
intelligent auquel préside un Être suprême, que notre
cœur interroge et qui répond à notre cœur.

(De l'Allemagne. II<sup>e</sup> Partie, chap xi.)

# JOSEPH-MARIE DE MAISTRE

[Chambéry, 1753; † 1821, Turin.]

Ayant fait ses premières études dans sa ville natale, puis son droit à Turin, il parcourut successivement dans son pays les degrés de la hiérarchie judiciaire, et était sénateur de Savoie depuis 1788, quand, en 1792, l'invasion des armées françaises l'obligea à s'expatrier. Après quelques années passées à Aoste, puis à Lausanne, où il écrivit ses *Considérations sur la France*, 1795, il fut, en 1799, nommé agent de la grande chancellerie en Sardaigne, et, trois ans plus tard, ministre plénipotentiaire à Saint-Pétersbourg. Il en exerça les fonctions jusqu'en 1817 et c'est là qu'il composa sa traduction du *Traité de Plutarque sur les délais de la justice divine*, 1815; son livre du *Pape*, 1819; ses *Soirées de Saint-Pétersbourg*, l'*Église gallicane*, l'*Examen de la philosophie de Bacon*, ouvrages qui ne furent publiés qu'après sa mort. Étant revenu à Turin, sur la fin de sa vie, il y fut nommé chef de la grande chancellerie du royaume de Piémont, avec le titre de ministre d'État.

## LES ÉVÉNEMENTS DE LA RÉVOLUTION FRANÇAISE ONT ÉTÉ CONDUITS PAR LA PROVIDENCE

### (1795)

Ce qu'il y a de plus frappant dans la Révolution française, c'est cette force entraînante qui courbe tous les obstacles. Son tourbillon emporte comme une paille légère tout ce que la force humaine a su lui imposer; personne n'a contrarié sa marche impunément. La pureté des motifs a pu illustrer l'obstacle, mais c'est tout; et cette force jalouse, marchant invariablement à son but, rejette également Charette, Dumouriez et Drouot.

On a remarqué avec grande raison, que la Révolution française mène les hommes plus que les hommes ne la mènent. Cette observation est de la plus grande justesse; et quoiqu'on puisse l'appliquer plus ou moins à toutes les grandes révolutions, cependant elle n'a jamais été plus frappante qu'à cette époque.

Les scélérats mêmes qui paraissent conduire la révolution, n'y entrent que comme de simples instruments; et dès qu'ils ont la prétention de la dominer, ils tombent ignoblement. Ceux qui ont établi la république, l'ont fait sans le vouloir et sans savoir ce qu'ils faisaient; ils y ont été conduits par les événements : un projet antérieur n'aurait pas réussi.

Jamais Robespierre, Collot ou Barère, ne pensèrent à établir le gouvernement révolutionnaire et le régime de la terreur; ils y furent conduits insensiblement par les circonstances, et jamais on ne reverra rien de pareil. Ces hommes excessivement médiocres exercèrent sur une nation coupable le plus affreux despotisme dont l'histoire fasse mention, et sûrement ils étaient les hommes du royaume les plus étonnés de leur puissance.

Mais au moment même où ces tyrans détestables eurent comblé la mesure de crimes nécessaire à cette phase de la révolution, un souffle les renversa. Ce pouvoir gigantesque, qui faisait trembler la France et l'Europe ne tient pas contre la première attaque; et comme il ne devait y avoir rien de grand, rien d'auguste dans une révolution toute criminelle, la Providence voulut que le premier coup fût porté par des *septembriseurs*, afin que la justice même fût infâme.

Souvent on s'est étonné que des hommes plus que médiocres aient mieux jugé la révolution française que des hommes du premier talent; qu'ils y aient cru fortement, lorsque des politiques consommés n'y croyaient point encore. C'est que cette persuasion était une des pièces de la révolution, qui ne pouvait réussir que par l'étendue et l'énergie de l'esprit révolutionnaire, ou, s'il est permis de s'exprimer ainsi, par la *foi* à la révolution. Ainsi, des hommes sans génie et sans connaissances ont fort bien conduit ce qu'ils appelaient *le char révolutionnaire*; ils ont tout osé sans crainte de la contre-révolution; ils ont toujours marché en avant, sans regarder derrière eux; et tout leur a réussi, parce qu'ils n'étaient que les instruments d'une force qui en savait plus qu'eux. Ils n'ont pas fait de fautes dans leur carrière révolutionnaire, par la raison que le flûteur de Vaucanson [1] ne fît jamais de notes fausses.

Le torrent révolutionnaire a pris successivement différentes directions; et les hommes les plus marquants dans la révolution n'ont acquis l'espèce de puissance et de célébrité qui pouvait leur appartenir, qu'en suivant le cours du moment : dès qu'ils ont voulu le contrarier ou seulement s'en écarter en s'isolant, en travaillant trop pour eux, ils ont disparu de la scène.

Voyez ce Mirabeau qui a tant marqué dans la Révolution : au fond, c'était *le roi de la halle*. Par les crimes qu'il a faits, et par ses livres qu'il a fait faire [2], il a secondé le mouvement populaire : il se mettait à la suite d'une masse déjà mise en mouvement. et la poussait dans le sens déterminé; son pouvoir ne s'étendit jamais plus loin : il partageait avec un autre héros de la révolution le pouvoir d'agiter la multitude, sans avoir celui de la dominer, ce qui forme le véritable cachet de la médiocrité dans les troubles politiques. Des factieux moins brillants, et en effet plus habiles et plus puissants que lui, se servaient de son influence pour leur profit. Il tonnait à la tribune, et il était leur dupe. Il disait en mourant, *que s'il avait vécu, il aurait rassemblé les pièces éparses de la monarchie*; et lorsqu'il avait voulu, dans le moment de sa plus grande influence, viser seulement au

---

1. *Vaucanson*, né à Grenoble, 1709-1782, fut célèbre au XVIII° siècle par ses chefs-d'œuvre de mécanique, surtout par ses automates.

2. On sait que Mirabeau eut comme une équipe de littérateurs qui travaillaient pour lui et dont les travaux parurent parfois sous son nom : tels Chamfort, Clavière, Panchaud, etc.

ministère, ses subalternes l'avaient repoussé comme un enfant.

Enfin, plus on examine les personnages en apparence les plus actifs de la révolution, plus on trouve en eux quelque chose de passif et de mécanique. On ne saurait trop le répéter, ce ne sont point les hommes qui mènent la révolution; c'est la révolution qui emploie les hommes. On dit fort bien, quand on dit qu'*elle va toute seule*. Cette phrase signifie que jamais la Divinité ne s'était montrée d'une manière si claire dans aucun événement humain. Si elle emploie les instruments les plus vils, c'est qu'elle punit pour régénérer.

(*Considérations sur la France*, Chap. I.)

## LA FOI MONARCHIQUE DE BOSSUET

« Bossuet, a dit l'auteur du Tableau de la littérature française dans le XVIIIᵉ siècle [1], Bossuet avait fait retentir dans la chaire toutes les maximes qui établissent le pouvoir absolu des rois et des ministres de la religion. Il avait en mépris les opinions et les volontés des hommes, et il avait voulu les soumettre entièrement au joug. »

On pourra trouver peut-être trop de couleur moderne dans ce morceau, mais en la faisant disparaître, il restera une grande vérité : *c'est que jamais l'autorité n'eut de plus grand ni surtout de plus intègre défenseur que Bossuet.*

La cour était pour lui un véritable sanctuaire où il ne voyait que la puissance divine dans la puissance du roi. La gloire de Louis XIV et son absolue autorité ravissaient le prélat comme si elles lui avaient appartenu en propre. Quand il loue le monarque, il laisse bien loin derrière lui tous les adorateurs de ce prince, qui ne lui demandaient que la faveur. Celui qui le trouverait flatteur

---

1. *Tableau de la littérature depuis 1789*, ouvrage posthume de Marie-Joseph Chenier, paru en 1815.

montrerait bien peu de discernement. Bossuet ne loue
que parce qu'il admire, et sa louange est toujours parfaitement sincère. Elle part d'une certaine *foi* monar-
chique qu'on sent mieux qu'on ne peut la définir; et
son admiration est communicative, car il n'y a rien qui
persuade comme la persuasion. Il faut ajouter que la
soumission de Bossuet n'a rien d'avilissant, parce qu'elle
est purement chrétienne; et comme l'obéissance qu'il
prêche au peuple est une obéissance d'amour qui ne
rabaisse point l'homme, la liberté qu'il employait à l'égard
du souverain, était aussi une liberté chrétienne qui ne
déplaisait point. Il fut le seul homme de son siècle (avec
Montausier peut-être) qui eut droit de dire la vérité à
Louis XIV sans le choquer. Lorsqu'il lui disait en chaire :
*Il n'y a plus pour vous qu'un seul ennemi à redouter,*
*vous-même, Sire, vous-même*, etc., ce prince l'entendait
comme il aurait entendu David disant dans les psaumes :
*Ne vous fiez pas aux princes, auprès desquels il n'y a*
*point de salut.* L'homme n'était pour rien dans la liberté
exercée par Bossuet; or, c'est l'homme seul qui choque
l'homme; le grand point est de savoir l'anéantir. Boileau
disait à l'un des plus habiles courtisans de son siècle :

> Esprit né pour la cour et maître en l'art de plaire,
> Qui sais également et parler et te taire.

Ce même éloge appartient éminemment à Bossuet. Nul
homme ne fut jamais plus maître de lui-même, et ne sut
mieux dire ce qu'il fallait, comme il fallait et quand il
fallait. Était-il appelé à désapprouver un scandale public,
il ne manquait point à son devoir; mais... il s'avait s'arrêter... Les souffrances du peuple, les erreurs du pouvoir,
les dangers de l'état, la publicité des désordres, ne lui
arrachèrent jamais un seul cri. Toujours semblable à
lui-même, toujours prêtre et rien que prêtre...

(*De l'Eglise gallicane*, livre II, chap. XII.)

# DE LAMENNAIS

## (Hugues-Félicité-Robert)

[Saint-Malo ; 1783 ; † 1854, Paris.]

Il était le quatrième des six enfants d'un père qui fut anobli à la veille de la Révolution. Ayant perdu sa mère de bonne heure, il fut élevé par un oncle à La Chesnaie, au milieu des bois. Il composa avec un de ses frères, qui était prêtre, des *Réflexions sur l'État de l'Église* (1808) et un traité de la *Tradition de l'Église sur l'institution des évêques* (1814), ouvrages hostiles au Concordat, qui le firent inquiéter par la police impériale et le décidèrent à passer en Angleterre. A son retour en France, cédant après de longues hésitations aux instances de son frère, il se décida à recevoir l'ordination, 1816. La publication de son premier volume de l'*Essai sur l'indifférence en matière de religion*, 1817, causa une émotion qui s'accrut encore quand le second volume parut en 1821. Attaqué par une partie du clergé français, Lamennais, qui répudiait les doctrines gallicanes et se tournait vers Rome où il voyait l'unique recours du clergé contre le pouvoir civil, est alors défendu par de Bonald et Joseph de Maistre, et un groupe de jeunes gens, réunis autour de lui, à La Chesnaie, Gerbet, Montalembert, Lacordaire, etc., le proclament leur maître et leur guide, et le soutiennent dans sa lutte contre M. de Frayssinous et M. de Vatimesnil. Aussi, après 1830, cette petite école faisait avec lui campagne dans le journal *l'Avenir*, où, de 1830 à 1832, il essaya de fonder le catholicisme libéral. Condamné par l'encyclique *Mirari vos*, 1832, malgré un voyage qu'il avait fait à Rome pour faire agréer ses idées par le pape, Lamennais dès lors s'éloigna de plus en plus de l'Église et se rapprocha toujours davantage de la démocratie pure. Ces étapes sont marquées par les *Paroles d'un Croyant*, 1834, livre qui lui valut une grande popularité, les *Affaires de Rome*, 1836, le *Livre du peuple*, 1837, le *Pays et le Gouvernement*, 1840, brochure pour laquelle il fut enfermé à Sainte-Pélagie, où il écrivit *Une voix de prison*, publié en 1843. Au lendemain du 24 février 1848, il fonde un journal, *le Peuple constituant*, est élu par le peuple de Paris à l'Assemblée nationale, où il siège à l'extrême gauche. Il survécut peu à la chute de la seconde République.

Il faut citer, outre les ouvrages que nous avons énumérés : *Amschapands et Darvands*, 1843, le *Deuil de la Pologne*, 1846, *Esquisse d'une philosophie*, 1841-1846, *Mélanges philosophiques et politiques*, 1856, une traduction des *Évangiles* et une traduction de la *Divine Comédie*.

De plus on a de lui plusieurs volumes de *Correspondance*.

---

## RATIONALISME ET TRADITIONALISME

### (1821)

Le grand danger de cette philosophie (le rationalisme) est d'abandonner chaque raison à elle-même et de ne donner à l'homme d'autre règle de vérité que ses propres jugements. Dès lors il doit croire vrai tout ce qui lui paraît vrai, et faux tout ce qui lui paraît faux. Il n'est point d'erreur qui ne soit justifiée par ce principe, et aussi est-ce de ce principe que partent l'hérétique, le déiste et l'athée. Ils peuvent affirmer ou nier tout ce qu'ils veulent, en disant : cela est clair pour moi, ou cela ne l'est pas. Toutes les preuves et tous les raisonnements qu'il est possible de leur opposer, viennent se briser contre ces deux mots.

A cette philosophie aussi désastreuse qu'absurde nous substituons la doctrine du *sens commun*, fondée sur la nature de l'homme, et hors de laquelle, comme nous le faisons voir, il n'y a ni certitude, ni vérité, ni raison.

Quoi qu'on ait pu dire, il ne faut pas de grands efforts d'esprit pour la comprendre ; elle est à la portée de tous les hommes, et tous la connaissent sans avoir eu besoin de l'étudier ; tous, et même ceux qui la nient, prouvent sa nécessité, en réglant sur elle leur conduite. A quoi se réduit-elle en effet ? A ces deux points :

I. Tous les hommes croient invinciblement mille et mille choses, et par conséquent cette foi invincible est dans leur nature. C'est un fait dont personne ne doute, ni n'a le pouvoir de douter, et tout ce que l'universalité des hommes croit invinciblement, est vrai relativement à la raison humaine, et doit être tenu pour certain, sans quoi nulle certitude ne serait possible.

II. Tous les hommes ont effectivement un penchant naturel à tenir pour certain ce qui est cru ou attesté comme vrai généralement, et ils déclarent fou quiconque nie ce qui est attesté de la sorte. Le consentement commun est donc, au jugement de tous les hommes, la marque de la vérité ou la règle de la raison particulière.

Ainsi nous combattons le *sens privé* des philosophes, des déistes et des athées par le *sens commun* des hommes, ou l'autorité du genre humain, comme nous combattons le sens privé des hérétiques par le sens commun des chrétiens, ou l'autorité de l'Eglise.

En un mot, nous soutenons qu'en toutes choses et toujours, ce qui est conforme au sens commun est vrai, ce qui lui est opposé est faux; que la raison individuelle, le sens particulier peut errer, mais que la raison générale, le sens commun est à l'abri de l'erreur; et l'on ne saurait supposer le contraire, sans faire violence au langage même, ou à la raison humaine, dont le langage est l'expression.

(*Défense de l'Essai sur l'indifférence*, Préface.)

Éd. Garnier.

---

## LETTRE A MONTALEMBERT

### (1833)

... L'état du clergé est à peu près partout le même. M. de Coux m'écrit qu'en Irlande même il rétrograde vers le despotisme. Je ne m'en étonne point; tout au contraire, je serais étonné que cela ne fût pas. L'enveloppe

1. Cette lettre, du 19 octobre 1833, écrite après l'encyclique *Mirari vos* (15 août 1832), qui condamnait les idées de l'*Avenir*, indique que Lamennais put renoncer un moment à toute idée de réforme religieuse, mais ne voulut jamais renoncer à son apostolat moral et social.

passagère de la chrysalide ne doit-elle pas se dessécher tout entière en même temps ? Je ne puis admettre que deux hypothèses : l'une, que l'excès du mal dans la hiérarchie et sa corruption universelle amèneront une réforme profonde qui sauvera les peuples en sauvant la religion ; l'autre, que nous approchons des temps annoncés dans la révélation de saint Jean (chap. XVIII, XIX, et XX), où le fondateur de l'Église en opèrera lui-même, par des moyens que lui seul connaît, la complète transformation. J'incline beaucoup pour cette dernière hypothèse, par des motifs qu'il serait trop long de déduire ici. Mais, soit qu'on adopte l'une ou l'autre, il est évident qu'on ne peut rien faire avec le concours du clergé actuel.

En demeurant attaché à l'unité conservatrice d'un élément divin qui jamais ne périra sur la terre, on doit se tenir entièrement en dehors de l'action temporelle d'une hiérarchie qui oublie sa mission, et se matérialise de plus en plus, comme la synagogue. *Omnes quærunt quæ sua sunt, non quæ Jesu Christi...*

Il me paraît donc plus clair que le soleil qu'on doit aujourd'hui abandonner à Dieu le soin des choses divines ; qu'il veut agir seul, parce qu'en effet lui seul peut agir, et que nous ne pourrons qu'attendre avec patience et avec foi son intervention souveraine. Cela posé,... il ne reste à résoudre qu'une question : en demeurant passif dans l'ordre divin que Dieu dirige immédiatement selon des lois dont il s'est réservé le secret, doit-on l'être également dans l'ordre inférieur, dans l'ordre qui est la sphère propre de l'activité et de la liberté humaine ? Pour moi, je ne le pense pas, parce que je ne pense pas que le quiétisme doive être l'état de l'homme sur la terre, parce que je crois qu'il y a des devoirs à remplir envers ses semblables, devoirs différents pour chacun selon les temps et les positions diverses. L'idée de gloire ne me touche point ou me touche fort peu : jamais cette poésie ne me vient à l'esprit. Si je désirais quelque chose, ce

serait le repos. Mais le repos me semble une lâcheté dans
un si grand mouvement du monde.

(*Lettres inédites de Lamennais à Montalembert*)

Éd. Plon et Cie.

---

## IMPORTANCE DE LA PHILOSOPHIE

### (1841-1846)

L'homme peut se livrer à une curiosité excessive qui
affaiblisse en lui les notions pratiques du devoir, et qui
l'entraîne, selon le penchant de sa nature malade, en
toute sorte de voies dangereuses. Il peut, accordant trop
de confiance à ses pures spéculations, y subordonner les
vérités traditionnelles qui en doivent être le fondement;
substituer ses vues incertaines, ses opinions passagères,
aux lois immuables; obscurcir, ébranler les principes du
juste; confondre les idées du bien et du mal; étonner la
croyance au fond des âmes, porter le trouble dans les
rapports naturels des êtres sociaux. En certains pays, à
certaines époques de réaction contre des désordres d'un
autre genre, la philosophie a fait tout cela; qui l'ignore?
Et nous ne voyons pas pourquoi on répugnerait à l'a-
vouer, car ces écarts renferment eux-mêmes de graves et
salutaires enseignements. Ils servent, et c'est déjà beaucoup, à marquer les écueils. Comment l'esprit, sollicité
sans cesse à reculer les bornes du savoir, à s'enfoncer
en des routes nouvelles, ne se serait-il pas quelquefois
égaré? Mais qui, sur ces tristes déviations, condamnerait
la philosophie d'une manière absolue, tomberait à son
tour dans une étrange erreur. Car ce serait condamner la
raison humaine, et avec elle le principe de tout progrès,
la pensée, la science, pour réduire l'homme à l'état de
pure machine croyante et obéissante : et encore la
croyance implique-t-elle la pensée, comme l'obéissance
suppose l'ordre, des lois connues de celui qui obéit aussi

bien que de celui qui commande, une volonté éclairée et
libre ; et, si peu qu'on descende plus bas, l'on entre dans
les régions de la nécessité ; muet empire de la brute où
domine seul l'irrésistible instinct, monde sans soleil,
peuplé de fugitives ombres et enveloppé d'un vague crépuscule qui n'est point la nuit, qui ne devient jamais le
jour.

Au moment où l'homme réfléchit sur les notions qu'il
trouvait en soi, observa ce qui l'environnait, appliqua
son intelligence à la faire servir à ses besoins, découvrit
les métiers, les arts, interrogea la Nature, lui demanda
le secret de ses opérations et de ses lois, rechercha les
siennes propres, en un mot développa, à un degré quel-
conque, ses puissances actives, la philosophie exista.
Inséparable de la vie et se manifestant avec elle, identique
à la pensée même, elle est dans le monde des esprits ce
qu'est le mouvement dans le monde des corps. Quel que
soit donc l'abus qu'on en ait fait et qu'on en peut faire,
elle n'en demeure ni moins nécessaire, ni moins auguste
en soi ; car la philosophie, c'est l'homme dans ce qu'il y
a de plus grand, dans ce qui l'associe à l'action et à la
liberté du souverain Être. Ceux qui, frappés surtout de
ses défaillances momentanées et fermant les yeux à ses
innombrables bienfaits, se plaisent à déclamer contre
elle, lui rendent par cela même, quoi qu'ils en aient, un
hommage d'autant plus marqué, qu'il est moins volontaire ; car attaquer la philosophie, c'est encore philoso-
pher.

Le genre humain lui doit cette énorme masse de travaux, qui successivement ont amélioré sa condition terrestre ; et quelle infinie distance, sous ce rapport, des
premières agrégations d'hommes dont l'histoire fasse
mention, aux sociétés présentes ! Nous savons que ce
progrès a en Dieu sa cause originaire, qu'il n'a pu
s'opérer sans un don primitif et sans le concours perma-
nent de l'éternel auteur de ce don ; mais nous savons
aussi que l'humanité n'a point été passive dans son

propre développement, si divers de peuple à peuple, selon les efforts de chacun. La science est sa création, le fruit de ses fécondes douleurs, et c'est par la science qu'elle a dompté les forces brutes de la nature, et que, les soumettant à ses ordres, elle parle à ce qui n'entend pas et en est obéie. Merveilleuse puissance qui étend ses conquêtes à travers l'espace sans limites, jusque dans les profondeurs les plus reculées de l'univers !

Quand on vient à se représenter ce que supposent de connaissances acquises, d'expérience, d'invention, les seuls procédés des arts nécessaires à la vie commune chez une nation civilisée, on reste confondu d'étonnement et d'admiration. Qu'est-ce donc si l'on joint à cela les prodiges d'une industrie plus avancée, et, dans une sphère supérieure encore, les productions variées et toutes les œuvres du génie de l'homme ? Or, parmi ces choses, il n'en est aucune qui ne soit le résultat de son activité intellectuelle, qui ne relève dès lors de la philosophie comme de son principe immédiat.

Président à la fois aux divers ordres de progrès, elle développe peu à peu les vérités premières traditionnellement conservées sous des formules générales, symboliques et indéfinies, en ce sens que, complètes en soi et à l'égard de la croyance qui s'y attache, elles ne sont néanmoins, pour la raison qui aspire à concevoir, qu'une sorte de germes que féconde incessamment la contemplation. Aussi les plus fortes têtes du christianisme à son origine, liant, sous ce point de vue, son apparition au développement de l'esprit humain, n'hésitèrent-ils pas à reconnaître dans la philosophie grecque, dont mieux que personne ils connaissaient les égarements, une véritable *préparation* évangélique.

(*Esquisse d'une philosophie*, Livre Iᵉʳ, chap. IV.)

Éd. Garnier.

# PRAT DE LAMARTINE

## (Alphonse-Marie-Louis)

[Mâcon, 1790; † 1869, Paris.]

———

Son père, cadet de famille, était arrivé au grade de capitaine de cavalerie et, pendant la Révolution, donna à la cause royaliste des preuves de fidélité qui le firent inquiéter et même emprisonner. Jeune homme, Lamartine suivit les traditions paternelles et en 1814, entra dans les gardes du corps de Louis XVIII; le grand succès que remportèrent ses *Méditations*, 1820, lui valut d'être nommé attaché d'ambassade à Naples. Sous le gouvernement des Bourbons, il occupa plusieurs autres emplois dans la diplomatie dont il songeait à faire sa carrière. Il donnait en même temps les *Nouvelles Méditations* et la *Mort de Socrate*, 1823, le *Dernier Chant du pélerinage de Child Harold*, 1825, les *Harmonies poétiques et religieuses*, 1829, qui lui ouvrirent l'Académie française en 1830. Pendant les premières années qui suivirent la chute de Charles X, il se tint à l'écart; mais, tenté par la vie politique, il ne tarda pas à poser sa candidature à la députation dans le département du Var. Son échec, qui lui fut rendu très sensible par les insultes dont ses adversaires le couvrirent, le décida à s'éloigner et à faire en Orient un voyage dès longtemps projeté. Comme il revenait en France, il apprit que les électeurs de Bergues venaient de le nommer à la chambre des députés. Alors commence sa carrière politique; il publie son *Voyage en Orient* en 1835, *Jocelyn* en 1836, *la Chute d'un ange*, 1838, *les Recueillements poétiques*, 1839; mais, à ce moment, c'est l'orateur, bien plus que le poète, qui se fait écouter et admirer du public. Son *Histoire des Girondins*, 1847, lui vaut une bruyante popularité. Aussi, après le 24 février 1848, fut-il considéré comme l'homme de la France. Dans le Gouvernement provisoire, il voulut jouer le rôle de modérateur, et, ayant rapidement perdu la faveur populaire, quand il se présenta à l'élection pour la présidence de la République, il ne recueillit pas même 10 000 voix. Après le coup d'État de décembre, c'est pour toujours qu'il rentre dans la vie privée. Durant sa retraite forcée, faisant un retour sur son existence, il publia d'abord une série de romans personnels : *Raphaël*, 1849, *les Confidences*, 1849, *les Nouvelles Confidences*, 1851, *Graziella*

1852; puis, aux prises avec les difficultés pécuniaires où l'avaient jeté ses habitudes de luxe et sa générosité, il dut, pour se soustraire à la gêne, produire des travaux de librairie, tels que son *Cours familier de littérature*, 1856 et années suivantes. Dans ses dernières années, la détresse de Lamartine était devenue si grande qu'il lui fallut accepter une somme de cinq cent mille francs qui lui fut votée, le 8 mai 1868, par le Corps législatif à titre de récompense nationale.

---

## L'ISOLEMENT

### (1819)

Souvent sur la montagne, à l'ombre du vieux chêne,
Au coucher du soleil, tristement je m'assieds;
Je promène au hasard mes regards sur la plaine,
Dont le tableau changeant se déroule à mes pieds.

Ici gronde le fleuve aux vagues écumantes;
Il serpente, et s'enfonce en un lointain obscur;
Là, le lac immobile étend ses eaux dormantes
Où l'étoile du soir se lève dans l'azur.

Au sommet de ces monts couronnés de bois sombres,
Le crépuscule encor jette un dernier rayon;
Et le char vaporeux de la reine des ombres
Monte, et blanchit déjà les bords de l'horizon.

Cependant, s'élançant de la flèche gothique,
Un son religieux se répand dans les airs :
Le voyageur s'arrête, et la cloche rustique
Aux derniers bruits du jour mêle de saints concerts.

Mais à ces doux tableaux mon âme indifférente
N'éprouve devant eux ni charme ni transports;
Je contemple la terre ainsi qu'une ombre errante :
Le soleil des vivants n'échauffe plus les morts.

De colline en colline en vain portant ma vue
Du sud à l'aquilon, de l'aurore au couchant,
Je parcours tous les points de l'immense étendue,
Et je dis : Nulle part le bonheur ne m'attend.

Que me font ces vallons, ces palais, ces chaumières,
Vains objets dont pour moi le charme est envolé !
Fleuves, rochers, forêts, solitudes si chères,
Un seul être vous manque et tout est dépeuplé !

Que le tour du soleil ou commence ou s'achève,
D'un œil indifférent je le suis dans son cours ;
En un ciel sombre ou pur qu'il se couche ou se lève,
Qu'importe le soleil ? je n'attends rien des jours.

Quand je pourrais le suivre en sa vaste carrière,
Mes yeux verraient partout le vide et les déserts.
Je ne désire rien de tout ce qu'il éclaire ;
Je ne demande rien à l'immense univers.

Mais peut-être au delà des bornes de sa sphère,
Lieux où le vrai soleil éclaire d'autres cieux,
Si je pouvais laisser ma dépouille à la terre,
Ce que j'ai tant rêvé paraîtrait à mes yeux !

Là je m'enivrerais à la source où j'aspire ;
Là, je retrouverais et l'espoir et l'amour,
Et ce bien idéal que toute âme désire,
Et qui n'a pas de nom au terrestre séjour !

Que ne puis-je, porté sur le char de l'Aurore,
Vague objet de mes vœux, m'élancer jusqu'à toi !
Sur la terre d'exil pourquoi resté-je encore ?
Il n'est rien de commun entre la terre et moi.

Quand la feuille des bois tombe dans la prairie,
Le vent du soir s'élève et l'arrache aux vallons ;
Et moi, je suis semblable à la feuille flétrie :
Emportez-moi comme elle, orageux aquilons !

(*Premières Méditations.*)

Hachette et Cⁱᵉ, éd.

## SOCRATE ET LE DIEU INCONNU
### (1823)

[Comme l'heure où Socrate doit boire la cigüe est déjà toute
proche, il se tourne vers ses amis et leur parle ainsi :]

« Hâtons-nous, mes amis, voici l'heure du bain.
Esclaves, versez l'eau dans le vase d'airain !
Je veux offrir aux dieux une victime pure. »
Il dit ; et se plongeant dans l'urne qui murmure,
Comme fait à l'autel le sacrificateur,
Il puisa dans ses mains le flot libérateur,
Et, le versant trois fois sur son front qu'il inonde,
Trois fois sur sa poitrine en fit ruisseler l'onde ;
Puis, d'un voile de pourpre en essuyant les flots,
Parfuma ses cheveux, et reprit en ces mots :
« Nous oublions le Dieu pour adorer ses traces.
Me préserve Apollon de blasphémer les Grâces,
Hébé versant la vie aux célestes lambris,
Le carquois de l'Amour, ni l'écharpe d'Iris,
Ni surtout de Vénus la riante ceinture
Qui d'un nœud sympathique enchaîne la nature,
Ni l'éternel Saturne, ou le grand Jupiter,
Ni tous ces dieux du ciel, de la terre et de l'air !
Tous ces êtres peuplant l'Olympe ou l'Elysée
Sont l'image de Dieu par nous divinisée,
Des lettres de son nom sur la nature écrit,
Une ombre que ce Dieu jette sur notre esprit !
A ce titre divin ma raison les adore,
Comme nous saluons le soleil dans l'aurore ;
Et peut-être qu'enfin tous ces dieux inventés,
Cet enfer et ce ciel par la lyre chantés,
Ne sont pas seulement des songes du génie,
Mais les brillants degrés de l'échelle infinie
Qui, des êtres semés dans ce vaste univers,
Sépare et réunit tous les astres divers.

24

Peut-être qu'en effet, dans l'immense étendue,
Dans tout ce qui se meut, une âme est répandue;
Que ces astres brillants sur nos têtes semés
Sont des soleils vivants et des feux animés;
Que l'océan, frappant sa rive épouvantée,
Avec ses flots grondants roule une âme irritée;
Que notre air embaumé volant dans un ciel pur
Est un esprit flottant sur des ailes d'azur;
Que le jour est un œil qui répand la lumière,
La nuit, une beauté qui voile sa paupière;
Et qu'enfin dans le ciel, sur la terre, en tout lieu,
Tout est intelligent, tout vit, tout est un dieu!

Mais, croyez-en, amis, ma voix prête à s'éteindre :
Par delà tous ces dieux que notre œil peut atteindre,
Il est sous la nature, il est au fond des cieux,
Quelque chose d'obscur et de mystérieux
Que la nécessité, que la raison proclame,
Et que voit seulement la foi, cet œil de l'âme!
Contemporain des jours et de l'éternité!
Grand comme l'infini, seul comme l'unité!
Impossible à nommer, à nos sens impalpable,
Son premier attribut, c'est d'être inconcevable.
Dans les lieux, dans les temps, hier, demain, aujourd'hui,
Descendons, remontons, nous arrivons à lui!
Tout ce que vous voyez est sa toute puissance,
Tout ce que nous pensons est sa sublime essence!
Force, amour, vérité, créateur de tout bien,
C'est le dieu de nos dieux! c'est le seul! c'est le mien... »

(*La Mort de Socrate*.)

Hachette et Cⁱᵉ, éd.

---

# LE CRUCIFIX
## (1823)

Toi que j'ai recueilli sur sa bouche expirante
Avec son dernier souffle et son dernier adieu,

Symbole deux fois saint, don d'une main mourante,
    Image de mon Dieu;

Que de pleurs ont coulé sur tes pieds que j'adore,
Depuis l'heure sacrée où, du sein d'un martyr,
Dans mes tremblantes mains tu passas tiède encore
    De son dernier soupir!

Les saints flambeaux jetaient une dernière flamme;
Le prêtre murmurait ces doux chants de la mort,
Pareils aux chants plaintifs que murmure une femme
    A l'enfant qui s'endort.

De son pieux espoir son front gardait la trace,
Et sur ses traits, frappés d'une auguste beauté,
La douleur fugitive avait empreint sa grâce,
    La mort sa majesté.

Le vent qui caressait sa tête échevelée
Me montrait tour à tour ou me voilait ses traits,
Comme l'on voit flotter sur un blanc mausolée
    L'ombre des noirs cyprès.

Un de ses bras pendait de la funèbre couche;
L'autre, languissamment replié sur son cœur,
Semblait chercher encor et presser sur sa bouche
    L'image du Sauveur.

Ses lèvres s'entrouvraient pour l'embrasser encore;
Mais son âme avait fui dans ce divin baiser,
Comme un léger parfum que la flamme dévore
    Avant de l'embraser.

Maintenant tout dormait sur sa bouche glacée,
Le souffle se taisait dans son sein endormi,
Et sur l'œil sans regard la paupière abaissée
    Retombait à demi.

Et moi, debout, saisi d'une terreur secrète,
Je n'osais m'approcher de ce reste adoré,
Comme si du trépas la majesté muette
    L'eût déjà consacré.


Je n'osais!... Mais le prêtre entendit mon silence,
Et de ses doigts glacés prenant le crucifix :
« Voilà le souvenir, et voilà l'espérance :
    Emportez-les, mon fils! »


Oui tu me resteras, ô funèbre héritage!
Sept fois, depuis ce jour, l'arbre que j'ai planté
Sur sa tombe sans nom a changé de feuillage :
    Tu ne m'as pas quitté.


Placé près de ce cœur, hélas! où tout s'efface,
Tu l'as contre le temps défendu de l'oubli,
Et mes yeux goutte à goutte ont imprimé leur trace
    Sur l'ivoire amolli.


O dernier confident de l'âme qui s'envole,
Viens, reste sur mon cœur! parle encore, et dis-moi
Ce qu'elle te disait quand sa faible parole
    N'arrivait plus qu'à toi...


Pour éclaircir l'horreur de cet étroit passage,
Pour relever vers Dieu son regard abattu,
Divin consolateur dont nous baisons l'image,
    Réponds, que lui dis-tu?


Tu sais, tu sais mourir! et tes larmes divines,
Dans cette nuit terrible où tu prias en vain,
De l'olivier sacré baignèrent les racines
    Du soir jusqu'au matin.


De la croix, où ton œil sonda ce grand mystère,
Tu vis ta mère en pleurs et la nature en deuil;
Tu laissas, comme nous, tes amis sur la terre
    Et ton corps au cercueil!

Au nom de cette mort, que ma faiblesse obtienne
De rendre sur ton sein ce douloureux soupir :
Quand mon heure viendra, souviens-toi de la tienne,
   O toi qui sais mourir !

Je chercherai la place où sa bouche expirante
Exhala sur tes pieds l'irrévocable adieu,
Et son âme viendra guider mon âme errante
   Au sein du même Dieu.

Ah ! puisse, puisse alors sur ma funèbre couche,
Triste et calme à la fois, comme un ange éploré,
Une figure en deuil recueillir sur ma bouche
   L'héritage sacré !

Soutiens ses derniers pas, charme sa dernière heure ;
Et, gage consacré d'espérance et d'amour,
De celui qui s'éloigne à celui qui demeure
   Passe ainsi tour à tour,

Jusqu'au jour où, des morts perçant la voûte sombre,
Une voix dans le ciel, les appelant sept fois,
Ensemble éveillera ceux qui dorment à l'ombre
   De l'éternelle croix ! [1]

     *(Nouvelles Méditations)*.

      Hachette et Cⁱᵉ, éd.

---

## HAROLD MOURANT A LA NATURE

### (1825)

« Triomphe, disait-il, immortelle Nature,
Tandis que devant toi ta frêle créature

---

1. « Ceci, a dit Lamartine, est une méditation sortie avec des larmes du cœur de l'homme, et non de l'imagina-tion de l'artiste. On le sent ; tout y est vrai... Je ne relis jamais ces vers : c'est assez de les avoir écrits ».

Élevant ses regards de ta beauté ravis,
Va passer et mourir! Triomphe, tu survis!
Qu'importe? Dans ton sein, que tant de vie inonde,
L'être succède à l'être, et la mort est féconde!
Le temps s'épuise en vain à te compter des jours;
Le siècle meurt et meurt, et tu renais toujours!
Un astre dans le ciel séteint? tu le rallumes!
Un volcan dans ton sein frémit? tu le consumes!
L'Océan de ses flots t'inonde? tu les bois!
Un peuple entier périt dans les luttes des rois?
La terre, de leurs os engraissant ses entrailles,
Sème l'or des moissons sur le champ des batailles!
Le brin d'herbe foulé se flétrit sous mes pas,
Le gland meurt, l'homme tombe, et tu ne les vois pas!
Plus riante et plus jeune au moment qu'il expire,
Hélas! comme à présent tu sembles lui sourire,
Et, t'épanouissant dans toute ta beauté,
Opposer à sa mort ton immortalité!

Quoi donc! n'aimes-tu pas au moins celui qui t'aime?
N'as-tu point de pitié pour notre heure suprême?
Ne peux-tu, dans l'instant de nos derniers adieux,
D'un nuage de deuil te voiler à nos yeux?
Mes yeux moins tristement verraient ma dernière heure
Si je pensais qu'en toi quelque chose me pleure,
Que demain la clarté du céleste rayon
Viendra d'un jour plus pâle éclairer mon gazon,
Et que les flots, les vents et la feuille qui tombe,
Diront : « Il n'est plus là; taisons-nous sur sa tombe. »
Mais non : tu brilleras demain comme aujourd'hui!
Ah! si tu peux pleurer, Nature, c'est pour lui!
Jamais être formé de poussière et de flamme
A tes purs éléments ne mêla mieux son âme;
Jamais esprit mortel ne comprit mieux ta voix,
Soit qu'allant respirer la sainte horreur des bois,
Mon pas mélancolique, ébranlant leurs ténèbres,
Troublât seul les échos de leurs dômes funèbres;

Soit qu'au sommet des monts, écueils brillants de l'air,
J'entendisse rouler la foudre, et que l'éclair,
S'échappant coup sur coup dans le choc des nuages,
Brillât d'un feu sanglant comme l'œil des orages;
Soit que, livrant ma voile aux haleines des vents,
Sillonnant de la mer les abîmes mouvants,
J'aimasse à contempler une vague écumante
Crouler sur mon esquif en ruine fumante,
Et m'emporter au loin sur son dos triomphant,
Comme un lion qui joue avec un faible enfant.
Plus je fus malheureux, plus tu me fus sacrée!
Plus l'homme s'éloigna de mon âme ulcérée,
Plus dans la solitude, asile du malheur,
Ta voix consolatrice enchanta ma douleur;
Et maintenant encore... à cette heure dernière...
Tout ce que je regrette en fermant ma paupière,
C'est le rayon brillant du soleil du midi
Qui se réfléchira sur mon marbre attiédi! [1]

(*Le Dernier chant du pèlerinage d'Harold*, XLII.)

Hachette et Cie, éd.

1. *Child-Harold* est un poème de lord Byron, où le poète s'est représenté sous le nom d'Harold et où il a prêté à son héros ses propres sentiments et ses propres idées. Cette œuvre est restée inachevée. Lamartine a voulu la continuer, et, dans ce dernier chant, il l'a menée jusqu'à la mort d'Harold, ou plutôt de Byron, combattant pour la cause de l'indépendance hellénique.

# ALFRED DE MUSSET

[Paris 1810; † 1857, Paris.]

---

Fils de Musset-Pathay, qui, sous la Restauration, donna une édition des œuvres de J.-J. Rousseau, Alfred de Musset fut élevé dans l'admiration des hommes du XVIIIᵉ siècle. Ses études faites avec succès au collège Henri IV, il essaya du droit, puis de la médecine et s'en dégoûta vite. Mis en relations par son ami Paul Foucher avec Victor Hugo et le cénacle romantique, son goût pour la poésie reçut dans ce milieu de très chauds encouragements et, en 1830, il publiait son premier volume de vers : les *Contes d'Espagne et d'Italie*. Les jeunes gens et les femmes firent un très grand succès à ce recueil que suivit, en 1832, *Un spectacle dans un fauteuil*. Dans cette œuvre nouvelle Musset rompait en visière aux romantiques et proclamait son indépendance de l'école, au moins pour les questions de forme. Sa liaison romanesque et orageuse avec George Sand (1833-35) fut pour lui une épreuve qui transforma son talent. C'est après ces années de passion et de douleur qu'il écrivit ses plus beaux vers : *les Nuits*, la *Lettre à Lamartine* (1835-37). Ayant retrouvé le calme après 1840, il donna encore quelques poésies aimables, élégantes et spirituelles : *Une soirée perdue*, 1840, *Après une lecture*, 1842, et, dans la *Revue des Deux Mondes*, des *Contes et Nouvelles* et aussi des *Comédies* qui, mises plus tard au théâtre, servirent au moins autant sa réputation que ses plus beaux vers. En 1852, il fut reçu à l'Académie française; mais, désenchanté dès longtemps, il avait renoncé à gouverner sa vie et ne cherchait plus qu'à « étourdir sa misère ».

Outre ses *Poésies*, son *Théâtre* et ses *Contes* il faut mentionner son roman la *Confession d'un enfant du siècle* (1836) qui, à certains égards, est comme un document autobiographique.

---

## LETTRE A LAMARTINE
### (1837)

. . . . . . . . .

O poète ! il est dur que la nature humaine,
Qui marche à pas comptés vers une fin certaine,

Doive encor s'y traîner en portant une croix,
Et qu'il faille ici-bas mourir plus d'une fois.
Car de quel autre nom peut s'appeler sur terre
Cette nécessité de changer de misère,
Qui nous fait, jour et nuit, tout prendre et tout quitter,
Si bien que notre temps se passe à convoiter?
Ne sont-ce pas des morts, et des morts effroyables,
Que tant de changements d'êtres si variables,
Qui se disent toujours fatigués d'espérer,
Et qui sont toujours prêts à se transfigurer?
Quel tombeau que le cœur, et quelle solitude!
Comment la passion devient-elle habitude,
Et comment se fait-il que, sans y trébucher,
Sur ses propres débris l'homme puisse marcher?
Il y marche pourtant; c'est Dieu qui l'y convie.
Il va semant partout et prodiguant sa vie :
Désir, crainte, colère, inquiétude, ennui,
Tout passe et disparaît, tout est fantôme en lui.
Son misérable cœur est fait de telle sorte,
Qu'il faut incessamment qu'une ruine en sorte.
Que la mort soit son terme, il ne l'ignore pas,
Et, marchant à la mort, il meurt à chaque pas.
Il meurt dans ses amis, dans son fils, dans son père,
Il meurt dans ce qu'il pleure et dans ce qu'il espère;
Et, sans parler des corps qu'il faut ensevelir,
Qu'est-ce donc qu'oublier, si ce n'est pas mourir?
Ah! c'est plus que mourir; c'est survivre à soi-même.
L'âme remonte au ciel quand on perd ce qu'on aime;
Il ne reste de nous qu'un cadavre vivant;
Le désespoir l'habite, et le néant l'attend.

Eh bien! bon ou mauvais, inflexible ou fragile,
Humble ou fier, triste ou gai, mais toujours gémissant,
Cet homme, tel qu'il est, cet être fait d'argile,
Tu l'as vu, Lamartine, et son sang est ton sang.
Son bonheur est le tien; sa douleur est la tienne;
Et des maux qu'ici-bas, il lui faut endurer,

Pas un qui ne te touche et qui ne t'appartienne;
Puisque tu sais chanter, ami, tu sais pleurer.
Dis-moi, qu'en penses-tu dans tes jours de tristesse?
Que t'a dit le malheur, quand tu l'as consulté?
Trompé par tes amis, trahi par ta maîtresse,
Du ciel et de toi-même as-tu jamais douté?
Non, Alphonse, jamais. La triste expérience
Nous apporte la cendre et n'éteint pas le feu.
Tu respectes le mal fait par la Providence,
Tu le laisses passer et tu crois à ton Dieu.
Quel qu'il soit, c'est le mien; il n'est pas deux croyances.
Je ne sais pas son nom. J'ai regardé les cieux;
Je sais qu'ils sont à lui, je sais qu'ils sont immenses,
Et que l'immensité ne peut pas être à deux.
J'ai connu, jeune encor, de sévères souffrances;
J'ai vu verdir les bois et j'ai tenté d'aimer.
Je sais ce que la terre engloutit d'espérances,
Et, pour y recueillir, ce qu'il y faut semer.

Mais ce que j'ai senti, ce que je veux t'écrire,
C'est ce que m'ont appris les anges de douleur;
Je le sais mieux encore et puis mieux te le dire,
Car leur glaive, en entrant, l'a gravé dans mon cœur :

Créature d'un jour qui t'agites une heure,
De quoi viens-tu te plaindre, et qui te fait gémir?
Ton âme t'inquiète, et tu crois qu'elle pleure :
Ton âme est immortelle, et tes pleurs vont tarir.

Tu te sens le cœur pris d'un caprice de femme,
Et tu dis qu'il se brise à force de souffrir.
Tu demandes à Dieu de soulager ton âme :
Ton âme est immortelle, et ton cœur va guérir.

Le regret d'un instant te trouble et te dévore;
Tu dis que le passé te voile l'avenir.
Ne te plains pas d'hier; laisse venir l'aurore :
Ton âme est immortelle, et le temps va s'enfuir.

Ton corps est abattu du mal de ta pensée;
Tu sens ton front peser et tes genoux fléchir.
Tombe, agenouille-toi, créature insensée :
Ton âme est immortelle, et la mort va venir.

Tes os dans le cercueil vont tomber en poussière,
Ta mémoire, ton nom, ta gloire vont périr,
Mais non pas ton amour, si ton amour t'est chère ·
Ton âme est immortelle et va s'en souvenir.

> (*Poésies nouvelles.*)
>             Fasquelle, éd.

---

## L'ESPOIR EN DIEU
### (1838)

. . . . . . . . . . .

O toi que nul n'a pu connaître,
Et n'a renié sans mentir,
Réponds-moi, toi qui m'as fait naître,
Et demain me feras mourir !

Puisque tu te laisses comprendre,
Pourquoi fais-tu douter de toi?
Quel triste plaisir peux-tu prendre
A tenter notre bonne foi?

Dès que l'homme lève la tête,
Il croit t'entrevoir dans les cieux;
La création, sa conquête,
N'est qu'un vaste temple à ses yeux.

Dès qu'il redescend en lui-même,
Il t'y trouve; tu vis en lui.
S'il souffre, s'il pleure, s'il aime.
C'est son Dieu qui le veut ainsi.

De la plus noble intelligence
La plus sublime ambition

Est de prouver ton existence,
Et de faire épeler ton nom.

De quelque façon qu'on t'appelle,
Brahma, Jupiter ou Jésus,
Vérité, justice éternelle,
Vers toi tous les bras sont tendus.

Le dernier des fils de la terre
Te rend grâce du fond du cœur,
Dès qu'il se mêle à sa misère
Une apparence de bonheur.

Le monde entier te glorifie;
L'oiseau te chante sur son nid;
Et pour une goutte de pluie
Des milliers d'êtres t'ont béni.

Tu n'as rien fait qu'on ne l'admire;
Rien de toi n'est perdu pour nous;
Tout prie, et tu ne peux sourire,
Que nous ne tombions à genoux.

Pourquoi donc, ô Maître suprême,
As-tu créé le mal si grand,
Que la raison, la vertu même,
S'épouvantent en le voyant?

Lorsque tant de choses sur terre
Proclament la Divinité,
Et semblent attester d'un père
L'amour, la force et la bonté,

Comment, sous la sainte lumière,
Voit-on des actes si hideux,
Qu'ils font expirer la prière
Sur les lèvres du malheureux?

Pourquoi, dans ton œuvre céleste,
Tant d'éléments si peu d'accord?

A quoi bon le crime et la peste ?
O Dieu juste ! pourquoi la mort ?

Ta pitié dut être profonde,
Lors qu'avec ses biens et ses maux
Cet admirable et pauvre monde
Sortit en pleurant du chaos !

Puisque tu voulais le soumettre
Aux douleurs dont il est rempli,
Tu n'aurais pas dû lui permettre
De t'entrevoir dans l'infini.

Pourquoi laisser notre misère
Rêver et deviner un Dieu ?
Le doute a désolé la terre ;
Nous en voyons trop ou trop peu.

Si ta chétive créature
Est indigne de t'approcher,
Il fallait laisser la nature
T'envelopper et te cacher.

Il te resterait ta puissance,
Et nous en sentirions les coups ;
Mais le repos et l'ignorance
Auraient rendu nos maux plus doux.

Si la souffrance et la prière
N'atteignent pas ta majesté,
Garde ta grandeur solitaire,
Ferme à jamais l'immensité.

Mais si nos angoisses mortelles
Jusqu'à toi peuvent parvenir ;
Si, dans les plaines éternelles,
Parfois tu nous entends gémir,

Brise cette voûte profonde
Qui couvre la création ;

Soulève les voiles du monde,
Et montre-toi, Dieu juste et bon!

Tu n'apercevras sur la terre
Qu'un ardent amour de la foi,
Et l'humanité tout entière
Se prosternera devant toi.

Les larmes qui l'ont épuisée
Et qui ruissellent de ses yeux,
Comme une légère rosée,
S'évanouiront dans les cieux.

Tu n'entendras que tes louanges,
Qu'un concert de joie et d'amour,
Pareil à celui dont tes anges
Remplissent l'éternel séjour;

Et dans cet hosanna suprême,
Tu verras, au bruit de nos chants,
S'enfuir le doute et le blasphème,
Tandis que la Mort elle-même
Y joindra ses derniers accents.

*(Poésies nouvelles.)*
Fasquelle, éd.

# PROSPER MÉRIMÉE

[Paris, 1803; † 1870, Cannes.]

Par sa mère, Mérimée était petit-fils de M^me Leprince de Beau-mont, l'aimable conteuse, et son père fut un peintre de mérite qui, en 1807, devint secrétaire de l'École des beaux-arts. Au sortir du Collège Henri IV, il voulait, lui aussi, être peintre, mais, pour obéir à la volonté paternelle, il fit son droit. Lié avec les artistes qui avaient des relations avec sa famille, et avec les jeunes gens les plus distingués de sa génération, Cousin, Sainte-Beuve, de Rémusat, Victor Jacquemont, il se tourna assez tôt vers les lettres. En 1825, il donnait le *Théâtre de Clara Gazul* et, en 1827, *la Guzla* ; ce sont, comme on sait, deux mystifications littéraires : il présen-tait comme des traductions des œuvres d'une comédienne espa-gnole et d'un poète illyrien les très adroits pastiches qu'il avait composés. Le succès en fut très vif et il fit alors paraître sous son nom sa *Chronique du règne de Charles IX* (1829) et quelques-unes de ses plus remarquables nouvelles, *Mateo Falcone*, *l'Enlève-ment de la redoute*, *Tamango*, *la Vision de Charles IX*, *le Vase étrusque*. Après la révolution de 1830, il dut à l'amitié du duc de Broglie d'être nommé inspecteur des monuments historiques, 1834; en cette qualité il fit de nombreux voyages en France, en Espagne, en Corse, en Grèce, en Turquie et il en écrivit des relations savantes et pittoresques. Son talent d'observateur et de conteur avait alors acquis toute sa maturité et toute sa force : c'est l'époque où paraissent *la Double méprise*, 1833, *la Vénus d'Ille*, 1837, *Colomba*, 1840, *Arsène Guillot*, 1844, *Carmen*, 1845. Sous le second Empire, Mérimée, qui dès longtemps était en relations avec la famille de l'impératrice Eugénie, devint sénateur. Dès lors il ne s'occupa plus guère que de travaux historiques ; à l'*Essai sur la Guerre sociale*, 1841, à *Don Pèdre de Castille*, 1848, aux *Faux Démétrius*, 1852, il ajoute ses études sur *Agrippa d'Aubigné*, *Brantôme*, *Froissard*, sur les *Cosaques d'autrefois* et *Pierre le Grand*. Toutefois, ses études sur l'histoire de Russie, l'amenèrent naturellement à s'occuper des écrivains russes, et il traduisit quelques œuvres de Pouchkine (*la Dame de pique*, *le Coup de pis-tolet*), de Gogol (*l'Inspecteur général*), de Tourgenieff (*Apparition*).

Outre les œuvres que nous venons d'indiquer, Mérimée a laissé une *Correspondance* qui comprend actuellement les *Lettres à une inconnue*, 1873, *Lettres à une autre inconnue*, 1875, *Lettres à Panizzi*, 1881, *Une Correspondance inédite de P. Mérimée*, 1896.

---

# PRÉSENTATION A L'AMIRAL DE COLIGNY

## (1829)

[Mergy, jeune gentilhomme huguenot, qui est venu chercher fortune à Paris, va présenter ses devoirs à l'amiral de Coligny, chef du parti protestant.]

Il trouva la cour de l'hôtel encombrée de valets et de chevaux, parmi lesquels il eut de la peine à se frayer un passage jusqu'à une vaste antichambre remplie d'écuyers et de pages, qui, bien qu'ils n'eussent d'autres armes que leurs épées, ne laissaient pas de former une garde imposante autour de l'Amiral. Un huissier en habit noir, jetant les yeux sur le collet de dentelle de Mergy et sur une chaîne d'or que son frère lui avait prêtée, ne fit aucune difficulté de l'introduire sur-le-champ, dans la galerie où se trouvait son maître.

Des seigneurs, des gentilshommes, des ministres de l'Évangile, au nombre de plus de quarante personnes, tous debout, la tête découverte et dans une attitude respectueuse, entouraient l'amiral. Il était très simplement vêtu et tout en noir. Sa taille était haute, mais un peu voûtée, et les fatigues de la guerre avaient imprimé sur son front chauve plus de rides que les années. Une longue barbe blanche tombait sur sa poitrine. Ses joues, naturellement creuses, le paraissaient encore davantage à cause d'une blessure dont la cicatrice enfoncée était à peine cachée par sa longue moustache; à la bataille de Moncontour [1], un coup de pistolet lui avait percé la joue et cassé plusieurs dents. L'expression de sa physio-

---

1. Bataille livrée le 3 octobre 1569, où Coligny fut battu par le duc d'Anjou (Henri III).

nomie était plutôt triste que sévère, et l'on disait que depuis la mort du brave Dandelot [1], personne ne l'avait vu sourire. Il était debout, la main appuyée sur une table couverte de cartes et de plans, au milieu desquels s'élevait une énorme bible in-quarto. Des cure-dents épars au milieu des cartes et des papiers rappelaient une habitude dont on le raillait souvent. Assis au bout de la table, un secrétaire paraissait fort occupé à écrire des lettres qu'il donnait ensuite à l'Amiral pour les signer.

A la vue de ce grand homme qui, pour ses coreligionnaires était plus qu'un roi, car il réunissait en une seule personne le héros et le saint, Mergy se sentit frappé de tant de respect, qu'en l'abordant, il mit involontairement un genou en terre. L'Amiral, surpris et fâché de cette marque extraordinaire de vénération, lui fit signe de se relever, et prit avec un peu d'humeur la lettre que le jeune enthousiaste lui remit. Il jeta un coup d'œil sur les armoiries du cachet.

« C'est de mon vieux camarade le baron de Mergy, dit-il, et vous lui ressemblez tellement, jeune homme, qu'il faut que vous soyez son fils.

— Monsieur, mon père aurait désiré que son grand âge lui eût permis de venir lui-même vous présenter ses respects.

— Messieurs, dit Coligny après avoir lu la lettre et se tournant vers les personnes qui l'entouraient, je vous présente le fils du baron de Mergy, qui a fait plus de deux cents lieues pour être des nôtres. Il paraît que nous ne manquerons pas de volontaires pour la Flandre. Messieurs, je vous demande votre amitié pour ce jeune homme ; vous avez tous la plus haute estime pour son père. »

Aussitôt Mergy reçut à la fois vingt accolades et autant d'offres de service.

1. François de Coligny, connu sous le nom de Dandelot, était le frère de l'amiral. Né en 1521, il commença à se distinguer à la bataille de Cérisoles, 1544, eut une carrière brillante d'homme de guerre et fut un moment emprisonné sous Henri II pour s'être déclaré calviniste. Il prit part aux premières luttes des deux religions, figura à la bataille de Dreux et mourut en 1559.

« Avez-vous déjà fait la guerre, Bernard, mon ami, demanda l'Amiral. Avez-vous jamais entendu le bruit des arquebusades ? »

Mergy répondit en rougissant qu'il n'avait pas encore eu le bonheur de faire la guerre pour la religion.

« Félicitez-vous plutôt, jeune homme, de n'avoir pas été forcé de répandre le sang de vos concitoyens, dit Coligny d'un ton grave; grâce à Dieu, ajouta-t-il avec un soupir, la guerre civile est terminée! la religion respire, et, plus heureux que nous, vous ne tirerez votre épée que contre les ennemis de votre roi et de votre patrie. »

Puis, mettant la main sur l'épaule du jeune homme.

« J'en suis sûr, vous ne démentirez pas le sang dont vous sortez. Selon l'intention de votre père, vous servirez d'abord avec mes gentilshommes; et quand vous rencontrerez les Espagnols, prenez-leur un étendard, et aussitôt vous aurez une cornette [1] dans mon régiment.

— Je vous jure, s'écria Mergy, d'un ton résolu, qu'à la première rencontre je serai cornette, ou bien mon père n'aura plus de fils !

(*Chronique du règne de Charles IX.*)

Fasquelle, éd.

---

## UNE LETTRE DE MÉRIMÉE

Paris, 30 janvier 1858.

Madame,

Il me semble que vous voyez notre siècle un peu en laid et je trouve que vous voyez le XVIᵉ siècle en beau. Assurément les preux qui vendirent la couronne de France à Henri IV en 1589 aimaient autant l'argent que les gens de bourse et les faiseurs de chemins de fer d'au-

---

1. Étendard d'une compagnie de cavalerie; — par extension ce mot désigne l'officier chargé de porter cet étendard.

jourd'hui. Il y avait sans doute plus de foi qu'il n'y en a
maintenant, mais elle s'accommodait avec tous les caractères et toutes les passions; elle n'a pas empêché beaucoup de crimes et en a causé plusieurs. Le respect de la
famille était, je crois, plus grand, au xvie siècle, qu'il
n'est au xixe. Cependant il ne serait pas facile de décider
s'il en résultait plus de bien que de mal. Ni le respect
de la royauté, ni les liens du sang n'empêchèrent le con-
nétable de Bourbon de nous battre à Pavie. Le brave
chevalier Bayard ne voulait pas monter à la brèche
de Padoue parce que l'empereur faisait donner ses
lansquenets, qui n'étaient pas gentilshommes, et cette
crainte de se compromettre parmi des petites gens avait
fait déjà perdre la bataille d'Azincourt. Je crois qu'à
toutes les époques l'homme a été un animal assez mauvais et très sot. Il brille encore par ces deux qualités,
mais le pouvoir de l'opinion l'oblige à s'observer à présent un peu plus qu'autrefois. La sécurite matérielle
étant plus grande, grâce à l'institution de la gendarmerie
et au code criminel, le monde n'est plus obligé de se
diviser en coteries, ou associations défensives, comme
on était forcé de le faire dans le bon temps. Or, on se
passait bien des choses dans ces coteries, toujours en
vue de la sécurité, et l'on n'y connaissait guère d'autre
crime que la trahison envers les associés. Je trouve
qu'on est aujourd'hui fort indulgent pour les fripons,
mais on l'a toujours été en France lorsqu'ils avaient de
l'esprit et de belles manières. Au reste, je crois qu'il est
très difficile de décider entre la moralité d'une époque et
celle d'une autre époque, attendu que la valeur des
actions change selon les temps. Il me paraît probable
qu'un assassinat n'était pas un crime aussi odieux au
xvie siècle qu'il l'est aujourd'hui, et c'est un des mérites
de la civilisation de faire prendre des habitudes favorables à l'humanité. La charité n'est peut-être pas plus
grande à présent qu'autrefois, mais elle est mieux admi-
nistrée et profite davantage à l'humanité

Quoi qu'il en soit, madame, ma préface [1] est faite et
je suis à Paris. Je ne vous ai pas écrit de Cannes, dont
j'arrive, par deux raisons également mauvaises. La première parce que je ne savais pas s'il fallait adresser ma
lettre à X... ou à Paris. La seconde, que j'avais oublié
dans mon écrin de bijoux l'oiseau, symbole de la foi, et
que je ne savais comment cacheter ma lettre. La vérité
c'est que j'ai vécu d'une vie si animale que je n'avais pas
une idée à mettre sur le papier. J'allais me promener au
soleil toute la journée et je rentrais le soir trop fatigué
pour prendre une plume. J'ai fait une trentaine d'affreux
croquis sur du papier à sucre, mais si grands que je ne
pourrais trouver une boîte aux lettres en état de les recevoir. Je n'ai rien dessiné à Nice, qu'une petite église de
Saint-Antoine sur la route qui mène au col de Tende.
En revanche je rapporte un panorama de Cannes. Ma
seule aventure digne de mémoire est d'avoir fait naufrage
dans l'île de Sainte-Marguerite, où l'on m'a fait coucher
non pas dans le lit du Masque de Fer, mais sur un ma-
telas de même métal. J'y ai trouvé un hôte très hospitalier dans la personne du commandant du fort et un mara-
bout arabe à qui j'ai fait présent d'un canif; il m'a donné
sa bénédiction. Je suis revenu bien à contre cœur de ce
beau pays, mais on m'a nommé président d'une commis-
sion pour réformer l'administration de la Bibliothèque
impériale, et comme ce n'est pas une chose facile ni
agréable, j'ai cru qu'il était impossible de refuser. J'ai
passé aujourd'hui sept heures dans l'exercice de mes
fonctions, qui ont beaucoup de rapport avec celles que
remplit Hercule auprès d'Augias. Je regrette bien de
n'avoir pas les épaules de ce héros.

*(Correspondance inédite.)*

Éd. Calmann Lévy.

1. Pour une édition de Brantôme,      comparaison entre la moralité du
dont il a parlé dans les lettres précé-   xviᵉ siècle et celle du xixᵉ.
dentes, et qui donne occasion à cette

# HONORÉ DE BALZAC

[Tours, 1799; † 1850, Paris.]

Malgré la particule qu'il s'est attribuée, la famille de Balzac était plébéienne, et elle n'avait pas de fortune. Ses études faites au collège de Vendôme, il vint à Paris et dut, pour vivre, entrer comme clerc chez un avoué, puis chez un notaire. De très bonne heure l'ambition littéraire lui vint, et, à vingt et un ans, il écrivait une tragédie de *Cromwell* qui ne fut jamais imprimée. Moins encore pour faire son apprentissage d'écrivain que pour subvenir à ses besoins, il composa alors sous divers pseudonymes un grand nombre de romans qu'il a désavoués plus tard. En même temps, désireux de conquérir l'indépendance qu'il ne juge pas possible sans la richesse, il se lance dans une série d'entreprises industrielles, librairie, imprimerie, fonderie de caractères, et il ne réussit qu'à s'endetter pour toute sa vie. Si malheureuse qu'elle fût, cette expérience ne devait pas être inféconde; il y a acquis cette connaissance des « affaires » qui joue un si grand rôle dans ses œuvres. Après avoir publié *les Chouans*, 1827-29, la *Physiologie du Mariage*, 1829-1830, la *Maison du Chat qui pelote*, 1830, il remporta son premier grand succès avec *la Peau de chagrin*, 1831; et *Louis Lambert*, 1832, puis *Eugénie Grandet*, 1833, le mettent hors de pair parmi les romanciers de son temps. Dès lors, toujours pressé par des embarras d'argent, toujours dévoré par le besoin du luxe, toujours prompt à céder aux mirages d'une imagination qui le jetait dans des spéculations hasardeuses, il se condamna à un travail excessif, produisant des œuvres souvent inégales mais toujours remarquables, jusqu'au jour où, devenu riche et heureux par son mariage avec Mᵐᵉ de Hanska, qu'il aimait dès longtemps, il mourut emporté par une maladie de cœur que son existence fiévreuse avait développée.

En 1842, Balzac eut l'idée de ranger sous le titre général de *la Comédie humaine* les œuvres qu'il avait déjà écrites et celles qu'il voulait écrire encore; en outre il les divisait en *Scènes de la vie privée*; — *Scènes de la vie de province*; — *Scènes de la vie parisienne*; — *Scènes de la vie militaire*; — *Scènes de la vie de campagne*; — *Scènes de la vie politique*; — *Études philosophiques*; — *Études analytiques*. Cette collection comprend bien près de cent romans, études ou nouvelles; ne pouvant les énumérer ici, nous

citerons du moins les plus remarquables : *La recherche de l'absolu,*
1834, *Le père Goriot,* 1835 ; — *le Lys dans la Vallée,* 1835 ; — *Les
Illusions perdues,* 1837 ; — *César Birotteau,* 1837 ; — *Pierrette,* 1840 ;
— *Un ménage de garçon,* 1841 ; — *Les Paysans,* 1845 ; — *le Cousin
Pons,* 1846 ; — *la Cousine Bette,* 1847.

Balzac a aussi écrit pour le théâtre, et son *Mercadet,* représenté
en 1851, est resté au répertoire.

Il a enfin laissé une importante *Correspondance.*

---

# LA FOLIE DE L'INVENTEUR

## (1834)

[Balthasar Claës, qui fut élève de Lavoisier, passionné pour
les études chimiques, s'est laissé envahir par l'idée qu'il
pourrait découvrir l'*absolu,* c'est-à-dire l'élément unique dont
toutes les formes de la matière ne sont que les transforma-
tions. A sa chimère, il a tout sacrifié ; il a ruiné sa famille ;
et sa femme, que le chagrin a tuée, a recommandé en mourant à sa fille aînée de veiller sur le maniaque, et puisque la
ruine est consommée de le sauver du moins du déshonneur
de manquer aux engagements qu'il pourrait prendre. Or,
Marguerite Claës vient d'apprendre que Balthasar a souscrit
plusieurs lettres de change et elle le conjure de s'arrêter
sur cette pente. Le maniaque lui répond :]

« Ma chère enfant, encore six semaines de patience,
après je me conduirai sagement. Et tu verras des merveilles, ma petite Marguerite.

— Il est bien temps que vous pensiez à vos affaires.
Vous avez tout vendu : tableaux, tulipes, argenterie ; il
ne nous reste plus rien ; au moins, ne contractez pas de
nouvelles dettes.

— Je n'en veux plus faire », dit le vieillard.

« Plus, s'écria-t-elle. Vous en avez donc ?

— Rien, des misères », répondit-il en baissant les
yeux et rougissant.

Marguerite se trouva pour la première fois humiliée
par l'abaissement de son père, et en souffrit tant qu'elle

n'osa l'interroger. Un mois après cette scène un banquier de la ville vint pour toucher une lettre de change de dix mille francs, souscrite par Claës. Marguerite ayant prié le banquier d'attendre pendant la journée en témoignant le regret de n'avoir pas été prévenue de ce payement, celui-ci l'avertit que la maison Protez et Chiffreville en avait neuf autres de la même somme, échéant de mois en mois.

« Tout est dit, s'écria Marguerite, l'heure est venue. »

Elle envoya chercher son père et se promena tout agitée à grands pas, dans le parloir, en se parlant à elle-même : « Trouver cent mille francs, dit-elle, ou voir notre père en prison ! Que faire ? »

Balthazar ne descendit pas. Lassée de l'attendre, Marguerite monta au laboratoire. En entrant, elle vit son père au milieu d'une pièce immense fortement éclairée, garnie de machines et de verreries poudreuses ; çà et là des livres, des tables encombrées de produits étiquetés, numérotés. Partout le désordre qu'entraîne la préoccupation du savant y froissait les habitudes flamandes. Cet ensemble de matras, de cornues, de métaux, de cristallisations fantasquement coloriés, d'échantillons accrochés au mur, ou jetés sur des fourneaux, était dominé par la figure de Balthazar Claës qui, sans habit, les bras nus comme ceux d'un ouvrier, montrait sa poitrine couverte de poils blanchis comme ses cheveux. Ses yeux horriblement fixes ne quittèrent pas une machine pneumatique. Le récipient de cette machine était coiffé d'une lentille formée par de doubles verres convexes dont l'intérieur était plein d'alcool et qui réunissait les rayons du soleil entrant alors par l'un des compartiments de la rose du grenier. Le récipient, communiquait avec les fils d'une immense pile de Volta. Lemulquinier occupé à faire mouvoir le plateau de cette machine montée sur un axe mobile, afin de toujours maintenir la lentille dans une direction perpendiculaire aux rayons du soleil, se leva la face noircie de poussière, et dit :

« Ah! mademoiselle, n'approchez pas. »

L'aspect de son père qui, presque agenouillé devant sa machine, recevait d'aplomb la lumière du soleil, et dont les cheveux épars ressemblaient à des fils d'argent, son crâne bossué, son visage contracté par une attente affreuse, la singularité des objets qui l'entouraient, l'obscurité dans laquelle se trouvaient les parties de ce vaste grenier d'où s'élançaient des machines bizarres, tout contribuait à frapper Marguerite qui se dit avec terreur : « Mon père est fou » !

Elle s'approcha de lui pour lui dire à l'oreille :

« Renvoyez Lemulquinier.

— Non, non, mon enfant, j'ai besoin de lui, j'attends l'effet d'une belle expérience à laquelle les autres n'ont pas songé. Voici trois jours que nous guettons un rayon de soleil. J'ai les moyens de soumettre les métaux, dans un vide parfait, aux feux solaires concentrés et à des courants électriques. Vois-tu, dans ce moment, l'action la plus énergique dont puisse disposer un chimiste va éclater, et moi seul...

— Eh! mon père, au lieu de vaporiser les métaux vous devriez bien les garder pour payer vos lettres de change...

— Attends! Attends!

— Monsieur Merkstus est venu, mon père, il lui faut dix mille francs à quatre heures.

— Oui, oui, tout à l'heure. J'avais signé ces petits effets pour ce mois-ci, c'est vrai. Je croyais que j'aurais découvert l'Absolu. Mon Dieu, si j'avais le soleil de juillet, mon expérience serait faite! »

Il se prit par les cheveux, s'assit sur un mauvais fauteuil de canne, et quelques larmes roulèrent dans ses yeux.

« Monsieur a raison. Tout ça, c'est la faute de ce gredin de soleil qui est trop faible, le lâche, le paresseux. »

Le maître et le valet ne faisaient plus attention à Marguerite.

« Laissez-nous, Mulquinier, lui dit-elle.

— Ah ! je tiens une nouvelle expérience, s'écria Claës.

— Mon père, oubliez vos expérieuces, lui dit sa fille quand ils furent seuls ; vous avez cent mille francs à payer, et nous ne possédons pas un liard. Quittez votre laboratoire, il s'agit aujourd'hui de votre honneur. Que deviendrez-vous, quand vous serez en prison ? Souillerez-vous vos cheveux blancs et le nom de Claës par l'infamie d'une banqueroute ? Je m'y opposerai. J'aurai la force de combattre votre folie, et il serait affreux de vous voir sans pain dans vos derniers jours. Ouvrez les yeux sur notre position, ayez donc enfin de la raison !

— Folie ! s'écria Balthazar, qui se dressa sur ses jambes, fixa ses yeux lumineux sur sa fille, se croisa les bras sur la poitrine, et répéta le mot folie si majestueument, que Marguerite trembla. Ah ! ta mère ne m'aurait pas dit ce mot ! reprit-il, elle n'ignorait pas l'importance de mes recherches, elle avait appris une science pour me comprendre, elle savait que je travaille pour l'humanité, qu'il n'y a rien de personnel ni de sordide en moi. Le sentiment de la femme qui aime est, je le vois, au-dessus de l'affection filiale. Oui, l'amour est le plus beau de tous les sentiments. Avoir de la raison ! reprit-il en se frappant la poitrine, en manqué-je ? Ne suis-je pas moi ? Nous sommes pauvres, ma fille, eh bien, je le veux ainsi. Je suis votre père, obéissez-moi. Je vous ferai riche quand il me plaira. Votre fortune ? mais c'est une misère. Quand j'aurai trouvé un dissolvant du carbone, j'emplirai votre parloir de diamants, et c'est une niaiserie en comparaison de ce que je cherche. Vous pouvez bien attendre, quand je me consume en efforts gigantesques.

— Mon père, je n'ai pas pas le droit de vous demander compte des quatre millions que vous avez engloutis dans ce grenier, sans résultat. Je ne vous parlerai pas de ma mère que vous avez tuée. Si j'avais un mari, je l'aimerais, sans doute, autant que vous aimait ma mère et je serais prête à tout lui sacrifier, comme elle vous sacrifiait tout. J'ai suivi ses ordres en me donnant à vous tout entière ; je vous l'ai prouvé en ne me mariant point afin de ne pas vous obliger à me rendre votre compte de tutelle. Laissons le passé, pensons au présent. Je viens ici représenter la nécessité que vous avez créée vous-même. Il faut de l'argent pour vos lettres de change, entendez-vous ? Il n'y a rien à saisir ici que le portrait de notre aïeul van Claës. Je viens donc, au nom de ma mère, qui s'est trouvée trop faible pour défendre ses enfants contre leur père et qui m'a ordonné de vous résister, je viens au nom de mes frères et de ma sœur, je viens, mon père, au nom de tous les Claës, vous commander de laisser vos expériences, de vous faire une fortune à vous avant de les poursuivre. Si vous vous armez de votre paternité, qui ne se fait sentir que pour nous tuer, j'ai pour moi mes ancêtres et l'honneur qui parlent plus haut que la Chimie. Les familles passent avant la science. J'ai trop été votre fille !

— Et tu veux être alors mon bourreau ? dit-il d'une voix affaiblie.

(*La Recherche de l'Absolu*).

Éd. Calmann Lévy.

---

## LA MORT DU PÈRE GORIOT

### (1835)

[Goriot, bourgeois enrichi, s'est sacrifié pour ses deux filles ; pour les marier brillamment, il s'est dépouillé de tout ce qu'il avait et, comme son humilité pourrait les faire rougir, il a cessé d'aller chez elles et vit dans une misérable pension d'étudiants. Là, il tombe très gravement malade, et un jeune homme de ses commensaux fait prévenir ses filles par le domestique de la maison qu'elles peuvent craindre de perdre leur père d'un moment à l'autre. Mais le messager est revenu seul :]

« Aucune de ses filles ne viendrait! s'écria Rastignac. Je vais écrire à toutes deux.

— Aucune, répondit le vieillard en se dressant sur son séant. Elles ont des affaires, elles dorment, elles ne viendront pas. Je le savais. Il faut mourir pour savoir ce que c'est que des enfants. Ah! mon ami ne vous mariez pas, n'ayez pas d'enfants! Vous leur donnez la vie, ils vous donnent la mort. Vous les faites entrer dans le monde, ils vous en chassent. Non, elles ne viendront pas! Je sais cela depuis dix ans. Je me le disais quelquefois, mais je n'osais pas y croire.

Une larme coula dans chacun de ses yeux, sur la bordure rouge, sans en tomber.

— Ah! si j'étais riche, si j'avais gardé ma fortune, si je ne la leur avais pas donnée, elles seraient là, elles me lècheraient les joues de leurs baisers! je demeurerais dans un hôtel, j'aurais de belles chambres, des domestiques, du feu à moi; et elles seraient tout en larmes, avec leurs maris, leurs enfants. J'aurais tout cela. Mais rien. L'argent donne tout, même des filles. Oh! mon argent, où est-il? Si j'avais des trésors à laisser, elles me panseraient, elles me soigneraient, je les entendrais, je les verrais. Ah! mon cher enfant, mon seul enfant, j'aime mieux mon abandon et ma misère! Au moins quand un malheureux est aimé, il est bien sûr qu'on l'aime. Non, je voudrais être riche, je les verrais. Ma foi, qui sait? Elles ont toutes les deux des cœurs de roche. J'avais trop d'amour pour elles pour qu'elles en eussent pour moi. Un père doit toujours être riche, et doit tenir ses enfants en bride comme des chevaux sournois. Et j'étais à genoux devant elles! Les misérables! elles couronnent dignement leur conduite envers moi depuis dix ans. Si vous saviez comme elles étaient aux petits soins pour moi dans les premiers temps de leur mariage! (Oh! je souffre un cruel martyre!) Je venais de leur donner à chacune près de huit cent mille francs, elles ne pouvaient pas ni leurs maris non plus être rudes avec moi.

On me recevait : « Mon bon père par ici, mon cher père
par là ». Mon couvert était toujours mis chez elles.
Enfin je dînais avec leurs maris, qui me traitaient avec
considération. J'avais l'air d'avoir encore quelque chose.
Pourquoi ça? Je n'avais rien dit de mes affaires. Un
père qui donne huit cent mille francs à ses filles était un
homme à soigner. Et l'on était aux petits soins, mais
c'était mon argent. Le monde n'est pas beau. J'ai vu cela,
moi! On me menait en voiture au spectacle, et je restais
comme je voulais aux soirées. Enfin elles se disaient mes
filles, et elles m'avouaient pour leur père. J'ai encore
ma finesse et rien ne m'est échappé. Tout a été à son
adresse et m'a percé le cœur. Je voyais bien que c'étaient
des frimes; mais le mal était sans remède. Je n'étais pas
chez elles aussi à l'aise qu'à la table d'en bas. Je ne
savais rien dire. Aussi quand quelques-uns de ces gens
du monde demandaient à l'oreille de mes gendres :
« Qui est ce monsieur-là ? — C'est le père aux écus, il est
riche. — Ah diable ! » disait-on, et l'on me regardait avec
le respect dû aux écus. Mais si je les gênais quelquefois
un peu, je rachetais bien mes défauts ! D'ailleurs qui
donc est parfait? (Ma tête est une plaie!) Je souffre en
ce moment ce qu'il faut souffrir pour mourir, mon cher
monsieur Eugène, eh bien! ce n'est rien en comparaison
de la douleur que m'a causée le premier regard par
lequel Anastasie m'a fait comprendre que je venais de
dire une bêtise qui l'humiliait : son regard m'a ouvert
toutes les veines. J'aurais voulu tout savoir, mais ce que
j'ai bien su, c'est que j'étais de trop sur terre. Le lendemain je suis allé chez Delphine pour me consoler, et
voilà que j'y fais une bêtise qui me l'a mise en colère.
J'en suis devenu comme fou. J'ai été huit jours ne
ne sachant plus ce que je devais faire. Je n'ai pas osé les
aller voir de peur de leurs reproches. Et me voilà à la
porte de chez mes filles. O mon Dieu! puisque tu connais les misères, les souffrances que j'ai endurées;
puisque tu as compté les coups de poignard que j'ai

reçus, dans ce temps qui m'a vieilli, changé, tué, blanchi, pourquoi me fais-tu donc souffrir aujourd'hui ? J'ai bien expié le péché de les trop aimer. Elles se sont bien vengées de mon affection, elles m'ont tenaillé comme des bourreaux ! Eh bien ! les pères sont si bêtes ! je les aimais tant que j'y suis retourné comme un joueur au jeu. Mes filles, c'étaient mon vice à moi !... Elles avaient toutes les deux besoin de quelque chose, de parures ; les femmes de chambre me le disaient, et je les donnais pour être bien reçu ! Mais elles m'ont fait tout de même quelques petites leçons sur ma manière d'être dans le monde. Oh ! elles n'ont pas attendu le lendemain. Elles commençaient à rougir de moi. Voilà ce que c'est que de bien élever ses enfants. A mon âge je ne pouvais pourtant pas aller à l'école. (Je souffre horriblement, mon Dieu ! les médecins, les médecins ! Si l'on m'ouvrait la tête, je souffrirais moins.) Mes filles, mes filles, Anastasie, Delphine, je veux les voir. Envoyez-les chercher par la gendarmerie, de force ! la justice est pour moi, tout est pour moi, la nature, le code civil. Je proteste. La patrie périra, si les pères sont foulés aux pieds. Cela est clair. La société, le monde roulent sur la paternité, tout croule si les enfants n'aiment pas leurs pères. Oh ! les voir, les entendre, n'importe ce qu'elles me diront, pourvu que j'entende leur voix, ça calmera mes douleurs, Delphine surtout. Mais dites-leur quand elles seront là, de ne pas me regarder froidement comme elles le font. Ah ! mon bon ami, monsieur Eugène, vous ne savez pas ce que c'est que de trouver l'or du regard changé tout à coup en plomb gris. Depuis le jour où leurs yeux n'ont plus rayonné sur moi, j'ai toujours été en hiver ici ; je n'ai plus eu que des chagrins à dévorer, et je les ai dévorés ! J'ai vécu pour être humilié, insulté. Je les aime tant que j'avalais tous les affronts par lesquels elles me vendaient une pauvre petite jouissance honteuse. Un père se cacher pour voir ses filles ! Je leur ai donné ma vie, elles ne me donneront pas une heure aujourd'hui! J'ai soif, j'ai faim, le cœur me brûle, elles ne viendront pas rafraîchir mon agonie, car je meurs, je le sens. Mais elles ne savent donc pas ce que c'est que de marcher sur le cadavre de son père? Il y a un Dieu dans les cieux, il nous venge malgré nous, nous autres pères. Oh! elles viendront! Venez, mes chéries, venez encore me baiser, un dernier baiser, le viatique de votre père, qui priera Dieu pour vous, qui lui dira que vous avez été de bonnes filles, qui plaidera pour vous! Après tout vous êtes innocentes. Elles sont innocentes, mon ami! Dites-le bien à tout le monde, qu'on ne les inquiète pas à mon sujet. Tout est de ma faute, je les ai habituées à me fouler aux pieds. J'aimais cela, moi. Ça ne regarde personne, ni la justice humaine, ni la justice divine. Dieu serait injuste s'il les condamnait à cause de moi. Je n'ai pas su me conduire, j'ai fait la bêtise d'abdiquer mes droits. Je me serais avili pour elles! Que voulez-vous! le plus beau naturel, les meilleures âmes auraient succombé à la corruption de cette facilité paternelle. Je suis un misérable, je suis justement puni. Moi seul ai causé les désordres de mes filles. A quinze ans elles avaient voiture! Rien ne leur a résisté. Moi seul suis coupable, mais coupable par amour. Leur voix m'ouvrait le cœur. Je les entends, elles viennent. Oh! oui, elles viendront. La loi veut qu'on vienne voir mourir son père, la loi est pour moi. Puis ça ne coûtera qu'une course. Je la payerai. Ecrivez-leur que j'ai des millions à leur laisser! Parole d'honneur. J'irai faire des pâtes d'Italie à Odessa. Je connais la manière. Il y a, dans mon projet, des millions à gagner. Personne n'y a pensé. Ça ne se gâtera point dans le transport comme le blé ou la farine. Eh! eh! l'amidon! il y aura là des millions! Vous ne mentirez pas, dites-leur des millions, et quand même elles viendraient par avarice, j'aime mieux être trompé, je les verrai. Je veux mes filles! je les ai faites! elles sont à moi! dit-il en se dressant sur son séant, en montrant à

Eugène une tête dont les cheveux blancs étaient épars et qui menaçait par tout ce qui pouvait exprimer la menace.

— Allons, lui dit Eugène, recouchez-vous, mon bon père Goriot, je vais leur écrire. Aussitôt que Bianchon sera de retour, j'irai, si elles ne viennent pas.

— Si elles ne viennent pas? répéta le vieillard en sanglotant. Mais je serai mort, mort dans un accès de rage, de rage! La rage me gagne! En ce moment, je vois ma vie entière. Je suis dupe! elles ne m'aiment pas, elles ne m'ont jamais aimé! cela est clair. Si elles ne sont pas venues, elles ne viendront pas. Plus elles auront tardé, moins elles se décideront à me faire cette joie. Je les connais. Elles n'ont jamais rien su deviner de mes chagrins, de mes douleurs, de mes besoins, elles ne deviront pas plus ma mort; elles ne sont seulement plus dans le secret de ma tendresse. Oui, je le vois, pour elles, l'habitude de m'ouvrir les entrailles a ôté du prix à tout ce que je faisais. Elles auraient demandé à me crever les yeux, je leur aurais dit : « Crevez-les! » je suis trop bête. Elles croient que tous les pères sont comme le leur. Il faut toujours se faire valoir. Leurs enfants me vengeront. Mais c'est dans leur intérêt de venir ici. Prévenez-les donc qu'elles compromettent leur agonie. Elles commettent tous les crimes en un seul. Mais allez-donc, dites-leur donc que, ne pas venir, c'est un parricide! Criez-donc comme moi : « Hé! Nasie! hé! Delphine! venez à votre père qui a été si bon pour vous et qui souffre! » Rien, personne. Mourrai-je donc comme un chien? Voilà ma récompense, l'abandon. Ce sont des infâmes, des scélérates; je les abomine, je les maudis; je me relèverai la nuit de mon cercueil pour les maudire, car, enfin, mes amis, ai-je tort? elles se conduisent bien mal! hein? Qu'est-ce que je dis? Ne m'avez-vous pas averti que Delphine est là? C'est la meilleure des deux. Vous êtes mon fils, Eugène, vous! aimez-là, soyez un père pour elle. L'autre est bien malheureuse. Et leur fortune! Ah!

mon Dieu! j'expire, je souffre un peu trop. Coupez-moi la tête, laissez-moi seulement le cœur.

— Christophe, allez chercher Bianchon! s'écria Eugène épouvanté du caractère que prenaient les plaintes et les cris du vieillard, et ramenez-moi un cabriolet.

— Je vais allez chercher vos filles, mon bon père Goriot, je vous les ramènerai.

— De force! de force! Demandez la garde, la ligne, tout, tout, dit-il en jetant à Eugène un dernier regard où brilla la raison. Dites au gouvernement, au procureur du roi qu'on me les amène, je le veux!

— Mais vous les avez maudites.

— Qu'est-ce qui a dit cela? répondit le vieillard stupéfait. Vous savez bien que je les aime, je les adore! Je suis guéri si je les vois... Allez, mon bon voisin, mon cher enfant, allez, vous êtes bon, vous; je voudrais vous remercier, mais je n'ai rien à vous donner que les bénédictions d'un mourant. A boire! les entrailles me brûlent! Mettez-moi quelque chose sur la tête. La main de mes filles, ça me sauverait, je le sens. Mon Dieu! qui refera leurs fortunes, si je m'en vais? Je veux aller à Odessa pour elles, à Odessa y faire des pâtes.

— Buvez ceci, dit Eugène en soulevant le moribond et le prenant dans son bras gauche, tandis que de l'autre il tenait une tasse pleine de tisane.

— Vous devez aimer votre père et votre mère, vous! dit le vieillard en serrant de ses mains défaillantes la main d'Eugène. Comprenez-vous que je vais mourir sans les voir, mes filles? Avoir soif toujours, et ne jamais boire, voilà comment j'ai vécu depuis dix ans... Mes deux gendres ont tué mes filles. Oui, je n'ai plus eu de filles après qu'elles ont été mariées. Pères, dites aux chambres de faire une loi sur le mariage! Enfin ne mariez pas vos filles si vous les aimez. Le gendre est un scélérat qui gâte tout chez une fille, il souille tout. Plus de mariage! C'est ce qui nous enlève nos filles, et nous ne

les avons plus quand nous mourons. Faites une loi sur
la mort des pères. C'est épouvantable, ceci! Vengeance!
Ce sont mes deux gendres qui les empêchent de venir.
Tuez-les! A mort le Restaud, à mort l'Alsacien. Ce sont
mes assassins! La mort ou mes filles! Ah! c'est fini, je
meurs sans elles! Elles! Nasie! Nasie, Fifine, allons,
venez donc! votre papa sort...

— Mon bon père Goriot, calmez-vous, voyons restez
tranquille, ne vous agitez pas, ne pensez pas.

— Ne pas les voir, voilà l'agonie!

— Vous allez les voir.

— Vrai! cria le vieillard égaré. Oh! les voir! je vais
les voir, entendre leurs voix. Je mourrai heureux. Eh
bien! oui je ne demande plus à vivre, je n'y tenais plus,
mes peines allaient croissant. Mais les voir, toucher
leurs robes, ah! rien que leurs robes, c'est bien peu;
mais que je sente quelque chose d'elles! Faites-moi
prendre les cheveux... veux...

Il tomba, la tête sur l'oreiller, comme s'il recevait un
coup de massue. Ses mains s'agitèrent sur la couverture
comme pour prendre les cheveux de ses filles.

— Je les bénis, dit-il, en faisant un effort... bénis.

(Le père Goriot.)<br>Éd. Calmann Lévy.

## LES DEUX FRÈRES

### (1847)

[Le baron Hulot, directeur au ministère de la guerre, a
commis des malversations. Son crime a été découvert, et le
maréchal Cottin, prince de Wissembourg, ministre de la
guerre, l'a fait mander dans son cabinet. Il lui fait nettement
entendre qu'il n'a pas d'autre parti à prendre que de disparaître. Mais le baron Hulot a tremblé en l'écoutant et le
vieux maréchal s'indigne de cette lâcheté. A ce moment, le
frère du baron, le maréchal Hulot, entre dans le cabinet du
ministre qui fut son compagnon d'armes. Il ignore ce qui se

passe, mais le maréchal Cottin croit qu'il veut intervenir en
faveur de son misérable frère.]

« Oh! cria le héros de la campagne de Pologne, je
sais ce que tu viens faire mon vieux camarade!... Mais
tout est inutile...

— Inutile ? répéta le maréchal Hulot, qui n'entendit
que ce mot.

— Oui tu viens me parler pour ton frère, mais sais-tu
ce qu'est ton frère?

— Mon frère ? demanda le sourd.

— Eh bien! cria le maréchal, c'est un j... f... indigne
de toi!... »

Et la colère du maréchal lui fit jeter par les yeux ces
regards fulgurants qui, semblables à ceux de Napoléon,
brisaient les volontés et les cerveaux.

« Tu en as menti, Cottin! répliqua le maréchal Hulot
devenu blême. Jette ton bâton comme je jette le mien!...
je suis à tes ordres. »

Le prince alla droit à son vieux camarade, le regarda
fixement, et lui dit dans l'oreille en lui serrant la main :

« Es-tu un homme?

— Tu le verras...

— Eh bien, tiens-toi ferme! il s'agit de porter le plus
grand malheur qui pût t'arriver. »

Le prince se retourna, prit sur la table un dossier, le
mit entre les mains du maréchal Hulot en lui criant :

« Lis! »

[Et le maréchal lit alors deux lettres accablantes pour son
frère.]

« Je vous demande pardon, dit avec une touchante
fierté le maréchal Hulot au prince de Wissembourg.

— Allons, tutoie-moi toujours, Hulot! répliqua le
ministre en serrant la main de son vieil ami.

— Combien avez-vous pris? dit le comte de Horzheim
à son frère.

— Deux cent mille francs.

— Mon cher ami, dit le comte en s'adressant au ministre, vous aurez les deux cents mille francs sous quarante-huit heures. On ne pourra jamais dire qu'un homme portant le nom de Hulot a fait tort d'un denier à la chose publique...

— Quel enfantillage! dit le maréchal. Je sais où sont les deux cent mille francs, et je vais les faire restituer. Donnez vos démissions et demandez votre retraite! reprit-il en faisant voler une double feuille de papier tellière jusqu'à l'endroit où s'était assis à la table le conseiller d'État, dont les jambes flageolaient. Ce serait une honte pour nous tous, que ce procès; aussi ai-je obtenu du conseil des ministres la liberté d'agir comme je le fais. Puisque vous acceptez la vie sans l'honneur, sans mon estime, une vie dégradée, vous aurez la retraite qui vous est due. Seulement, faites-vous bien oublier. »

Le maréchal Hulot, qui était resté debout, immobile, pâle comme un cadavre, examinant son frère à la dérobée, alla prendre la main du prince et lui répéta :

« Dans quarante-huit heures le tort matériel sera réparé! mais l'honneur! Adieu maréchal! c'est le dernier coup qui tue... Oui, j'en mourrai, lui dit-il à l'oreille.

— Pourquoi diantre es-tu venu ce matin? répondit le prince ému.

— Je venais pour sa femme, répliqua le comte en montrant Hector; elle est sans pain! surtout maintenant.

— Il a sa retraite!

— Elle est engagée!

— Il faut avoir le diable au corps! dit le prince en haussant les épaules. Comment pouviez-vous, demandat-il à Hulot d'Ervy, vous qui connaissiez la minutieuse exactitude avec laquelle l'administration française écrit tout, verbalise sur tout, consomme des rames de papier pour constater l'entrée et la sortie de quelques centimes, vous qui déploriez qu'il fallût des centaines de signatures pour des riens, pour libérer un soldat, pour acheter des étrilles, comment pouviez-vous donc espérer

de cacher un vol pendant longtemps? Et les journaux! et
les envieux! et les gens qui voudraient voler!...

— Promets-moi de t'occuper d'elle, Cottin?... demanda
le comte de Horzheim, qui n'entendait rien et qui ne
pensait qu'à sa belle-sœur.

— Sois tranquille! dit le ministre.

— Eh bien! merci, et adieu! Venez, monsieur, dit-il à
son frère.

Le prince regarda d'un œil en apparence calme les
deux frères si différents d'attitude, de conformation et
de caractère, le brave et le lâche, l'honnête et le concus-
sionnaire, et il se dit : « Ce lâche ne saura pas mourir, et
mon pauvre Hulot, si probe, a la mort dans son sac,
lui! » Il s'assit dans son fauteuil et reprit la lecture des
dépêches d'Afrique par un mouvement qui peignait à la
fois le sang-froid du capitaine et la pitié profonde que
donne le spectacle des champs de bataille! car il n'y a
rien de plus humain en réalité que les militaires, si
rudes en apparence, et à qui l'habitude de la guerre communique cet absolu glacial, si nécessaire sur les champs
de bataille...

Le maréchal Hulot ramena son frère, qui se tint sur le
devant de la voiture, en laissant respectueusement son
aîné dans le fond. Les deux frères n'échangèrent pas
une parole, Hector était anéanti. Le maréchal resta con-
centré, comme un homme qui rassemble ses forces et
qui les bande pour soutenir un poids écrasant. Rentré
dans son hôtel, il amena, sans dire un mot et par des
gestes impératifs, son frère dans son cabinet. Le comte
avait reçu de l'empereur Napoléon une magnifique paire
de pistolets de la manufacture de Versailles; il tira la
boîte, sur laquelle était gravée l'inscription : *Donnée par
l'empereur Napoléon au général Hulot*, du secrétaire où
il la mettait, et la montrant à son frère, il lui dit :

« Voilà ton médecin. »

(*La cousine Bette.*)
Éd. Calmann Lévy.

# JULES MICHELET

[Paris, 1798; † 1884, Hyères.]

---

Fils d'un imprimeur qui fut ruiné par la réduction du nombre des journaux sous le Consulat, et plus tard, sous l'Empire, par la suppression même de son imprimerie, Michelet, dans son enfance, travailla comme un artisan et connut les épreuves de la pauvreté. Sa famille lui fit pourtant suivre les cours du lycée Charlemagne, et il termina ses études en 1816 en remportant trois prix au concours général. Obligé de gagner sa vie sans délai, il fut d'abord répétiteur dans une petite pension du Marais; puis, ayant pris le titre d'agrégé en 1821, il enseigna comme suppléant au collège Charlemagne, puis, en 1825, comme professeur d'histoire au collège Sainte-Barbe, enfin, en 1828, comme professeur d'histoire et de philosophie à l'École Normale, qu'on appelait alors *Ecole préparatoire*. A cette époque des débuts, il donna son *Précis d'histoire moderne* et la traduction de la *Science nouvelle* de Vico, 1827. Après la révolution de 1830, sa nomination de chef de la section historique aux Archives lui permit de réaliser un projet qu'il méditait dès longtemps, et, de 1833 à 1844, il publia les premiers volumes de son *Histoire de France* [des origines à la Renaissance]. Suppléant de Guizot à la Sorbonne (1834-35), professeur au collège de France, 1837, il prit une part ardente à la lutte que provoquait en ce temps la question de la liberté de l'enseignement. C'est l'époque d'œuvres polémiques qui firent grand bruit : *les Jésuites*, 1843; *le Prêtre, la Femme et la Famille*, 1845; *le Peuple*, 1846, auxquelles on peut joindre son *Histoire de la Révolution française*, 1847-1853. En 1852, il refusa de prêter serment à l'Empire et dut renoncer à sa chaire au collège de France et à son poste aux Archives. Réduit ainsi à vivre de son travail d'écrivain, il donne en quelques années des livres d'un genre tout nouveau et qui popularisent sa réputation : *l'Oiseau*, 1856, *l'Insecte*, 1857, *l'Amour*, 1859, *la Femme*, 1860, *la Mer* 1861, *la Bible de l'humanité*, 1864, *la Montagne*, 1868, *Nos fils*, 1870; en même temps, il reprenait son *Histoire de France* et de 1857 à 1867 publiait les volumes qui vont de la Renaissance à la Révolution.

Aux œuvres que nous avons énumérées, il faut ajouter les *Origines du Droit français*, 1837, l'*Histoire romaine*, 1839 et quelques

écrits posthumes, *Histoire du XIX<sup>e</sup> siècle, Ma Jeunesse*, 1884; *Mon
Journal*, 1888; *Sur les chemins de l'Europe*, 1893.

---

# LES CATHÉDRALES DU MOYEN AGE

## (1833)

L'église était au moyen âge le domicile du peuple. La
maison de l'homme, cette misérable masure où il revenait
le soir, n'était qu'un abri momentané. Il n'y avait qu'une
maison à vrai dire, la maison de Dieu. Ce n'est pas en
vain que l'église avait droit d'asile [1]; c'était alors l'asile
universel, la vie sociale s'y était réfugiée tout entière.
L'homme y priait, la commune y délibérait, la cloche
était la voix de la cité. Elle appelait aux travaux des
champs, aux affaires civiles, quelquefois aux batailles de
la liberté. En Italie, c'est dans les églises que le peuple
souverain s'assemblait. C'est à Saint-Marc que les
députés de l'Europe vinrent demander une flotte pour la
quatrième croisade [2]. Le commerce se faisait autour des
églises : les pèlerinages étaient des foires. Les marchan-
dises étaient bénies. Les animaux, comme aujourd'hui
encore à Naples, étaient amenés à la bénédiction; l'Église
ne la refusait point : elle laissait *approcher ces petits*.
Naguère, à Paris, les jambons de Pâques étaient vendus
au parvis Notre-Dame, et chacun, en les emportant, les
faisait bénir. Autrefois, on faisait mieux; on mangeait
dans l'église même, et après le repas venait la danse.
L'Église se prêtait à ces joies enfantines.

Le culte était un dialogue tendre entre Dieu, l'Église
et le peuple, exprimant la même pensée. Elle et lui, sur
un ton grave et passionné tour à tour, mêlaient la vieille

---

1. On ne pouvait s'emparer d'un criminel qui s'était réfugié dans une
église.
2. Villehardouin, qui a conté la quatrième croisade, fut un des députés
envoyés à Venise pour obtenir que les
croisés fussent transportés en Terre-
Sainte sur les vaisseaux de la République.

langue sacrée et la langue du peuple [1]. La solennité des prières était rompue, dramatisée de chants pathétiques, comme ce dialogue des vierges folles et des vierges sages qui nous a été conservé. Le peuple élevait la voix, non pas le peuple fictif qui parle dans le chœur, mais le vrai peuple venu du dehors, lorsqu'il entrait, innombrable, tumultueux, par tous les vomitoires de la Cathédrale, avec sa grande voix confuse, grand enfant, comme le saint Christophe [2] de la légende, brut, ignorant, passionné, mais docile, implorant l'initiation, demandant à porter le Christ sur ses épaules colossales. Il entrait, amenant dans l'église un hideux dragon du péché ; il le traînait, soûlé de victuailles, aux pieds du Sauveur. Quelquefois, aussi, reconnaissant que la bestialité était en lui-même, il exposait dans des extravagances symboliques sa misère, son infirmité. C'est ce qu'on appelait la fête des fous. Cette imitation de l'orgie païenne, tolérée par le christianisme, comme l'adieu de l'homme à la sensualité qu'il abjurait, se reproduisait aux fêtes de l'enfance du Christ, à la Circoncision, aux Rois, aux Saints Innocents, et aussi aux jours où l'humanité, sauvée du démon, tombait dans l'ivresse de la joie, à Noël et à Pâques. Le clergé lui-même y prenait part. Ici les chanoines jouaient à la balle dans l'église, là on traînait outrageusement l'odieux hareng du carême. La bête comme l'homme était réhabilitée. L'humble témoin de la naissance du Sauveur, le fidèle animal qui de son haleine le réchauffa tout petit dans la crèche, qui le porta avec sa mère en Égypte, qui l'amena triomphant dans Jérusalem, il avait sa part de la joie. Sobriété, patience, ferme résignation, le moyen âge distinguait en l'âne je ne sais combien de vertus chrétiennes. Pourquoi eût-on rougi de lui ?

---

1. C'est ce que les historiens de la littérature au moyen âge appellent le drame semi-liturgique ou *drame farci*. On en a un spécimen dans l'*Historia Danielis repræsentanda*, où le latin et le français se mêlent :

Vir, propheta Dei, Daniel, vien al roi,
Veni, desiderat parler à toi...

2. La légende de saint Christophe le représente comme un bon géant qui porta un jour Jésus enfant sur ses épaules et qui s'émerveilla de plier sous ce fardeau.

Le Sauveur n'en avait pas rougi. Quel mal en tout cela ? Tout n'est-il pas permis à l'enfant ? Plus tard l'Église imposa silence au peuple; l'éloigna, le tint à distance. Mais aux premiers siècles du moyen âge, l'Église s'effarouchait si peu de ces drames populaires, qu'elle en reproduisait sur ses murailles les traits les plus hardis.

Il y avait alors un merveilleux génie dramatique plein de hardiesse et de bonhomie, souvent empreint d'une puérilité touchante.

A la Pentecôte, des pigeons blancs étaient lâchés dans l'église parmi les langues de feu, les fleurs pleuvaient, les galeries intérieures étaient illuminées. A d'autres fêtes, l'illumination était au dehors. Qu'on se représente l'effet des lumières sur ces prodigieux monuments, lorsque le clergé, circulant par les rampes aériennes, animait de ses processions fantastiques les masses ténébreuses, passant et repassant le long des balustrades, des ponts dentelés avec les riches costumes, les cierges et les chants; lorsque la lumière et la voix tournaient de cercle en cercle, et qu'en bas, dans l'ombre, répondait l'océan du peuple. C'était là pour ce temps le vrai drame, le vrai mystère, la représentation du voyage de l'humanité à travers les trois mondes, cette intuition sublime que Dante reçut de la réalité passagère pour la fixer et l'éterniser dans la *Divina Commedia*.

(Histoire de France, Liv. IV, Éclaircissements.)

Flammarion, éd.

---

## LA FÉDÉRATION DU 14 JUILLET 1790

### (1847-1852)

Le Champ de Mars, voilà le seul monument qu'a laissé la Révolution... l'Empire a sa colonne, et il a pris encore presque à lui seul l'Arc de Triomphe [1], la royauté

---

1. Michelet veut dire qu'on n'y a pas fait une place assez large au souvenir des héros des guerres révolutionnaires.

a son Louvre, ses Invalides; la féodale église de 1200 trône encore à Notre-Dame; il n'est pas jusqu'aux Romains, qui n'aient les Thermes de César[1].

Et la Révolution a pour monument... le vide...

Son monument, c'est ce sable, aussi plan que l'Arabie... Un *tumulus*[2] à droite, et un *tumulus* à gauche, comme ceux que la Gaule élevait, obscurs et douteux témoins de la gloire des héros.

Mais un grand souffle parcourt la grande plaine, que vous ne sentez nulle part, une âme, un tout-puissant esprit...

Et si cette plaine est aride, et si cette herbe est séchée, elle reverdira un jour.

Car dans cette terre est mêlée profondément la sueur féconde de ceux qui, dans un jour sacré, ont soulevé ces collines, le jour où, réveillée au canon de la Bastille, vinrent du Nord et du Midi s'embrasser la France et la France, le jour où trois millions d'hommes, levés comme un homme, armés, décrétèrent la paix éternelle.

La ville de Paris y avait mis quelques milliers d'ouvriers fainéants, à qui un pareil travail aurait coûté des années. Cette mauvaise volonté fut comprise. Toute la population s'y mit. Ce fut un étonnant spectacle. De jour, de nuit, des hommes de toutes classes, de tout âge, jusqu'à des enfants, tous, citoyens, soldats, abbés, moines, acteurs, sœurs de charité, belles dames, dames de la halle, tous maniaient la pioche, roulaient la brouette ou menaient le tombereau. Des enfants allaient devant, portant des lumières; des orchestres ambulants animaient les travailleurs; eux-mêmes, en nivelant la terre, chantaient ce chant niveleur : « Ah! ça ira! ça ira! ça ira! Celui qui s'élève on l'abaissera. »

Le chant, l'œuvre et les ouvriers, c'était une seule et même chose, l'égalité en action. Les plus riches et les

---

1. Il s'agit des thermes de l'empereur Julien, dont les ruines sont conservées près du musée de Cluny.

2. On appelle *tumulus* une tertre artificiel, qui, en général, recouvre une sépulture.

plus pauvres, tous unis dans le travail. Les pauvres pour
tant, il faut le dire, donnaient davantage. C'était après
leur journée, une lourde journée de juillet, que le porteur
d'eau, le charpentier, le maçon du pont Louis XVI [1], que
l'on construisait alors, allaient piocher au Champ de
Mars. A ce moment de la moisson, les laboureurs ne
se dispensèrent point de venir. Ces hommes lassés,
épuisés venaient, pour délassement, travailler encore
aux lumières.

Ce travail véritablement immense, qui d'une plaine
fit une vallée entre deux collines, fut accompli, qui le
croirait? en une semaine! Commencé précisément au
7 juillet, il finit avant le 14.

La France voulut, et cela fut fait.

Ils arrivaient, ces hôtes désirés, ils remplissaient
déjà Paris. Les aubergistes et maîtres d'hôtels garnis
réduisirent eux-mêmes et fixèrent le prix modique qu'ils
recevraient de cette foule d'étrangers. On ne les laissa
pas, pour la plupart, aller à l'auberge. Les Parisiens,
logés, comme on sait, fort à l'étroit, se serrèrent, et
trouvèrent le moyen de recevoir les fédérés.

Quand arrivèrent les Bretons, ces aînés de la liberté [2],
les vainqueurs de la Bastille s'en allèrent à leur rencontre
jusqu'à Versailles, jusqu'à Saint-Cyr. Après les félicita-
tions et les embrassements, les deux corps réunis,
mêlés, entrèrent ensemble à Paris.

Un sentiment inouï de paix, de concorde, avait pénétré
les âmes. Qu'on en juge par un fait, selon moi le plus
fort de tous. Les journalistes firent trève. Ces âpres jou-
teurs, ces gardiens inquiets de la liberté, dont la lutte
habituelle aigrit tant les âmes, s'élevèrent au-dessus
d'eux-mêmes; l'émulation des âmes antiques, sans haine
et sans jalousie, les ravit, les affranchit un moment du
triste esprit de dispute.

---

1. Aujourd'hui pont de la Concorde.    longs démêlés avec le duc d'Aiguillon
2. La Bretagne avait conservé ses    gouverneur de la province.
États, qui, sous Louis XV, eurent de

Mais voilà enfin le 14 juillet, le beau jour tant désiré, pour lequel ces braves gens ont fait le pénible voyage. Tout est prêt. Pendant la nuit même, de crainte de manquer la fête, beaucoup, peuple ou garde nationale, ont bivouaqué au Champ de Mars. Le jour vient; hélas! il pleut. Tout le jour, à chaque instant de lourdes averses, des rafales d'eau et de vent. « Le ciel est aristocrate », disait-on, et l'on ne se plaçait pas moins. Une gaieté courageuse, obstinée, semblait vouloir, par mille plaisanteries folles, détourner le triste augure. Cent soixante mille personnes furent assises sur les tertres du Champ de Mars, cent cinquante mille étaient debout; dans le champ même devaient manœuvrer environ cinquante mille hommes, dont quatorze mille gardes nationaux de province, ceux de Paris, les députés de l'armée, de la marine, etc. Les vastes amphithéâtres de Chaillot, de Passy, étaient chargés de spectateurs. Magnifique emplacement, immense, dominé lui-même par le cirque plus éloigné que forment Montmartre, Saint-Cloud, Meudon, Sèvres; un tel lieu semblait attendre les États généraux du monde.

Avec tout cela, il pleut. Longue est l'attente. Les fédérés, les gardes nationaux parisiens, réunis depuis cinq heures, le long des boulevards, sont trempés, mourants de faim, gais pourtant. On leur descend des pains avec une corde, des jambons et des bouteilles, des fenêtres de la rue Saint-Martin, de la rue Saint-Honoré.

Enfin, ils passent la rivière sur un pont de bois construit devant Chaillot, entrent par un arc de triomphe. Au milieu du Champ de Mars s'élevait l'autel de la patrie; devant l'Ecole militaire, les gradins où devaient s'asseoir le Roi, l'Assemblée.

Tout cela fut long encore. Les premiers qui arrivèrent, pour faire bon cœur contre la pluie et dépit au mauvais temps, se mirent bravement à danser. Leurs joyeuses farandoles, se déroulant en pleine boue, s'étendent, vont s'ajoutant sans cesse de nouveaux anneaux dont chacun est une province, un département ou plusieurs pays mêlés. La Bretagne danse avec la Bourgogne, la Flandre avec les Pyrénées... Nous les avons vus commencer, ces groupes, ces danses ondoyantes, dès l'hiver 89. La farandole immense, qui s'est formée peu à peu de la France tout entière, elle s'achève au Champ de Mars, elle expire... Voilà l'unité.

Adieu l'époque d'attente, d'aspiration, de désir, où tous rêvaient, cherchaient ce jour!... Le voici! que désirons-nous? pourquoi ces inquiétudes? Hélas! l'expérience du monde nous apprend cette chose triste, étrange à dire, et pourtant vraie, que l'union trop souvent diminue dans l'unité. La volonté de s'unir, c'était déjà l'unité des cœurs, la meilleure unité peut-être.

Mais silence! le Roi arrive, il est assis, et l'Assemblée, et la reine dans une tribune qui plane sur tout le reste. Lafayette et son cheval blanc arrivent jusqu'au pied du trône; le commandant met pied à terre, et prend les ordres du Roi. A l'autel, parmi deux cents prêtres portant ceintures tricolores, monte d'une allure équivoque, d'un pied boiteux, Talleyrand[1], évêque d'Autun : quel autre, mieux que lui, doit officier, dès qu'il s'agit de serment?

Douze cents musiciens jouent, à peine entendus; mais un silence se fait : quarante pièces de canon font trembler la terre. A cet éclat de la foudre, tous se lèvent, tous portent la main vers le ciel... O roi! ô peuple! attendez... le ciel écoute, le soleil tout exprès, perce le nuage... Prenez garde à vos serments!

(*Histoire de la Révolution.*)

Flammarion, éd.

---

1. Lafayette était commandant de la garde nationale de Paris. Talleyrand, évêque d'Antun, était député du clergé à la Constituante; comme il s'était rangé au parti de la Révolution, il se trouva désigné pour officier en cette circonstance.

# L'ÉDUCATION PAR LES FÊTES

## (1870)

La vie grecque, si terrible d'action, de lutte, de péril, de guerres, eut cela d'admirable et qui compensait tout : *elle était une fête*. Du berceau, par les fêtes, on allait au tombeau. Elles égayaient le mort même. Fêtes de la nature et de l'humanité. Fêtes de fictions dramatiques et d'histoire nationale. Fêtes des exercices et de gymnastique, charmantes de force et de beauté, qui créaient l'homme même, faisaient les dieux vivants qu'imita Phidias. Comment, avec une existence si radieuse, n'être pas gai? Peut-être on mourait tôt? n'importe. La vie n'avait été qu'un sourire héroïque.

Cela reviendra-t-il? Nulle raison d'en douter. L'éducation de l'homme se fera par les fêtes encore. La sociabilité est un sens éternel qui se réveillera. Nous verrons reparaître cette heureuse initiation qui, dès le premier âge, offrait à l'œil charmé du jeune citoyen un grand peuple d'amis, aimables, joyeux, bienveillants. En eux il avait vu Athènes. Jusqu'à son dernier jour, il emportait l'image de cette *Patrie vivante*. Ce n'était pas un être de raison. C'était une *Amitié* née de fêtes d'enfance, continuée dans les gymnases, aux spectacles où les cœurs battaient des mêmes émotions, amitié très fidèle à qui si volontiers on immolait sa vie, dans ces combats qui furent des fêtes, Marathon, Salamine, illuminées de la victoire.

« Comment fait-on des fêtes ? » Quelle vaine question! Mais on ne les fait pas. Cela naît de soi-même. Un matin on s'éveille... Tout a jailli du cœur. C'est fait. Hier, qui s'en serait douté?

Il faut peu pour faire une fête. On le voit bien en Suisse. Les jolis exercices des enfants, sous les yeux des parents attendris, cela, c'est une fête. Le théâtre

civique qui plus tard jouera les héros, Tell ou Garibaldi,
donnera une foule de fêtes. Les hospitalités amicales des
grands peuples entre eux seront les divines fêtes de la
paix, le concert, par exemple, que mille exécutants
français et allemands nous donneront sur le pont du
Rhin.

L'âme humaine est la même, infiniment féconde, on le
verra. En un demi-siècle s'est fait un progrès remarquable
de goût délicats, élevés, qui tiennent de bien près (qu'on
me passe le mot) à une augmentation de l'âme. Le goût des
fleurs, de certains aménagements, inconnu en 1815, dit
combien a gagné l'amour de l'intérieur. Le soin (souvent
extrême) qu'on met à habiller l'enfant, même dans les
conditions pauvres, est fort attendrissant. Mais ce qui a
gagné surtout, c'est le culte des morts. Au commencement de ce siècle, on n'y faisait nul sacrifice, nulle
dépense, et, s'il faut le dire, les tombes étaient peu visi-
tées. Elles le sont peu encore dans les campagnes. Le
peuple de Paris, que les provinciaux croient à tort sec et
égoïste, est de tous ceux que j'ai connus celui qui fait
le plus pour ses morts. La foule au 2 novembre est
énorme aux cimetières. Chaque famille, il est vrai, va à
part. Dès qu'on aura l'idée d'y aller avec ordre, d'ensemble, à certaines heures, et d'y communier ainsi dans
le regret, ce sera une fête réelle, au sens antique,
d'excellente influence sur les générations nouvelles et
puissamment éducative. Impressions graves et douces
et aussi très fécondes. Le cimetière est un organe essentiel de la cité, une puissance de moralité. Une ville sans
cimetière est une ville barbare, aride, sauvage. Que de
saintes et bonnes pensées, quelle poésie du cœur vous
ôtez aux vivants en leur ôtant leurs morts! Il est des
états douteux, intermédiaires, où, pour ainsi parler, on a
un pied au temple et un pied hors du temple, où l'on
flotte, où l'on rêve. Pour cela l'ancien temple s'entourait
de portiques où l'on errait, songeait. Ce vestibule du
temple est aujourd'hui pour nous le cimetière. Celui de

l'Est[1], surtout, a cet effet puissant. Des tombes on aperçoit le volcan de la vie.

Sans que l'on institue des fêtes, elles se feront, surtout aux jours émus, et le lendemain des grands événements. D'elle-même se fit cette fête des fêtes, la plus belle qui fut jamais, la fédération de 90 (que j'ai eu le bonheur de conter au long), cette sublime agape où l'Europe assista, où tous (de près, de loin) communièrent avec la France.

(*Nos fils.*)

Flammarion, éd.

1. Le cimetière du Père-Lachaise, à l'Est de Paris.

# VICTOR-MARIE HUGO

[Besançon, 1802; † 1885, Paris.]

Fils d'un officier de Napoléon, qui devint général et comte de l'Empire, Victor Hugo, pendant son enfance, voyagea en Italie, en Espagne, à la suite des armées françaises, et garda de ses voyages des impressions qui se retrouvent dans ses œuvres. La paix venue avec la Restauration, le général Hugo eût voulu faire de son fils un polytechnicien, mais la vocation littéraire du jeune homme fut la plus forte ; il eut des succès aux concours de l'Académie française, 1816, 1819, des Jeux Floraux, 1819, 1820, travailla avec son frère Abel au Journal *le Conservateur littéraire*, et en 1822, après la publication de son premier recueil d'*Odes*, recevait du roi Louis XVIII, une pension de mille francs. Son roman de *Han d'Islande*, 1823, son second recueil d'*Odes*, 1824, lui valurent une seconde pension de deux mille francs et la croix de chevalier de la Légion d'honneur. Dès lors à l'abri du besoin, ayant groupé autour de lui des jeunes gens épris d'art et de poésie, soutenu par la sympathie de Nodier et de Chateaubriand, il ne tarda pas à devenir chef d'école : il formulait dans la *Préface* qu'il mit à son drame de *Cromwell* (non représenté) les théories de la jeunesse romantique. Les *Orientales*, 1829, les drames de *Marion de Lorme* (1829), *Hernani* (1830), donnaient des applications éclatantes des théories de ce manifeste fameux. Il poursuivit la lutte en publiant son roman de *Notre-Dame de Paris*, 1831, ses recueils lyriques, *les Feuilles d'Automne*, 1831, *les Chants du Crépuscule*, 1835, *les Voix intérieures*, 1827, *les Rayons et les Ombres*, 1840 ; ses drames, *le Roi s'amuse*, *Lucrèce Borgia*, *Marie Tudor*, *Angelo*, toutes œuvres discutées, mais retentissantes et qui lui ouvrirent l'Académie française en 1841. L'insuccès de son drame des *Burgraves*, 1843, sa nomination de pair de France, 1845 tournèrent son activité vers la politique. Sous la seconde République, il se montra un des adversaires les plus ardents de la restauration bonapartiste, et ayant tenté d'organiser la résistance à main armée au coup d'État de 1851, il fut banni, se réfugia d'abord en Belgique, puis à Jersey, puis à Guernesey, où il demeura jusqu'à la chute du régime impérial. De là il fit une guerre implacable aux hommes et aux choses de l'Empire ; dans l'année 1852, il donnait *les Châtiments*, *Napoléon le Petit*,

l'*Histoire d'un crime*. Mais il revenait aussi à la poésie pure,
les *Contemplations* (1856), *la Légende des Siècles* (1859), *la Chanson des rues et des bois*, 1865, et au roman, les *Misérables*, 1862,
*les Travailleurs de la mer*, 1866, *l'Homme qui rit*, 1869. Rentré en
France après le 4 septembre 1870, il fit partie de l'Assemblée
nationale et, en 1875, les électeurs de Paris le portèrent au Sénat.
Mais il était alors en dehors, au-dessus des partis, et, quand il
mourut, c'est la France tout entière qui suivit la pompe de ses
funérailles.

Parmi les œuvres qu'il donna après son retour de l'exil, il faut
citer, *l'Année terrible*, 1871 ; *l'Art d'être grand'père*, 1877 ; *les
Quatre Vents de l'Esprit*, 1881, recueils de poésies ; *Quatre-vingt-treize*, roman, 1874.

Mentionnons aussi *le Rhin*, 1842, notes de voyage, *William
Shakespeare*, 1864, étude critique, et enfin deux volumes de *Correspondance*, récemment parus.

---

## TRISTESSE D'OLYMPIO[1]

### (1840)

. . . . . . . . . . .

Que peu de temps suffit pour changer toutes choses !
Nature au front serein, comme vous oubliez !
Et comme vous brisez dans vos métamorphoses
Les fils mystérieux où nos cœurs sont liés !

Nos chambres de feuillage en halliers sont changées ;
L'arbre où fut notre chiffre est mort ou renversé ;
Nos roses dans l'enclos ont été ravagées
Par les petits enfants qui sautent le fossé....

La borne du chemin, qui vit des jours sans nombre,
Où jadis pour m'entendre elle aimait à s'asseoir,
S'est usée en heurtant, lorsque la route est sombre,
Les grands chars gémissants qui reviennent le soir.

1. Le poète est revenu voir les lieux      tôt ignorante des joies et des tristesses
où il a aimé ; et la souveraine impas-     de l'homme, lui inspire cette élégie.
sibilité de la nature, oublieuse ou plu-

La forêt ici manque et là s'est agrandie...
De tout ce qui fut nous presque rien n'est vivant :
Et comme un tas de cendre éteinte et refroidie
L'amas des souvenirs se disperse à tout vent!

N'existons-nous donc plus? Avons-nous eu notre heure ?
Rien ne la rendra-t-il à nos cris superflus?
L'air joue avec la branche au moment où je pleure;
Ma maison me regarde et ne me connaît plus.

D'autres vont maintenant passer où nous passâmes;
Nous y sommes venus, d'autres vont y venir;
Et le songe qu'avaient ébauché nos deux âmes,
Ils le continueront sans pouvoir le finir!

Car personne ici-bas ne termine et n'achève;
Les pires des humains sont comme les meilleurs.
Nous nous réveillons tous au même endroit du rêve,
Tout commence en ce monde et tout finit ailleurs.

Oui, d'autres à leur tour viendront, couples sans tache,
Puiser dans cet asile heureux, calme, enchanté,
Tout ce que la nature à l'amour qui se cache
Mêle de rêverie et de solennité.....

Oh! dites-moi, ravins, frais ruisseaux, treilles mûres,
Rameaux chargés de nids, grottes, forêts, buissons,
Est-ce que vous ferez pour d'autres vos murmures,
Est-ce que vous direz à d'autres vos chansons?

Nous vous comprenions tant ! doux, attentifs, austères,
Tous nos échos s'ouvraient si bien à votre voix !
Et nous prêtions si bien, sans troubler vos mystères,
L'oreille aux mots profonds que vous dites parfois !

Répondez, vallon pur, répondez, solitude,
O nature abritée en ce désert si beau,
Lorsque nous dormirons tous deux dans l'attitude
Que donne aux morts pensifs la forme du tombeau;

Est-ce que vous serez à ce point insensible
De nous savoir couchés, morts avec nos amours,
Et de continuer votre fête paisible
Et de toujours sourire et de chanter toujours ?...

Dieu nous prête un moment les prés et les fontaines,
Les grands bois frissonnants, les rocs profonds et sourds,
Et les cieux azurés et les lacs et les plaines,
Pour y mettre nos cœurs, nos rêves, nos amours ;

Puis il nous les retire. Il souffle notre flamme,
Il plonge dans la nuit l'astre où nous rayonnons,
Et dit à la vallée, où s'imprima notre âme,
D'effacer notre trace et d'oublier nos noms.

Eh bien ! oubliez-nous, maison, jardin, ombrages ;
Herbe, use notre seuil ! ronce, cache nos pas !
Chantez, oiseaux ! ruisseaux, coulez ! croissez, feuillages !
Ceux que vous oubliez ne vous oubliront pas.

Car vous êtes pour nous l'ombre de l'amour même,
Vous êtes l'oasis qu'on rencontre en chemin !
Vous êtes, ô vallon, la retraite suprême,
Où nous avons pleuré nous tenant par la main !...

Dans ces jours où la tête au poids des ans s'incline,
Où l'homme, sans projets, sans but, sans visions,
Sent qu'il n'est déjà plus qu'une tombe en ruine
Où gisent ses vertus et ses illusions ;

Quand notre âme en rêvant descend dans nos entrailles,
Comptant dans notre cœur, qu'enfin la glace atteint,
Comme on compte les morts sur un champ de batailles,
Chaque douleur tombée et chaque songe éteint,

Comme quelqu'un qui cherche en tenant une lampe,
Loin des objets réels, loin du monde rieur,
Elle arrive à pas lents par une obscure rampe
Jusqu'au fond désolé du gouffre intérieur ;

Et là, dans cette nuit qu'aucun rayon n'étoile,
L'âme, en un repli sombre où tout semble fini,
Sent quelque chose encor palpiter sous un voile...
C'est toi qui dors dans l'ombre, ô sacré souvenir !

(*Les Rayons et les Ombres.*)
Hetzel et Quantin, **éd.**

---

# L'EXPIATION

## (1852)

Il neigeait. On était vaincu par sa conquête.
Pour la première fois l'aigle baissait la tête.
Sombres jours ! l'empereur revenait lentement,
Laissant derrière lui brûler Moscou fumant.
Il neigeait. L'âpre hiver fondait en avalanche.
Après la plaine blanche une autre plaine blanche.
On ne connaissait plus les chefs ni le drapeau.
Hier la grande armée, et maintenant troupeau.
On ne distinguait plus les ailes ni le centre.
Il neigeait. Les blessés s'abritaient dans le ventre
Des chevaux morts ; au seuil de bivouacs désolés
On voyait des clairons à leur poste gelés,
Restés debout, en selle et muets, blancs de givre,
Collant leur bouche en pierre aux trompettes de cuivre.
Boulets, mitraille, obus, mêlés aux flocons blancs,
Pleuvaient ; les grenadiers, surpris d'être tremblants,
Marchaient pensifs, la glace à leur moustache grise.
Il neigeait, il neigeait toujours ! la froide bise
Sifflait ; sur le verglas, dans des lieux inconnus,
On n'avait pas de pain et l'on allait pieds nus.
Ce n'étaient plus des cœurs vivants, des gens de guerre,
C'était un rêve errant dans la brume, un mystère,
Une procession d'ombres sous le ciel noir.
La solitude, vaste, épouvantable à voir,

Partout apparaissait, muette vengeresse.
Le ciel faisait sans bruit avec la neige épaisse
Pour cette immense armée un immense linceul
Et, chacun se sentant mourir, on était seul....
Toute une armée ainsi dans la nuit se perdait.
L'empereur était là debout, qui regardait.
Il était comme un arbre en proie à la cognée.
Sur ce géant, grandeur jusqu'alors épargnée,
Le malheur, bûcheron sinistre, était monté;
Et lui, chêne vivant, par la hache insulté,
Tressaillant sous le spectre au lugubres revanches,
Il regardait tomber autour de lui ses branches.
Chefs, soldats, tous mouraient. Chacun avait son tour.
Tandis qu'environnant sa tente avec amour,
Voyant son ombre aller et venir sur la toile,
Ceux qui restaient, croyant toujours à son étoile,
Accusaient le destin de lèse-majesté,
Lui se sentit soudain dans l'âme épouvanté.
Stupéfait du désastre et ne sachant que croire,
L'empereur se tourna vers Dieu; l'homme de gloire
Trembla; Napoléon comprit qu'il expiait
Quelque chose peut-être, et, livide, inquiet,
Devant ses légions sur la neige semées :
— Est-ce le châtiment, dit-il, Dieu des armées? —
Alors il s'entendit appeler par son nom
Et quelqu'un qui parlait dans l'ombre lui dit : Non.


Waterloo! Waterloo! Waterloo! morne plaine!
Comme une onde qui bout dans une urne trop pleine,
Dans ton cirque de bois, de coteaux, de vallons,
La pâle mort mêlait les sombres bataillons.
D'un côté c'est l'Europe et de l'autre la France.
Choc sanglant! des héros Dieu trompait l'espérance;
Tu désertais, victoire, et le sort était las.
O Waterloo! je pleure et je m'arrête, hélas!
Car ces derniers soldats de la dernière guerre

Furent grands ; ils avaient vaincu toute la terre,
Chassé vingt rois, passé les Alpes et le Rhin,
Et leur âme chantait dans les clairons d'airain !
Le soir tombait, la lutte était ardente et noire.
Il avait l'offensive et presque la victoire ;
Il tenait Wellington acculé sur un bois.
La lunette à la main il observait parfois
Le centre du combat, point obscur où tressaille
La mêlée effroyable et vivante broussaille,
Et parfois l'horizon, sombre comme la mer,
Soudain, joyeux, il dit : Grouchy ! — C'était Blücher !
L'espoir changea de camp, le combat changea d'âme,
La mêlée en hurlant grandit comme une flamme.
La batterie anglaise écrasa nos carrés.
La plaine, où frissonnaient nos drapeaux déchirés,
Ne fut plus, dans les cris des mourants qu'on égorge,
Qu'un gouffre flamboyant, rouge comme une forge ;
Gouffre où les régiments, comme des pans de murs,
Tombaient, où se couchaient comme des épis mûrs,
Les hauts tambours-majors aux panaches énormes,
Où l'on entrevoyait des blessures difformes !
Carnage affreux ! moment fatal ! L'homme inquiet
Sentit que la bataille entre ses mains pliait.
Derrière un mamelon la garde était massée,
La garde, espoir suprême et suprême pensée !
— Allons ! faites donner la garde, cria-t-il, —
Et lanciers, grenadiers aux guêtres de coutil,
Dragons que Rome eût pris pour des légionnaires,
Cuirassiers, canonniers qui traînaient les tonnerres,
Portant le noir colback ou le casque poli,
Tous, ceux de Friedland et ceux de Rivoli,
Comprenant qu'ils allaient mourir dans cette fête,
Saluèrent leur dieu, debout dans la tempête.
Leur bouche, d'un seul cri, dit : vive l'empereur !
Puis, à pas lents, musique en tête, sans fureur,
Tranquille, souriant à la mitraille anglaise,
La garde impériale entra dans la fournaise.

Hélas! Napoléon, sur sa garde penché,
Regardait; et, sitôt qu'ils avaient débouché
Sous les sombres canons crachant des jets de soufre,
Voyait, l'un après l'autre, en cet horrible gouffre,
Fondre ces régiments de granit et d'acier,
Comme fond une cire au souffle d'un brasier.
Ils allaient, l'arme au bras, front haut, graves, stoïques,
Pas un ne recula. Dormez, morts héroïques!
Le reste de l'armée hésitait sur leurs corps
Et regardait mourir la garde. — C'est alors
Qu'élevant tout à coup sa voix désespérée,
La Déroute, géante à la face effarée,
Qui, pâle, épouvantant les plus fiers bataillons,
Changeant subitement les drapeaux en haillons,
A de certains moments, spectre fait de fumées,
Se lève grandissante au milieu des armées,
La Déroute apparut au soldat qui s'émeut,
Et, se tordant les bras, cria : Sauve qui peut!
Sauve qui peut! affront! horreur! toutes les bouches
Criaient; à travers champs, fous, éperdus, farouches,
Comme si quelque souffle avait passé sur eux,
Parmi les lourds caissons et les fourgons poudreux,
Roulant dans les fossés, se cachant dans les seigles,
Jetant shakos, manteaux, fusils, jetant les aigles,
Sous les sabres prussiens, ces vétérans, ô deuil!
Tremblaient, hurlaient, pleuraient, couraient. — En un clin d'œil,
Comme s'envole au vent une paille enflammée,
S'évanouit ce bruit qui fut la grande armée,
Et cette plaine, hélas! où l'on rêve aujourd'hui,
Vit fuir ceux devant qui l'univers avait fui!
Quarante ans sont passés, et ce coin de la terre,
Waterloo, ce plateau funèbre et solitaire,
Ce champ sinistre où Dieu mêla tant de néants,
Tremble encor d'avoir vu la fuite des géants!


Napoléon les vit s'écouler comme un fleuve,
Hommes, chevaux, tambours, drapeaux; et dans l'épreuve,

Sentant confusément revenir son remords,
Levant les mains au ciel, il dit : — Mes soldats morts,
Moi vaincu! mon empire est brisé comme verre.
Est-ce le châtiment cette fois, Dieu sévère? —
Alors parmi les cris, les rumeurs, le canon,
Il entendit la voix qui lui répondit : Non!

[Et la même voix, après le martyr de Sainte-Hélène, lui
répondit encore que le châtiment n'était pas accompli. —
Une nuit, en effet, qu'il dormait « confiant et tranquille »
dans la sépulture héroïque où son cercueil avait été ramené
à travers l'Océan, la voix terrible l'éveilla : et il eut alors la
vision des premiers jours de l'établissement du second
empire, que le poète décrit comme une parodie sinistre de
la gloire napoléonienne. Après ces vers de satire, Hugo
conclut ainsi :]

L'horrible vision s'éteignit. — L'empereur,
Désespéré, poussa dans l'ombre un cri d'horreur,
Baissant les yeux, dressant ses mains épouvantées;
Les victoires de marbre à la porte sculptées,
Fantômes blancs debout hors du sépulcre obscur,
Se faisaient du doigt signe, et s'appuyant au mur,
Écoutaient le titan pleurer dans les ténèbres,
Et lui, cria : Démon aux visions funèbres,
Toi qui me suis partout, que jamais je ne vois,
Qui donc es-tu? — Je suis ton crime, dit la voix. —
La tombe alors s'emplit d'une lumière étrange
Semblable à la clarté de Dieu quand il se venge;
Pareils aux mots que vit resplendir Balthazar,
Deux mots dans l'ombre écrits flamboyaient sur César;
Bonaparte, tremblant comme un enfant sans mère,
Leva sa face pâle et lut : *Dix-huit brumaire!*

(*Les Châtiments.*)

Hetzel et Quantin, éd.

# LES MAGES[1]

### (1856)

Pourquoi donc faites-vous des prêtres
Quand vous en avez parmi vous ?
Les esprits conducteurs des êtres
Portent un signe sombre et doux.
Nous naissons tous ce que nous sommes,
Dieu de ses mains sacre des hommes
Dans les ténèbres des berceaux;
Son effrayant doigt invisible
Écrit sous leur crâne la bible
Des arbres, des monts, et des eaux.

Ces hommes ce sont les poètes;
Ceux dont l'aile monte et descend;
Toutes les bouches inquiètes
Qu'ouvre le verbe frémissant;
Les Virgiles, les Isaïes;
Toutes les âmes envahies
Par les grandes brumes du sort;
Tous ceux en qui Dieu se concentre;
Tous les yeux où la lumière entre,
Tous les fronts d'où le rayon sort.

Ce sont ceux qu'attend Dieu propice
Sur les Horebs et les Thabors;
Ceux que l'horrible précipice
Retient blémissants à ses bords;
Ceux qui sentent la pierre vivre;
Ceux que Pan formidable enivre;

---

1. Cette pièce, dont nous ne don- tique » de Victor Hugo et dans les-
nons que le début, est une de celles quelles le poète « de son obscurité
qui appartiennent à ce que M. Brune- même se fait un moyen d'action ».
tière a appelé « l'inspiration apocalyp-

Ceux qui sont tout pensifs devant
Les nuages, ces solitudes
Où passent en mille attitudes
Les groupes sonores du vent.

Ce sont les sévères artistes
Que l'aube attire à ses blancheurs,
Les savants, les inventeurs tristes,
Les puiseurs d'ombre, les chercheurs,
Qui ramassent dans les ténèbres
Les faits, les chiffres, les algèbres,
Le nombre où tout est contenu,
Le doute où nos calculs succombent,
Et tous les morceaux noirs qui tombent
Du grand fronton de l'inconnu!

Ce sont les têtes fécondées
Vers qui monte et croît pas à pas
L'Océan confus des idées,
Flux que la foule ne voit pas,
Mer de tous les infinis pleine,
Que Dieu suit, que la nuit amène,
Qui remplit l'homme de clarté,
Jette aux rochers l'écume amère,
Et lave les pieds nus d'Homère
Avec un flot d'éternité!

Le poète s'adosse à l'arche.
David chante et voit Dieu de près;
Hésiode médite et marche,
Grand prêtre fauve des forêts;
Moïse, immense créature,
Etend ses mains sur la nature;
Manès parle au gouffre puni,
Écouté des astres sans nombre....
Génie! ô tiare de l'ombre!
Pontificat de l'infini!

(*Les Contemplations.*)

Hetzel et Quantin, éd.

## BOOZ ENDORMI

(1859)

Booz s'était couché de fatigue accablé ;
Il avait tout le jour travaillé dans son aire,
Puis avait fait son lit à sa place ordinaire,
Booz dormait auprès des boisseaux pleins de blé.

Ce vieillard possédait des champs de blés et d'orge ;
Il était, quoique riche, à la justice enclin ;
Il n'avait pas de fange en l'eau de son moulin,
Il n'avait pas d'enfer dans le feu de sa forge.

Sa barbe était d'argent comme un ruisseau d'avril.
Sa gerbe n'était point avare ni haineuse :
Quand il voyait passer quelque pauvre glaneuse :
— Laissez tomber exprès des épis, disait-il.

Cet homme marchait pur loin des sentiers obliques,
Vêtu de probité candide et de lin blanc ;
Et, toujours du côté des pauvres ruisselant,
Ses sacs de grains semblaient des fontaines publiques.

Booz était bon maître et fidèle parent ;
Il était généreux, quoiqu'il fût économe ;
Les femmes regardaient Booz plus qu'un jeune homme,
Car le jeune homme est beau, mais le vieillard est grand.

Le vieillard, qui revient vers la source première,
Entre aux jours éternels et sort des jours changeants ;
Et l'on voit de la flamme aux yeux des jeunes gens,
Mais dans l'œil du vieillard on voit de la lumière.

Donc Booz, dans la nuit dormait parmi les siens,
Près des meules, qu'on eût prises pour des décombres,
Les moissonneurs couchés faisaient des groupes sombres ;
Et ceci se passait dans des temps très anciens[1].

1. L'histoire de Ruth et Booz se place au temps de Jephté, c'est-à-dire environ mille deux cents ans av. J.-C.

Les tribus d'Israël avaient pour chef un juge ;
La terre, où l'homme errait sous la tente, inquiet
Des empreintes de pieds de géant qu'il voyait,
Etait encor mouillée et molle du déluge.


Comme dormait Jacob, comme dormait Judith,
Booz, les yeux fermés dormait sous la feuillée ;
Or, la porte du ciel, s'étant entre-bâillée
Au-dessus de sa tête, un songe en descendit.


Et ce songe était tel, que Booz vit un chêne
Qui, sorti de son ventre, allait jusqu'au ciel bleu ;
Une race y montait comme une longue chaîne ;
Un roi chantait en bas, en haut mourait un dieu.


Et Booz murmurait avec la voix de l'âme :
« Comment se pourrait-il que de moi ceci vînt!
Le chiffre de mes ans a passés quatre-vingt,
Et je n'ai pas de fils, et je n'ai plus de femme.


Voilà longtemps que celle avec qui j'ai dormi,
O Seigneur! a quitté ma couche pour la vôtre ;
Et nous sommes encor tout mêlés l'un à l'autre,
Elle à demi vivante et moi mort à demi.


Une race naîtrait de moi! comment le croire ?
Comment se pourrait-il que j'eusse des enfants ?
Quand on est jeune, on a des matins triomphants,
Le jour sort de la nuit comme d'une victoire ;


Mais, vieux, on tremble ainsi qu'à l'hiver le bouleau ;
Je suis veuf, je suis seul, et sur moi le soir tombe,
Et je courbe, ô mon Dieu, mon âme vers la tombe,
Comme un bœuf ayant soif penche son front vers l'eau. »

Ainsi parlait Booz dans le rêve et l'extase,
Tournant vers Dieu ses yeux par le sommeil noyés;
Le cèdre ne sent pas une rose à sa base,
Et lui ne sentait pas une femme à ses pieds.

Pendant qu'il sommeillait, Ruth, une moabite,
S'était couchée aux pieds de Booz, le sein nu,
Espérant on ne sait quel rayon inconnu,
Quand viendrait du réveil la lumière subite.

Booz ne savait point qu'une femme était là,
Et Ruth ne savait point ce que Dieu voulait d'elle.
Un frais parfum sortait des touffes d'asphodèle.
Les souffles de la nuit flottaient sur Galgala [1].

L'ombre était nuptiale, auguste et solennelle;
Les anges y volaient sans doute obscurément,
Car on voyait passer dans la nuit par moment,
Quelque chose de bleu qui paraissait une aile.

La respiration de Booz qui dormait,
Se mêlait au bruit sourd des ruisseaux sur la mousse.
On était dans le mois où la nature est douce,
Les collines ayant les lys sur leurs sommets.

Ruth songeait et Booz dormait; l'herbe était noire;
Les grelots des troupeaux palpitaient vaguement;
Une immense bonté tombait du firmament;
C'était l'heure tranquille où les lions vont boire.

Tout reposait dans Ur [2] et dans Jérimadeth;
Les astres émaillaient le ciel profond et sombre;
Le croissant fin et clair parmi ces fleurs de l'ombre
Brillait à l'occident, et Ruth se demandait,

---

1. Ancienne ville de Palestine, dans la tribu de Benjamin.
2. Ville de l'ancienne Chaldée.

Immobile, ouvrant l'œil à moitié sous ses voiles,
Quel dieu, quel moissonneur de l'éternel été,
Avait, en s'en allant, négligemment jeté
Cette faucille d'or dans le champ des étoiles.

(*La Légende des siècles.*)

Hetzel et Quantin, **éd.**

# GEORGES SAND

## (Amantine-Lucile-Aurore Dupin, Baronne Dudevant)

[Nohant, 1804; † 1876, Nohant.]

---

Fille d'un officier de la République et du premier Empire, qui lui-même, par sa mère, descendait de Maurice de Saxe, Aurore Dupin, à quatre ans, était emmenée en Espagne par ses parents, à la suite de l'armée française, et assistait aux désastres de cette campagne. En cette même année 1808, son père étant mort d'une chute de cheval, l'enfant fut élevée par sa grand'mère au château de Nohant, où on lui laissa jusqu'à treize ans une grande liberté. Mais sa mère et sa grand'mère étaient peu unies; elles se disputaient son affection, et, pour mettre un terme à ces dissentiments, on la fit entrer au couvent des Anglaises, à Paris, où elle resta jusqu'en 1820, et où elle marqua une dévotion exaltée. Au sortir du couvent, elle revint à Nohant, et elle retrouva la liberté qu'elle avait connue naguère; elle en profita pour faire des lectures en tout sens et s'éprit alors de J.-J. Rousseau, qui, dit-elle, « fut le point d'arrêt de mes travaux d'esprit ». Mariée en 1822 au baron Dudevant, militaire retraité, elle le quitta en 1831, après avoir eu beaucoup à souffrir de son inconduite, de sa brutalité et de ses dissipations. Après un procès, la séparation fut prononcée entre les deux époux et l'épouse demeurait maîtresse de ses enfants et de ses biens. Elle avait dès lors résolu de gagner sa vie par son travail, et elle donna son premier roman, *Rose et Blanche* (1831), en collaboration avec Jules Sandeau, et sous le pseudonyme de Georges Sand. *Indiana*, qui parut cette même année, *Valentine* et *Lélia*, qui suivirent, 1832 et 1833, rendirent ce nom célèbre, et il devint plus fameux encore l'année suivante par le scandale de sa liaison avec Alfred de Musset. *Jacques*, 1834, est le dernier de ses romans où l'on entende comme un écho des orages de sa vie. A dater de ce moment jusqu'au lendemain de la Révolution de 1848, elle se passionne pour les idées de réforme politique et sociale. Dans ses livres on retrouve l'inspiration des révolutionnaires qui furent ses amis : l'influence de Lamennais se marque dans *Spiri-*

*dion, Les sept cordes de la lyre,* 1839 ; celle de Pierre Leroux dans *le Compagnon du tour de France,* 1840, *Le péché de M. Antoine,* 1845; celle de la franc-maçonnerie dans *la Comtesse de Rudolstadt,* 1844 En 1848, elle collaborait ou du moins passait pour collaborer avec Barbès au journal *la Commune de Paris.* La mort, l'exil ayant dispersé ses amis, elle rentra à son château de Nohant et n'appartint plus qu'à la littérature. Elle fit suivre ses délicieuses paysanneries de *la Mare au Diable,* 1846, de *la Petite Fadette,* 1849, et *François le Champi,* 1850, d'une longue suite de romans, où il n'y avait plus trace de prosélytisme, et qui visaient seulement à être des œuvres d'art. Nous n'en pouvons ici donner la liste et nous nous bornerons à citer quelques-uns des plus remarquables : *Jean de la Roche,* 1860; *le Marquis de Villemer,* 1861 *Monsieur Sylvestre,* 1866; *M^{lle} Merquem,* 1868; *Nanon,* 1872.

Ajoutons que Georges Sand a aussi écrit pour le théâtre, qu'elle a laissé une sorte d'autobiographie sous le titre *Histoire de ma vie,* et enfin, une *Correspondance* dont six volumes ont déjà paru.

---

## MUSIQUE SUR L'EAU A VENISE

### (vers 1836)

Les plaisirs inattendus sont les seuls plaisirs de ce monde. Hier je voulais aller voir lever la lune sur l'Adriatique; jamais je ne pus décider Catullo le père à me conduire au rivage du Lido. Il prétendait, ce qu'ils prétendent tous quand ils n'ont pas envie d'obéir, qu'il avait l'eau et le vent contraires. Je donnai de tout mon cœur le docteur au diable pour m'avoir envoyé cet asthmatique qui rend l'âme à chaque coup de rame, et qui est plus babillard qu'une grive quand il est ivre. J'étais de la plus mauvaise humeur du monde quand nous rencontrâmes, en face de la Salute, une barque qui descendait doucement vers le Grand-Canal en répandant derrière elle, comme un parfum, les sons d'une sérénade délicieuse.

« Tourne la proue, dis-je au vieux Catullo; tu auras au moins, j'espère, la force de suivre cette barque. »

Une autre barque qui flânait par là, imita mon

exemple, puis une seconde, puis une autre encore, puis
enfin toutes celles qui humaient le frais sur le canalazzo
et même plusieurs qui étaient vacantes, et dont les gondoliers se mirent à cingler vers nous en criant : *Musica!*
*Musica!* d'un air aussi affamé que les Israélites appelant
la manne dans le désert. En dix minutes une flottille
s'était formée autour des dilettanti ; toutes les rames faisaient silence, et les barques se laissaient couler au gré
de l'eau. L'harmonie glissait mollement avec la brise et
le hautbois soupirait si doucement, que chacun retenait sa respiration de peur d'interrompre les plaintes de
son amour. Le violon se mit à pleurer d'une voix si
triste et avec un frémissement tellement sympathique,
que je laissai tomber ma pipe et que j'enfonçai ma cas-
quette jusqu'à mes yeux. La harpe fit alors entendre
deux ou trois gammes de sons harmoniques qui semblaient descendre du ciel et promettre aux âmes souf-
frantes sur la terre les consolations et les caresses des
anges. Puis le cor arriva comme du fond des bois, et
chacun de nous crut voir son premier amour venir du
haut des forêts du Frioul et s'approcher avec les sons
joyeux de la fanfare. Le hautbois lui adressa des paroles
plus passionnées que celles de la colombe poursuivant
son amant dans les airs. Le violon exhala les sanglots
d'une joie convulsive ; la harpe fit vibrer généreusement
ses grosses cordes, comme les palpitations d'un cœur
embrasé, et les sons des quatre instruments s'étreigni-
rent comme des âmes bienheureuses qui s'embrassent
avant de partir ensemble pour les cieux. Je recueillis
leurs accents, et mon imagination les entendit encore
après qu'ils eurent cessé. Leurs passage avait laissé dans
l'atmosphère une chaleur magique, comme si l'amour
l'avait agitée de ses ailes.

Il y eut quelques instants de silence que personne
n'osa rompre. La barque mélodieuse se mit à fuir comme
si elle eût voulu nous échapper ; mais nous nous élan-
çâmes sur son sillage. On eut dit une troupe de pétrels

se disputant à qui saisira le premier une dorade. Nous
la pressions de nos proues à grandes scies d'acier, qui
brillaient au clair de la lune comme les dents embrasées
des dragons de l'Arioste. La fugitive se délivra à la
manière d'Orphée : quelques accords de la harpe firent
tout rentrer dans l'ordre et le silence. Au son des légers
arpèges, trois gondoles se rangèrent à chaque flanc de
celle qui portait la symphonie, et suivirent l'adagio avec
une religieuse lenteur. Les autres restèrent derrière
comme un cortège, et ce n'était pas la plus mauvaise
place pour entendre. Ce fut un coup d'œil fait pour
réaliser les plus beaux rêves que cette file de gondoles
silencieuses qui glissait doucement sur le large et
magnifique canal de Venise. Au son des plus suaves
motifs d'*Obéron* et de *Guillaume Tell*, chaque ondulation
de l'eau, chaque bondissement des rames, semblaient
répondre affectueusement au sentiment de chaque phrase
musicale. Les gondoliers, debout sur la poupe, dans
leur attitude hardie, se dessinaient dans l'air bleu,
comme de légers spectres noirs, derrière les groupes
d'amis et d'amants qu'ils conduisaient. La lune s'élevait
peu à peu et commençait à montrer sa face curieuse au-
dessus des toits; elle aussi avait l'air d'écouter et d'aimer cette musique. Une des rives du palais du canal,
plongée encore dans l'obscurité, découpait dans le ciel
ses grandes dentelles mauresques, plus sombre que les
portes de l'enfer. L'autre rive recevait le reflet de la
pleine lune, large et blanche alors comme un bouclier
d'argent sur ses façades muettes et sereines. Cette file
immense de constructions féeriques, que n'éclairait pas
d'autre lumière que celle des astres, avait un aspect de
solitude, de repos et d'immobilité vraiment sublimes.
Les minces statues qui se dressent par centaines dans le
ciel semblaient des volées d'esprits mystérieux chargés
de protéger le repos de cette muette cité, plongée dans
le sommeil de la Belle au bois dormant, et condamnée
comme elle à dormir cent ans et plus.

Nous voguâmes ainsi près d'une heure Les gondoliers étaient devenus un peu fous. Le vieux Catullo lui-même bondissait à l'allegro et suivait la course rapide de la petite flotte. Puis sa rame retombait *amoroso* à l'andante, et il accompagnait ce mouvement gracieux d'une espèce de grognemement de béatitude. L'orchestre s'arrêta sous le portique du Lion-Blanc. Je me penchai pour voir Mylord sortir de sa gondole. C'était un enfant spleenétique de dix-huit à vingt ans, chargé d'une longue pipe turque, qu'il était certainement incapable de fumer tout entière sans devenir phtisique au dernier degré. Il avait l'air de s'ennuyer beaucoup; mais il avait payé une sérénade dont j'avais beaucoup mieux profité que lui et dont je lui sus le meilleur gré du monde.

(*Lettres d'un voyageur.*)

Calmann Lévy, éd.

---

# CONSUELO

## (1842)

Consuelo courut aux Mendicanti[1], où déjà la foule était rassemblée pour entendre la belle musique du Porpora[2]. Elle s'agenouilla en arrivant, cacha sa tête dans ses mains, et se mit à prier avec une dévotion ardente. « Mon Dieu, disait-elle, du fond de son cœur, tu sais que je ne te demande point de m'élever au-dessus de mes rivales pour les abaisser. Tu sais que je ne veux pas me donner au monde et aux arts profanes pour abandonner ton amour; je te demande de me soutenir et d'ennoblir mon accent et ma pensée quand je chanterai tes louanges. »

Lorsque les premiers accords de l'orchestre appelèrent Consuelo à sa place, elle se releva lentement; sa

---

1. L'église des Mendiants de Venise.
2. *Porpora* (Nicolas), né en 1687, mort en 1767, fut élève de Scarlatti, forma un grand nombre de chanteurs célèbres et écrivit surtout de la musique religieuse.

mantille tomba sur ses épaules, et son visage apparut
enfin aux spectateurs inquiets et impatients de la tribune
voisine. Mais quelle miraculeuse transformation s'était
opérée dans cette jeune fille tout à l'heure si blême et si
abattue, si effarée par la fatigue et la crainte! Son large
front semblait nager dans un fluide céleste, une molle
langueur baignait encore les plans doux et nobles de sa
figure sereine et généreuse. Son regard calme n'expri-
mait aucune de ces petites passions qui cherchent et
convoitent les succès ordinaires. Il y avait en elle quelque
chose de grave, de mystérieux et de profond qui com-
mandait le respect et l'attendrissement.

« Courage, ma fille, lui dit le professeur à voix basse;
tu vas chanter la musique d'un grand maître, et ce grand
maître est là qui t'écoute.

— Qui, Marcello [1]? dit Consuelo voyant le professeur
déplier les psaumes de Marcello sur le pupitre.

— Oui, Marcello, répondit le professeur. Chante
comme à l'ordinaire, rien de plus, rien de moins, et ce
sera bien. »

En effet Marcello, alors dans la dernière année de sa
vie, était venu revoir une dernière fois Venise, sa patrie,
dont il faisait la gloire comme compositeur, comme écrivain et comme magistrat. Il avait été plein de courtoisie
pour le Porpora, qui l'avait prié d'entendre son école,
lui ménageant la surprise de faire chanter d'abord par
Consuelo, qui le possédait parfaitement, son magnifique
psaume : *I cieli immensi narrano*. Aucun morceau n'était
mieux approprié à l'espèce d'exaltation religieuse où se
trouvait en ce moment l'âme de cette noble fille. Aussitôt
que les premières paroles de ce chant large et franc
brillèrent devant ses yeux, elle se sentit transportée
dans un autre monde, elle ne songea qu'à Dieu et à Marcello, qui se plaçait dans sa pensée comme un interprète
entre elle et les cieux splendides dont elle avait à célé-

---

1. *Marcello* (1686-1739), noble vénitien, s'est fait connaître surtout comme
compositeur.

brer la gloire. Quel plus beau thème, en effet et quelle
plus grande idée !

Un feu divin monta à ses joues, et la flamme sacrée
jaillit de ses grands yeux noirs, lorsqu'elle remplit la
voûte de cette voix sans égale et de cet accent victorieux, pur, vraiment grandiose, qui ne peut sortir que
d'une grande intelligence jointe à un grand cœur. Au
bout de quelques mesures d'audition, un torrent de
larmes délicieuses s'échappa des yeux de Marcello. Le
comte, ne pouvant maîtriser son émotion, s'écria :

« C'est la poésie, c'est la musique, c'est la foi person-
nifiées ! »

Quand à Anzoletto, qui s'était levé et qui ne se soutenait plus sur ses jambes fléchissantes que grâce à ses
mains crispées sur la grille de la tribune, il retomba
sur son siège, prêt à s'évanouir et comme ivre de joie et
d'orgueil.

Il fallut tout le respect dû au lieu saint pour que les
nombreux dilettanti et la foule qui remplissait l'église
n'éclatassent point en applaudissements frénétiques,
comme s'ils eussent été au théâtre. Le comte n'eut pas
la patience d'attendre la fin des offices pour passer à
l'orgue, et pour exprimer son enthousiasme à Porpora
et à Consuelo. Il fallut que, pendant la psalmodie des
officiants, elle allât recevoir dans la tribune du comte,
les éloges et les remercîments de Marcello. Elle le trouva
encore si ému qu'il pouvait à peine lui parler.

« Ma fille, lui dit-il d'une voix entrecoupée, reçois les
actions de grâce et les bénédictions d'un mourant. Tu
viens de me faire oublier en un instant des années de
souffrance mortelle. Il me semble qu'un miracle s'est
opéré en moi, et que ce mal incessant, épouvantable,
s'est dissipé pour toujours au son de ta voix. Si les
anges de là-haut chantent comme toi, j'aspire à quitter
la terre pour aller goûter une éternité des délices que tu
viens de me faire connaître. Sois-donc bénie, enfant, et
que ton bonheur en ce monde réponde à tes mérites.

J'ai entendu toutes les plus grandes cantatrices de l'univers; elle ne te vont pas à la cheville. Il t'est réservé de faire entendre au monde ce que le monde n'a jamais entendu, et de lui faire sentir ce que nul homme n'a jamais senti ».

La Consuelo, anéantie et comme brisée sous cet éloge magnifique, courba la tête, mit presque un genou en terre, et, sans pouvoir dire un mot, porta à ses lèvres la main de l'illustre moribond.

(*Consuelo.*)

Calmann Lévy, éd.

---

## LES RUINES DE MUROL

### (1868)

[Jean de la Roche s'est épris d'une jeune Anglaise, Love Butler, qui est venue, avec sa famille, se fixer en Auvergne. Il a demandé sa main; repoussé, il s'expatrie. Après cinq ans, il revient au pays, ayant toujours au cœur le même amour; il ne se fait pas reconnaître, suit la famille Butler dans ses excursions et cherche à surprendre chez Love quelque marque d'émotion ou de regret. Un jour enfin il la voit pleurer furtivement et c'est le jour où il commence à ne plus désespérer.]

J'arrivai à Saint-Nectaire une heure après la famille Butler, et entendant dire aux habitants que *les Anglais* avaient été voir les grottes à source incrustante, je continuai mon chemin pour aller me reposer dans une maisonnette de paysan hors du village. Bientôt après, suivant le chemin doux et uni qui passe à travers une double rangée de boursouflures volcaniques, sorte de *via Appia* [1] bordée de petits cratères qu'à leur revêtement de gazon et à leurs croûtes de laves on prendrait pour d'antiques tumulus couronnés de constructions mystérieuses, je m'arrêtai à l'entrée du val de Diane, en

---

1. La voie Appienne, au sortir de Rome, était bordée de tombeaux.

face du château de Murol, ruine magnifique plantée sur
un dyke [1] formidable, au pied d'un pic qui, de temps
immémorial, porte le nom significatif de Tartaret.

Puisque mes voyageurs avaient fait halte au dyke de
la Verdière, ils ne pouvaient manquer de gravir celui de
Murol. Je les vis arriver, et je les devançai encore pour
aller me cacher dans les ruines. Je les trouvai envahies
par un troupeau de chèvres qui broutaient les feuillages
abondants dont elles sont revêtues. On les avait mises
là depuis peu, car elles s'en donnaient à cœur joie, grim-
pant jusque sur les fenêtres et dans les grands âtres de
cheminées béantes le long des murs aux étages effon-
drés. Il m'était bien facile de me dissimuler dans ce
labyrinthe colossal, une des plus hautaines forteresses
de la féodalité. Vue du dehors, c'est une masse prisma-
tique qui se soude au rocher par une base homogène,
c'est-à-dire hérissée de blocs bruts que des mains de
géants semblent avoir jetés au hasard dans la maçon-
nerie. Tout le reste est bâti en laves taillées [et ce qui
reste des voûtes est en scories légères et solides. Ces
belles ruines de l'Auvergne et du Velay sont des plus
imposantes qu'il y ait au monde. Sombres et rougeâtres
comme le dyke dont leurs matériaux sont sortis, elles
ne font qu'un avec ces redoutables supports, et cette
unité de couleurs, jointe quelquefois à une similitude de
formes, leur donne l'aspect d'une dimension invraisem-
blable. Jetées dans des paysages grandioses que héris-
sent en mille endroits des accidents analogues, et que
dominent des montagnes élevées, elles y tiennent une
place qui étonne la vue, et y dessinent des silhouettes
terribles que rendent plus frappantes les teintes fraîches
et vaporeuses des herbages et des bosquets environnants.

A l'intérieur, le château de Murol est d'une étendue
et d'une complication fantastiques. Ce ne sont que passages hardis franchissant des brèches de roches à

1. Terme de géologie. Filon éruptif,     tervalle entre les deux parois de frac-
de formation ignée, qui remplit l'in-     ture (Littré).

donner le vertige, petites et grandes salles, les unes
gisant en partie sur les herbes des préaux, les autres
s'élevant dans les airs sans escaliers qui s'y rattachent;
tourelles et poternes échelonnées en zigzag jusque sur
la déclivité du monticule qui porte le dyke; portes richement fleuronnées d'armoiries et à moitié ensevelies dans
les décombres; logis élégants de la Renaissance cachés,
avec leurs petites niches mystérieuses, dans les vastes
flancs de l'édifice féodal, et tout cela brisé, disloqué,
mais luxuriant de plantes sauvages aux aromes péné-
trants et dominant un pays qui trouve encore moyen
d'être adorable de végétation, tout en restant bizarre de
forme et âpre de caractère.

C'est là que je vis Love assise près d'une fenêtre vide
de ses croisillons, et d'où l'on découvrait tout l'ensemble
de la vallée. J'étais immobile, très près d'elle, dans un
massif de sureaux qui remplissait la moitié de la salle.
Love était seule. Son père était resté en dehors pour
examiner la nature des laves. Hope courait de chambre
en chambre, au rez-de-chaussée, avec le domestique.
Elle avait grimpé comme une chèvre pour être seule
apparemment, et elle était perdue dans la contemplation
du ciel chargé de nuées sombres aux contours étince-
lants, dont les accidents durs et bizarres semblaient
vouloir répéter ceux du pays étrange où nous nous trouvions. Je regardai ce qu'elle regardait. Il y avait comme
une harmonie terrible entre ce ciel orageux et lourd,
cette contrée de volcans éteints et mon âme anéantie,
sur laquelle passaient encore des flammes menaçantes.
Je regardais cette femme tranquille, enveloppée d'un
reflet de pourpre, voilée au moral comme la statue d'Isis,
ravie ou accablée par la solitude. Qui pouvait pénétrer
dans sa pensée? Cinq ans avaient passé sur cette petite
tête frisée sans y dérouler un cheveu, sans y faire entrer
probablement un regret ou une inquiétude à propos de
moi. Et moi, j'étais là, dévoré, comme aux premiers
jours de ma passion. J'avais couru sur toutes les mers

et par tous les chemins du monde sans pouvoir rien
oublier, tandis qu'elle s'était chaque soir endormie dans
son lit virginal, autour duquel jamais elle n'avait vu
errer mon spectre ou entendu planer le sanglot de mon
désespoir.

Je fus pris d'une sorte d'indignation qui tournait à la
haine. Un moment je crus que je ne résisterais pas au
désir brutal de la surprendre, d'étouffer ses cris... Mais
tout à coup je vis sur cette figure de marbre un point
brillant que du revers de la main elle fit disparaître à la
hâte : c'était une larme. D'autres larmes suivirent la
première, car elle chercha son mouchoir, qu'elle avait
perdu, et elle ouvrit une petite sacoche de maroquin
qu'elle portait à sa ceinture, y prit un autre mouchoir,
essuya ses yeux, et les épongea même avec soin pour
faire disparaître toute trace de chagrin sur son visage
condamné au sourire de la sécurité. Puis elle se leva et
disparut.

Mon Dieu! à quoi avait-elle donc songé? A son père
ou à son frère menacés dans leur bonheur et leur fortune? A coup sûr ce n'était pas mon souvenir qui l'atten-
drissait. Elle me croyait heureux, guéri ou mort. Je pris
à la fenêtre brisée la place qu'elle venait de quitter. Un
éclair de jalousie me traversa le cœur. Peut-être aimait-
elle quelqu'un à qui, pas plus qu'à moi, elle ne croyait
pouvoir appartenir, et cet infortuné dont j'étais réduit à
envier le sort, était peut-être là, caché comme moi
quelque part, mais visible pour elle seule et appelé à
quelque douloureux rendez-vous de muets et lointains
adieux?

Il n'y avait personne. Le tonnerre commençait à
gronder. Les bergers s'étaient mis partout à l'abri. Le
pic de Diane revêtu d'herbe fine et jeté au creux du
vallon, dessinait sur le fond du tableau des contours
veloutés qui semblaient frissonner au vent d'orage. Je
ramassai une fleur d'ancolie que Love avait froissée
machinalement dans ses mains en rêvant et qui était

restée là. J'y cherchai puérilement la trace de ses
larmes. Oh! si j'avais pu en recueillir une, une seule de
ces larmes mystérieuses! Il me semblait que je lui aurais
arraché le secret de l'âme impénétrable où elle s'était
formée; car les larmes viennent de l'âme, puisque la
volonté ne peut les contenir sans que l'âme consente à
changer de préoccupation.

Quand, après le départ de la famille je fus bien
assuré, en épiant la physionomie enjouée du père, et les
allures tranquilles du fils, que ni l'un ni l'autre ne pouvaient donner d'inquiétudes immédiatement à miss Love,
quand j'eus exploré du regard tous les environs, et que
toute jalousie se fut dissipée, je me pris à boire l'espé
rance dans cette larme que j'avais surprise. Et pourquoi
cette âme tendre n'aurait-elle pas des aspirations vers
l'amour, des regrets pour le passé? Elle n'était pas
assez ardente pour se briser par la douleur, mais elle
avait ses moments de langueur et d'ennui, et si ma passion voulait se contenter d'un sentiment doux et un peu
tiède, je pouvais encore émouvoir cette belle statue et
recevoir le bienfait caressant et infécond de sa pitié.

Je fus épouvanté de ce qui se passait en moi. Ravagé
par cinq années de tortures j'aspirais à recommencer ma
vie en la reprenant à la page où je l'avais laissée.

(Jean de la Roche.)<br>Calmann Lévy, éd.

# SAINTE-BEUVE

## (Charles-Augustin)

[Boulogne-sur-Mer, 1804 ; † 1869, Paris.]

Sainte-Beuve ne connut pas son père, qui mourut quelques mois avant sa naissance ; il fut élevé par sa mère et une tante, qui lui firent commencer ses études à une pension de Boulogne, puis l'envoyèrent à Paris ; il y suivit les cours des collèges Charlemagne et Bourbon, où il eut de brillants succès scolaires. Il avait commencé ses études médicales, quand son ancien professeur de rhétorique, M. Dubois, l'engagea dans la vie littéraire en l'invitant à collaborer au *Globe* fondé en 1824. Un article qu'il y publia sur les *Odes et ballades* le mit en relations avec Victor Hugo. Son *Tableau de la Poésie française au XVIᵉ siècle*, 1828, ses *Confessions de Joseph Delorme*, 1829, marquent son passage dans l'école romantique. Mais déjà, il avait donné à la *Revue de Paris* quelques articles de critique, quand, la révolution de 1830 ayant divisé les romantiques, il reprit son indépendance et entra à la *Revue des Deux Mondes*, que Buloz venait de fonder, pour y faire la critique littéraire ; les articles qu'il composa à cette époque forment les recueils des *Portraits littéraires* et des *Portraits contemporains*. En 1834, il connut Lamennais, Lacordaire, et c'est sous l'influence mystique de cet entourage qu'il écrivit son roman de *Volupté*. Un recueil de vers, les *Pensées d'Août*, publié en 1837, fut très mal accueilli. Cet échec décida Sainte-Beuve à accepter d'aller professer à Lausanne, et il y fit un cours d'où devait sortir son livre sur *Port-Royal* (1840-1862). C'est à la rédaction de ce grand travail qu'il employa les demi-loisirs que lui assura sa nomination de conservateur de la bibliothèque Mazarine (1840). Après les journées de juin 1848, il passa en Belgique et donna à l'Université de Liège une série de leçons réunies plus tard sous ce titre : *Chateaubriand et son groupe littéraire*. De retour en France en 1850, le nouveau régime lui fit des avances qu'il ne repoussa pas ; il fut nommé professeur au collège de France (1854), maître de conférences à l'École normale (1857), sénateur en 1865. En même temps il écrivait au *Constitutionnel*, au *Moniteur* les articles qui forment la collection des *Causeries du Lundi* (15 vol.) et des *Nouveaux Lundis* (13 vol.).

En dehors des œuvres que nous venons de mentionner, il faut aussi citer une *Étude sur Virgile* (1857), et sa *Correspondance*, dont il n'a encore paru que trois volumes.

---

# LES MORALISTES AU XVIIᵉ ET AU XVIIIᵉ SIÈCLE
## (1862)

Dès le milieu du règne de Louis XIV, tout était tourné à la règle étroite, à la dévotion, et le profit moral, la dose de connaissance morale dont on parle et qui d'ailleurs n'était propre qu'à un petit nombre d'individus d'élite dans une génération à peu près disparue, étaient dès longtemps épuisés ; la révocation de l'Édit de Nantes, et l'approbation presque entière qu'elle reçut dans les régions élevées et de la part de quelques-uns de ceux même qui auraient dû être des juges, l'inintelligence profonde où l'on fut à la cour de la Révolution anglaise de 1688 et de l'avènement de Guillaume, montrent assez que les lumières étaient loin et que les plus gens d'esprit en manquaient. Les lumières proprement dites, dans l'idée desquelles entre la pensée du bien public, de l'amélioration de l'homme en société, d'une constitution plus juste, d'une manière de penser plus saine et plus naturelle, ne vinrent que peu à peu, et d'abord à l'état de vœu, de rêve et un peu de chimère. Ce fut l'œuvre du XVIIIᵉ siècle tout entier de mûrir, de rassembler, de coordonner, de propager ces vues plus justes, plus salutaires et tendant à une civilisation meilleure. Je ne saurais admettre avec M. Weiss que Vauvenargues soit si fort au-dessous de La Bruyère et de La Rochefoucauld. Vauvenargues, mort trop tôt et incomplet comme écrivain, rouvre un ordre d'idées et de sentiments qui est plein de fécondité et d'avenir. Il ne décourage pas ; il ne dénigre pas ; il n'applique aux passions ni le blâme ni le ridicule, ni un mode d'explication qui a sa vérité, je l'admets, mais qui dans l'action déjoue, déconcerte et stérilise. Vauvenargues est un moraliste vrai, naturel,

qui n'est pas dupe, et qui de plus a le mérite que n'ont
pas les autres de donner impulsion et direction. En fait
de connaissance purement curieuse et ironique de la
nature humaine, je ne sais ce que l'auteur des *Lettres
persanes* laisse à désirer aux plus malins; et dans l'*Esprit des Lois*, Montesquieu cherche à réparer, à rétablir
les rapports exacts, à faire comprendre les résultats
pratiques sérieux, à faire respecter les religions civili-
satrices, et son explication historique des lois et des
institutions, si elle ne conclut pas, inspire du moins
tout lecteur dans le sens du bien, dans le désir du per-
fectionnement social graduel et modéré.....

L'*Optimisme* fut sans doute le défaut de la philosophie politique du xviiie siècle, à la prendre dans sa
source, à son origine, chez les Fénelon, les Vauban
même, les abbé de Saint-Pierre, et presque dans tout
son cours; il y eut une recrudescence d'optimisme sous
Louis XVI à partir de Turgot, de Malesherbes, jusqu'à Necker. Il semblait plus facile, avec des intentions
droites et des idées justes, de faire le bien des hommes
et des peuples que cela ne s'est vérifié, au fait et au
prendre; on ne comptait assez ni avec les passions, ni
avec les intérêts, ni avec les vices. Et pourtant, il n'y
a pas eu d'erreur dans le total, si l'on a trouvé dans
le détail bien des mécomptes. Jean-Jacques Rousseau,
qu'on cite toujours comme exemple de faiseur d'uto-
pies politiques, ne s'est pas trompé lorsqu'il a tant de
fois décrit, appelé de ses vœux et deviné à l'avance
cette classe moyenne de plus en plus élargie, vivant
dans le travail et dans l'aisance, dans des rapports de
famille heureux et simples, dans des idées saines, non
superstitieuses, non subversives, ce monde qui fait
penser à celui de Julie de Wolmar et de ses aimables
amies, et dont les riantes demeures partout répandues,
dont les maisons « aux contrevents verts » peuplent les
alentours de notre grande ville et nos provinces. J'ai
oublié le *Contrat social* de Rousseau, mais j'ai toujours
présentes à l'imagination et à l'esprit tant de descriptions

engageantes d'une vie saine, naturelle et sensée [1].....
Condorcet lui-même, dont le nom se présente d'abord
comme celui de l'apôtre puni de son zèle et le plus cruellement déçu dans son ardente poursuite, ne s'est pas
tant trompé qu'il semble, et quoiqu'il se mêlât à sa foi
dans l'avenir un fanatisme que je n'aime nulle part, il
n'a pas désespéré du progrès en mourant, et il a bien
fait. Les siècles, qui vont moins vite que le calcul, ne lui
donneront pas tout à fait tort : Turgot, son maître, et
qui avait embrassé moins que lui, a déjà raison et a gagné
sa cause. Sieyès, cette tête profonde qui avait conçu
avant 89 la reconstitution totale de la société et, qui
plus est, de l'entendement humain, cet esprit supérieur
a pu tomber dans le découragement et dans l'apathie
quand il a revu la refonte sociale dont il avait médité et
dessiné le plan échapper à son empreinte ; l'artiste en
lui, l'architecte boudait encore plus que le philosophe ;
il était injuste envers lui-même et envers son œuvre qui
se poursuivait sous les formes les moins prévues, mais
qui se poursuivait, c'est l'essentiel : qu'on relise sa
célèbre brochure, et qu'on se demande s'il n'a pas
gagné la partie et si le Tiers-État n'est pas tout.

Non ; si inférieurs aux Retz et aux La Rochefoucault
pour l'ampleur et la qualité de la langue et pour le talent
de graver ou de peindre, ils connaissaient la nature
humaine et sociale aussi bien qu'eux, et infiniment mieux
que la plupart des contemporains de Bossuet, ces moralistes ordinaires du XVIIIᵉ siècle, ce Duclos au coup
d'œil droit, au parler brusque, qui disait en 1750 : « Je
« ne sais si j'ai trop bonne opinion de mon siècle, mais
« il me semble qu'il y a une certaine fermentation de

---

1. On m'objecte : Mais il y a bien
des absurdités, bien des idées inap-
plicables chez Jean-Jacques et contraires aux dispositions de la nature
humaine. Et moi je vous dis : les
paradoxes du XVIIIᵉ siècle ont plus
fait pour l'avancement de l'espèce que
les magnifiques lieux communs du
XVIIᵉ. Il fallait donner un heurt violent à la routine pour en sortir. Vous
me parlez de Bourdaloue et de ses
habiles descriptions morales. Eh bien,
tout compte fait, Rousseau renferme
infiniment moins d'absurdités que
Bourdaloue avec ses sermons en *trois
points* et les subtilités inimaginables
qu'il déduit de textes prétendus sacrés.
Il fallait *dégainer* la morale de tout
ce revêtement artificiel : de là quelques
brisures. (Note de Sainte-Beuve.)

« raison universelle qui tend à se développer, qu'on
« laissera peut-être se dissiper, et dont on pourrait
« assurer, diriger et hâter les progrès par une éduca-
« tion bien entendue; » le même qui portait sur les Français en particulier ce jugement vérifié tant de fois :
« C'est le seul peuple dont les mœurs peuvent se
dépraver sans que le fond du cœur se corrompe, ni que
le courage s'altère... » Ils savaient mieux encore que la
société des salons, ils connaissaient la nature humaine
en gens avisés et déniaisés, et ce Grimm, le moins Ger-
main des Allemands, si net, si pratique, si bon esprit,
si peu dupe, soit dans le jugement des écrits, soit dans
le commerce des hommes ; — et ce Galiani, Napolitain
de Paris, si vif, si pénétrant, si pétulant d'audace, et
qui parfois saisissait au vol les grandes et lointaines
vérités ; — et cette Du Deffand, l'aveugle clairvoyante,
cette femme du meilleur esprit et du plus triste cœur,
si desséchée, si ennuyée et qui était allée au fond de
tout ; — et ce Chamfort qui poussait à la roue après 89
et qui ne s'arrêtait que devant 93, esprit amer, orga-
nisation aigrie, ulcérée, mais qui a des pensées prises
dans le vif et des maximes à l'eau forte ; — et ce Sénac
de Meilhan, aujourd'hui remis en pleine lumière [1],
simple observateur d'abord des mœurs de son temps,
trempant dans les vices et les corruptions mêmes qu'il
décrit, mais bientôt averti par les résultats, raffermi par
le malheur et par l'exil, s'élevant ou plutôt creusant
sous toutes les surfaces, et fixant son expérience con-
centrée, à fines doses, dans des pages ou des formules
d'une vérité poignante ou piquante.

(*Nouveaux Lundis*, t. III.)

Calmann Lévy, éd.

---

1. Voir le livre de Senac de Meilhan, *le Gouvernement, les Mœurs et les Conditions en France avant la Révolution,* suivi des *Portraits des personnages distingués de la fin du XVIII<sup>e</sup> siècle,* avec une Introduction par M. de Lescure (1862); et voir aussi l'intéressant article de ce dernier dans la *Revue germanique* du 1<sup>er</sup> septembre.

## LA MÉTHODE CRITIQUE DE TAINE
(1866)

La littérature n'est pour M. Taine qu'un appareil plus délicat et plus sensible qu'un autre pour mesurer tous les degrés et toutes les variations d'une même civilisation, pour saisir tous les caractères, toutes les qualités et les nuances de l'âme d'un peuple. Mais, en abordant directement et de front l'histoire des œuvres littéraires et des auteurs, sa méthode scientifique non ménagée a effarouché les timides et les a fait trembler. Les rhétoriciens en désarroi se sont réfugiés derrière les philosophes ou soi-disant tels, eux-mêmes ralliés pour plus de sûreté sous le canon de l'orthodoxie; ils ont tous vu dans la méthode de l'auteur je ne sais quelle menace apportée à la morale, au libre arbitre, à la responsabilité humaine, et ils ont poussé les hauts cris.

Il n'est pas douteux pourtant que, quoi que l'homme veuille faire, penser ou écrire (puisqu'il s'agit ici de littérature), il dépend d'une manière plus ou moins prochaine de la race dont il est issu et qui lui a donné son fonds de nature; qu'il ne dépend pas moins du *milieu* de société et de civilisation où il s'est nourri et formé, et aussi du *moment* ou des circonstances et des événements fortuits qui surviennent journellement dans le cours de la vie. Cela est si vrai que l'aveu nous en échappe à nous tous involontairement en nos heures de philosophie et de raison, ou par l'effet du simple bon sens. Lamennais, le fougueux, le personnel, l'obstiné, celui qui croyait que la volonté de l'individu suffit à tout, ne pouvait s'empêcher à certains jours d'écrire : « Plus je vais, plus je m'émerveille de voir à quel point les opinions qui ont en nous les plus profondes racines dépendent du temps où nous avons vécu, de la société où nous sommes nés, et de mille circonstances également passagères. Songez seulement à ce que seraient les nôtres si nous étions venus au monde dix siècles plus tôt, ou, dans le même siècle, à Téhéran, à Bénarès à Taïti. » C'est si évident qu'il semblerait vraiment ridicule de dire le contraire. Hippocrate, le premier, dans son immortel *Traités des Airs, des Eaux et des Lieux*, a touché à grands traits cette influence du milieu et du climat sur les caractères des hommes et des nations. Montesquieu l'a imité et suivi, mais de trop haut et comme un philosophe qui n'est pas assez médecin de son métier ni assez naturaliste. Or, M. Taine n'a fait autre chose qu'essayer d'étudier méthodiquement ces différences profondes qu'apportent les races, les milieux, les moments, dans la composition des esprits, dans la forme et la direction des talents. — Mais il n'y réussit pas suffisamment, dira-t-on; il a beau décrire à merveille la race dans ses traits généraux et ses lignes fondamentales, il a beau caractériser et mettre en relief dans ses peintures puissantes les révolutions des temps et l'atmosphère morale qui règne à de certaines saisons historiques, il a beau démêler avec adresse la complication d'événements et d'aventures particulières dans lesquelles la vie d'un individu est engagée et comme engrenée, il lui échappe encore quelque chose, il lui échappe le plus vif de l'homme, ce qui fait que de vingt hommes ou de cent, ou de mille, soumis en apparence presque aux mêmes conditions intrinsèques ou extérieures, pas un ne se ressemble [1], et qu'il en est un seul entre tous qui excelle avec originalité. Enfin l'étincelle même du génie en ce qu'elle a d'essentiel, il ne l'a pas atteinte, et il ne nous la montre pas dans son analyse; il n'a fait que nous étaler et nous déduire brin à brin, fibre à fibre, cellule par cellule, l'étoffe, l'organisme, le parenchyme (comme vous voudrez l'appeler) dans lequel

---

1. Il semble que Théophraste, l'auteur des *Caractères*, ait devancé l'objection, lorsqu'il dit tout au commencement de son livre : « J'ai admiré souvent, et j'avoue que je ne puis encore comprendre, quelque sérieuse réflexion que je fasse, pourquoi toute la Grèce étant placée sous un même ciel, et les Grecs nourris et élevés de la même manière, il se trouve néanmoins si peu de ressemblance dans leurs mœurs. » C'est cette différence d'homme à homme dans une même nation, et jusque dans une même famille, qui est le point précis de la difficulté. (Note de Sainte-Beuve.)

cette âme, cette vie, cette étincelle, une fois qu'elle y est entrée, se joue, se diversifie librement (ou comme librement) et triomphe. — N'ai-je pas bien rendu l'objection, et reconnaissez-vous là l'argument des plus sages adversaires? Eh bien! qu'est-ce que cela prouve? C'est que le problème est difficile, qu'il est insoluble peut-être dans sa précision dernière. Mais n'est-ce donc rien, demanderai-je à mon tour, que de poser le problème comme le fait l'auteur, de le serrer de si près, de le cerner de toutes parts, de le réduire à sa seule expression finale la plus simple, de permettre d'en mieux peser et calculer toutes les données? Tout compte fait, toute part faite aux éléments généraux ou particuliers et aux circonstances, il reste encore assez de place et d'espace autour des hommes de talent pour qu'ils aient toute liberté de se mouvoir et de se retourner. Et d'ailleurs, le cercle tracé autour de chacun fût-il très étroit, chaque talent, chaque génie, par cela même qu'il est à quelque degré un magicien et un enchanteur, a un secret qui n'est qu'à lui pour opérer des prodiges dans ce cercle et y faire éclore des merveilles. Je ne vois pas que M. Taine, s'il a trop l'air de la négliger, conteste et nie absolument cette puissance : il la limite, et, en la limitant, il nous permet en maint cas de la mieux définir qu'on ne faisait. Certes, quoi qu'en disent ceux qui se contenteraient volontiers de l'état vague antérieur, M. Taine aura fait avancer grandement l'analyse littéraire, et celui qui après lui étudiera un grand écrivain étranger, ne s'y prendra plus désormais de la même manière ni aussi à son aise qu'il l'aurait fait à la veille de son livre.

(*Nouveaux Lundis*, t. VIII.)

Calmann Lévy, éd.

# ALFRED DE VIGNY

[Loches, 1797 ; † 1863, Paris.]

---

Appartenant à une ancienne famille de gentilshommes beaucerons, Alfred de Vigny, au lendemain de la chute de l'Empire, s'engageait à peine âgé de seize ans dans les gendarmes de la garde royale. Il servit quatorze ans, devint capitaine dans le 35ᵉ régiment d'infanterie en 1823, puis, dégoûté de la vie de garnison, quitta le service en 1827. Il s'était déjà fait connaître comme poète par ses recueils d'*Héléna*, 1822, d'*Eloa*, 1824, par son roman de *Cinq-Mars*, 1826. S'étant lié alors avec les romantiques, il prit part à la lutte contre le classicisme, et ses sympathies pour l'art nouveau se marquaient dans ses drames, *Othello*, 1829, la *Maréchale d'Ancre*, 1831, *Chatterton*, 1835 et son roman, *Stello*, 1832. Mais il avait trop d'indépendance d'esprit et de caractère pour rester dans une école; et les récits qu'il donna en 1835, sous le titre de *Grandeur et Servitude militaires*, nous le montrent déjà libre de l'influence romantique. D'ailleurs, à partir de ce moment, il vécut très solitaire, écrivant beaucoup, mais publiant peu, donnant à peine de loin en loin quelques poèmes à la *Revue des Deux Mondes*. Ces poèmes, réunis après sa mort à quelques pièces inédites, ont formé le recueil des *Destinées*, publié en 1863.

On a aussi de lui des notes personnelles, intitulées *Journal d'un poète*, 1867, et quelques lettres dont la suite la plus considérable a été donnée par la *Revue des Deux Mondes* en 1897.

## MOÏSE

### (1822)

Le soleil prolongeait sur la cime des tentes
Ces obliques rayons, ces flammes éclatantes,
Ces larges traces d'or qu'il laisse dans les airs,
Lorsqu'en un lit de sable il se couche aux déserts.

La pourpre et l'or semblaient revêtir la campagne.
Du stérile Nébo gravissant la montagne,
Moïse, homme de Dieu, s'arrête, et, sans orgueil,
Sur le vaste horizon promène un long coup d'œil.
Il voit d'abord Phasga, que des figuiers entourent ;
Puis, au delà des monts que ses regards parcourent,
S'étend tout Galaad, Éphraïm, Manassé,
Dont le pays fertile à sa droite est placé ;
Vers le Midi, Juda, grand et stérile, étale
Les sables où s'endort la mer occidentale ;
Plus loin, dans un vallon que le soir a pâli,
Couronné d'oliviers, se montre Nephtali ;
Dans des plaines de fleurs magnifiques et calmes
Jéricho s'aperçoit, c'est la ville des palmes ;
Et, prolongeant ses bois, des plaines de Phégor
Le lentisque touffu s'étend jusqu'à Légor.
Il voit tout Chanaan, et la terre promise,
Où sa tombe, il le sait, ne sera point admise.
Il voit, sur les Hébreux étend sa grande main,
Puis vers le haut du mont il reprend son chemin.
Or des champs de Moab couvrant la vaste enceinte,
Pressés au large pied de la montagne sainte,
Les enfants d'Israël s'agitaient au vallon
Comme les blés épais qu'agite l'aquilon.
Dès l'heure où la rosée humecte l'or des sables
Et balance sa perle au sommet des érables,
Prophète centenaire, environné d'honneur,
Moïse était parti pour trouver le Seigneur.
On le suivait des yeux aux flammes de sa tête,
Et, lorsque du grand mont il atteignit le faîte,
Lorsque son front perça le nuage de Dieu
Qui couronnait d'éclairs la cime du haut lieu,
L'encens brûla partout sur les autels de pierre,
Et six cent mille Hébreux, courbés dans la poussière,
A l'ombre du parfum par le soleil doré
Chantèrent d'une voix le cantique sacré ;
Et les fils de Lévi, s'élevant sur la foule,

Tels qu'un bois de cyprès sur le sable qui roule,
Du peuple avec la harpe accompagnant les voix,
Dirigeaient vers le ciel l'hymne du Roi des Rois.
Et, debout devant Dieu, Moïse ayant pris place,
Dans le nuage obscur lui parlait face à face.

Il disait au Seigneur : « Ne finirai-je pas ?
Où voulez-vous encor que je porte mes pas ?
Je vivrai donc toujours puissant et solitaire ?
Laissez-moi m'endormir du sommeil de la terre.
Que vous ai-je donc fait pour être votre élu ?
J'ai conduit votre peuple où vous avez voulu.
Voilà que son pied touche à la terre promise ;
De vous à lui qu'un autre accepte l'entremise.
Au coursier d'Israël qu'il attache le frein ;
Je lui lègue mon livre et la verge d'airain.

Pourquoi vous fallut-il tarir mes espérances,
Ne pas me laisser homme avec mes ignorances,
Puisque du mont Horeb jusques au mont Nébo
Je n'ai pas pu trouver le lieu de mon tombeau ?
Hélas ! vous m'avez fait sage parmi les sages !
Mon doigt du peuple errant a guidé les passages.
J'ai fait pleuvoir du feu sur la tête des rois ;
L'avenir à genoux adorera mes lois ;
Des tombes des humains j'ouvre la plus antique,
La mort trouve à ma voix une voix prophétique,
Je suis très grand, mes pieds sont sur les nations,
Ma main fait et défait les générations ;
Hélas, je suis, Seigneur, puissant et solitaire,
Laissez-moi m'endormir du sommeil de la terre !

Hélas ! je sais aussi tous les secrets des cieux,
Et vous m'avez prêté la force de vos yeux.
Je commande à la nuit de déchirer ses voiles ;
Ma bouche par leur nom a compté les étoiles,
Et, dès qu'au firmament mon geste l'appela,
Chacune s'est hâtée en disant : Me voilà.

J'impose mes deux mains sur le front des nuages
Pour tarir dans leurs flancs la source des orages;
J'engloutis les cités sous les sables mouvants;
Je renverse les monts sous les ailes des vents;
Mon pied infatigable est plus fort que l'espace;
Le fleuve aux grandes eaux se range quand je passe,
Et la voix de la mer se tait devant ma voix.
Lorsque mon peuple souffre, ou qu'il lui faut des lois,
J'élève mes regards, votre esprit me visite,
La terre alors chancelle et le soleil hésite;
Vos anges sont jaloux et m'admirent entre eux.
Et cependant, Seigneur, je ne suis pas heureux;
Vous m'avez fait vieillir puissant et solitaire
Laissez-moi m'endormir du sommeil de la terre.

Sitôt que votre souffle a rempli le berger,
Les hommes se sont dit : Il nous est étranger;
Et leurs yeux se baissaient devant mes yeux de flamme,
Car ils venaient, hélas! d'y voir plus que mon âme.
J'ai vu l'amour s'éteindre et l'amitié tarir,
Les vierges se voilaient et craignaient de mourir.
M'enveloppant alors de la colonne noire,
J'ai marché devant tous, triste et seul dans ma gloire,
Et j'ai dit dans mon cœur : Que vouloir à présent?
Pour dormir sur un sein mon front est trop pesant,
Ma main laisse l'effroi sur la main qu'elle touche,
L'orage est dans ma voix, l'éclair est sur ma bouche;
Aussi, loin de m'aimer, voilà qu'il tremblent tous,
Et, quand j'ouvre les bras, on tombe à mes genoux.
O Seigneur! j'ai vécu puissant et solitaire,
Laissez-moi m'endormir du sommeil de la terre. »

Or, le peuple attendait, et, craignant son courroux,
Priait sans regarder le mont du Dieu jaloux;
Car s'il levait les yeux, les flancs noirs du nuage
Roulaient et redoublaient les foudres de l'orage,
Et le feu des éclairs, aveuglant les regards,

# GAUTIER

## (Pierre-Jules-Théophile)

[Tarbes, 1811; † 1872, Paris.]

Il fit ses études aux Lycées Louis-le-Grand et Charlemagne et se destina d'abord à la peinture. Mis en rapport avec Victor Hugo, il fut un de ses partisans les plus ardents à l'époque des « batailles » romantiques. Son premier recueil de vers, publié sous le titre de *Poésies* le 28 juillet 1830, en pleine révolution, passa naturellement inaperçu. *Albertus* (1833), les *Jeune France* (1833), sorte de pamphlet contre les « romantiques de mode », *Mademoiselle de Maupin*, 1835, roman qui fit scandale, attirèrent l'attention sur lui. Il entra alors au *Figaro*, 1836, où il donna des articles de fantaisie et sa grande nouvelle de *Fortunio*. Enfin, en 1837, Girardin l'attachait à la *Presse*, et, à dater de ce jour jusqu'à la fin de sa vie, il poursuivit sans relâche et sans autres événements que la publication de ses livres et les voyages qu'il fit en Espagne, en Italie, en Algérie, à Constantinople, en Russie, sa double carrière de critique d'art et de critique dramatique. Sous le Second Empire, familier du salon de la princesse Mathilde, il écrivait au *Moniteur* et au *Journal officiel*. Ses dernières années furent attristées par des revers de fortune.

Outre les œuvres que nous avons citées, il faut rappeler :

1° Parmi ses *Poésies* : la *Comédie de la Mort*, 1838; *España*, 1845; *Emaux et Camées*, 1852.

2° Parmi ses *Romans* : ses *Nouvelles*, 1845; *Romans et Contes*, 1857; *le Roman de la momie*, 1858; *le Capitaine Fracasse*, 1863.

3° Parmi ses *Récits de voyage* : *Tra los montes*, 1843; *Constantinople*, 1853; *Italia*; *Voyage en Russie*, 1867.

4° Parmi ses *Œuvres de critique* : les *Grotesques*, 1853; *Rapport sur les progrès de la poésie*, 1868; *Histoire du romantisme*, 1874; *Histoire de l'art dramatique depuis vingt-cinq ans*, 1858-69.

5° Il a écrit de plus une foule d'articles de critique d'art, qui n'ont pas été réunis en collection.

6° Enfin il a donné plusieurs essais dramatiques dont quelques uns se retrouvent dans le *Théâtre de poche* (1855) et dans le volume intitulé *Théâtre, mystères, comédies et ballets* (1872).

## L'ART
### (1852)

Oui, l'œuvre sort plus belle
D'une forme au travail
    Rebelle,
Vers, marbre, onyx, émail.

Point de contraintes fausses !
Mais que pour marcher droit
    Tu chausses,
Muse, un cothurne étroit.

Fi du rythme commode,
Comme un soulier trop grand,
    Du mode
Que tout pied quitte et prend !

Statuaire, repousse
L'argile que pétrit
    Le pouce
Quand flotte ailleurs l'esprit,

Lutte avec le carrare,
Avec le paros dur
    Et rare,
Gardiens du contour pur ;

Emprunte à Syracuse
Son bronze où fermement
    S'accuse
Le trait fier et charmant ;

D'une main délicate
Poursuis dans un filon
    D'agate
Le profil d'Apollon.

Peintre, fuis l'aquarelle,
Et fixe la couleur
    Trop frêle
Au four de l'émailleur...

Tout passe. — L'art robuste
Seul a l'éternité;
    Le buste
Survit à la cité,

Et la médaille austère
Que trouve un laboureur
    Sous terre
Révèle un empereur.

Les dieux eux-mêmes meurent,
Mais les vers souverains
    Demeurent
Plus forts que les airains.

Sculpte, lime, cisèle;
Que ton rêve flottant
    Se scelle
Dans le bloc résistant!

(*Emaux et Camées.*)
Fasquelle, éd.

## LECONTE DE LISLE

### (1868)

... Il serait impossible d'assigner aucune date aux *Poèmes antiques* de Leconte de Lisle, dont s'émurent tout de suite ceux qui, en France, sont sensibles encore à l'art sérieux.

Rien de plus hautement impersonnel, de plus en dehors du temps, de plus dédaigneux de l'intérêt vulgaire et de la circonstance. Tout ce qui peut attirer et charmer le public, l'auteur semble l'avoir évité avec une

deur austère et une fierté résolue. Aucune coquetterie,
ucune concession au goût du jour. Profondément
imprégné de l'esprit antique, Leconte de Lisle regarde
les civilisations actuelles comme des variétés de décadence et, ainsi que les Grecs, donnerait volontiers le titre
de barbares aux peuples qui ne parlent pas l'idiome
sacré. Gœthe, l'Olympien de Weimar, n'eut pas, même à
la fin de sa vie, une plus neigeuse et plus sereine froideur que n'en montra ce jeune poète à ses débuts...
Rien n'a pu amollir cette forte et tranquille nature dont
l'enthousiasme est tout intellectuel et pour laquelle le
monde n'existe que transposé sous des formes pures
dans la sphère éternelle de l'art.

Après une période où la passion avait été en quelque
sorte divinisée, où le lyrisme effaré donnait les plus
grands coups d'aile parmi les nuages et le tonnerre,...
c'était une nouveauté étrange que ce jeune homme venant
proclamer presque comme un dogme l'impassibilité et en
faisant un des principaux mérites de l'artiste.

Le volume des *Poèmes antiques* s'ouvre par une pièce
adressée à la belle Hypatie, cette sainte païenne qui
souffrit le martyre pour les anciens dieux [1]. Hypatie est
la muse de Leconte de Lisle et représente admirablement
le sens de son inspiration. Elle avait droit à être invoquée
par lui au commencement de ses poèmes, et il lui devait
bien le premier de ses chants. Il a comme elle le regret
de ses dieux superbes, les plus parfaits symboles de la
beauté, les plus magnifiques personnifications des forces
naturelles, et qui, déchus de l'Olympe, n'ayant plus de
temples ni d'adorateurs, règnent encore sur le monde
par la pureté de la forme. A l'antique mythologie, le
poète moderne, qui eût dû naître à Athènes au temps de
Phidias, mêle les interprétations platoniciennes et alexan-

---

1. Hypathie, fille du mathématicien Thion, née à Alexandrie vers 398 ap. J,-C., enseigna la philosophie avec un grand succès. Saint Cyrille l'accusa de pousser le gouverneur d'Alexandrie à persécuter les chrétiens, et la populace, furieuse, la lapida et mit son corps en lambeaux (415).

drines Il retrouve sous les fables du paganisme
idées primitives oubliées déjà, et comme l'empereu
Julien, il le ramène à ses origines. Il est parfois plus
Grec que la Grèce, et son orthodoxie païenne ferait
croire qu'il a été, ainsi qu'Eschyle, initié aux mystères
d'Éleusis. Singulier phénomène à notre époque qu'une
âme d'où toute idée moderne est absolument bannie.

Dans son fervent amour de l'hellénisme, Leconte de
Lisle a rejeté la terminologie latine adaptée aux noms
grecs, on ne sait trop pourquoi, et qui enlève à ces mots
si beaux en eux-mêmes une partie de leur sonorité et de
leur couleur. Chez lui Jupiter redevient Zeus, Hercule
Héraclès, Neptune Poséidon, Diane Artémis, Junon Héré,
et ainsi de suite. Le centaure Chiron a repris le K, qui
lui donne un aspect plus farouche, et les noms de lieux
ne se produisent dans les vers du poète qu'avec leur
véritable orthographe et leurs épithètes traditionnelles.
Ce sont là sans doute des détails purement extérieurs,
mais qui ne sont pas indifférents... Bientôt l'on se fait à
ces restitutions des noms antiques qui occupent d'abord
un peu l'œil, et l'on jouit sans effort et sans fatigue de
cette poésie austère, noble et pure, qui produit l'effet d'un
temple d'ordre dorique découpant sa blancheur sur un
fond de montagnes violettes ou sur un pan du ciel bleu...

Le grec d'André Chénier, quoiqu'il respire le plus pur
sentiment de l'antiquité, est encore mêlé de latin comme
un passage d'Homère imité par Virgile, comme une ode
de Pindare qu'aurait traduite Horace. L'hellénisme de
Leconte de Lisle est plus franc et plus archaïque ; il
jaillit directement des sources et il ne s'y mêle aucun flot
moderne. Certains de ses poèmes font l'effet d'être traduits d'originaux grecs ignorés ou perdus. On n'y trouve
pas la grâce ionienne qui fait le charme du *Jeune malade*,
mais une beauté sévère, parfois un peu froide et presque
éginétique [1], tellement le poète est rigoureux pour lui-

---

1. Les œuvres des sculpteurs de l'imitation précise de la vérité, par
l'école éginétique se caractérisent par une exécution vigoureuse qui serre la

.ne. Ce n'est pas lui qui ajouterait trois cordes à la
.re, comme Terpandre ; les quatre cordes primitives lui
.uffisent. Peut-être même Leconte de Lisle est-il trop
sévère, car il y a, ce nous semble, dans le génie grec
quelque chose de plus ondoyant, de plus souple et de
moins résolument arrêté.

Il se dégage des vers de Leconte de Lisle, en dépit de
ses aspirations antiques, un sentiment qu'on ne rencontre
pas dans la poésie grecque et qui lui est personnel. C'est
un désir d'absorption au sein de la nature, d'évanouisse-
ment dans l'éternel repos, de contemplation infinie et
d'immobilité absolue qui touche de bien près au *nirvana*
indien. Il proscrit la passion, le drame, l'éloquence, comme
indignes de la poésie, et de sa main droite il arrêterait
volontiers le cœur dans la poitrine marmoréenne de la
Muse. Le poète, selon lui, doit voir les choses humaines
comme les verrait un dieu du haut de son Olympe, les
réfléchir sans intérêt dans ses vagues prunelles et leur
donner, avec un détachement parfait, la vie supérieure
de la forme : telle est, à ses yeux, la mission de l'art...

Retiré dans sa fière indifférence du succès ou plutôt de
la popularité, Leconte de Lisle a réuni autour de lui une
école [1], un cénacle, comme vous voudrez l'appeler, de
jeunes poètes qui l'admirent avec raison, car il a toutes
les qualités d'un chef d'école, et qui l'imitent du mieux
qu'ils peuvent, ce dont on les blâme à tort, selon nous ;
car celui qui n'a pas été disciple ne sera jamais maître, et
quoi qu'on en puisse dire, la poésie est un art qui s'apprend, qui a ses méthodes, ses formules, ses arcanes,
son contre-point et son travail harmonique.

(*Rapport sur les progrès de la poésie.*)

Fasquelle, éd.

forme de près et par une facture archaïque qui donne à leurs figures une
sévère beauté.

1. Cette école est celle qu'on a
appelée l'école parnassienne, du nom
d'un recueil où les disciples de Leconte
de Lisle publiaient leurs vers et qui
avait pour titre : *le Parnasse contemporain.*

# LECONTE DE LISLE

## (Charles-Marie-René)

[Saint-Paul, île de la Réunion, 1818 ; † 1894, Paris.]

---

Son père, chirurgien militaire, le destinant aux affaires, le fit voyager de bonne heure, et Leconte de Lisle parcourut l'Inde et les îles de la Sonde. Mais ne se sentant point de goût pour le commerce, il vint en France, s'établit à Rennes et commença sa carrière littéraire en écrivant dans des feuilles de la province. S'étant lié avec de Flotte, il fit la connaissance de quelques représentants du groupe fouriériste et, venu à Paris, collabora à la *Phalange* et à la *Démocratie pacifique*, journaux de Victor Considérant. En 1848, il fit de la politique active, et c'est alors qu'il rédigea une lettre des créoles à l'Assemblée nationale pour la remercier d'avoir aboli l'esclavage, mesure qui le ruinait. Esprit hautain, il ne tarda pas à se dégoûter de la politique au jour le jour, et, après la chute de la République, il n'appartint plus qu'aux lettres. En 1852, il donnait ses *Poèmes antiques*, suivis, en 1853, des *Poèmes et Poésies* et des *Poèmes barbares*, 1862. Ces œuvres ne furent connues d'abord que des lettrés ; elles firent de Leconte de Lisle le chef de l'école qu'on a nommée le *Parnasse* ; mais, comme elles étaient peu répandues, le poète devait vivre dans une pauvreté fière et faire pour la librairie toute une série de traductions : *Traduction de Théocrite*, 1861 ; de l'*Iliade* 1866 ; de l'*Odyssée*, 1867 ; d'*Hésiode* et des *Hymnes Orphiques*, 1869. Vers la fin de l'Empire, il accepta une pension et, en 1872, le gouvernement de la République le nomma bibliothécaire au Sénat. A cette même date, il donnait au théâtre une adaptation d'Eschyle, les *Erinnyes*, et, après la publication de ses *Poèmes tragiques*, 1884, sa carrière était close par sa réception à l'Académie française, 31 mars 1887.

---

## HÉRAKLÈS AU TAUREAU

### (1852)

Le soleil déclinait vers l'écume des flots,
Et les grasses brebis revenaient aux enclos ;

les vaches suivaient, semblables aux nuées
qui roulent sans relâche, à la file entraînées,
Lorsque le vent d'automne, au travers du ciel noir,
Les chasse à grands coups d'aile, et qu'elles vont pleuvoir.
Derrière les brebis, toutes lourdes de laine,
Telles s'amoncelaient les vaches dans la plaine.
La campagne n'était qu'un seul mugissement,
Et les grands chiens d'Elis [1] aboyaient bruyamment.
Puis, succédaient trois cents taureaux aux larges cuisses,
Puis deux cents au poil rouge, inquiets des génisses,
Puis douze, les plus beaux et parfaitement blancs,
Qui de leurs fouets velus rafraîchissaient leurs flancs,
Hauts de taille, vêtus de force et de courage,
Et paissant d'habitude au meilleur pâturage.
Plus noble encor, plus fier, plus brave, plus grand qu'eux,
En avant, isolé comme un chef belliqueux,
Phaéton les guidait, lui, l'orgueil de l'étable,
Que les anciens bouviers disaient à Zeus semblable,
Quand le Dieu triomphant, ceint d'écume et de fleurs,
Nageait dans la mer glauque avec Europe en pleurs.
Or, dardant ses yeux prompts sur la peau léonine
Dont Héraklès couvrait son épaule divine,
Irritable, il voulut heurter d'un brusque choc
Contre cet étranger son front dur comme un roc;
Mais, ferme sur ses pieds, tel qu'une antique borne,
Le héros d'une main le saisit par la corne,
Et, sans rompre d'un pas, il lui ploya le col,
Meurtrissant ses naseaux furieux dans le sol.
Et les bergers en foule, autour du fils d'Alkmène,
Stupéfaits, admiraient sa vigueur surhumaine,
Tandis que, blancs dompteurs de ce soudain péril,
De grands muscles roidis gonflaient son bras viril.

(*Poèmes antiques.*)

Lemerre, éd.

1. Ancienne ville de l'Élide, sur le fleuve Pénée.

## LA FONTAINE AUX LIANES

### (1862)

O bois natals, j'errais sous vos larges ramures ;
L'aube aux flancs noirs des monts marchait d'un pied vermeil
La mer avec lenteur éveillait ses murmures,
Et de tout œil vivant fuyait le doux sommeil.

Au bord des nids, ouvrant ses ailes longtemps closes,
L'oiseau disait le jour avec un chant plus frais
Que la source agitant les verts buissons de roses,
Que le rire moqueur du vent dans les forêts.

Les abeilles sortaient des ruches naturelles
Et par essaims vibraient au soleil matinal ;
Et, livrant le trésor de leurs corolles frêles,
Chaque fleur répandait sa goutte de cristal.

Et le ciel descendait dans les claires rosées
Dont la montagne bleue au loin étincelait ;
Un mol encens fumait des plantes arrosées
Vers la sainte nature à qui mon cœur parlait...

Au fond des bois baignés d'une vapeur céleste,
Il était une eau vive où rien ne remuait ;
Quelques joncs verts, gardiens de la fontaine agreste,
S'y penchaient au hasard en un groupe muet.

Les larges nénuphars, les lianes errantes,
Blancs archipels, flottaient enlacés sous les eaux,
Et dans leurs profondeurs vives et transparentes
Brillait un autre ciel où nageaient les oiseaux.

O fraîcheur des forêts, sérénité première,
O vents qui caressiez les feuillages chanteurs,
Fontaine aux flots heureux où jouait la lumière,
Eden épanoui sur les vertes hauteurs !

Salut, ô douce paix, et vous, pures haleines,
Et vous qui descendiez du ciel et des rameaux,
Repos du cœur, oubli de la joie et des peines!
Salut! ô sanctuaire interdit à nos maux!

Et sous le dôme épais de la forêt profonde,
Aux réduits du lac bleu dans les bois épanché,
Dormait, enveloppé du suaire de l'onde,
Un mort, les yeux au ciel, sur le sable couché.

Il ne sommeillait pas, calme comme Ophélie,
Et souriant comme elle, et les bras sur le sein;
Il était de ces morts que bientôt on oublie;
Pâle et triste, il songeait au fond du clair bassin.

[Et le poète se demande alors quelles douleurs, quelles
passions, quels remords ont assailli pendant sa vie l'homme
dont le cadavre est sous ses yeux].

Tel je songeais. Les bois, sous leur ombre odorante,
Epanchant un concert que rien ne peut tarir,
Sans m'écouter, berçaient leur gloire indifférente,
Ignorant que l'on souffre et qu'on puisse en mourir...

La nature se rit des souffrances humaines;
Ne contemplant jamais que sa propre grandeur,
Elle dispense à tous ses forces souveraines
Et garde pour sa part le calme et la splendeur.

*(Poèmes barbares.)*

Lemerre, éd.

———

# GUSTAVE FLAUBERT

[Rouen, 1821; † 1880, Paris.]

---

    **Son** père était chirurgien en chef de l'Hôtel-Dieu de Rouen et avait une grande réputation d'habileté dans sa province. Pour lui complaire, après avoir achevé ses études au lycée de Rouen, où il se lia avec le poète Louis Bouilhet, Flaubert fit son droit à Paris ; mais il n'avait de goût que pour les lettres, et, dans les voyages qu'il fit dans sa jeunesse, en Provence, en Corse (1840), en Italie (1845), en Bretagne (1847), en Égypte avec Maxime du Camp (1849), il portait toujours des préoccupations littéraires. Son père, mort, se sentant libre de suivre sa vocation, il s'enferma chez lui à Paris ou à Croisset, près de Rouen, et dès lors son histoire est celle de ses livres. Nous nous bornerons donc à indiquer leurs titres et leurs dates.

    1° Ses romans : *Madame Bovary*, publié en librairie en 1857 ; *Salambó*, 1862 ; *l'Éducation sentimentale*, 1870 ; *la Tentation de saint Antoine*, 1874 ; *Trois contes*, 1877 ; et *Bouvard et Pécuchet*, 1881 [posthume et inachevé].

    2° Deux pièces de théâtre : *le Candidat*, 1874 ; et *le Château des cœurs*, 1879.

    Enfin quelques opuscules dont les plus importants sont sa Lettre à Sainte-Beuve sur *Salammbó* et la *Préface pour les dernières chansons de Louis Bouilhet.*

---

## L'ENTERREMENT D'EMMA BOVARY.

### (1857)

[Emma Bovary, mariée à un médecin de campagne, est une femme romanesque qui, lasse de son existence terre à terre, après bien des fautes, se résout au suicide. C'est dans le petit village normand d'Yonville, que le romancier place la scène de l'enterrement qu'il nous décrit.]

La cloche tintait. Tout était prêt. Il fallut se mettre en marche.

Et, assis dans une stalle du chœur, l'un près de l'autre[1], ils virent passer devant eux et repasser continuellement les trois chantres qui psalmodiaient. Le serpent soufflait à pleine poitrine. M. Bournisien, en grand appareil, chantait d'une voix aiguë; il saluait le tabernacle, élevait les mains, étendait les bras. Lestiboudois circulait dans l'église avec sa latte de baleine; près du lutrin, la bière reposait entre quatre rangs de cierges. Charles avait envie de se lever pour les éteindre.

Il tâchait cependant de s'exciter à la dévotion, de s'élancer dans l'espoir d'une vie future où il la reverrait. Il imaginait qu'elle était partie en voyage, bien loin, depuis longtemps. Mais, quand il pensait qu'elle se trouvait là-dessous, et que tout était fini, qu'on l'emportait dans la terre, il se prenait d'une rage farouche, noire, désespérée. Parfois il croyait ne plus rien sentir; et il savourait cet adoucissement de sa douleur, tout en se reprochant d'être un misérable.

On entendit sur les dalles comme le bruit sec d'un bâton ferré qui les frappait à temps égaux. Cela venait du fond et s'arrêta court dans les bas côtés de l'église. Un homme en grosse veste brune s'agenouilla péniblement. C'était Hippolyte, le garçon du *Lion d'Or*. Il avait mis sa jambe neuve.

L'un des chantres vint faire le tour de la nef pour quêter, et les gros sous, les uns après les autres, sonnaient dans le plat d'argent.

« Dépêchez-vous donc! je souffre, moi! » s'écria Bovary, tout en jetant avec colère une pièce de cinq francs.

L'homme d'église le remercia par une longue révérence.

On chantait, on s'agenouillait, on se relevait, cela n'en finissait pas! il se rappela qu'une fois, dans les pre-

---

1. **Charles Bovary** et le bonhomme Rouault, le mari et le père de la morte.

miers temps, ils avaient ensemble assisté à la messe, e‹
ils s'étaient mis de l'autre côté, à droite contre le mur.
La cloche recommença. Il y eut un grand mouvement de
chaises. Les porteurs glissèrent leurs trois bâtons sous
la bière, et l'on sortit de l'église.....

On se tenait aux fenêtres pour voir passer le cortège.
Charles, en avant, se cambrait la taille. Il affectait un air
brave et saluait d'un signe ceux qui, débouchant des
ruelles ou des portes, se rangeaient dans la foule.

Les six hommes, trois de chaque côté, marchaient au
petit pas et en haletant un peu. Les prêtres, les chantres
et les deux enfants de chœur récitaient le *De profundis*;
et leurs voix s'en allaient sur la campagne, montant et
s'abaissant avec des ondulations. Parfois ils disparaissaient aux détours du sentier; mais la grande croix
d'argent se dressait toujours entre les arbres.

Les femmes suivaient, couvertes de mantes noires à
capuchon rabattu; elles portaient à la main un gros
cierge qui brûlait, et Charles se sentait défaillir à cette
continuelle répétition de prières et de flambeaux, sous
ces odeurs affadissantes de cire et de soutane. Une brise
fraîche soufflait. Les seigles et les colzas verdoyaient,
des gouttelettes de rosée tremblaient au bord du chemin,
sur les haies d'épines. Toutes sortes de bruits joyeux
emplissaient l'horizon : le claquement d'une charrette
roulant au loin dans les ornières, le cri d'un coq qui se
répétait ou la galopade d'un poulain que l'on voyait s'enfuir sous les pommiers. Le ciel pur était tacheté de
nuages roses; des lumignons bleuâtres se rabattaient sur
les chaumières couvertes d'iris; Charles, en passant,
reconnaissait les cours. Il se souvenait de matins
comme celui-ci, où, après avoir visité quelque malade,
il en sortait, et retournait vers elle.

Le drap noir, semé de larmes blanches, se levait de
temps à autre en découvrant la bière. Les porteurs fatigués se ralentissaient, et elle avançait par saccades
continues, comme une chaloupe qui tangue à chaque flot.

On arriva. Les hommes continuèrent jusqu'en bas, à une place dans le gazon où la fosse était creusée.

On se rangea tout autour ; et, tandis que le prêtre parlait, la terre rouge, rejetée sur les bords, coulait par les coins, sans bruit, continuellement.

Puis, quand les quatre cordes furent disposées, on poussa la bière dessus. Il la regarda descendre. Elle descendait toujours. Enfin on entendit un choc ; les cordes en grinçant remontèrent. Alors Bournisien prit la bêche que lui tendait Lestiboudois ; de sa main gauche, tout en aspergeant de la droite, il poussa vigoureusement une large pelletée ; et le bois du cercueil, heurté par les cailloux, fit ce bruit formidable qui nous semble être le retentissement de l'éternité.

L'ecclésiastique passa le goupillon à son voisin. C'était M. Homais. Il le secoua gravement, puis le tendit à Charles, qui s'affaissa jusqu'aux genoux dans la terre, et il en jetait à pleines mains tout en criant : « Adieu ! » Il lui envoyait des baisers ; il se traînait vers la fosse pour s'y engloutir avec elle.

On l'emmena ; et il ne tarda pas à s'apaiser, éprouvant peut-être, comme tous les autres, la vague satisfaction d'en avoir fini.

Le père Rouault, en revenant, se mit tranquillement à fumer une pipe ; ce que Homais, dans son for intérieur, jugea peu convenable. Il remarqua de même que M. Linet s'était abstenu de paraître, que Tuvache « avait filé » après la messe, et que Théodore, le domestique du notaire, portait un habit bleu, « comme si l'on ne pouvait pas trouver un habit noir, puisque c'est l'usage, que diable ! » Et pour communiquer ses observations, il allait d'un groupe à l'autre. On y déplorait la mort d'Emma, et surtout L'heureux, qui n'avait point manqué de venir à l'enterrement.

« Cette pauvre petite dame ! quelle douleur pour son mari ! »

L'apothicaire reprenait :

« Sans moi, savez-vous bien, il se serait porté sur lui même à quelque attentat funeste !

— Une si bonne personne ! Dire pourtant que je l'ai encore vue samedi dernier dans ma boutique !

— Je n'ai pas eu le loisir, dit Homais, de préparer quelques paroles que j'aurais jetées sur la tombe. »

En rentrant Charles se déshabilla, et le père Rouault repassa sa blouse bleue. Elle était neuve, et comme il s'était, pendant la route souvent essuyé les yeux avec les manches, elle avait déteint sur sa figure ; et la trace des pleurs y faisait des lignes dans la couche de poussière qui la salissait.

M<sup>me</sup> Bovary mère était avec eux. Ils se taisaient tous les trois. Enfin le bonhomme soupira :

« Vous rappelez-vous, mon ami, que je suis venu à Tortes une fois, quand vous veniez de perdre votre première défunte. Je vous consolais dans ce temps-là ! Je trouvais quoi dire ; mais à présent..... »

Puis, avec un long gémissement qui souleva toute sa poitrine :

« Ah ! c'est la fin pour moi, voyez-vous ! j'ai vu partir ma femme.... mon fils après..., et voilà ma fille, aujour-d'hui ! »

Il voulut s'en retourner tout de suite aux Bertaux, disant qu'il ne pourrait pas dormir dans cette maison là. Il refusa même de voir sa petite fille.

« Non ! non ! Ça me ferait trop de deuil. Seulement, vous l'embrasserez bien ! Adieu !... vous êtes un bon garçon ! Et puis, jamais je n'oublierai ça, dit-il en se frappant la cuisse, n'ayez peur ! vous recevrez toujours votre dinde [1] ».

Mais quand il fut au haut de la côte, il se détourna, comme autrefois il s'était détourné sur le chemin de Saint-Victor, en se séparant d'elle. Les fenêtres du village étaient tout en feu sous les rayons obliques du

---

1. A époque fixe, le père Rouault faisait cadeau d'une dinde à son gendre et à sa fille.

oleil, qui se couchait dans la prairie. Il mit sa main devant ses yeux, et il aperçut à l'horizon un enclos de murs où des arbres, çà et là, faisaient des bouquets noirs entre des pierres blanches, puis il continua sa route, au petit trot, car son bidet boitait.

Charles et sa mère restèrent le soir, malgré leur fatigue, fort longtemps à causer ensemble. Ils parlèrent des jours d'autrefois et de l'avenir. Elle viendrait habiter Yonville, elle tiendrait son ménage, ils ne se quitteraient plus. Elle fut ingénieuse et caressante, se réjouissant intérieurement à ressaisir une affection qui depuis tant d'années lui échappait. Minuit sonna. Le village, comme d'habitude, était silencieux, et Charles, éveillé, pensait toujours à elle.

(*Madame Bovary*.)
Fasquelle, éd.

---

## PRIÈRE DE SALAMMBO A TANIT
### (1882)

[Salammbô, fille d'Hamilcar, a une dévotion particulière à Tanit : c'est le nom sous lequel les Carthaginois adoraient la lune. Nous allons assister au culte que lui rend la jeune fille.]

Salammbô monta sur la terrasse de son palais, soutenue par une esclave qui portait dans un plat de fer des charbons enflammés.

Il y avait, au milieu de la terrasse, un petit lit d'ivoire couvert de peaux de lynx avec des coussins en plumes de perroquet, animal fatidique consacré aux dieux, et dans les quatre coins s'élevaient quatre longues cassolettes remplies de nard, d'encens, de cinnamome et de myrrhe. L'esclave alluma les parfums. Salammbô regarda l'étoile polaire; elle salua lentement les quatre points du ciel et s'agenouilla sur le sol parmi la poudre d'azur qui était semée d'étoiles d'or, à l'imitation du firmament.

Puis, les deux coudes contre les flancs, les avant-bras
tout droits et les mains ouvertes, en se renversant la
tête sous les rayons de la lune, elle dit :

« O Rabbêtna!... Baalet!... Tanit! » et sa voix se
traînait d'une façon plaintive, comme pour appeler
quelqu'un. « Anaïtis! Athara! Elissa! Tiratah!.. Par les
symboles cachés, — par les cistres résonnants, — par
les sillons de la terre, — par l'éternel silence et par
l'éternelle fécondité, — dominatrice de la mer ténébreuse
et des plages azurales, ô Reine des choses humides,
salut ! »

Elle se balança tout le corps deux ou trois fois, puis
se jeta le front dans la poussière, les bras allongés.

Son esclave la releva lestement, car il fallait, d'après
les rites, que quelqu'un vînt arracher le suppliant à sa
prosternation ; c'était lui dire que les Dieux l'agréaient,
et la nourrice de Salammbô ne manquait jamais à ce
devoir de piété.

Des marchands de la Gétulie-Darytienne l'avaient,
toute petite, apportée à Carthage et, après son affran-
chissement, elle n'avait pas voulu abandonner ses
maîtres, comme le prouvait son oreille droite percée
d'un large trou. Un jupon à raies multicolores, en lui
serrant les hanches, descendait sur ses chevilles, où
s'entre-choquaient deux cercles d'étain. Sa figure, un
peu plate, était jaune comme sa tunique. Des aiguilles
d'argent très longues faisaient un soleil derrière sa tête.
Elle portait sur la narine un bouton de corail, et elle se
tenait auprès du lit, plus droite qu'un hermès et les pau-
pières baissées.

Salammbô s'avança jusqu'au bord de la terrasse.
Ses yeux, un instant, parcoururent l'horizon, puis ils
s'abaissèrent sur la ville endormie, et le soupir qu'elle
poussa, en lui soulevant les seins, fit onduler d'un bout
à l'autre la longue simarre blanche qui pendait autour
d'elle sans agrafe ni ceinture. Ses sandales à pointes
recourbées disparaissaient sous un amas d'émeraudes,

et ses cheveux à l'abandon emplissaient un réseau en fils
de pourpre.

Mais elle releva la tête pour contempler, la lune, et
mêlant à ses paroles des fragments d'hymne, elle mur-
mura :

« Que tu tournes légèrement, soutenue par l'éther
impalpable ! Il se polit autour de toi, et c'est le mouvement de ton agitation qui distribue les vents et les
rosées fécondes. Selon que tu croîs et décroîs, s'allongent ou se rapetissent les yeux des chats et les taches
des panthères. Tu gonfles les coquillages ! Tu fais bouil-
lonner les vins ! Tu putréfies les cadavres ! Tu formes les
perles au fond de la mer !

« Et tous les germes, ô Déesse ! fermentent dans les
obscures profondeurs de ton humidité.

« Quand tu parais, il s'épand une quiétude sur la
terre ; les fleurs se ferment, les flots s'apaisent, les
hommes fatigués s'étendent la poitrine vers toi, et le
monde, avec ses océans et ses montagnes, comme en un
miroir, se regarde dans ta figure. Tu es blanche, douce,
lumineuse, immaculée, auxiliatrice, purifiante, sereine ! »

Le croissant de la lune était alors sur la montagne des
Eaux-Chaudes, dans l'échancrure de ses deux sommets,
de l'autre côté du golfe. Il y avait en dessous une petite
étoile et tout autour un cercle pâle. Salammbô reprit :

« Mais tu es terrible, maîtresse !... C'est par toi que
se produisent les monstres, les fantômes effrayants, les
songes menteurs ; tes yeux dévorent les pierres des
édifices, et les singes sont malades toutes les fois que tu
rajeunis.

« Où donc vas-tu ? Pourquoi changer tes formes perpétuellement ? Tantôt mince et recourbée, tu glisses
dans les espaces comme une galère sans mâture, ou
bien au milieu des étoiles tu ressembles à un pasteur
qui garde son troupeau. Luisante et ronde, tu frôles la
cîme des monts comme la roue d'un char.

« O Tanit ! tu m'aimes, n'est-ce pas ? Je t'ai tant

regardée! Mais non! tu cours dans ton azur, et moi je
reste sur la terre immobile.

« Taanach, prends ton nebal et joue tout bas sur la
corde d'argent, car mon cœur est triste! »

L'esclave souleva une sorte de harpe en bois d'ébène,
plus haute qu'elle et triangulaire comme un delta; elle
en fixa la pointe dans un globe de cristal, et des deux
bras se mit à jouer.

Les sons se succédaient, sourds et précipités comme
un bourdonnement d'abeilles, et de plus en plus sonores
ils s'envolaient dans la nuit avec la plainte des flots et le
frémissement des grands arbres au sommet de l'Acropole.

« Tais-toi! s'écria Salammbô.

— Qu'as-tu donc, maîtresse? La brise qui souffle, un
nuage qui passe, tout à présent t'inquiète et t'agite!

— Je ne sais, dit-elle.

— Tu te fatigues à des prières trop longues!

— Oh! Taanach, je voudrais m'y dissoudre comme
une fleur dans du vin!

— C'est peut-être la fumée de tes parfums?

— Non! dit Salammbô; l'esprit des Dieux habite dans
les bonnes odeurs. »

Alors l'esclave lui parla de son père. On le croyait
parti vers la contrée de l'ombre, derrière les colonnes
de Mel-Karth. « Mais s'il ne revient pas, disait-elle, il te
faudra pourtant, puisque c'était sa volonté, choisir un
époux parmi les fils des Anciens....

— Pourquoi? » demanda la jeune fille. Tous ceux
qu'elle avait aperçus lui faisaient horreur avec leurs
rires de bête fauve et leurs membres grossiers.

« Quelquefois, Taanach, il s'exhale du fond de mon
être comme de chaudes bouffées, plus lourdes que les
vapeurs d'un volcan..... Oh! je voudrais me perdre dans
la brume des nuits, dans le flot des fontaines, dans la
sève des arbres sortis de mon corps, n'être qu'un
souffle, qu'un rayon, et glisser, monter jusqu'à toi, ô
Mère! »

Elle leva ses bras le plus haut possible, en se courbant la taille, pâle et légère comme la lune avec son grand vêtement. Puis elle retomba sur la couche d'ivoire, haletante; mais Taanach lui passa autour du cou un collier d'ambre avec des dents de dauphin pour bannir les terreurs, et Salammbô dit d'une voix presque éteinte :

« Va me chercher Schahabarim[1] ».

Son père n'avait pas voulu qu'elle entrât dans le collège des prêtresses. Il la réservait pour quelque alliance pouvant servir sa politique, si bien que Salammbô vivait seule au milieu de ce palais : sa mère depuis longtemps était morte.

Elle avait grandi dans les abstinences, les jeûnes et les purifications, toujours entourée de choses exquises et graves, le corps saturé de parfums, l'âme pleine de prières. Jamais elle n'avait goûté de vin ni mangé de viande, ni touché à une bête immonde, ni posé ses talons dans la maison d'un mort.

*(Salammbô.)*
Fasquelle, éd.

---

1. C'était le grand prêtre de Tanit, celui qui avait élevé Salammbô.

# ERNEST RENAN

[Tréguier, 1823; † 1892, Paris.]

Destiné par sa famille à l'état ecclésiastique, Renan passa par
le séminaire de Saint-Sulpice, où il fit des études de haute théologie et entreprit d'apprendre l'hébreu, l'arabe et le syriaque. Peu
sûr de sa foi, il ne prit point la prêtrise et quitta le séminaire
pour se livrer à l'enseignement privé. En 1848, il fut reçu le
premier à l'agrégation de philosophie et commença sa carrière
d'érudit. De ce temps datent ses livres sur *Averroès et l'Aver-
roïsme*, 1852, son *Histoire générale des langues sémitiques*, 1857, ses
*Études d'histoire religieuse*, 1848-1857, son *Essai sur l'origine du
langage*, 1858. Il collaborait en même temps à l'*Histoire littéraire
de la France*. Ces divers travaux lui valurent d'être nommé
membre de l'Académie des Inscriptions et Belles-lettres, en 1856,
et d'être chargé d'une mission archéologique en Syrie (1860).
C'est de là qu'il rapporta celui de tous ses ouvrages qui eut le
plus de retentissement : la *Vie de Jésus*, 1863. La publication de
ce livre lui fit perdre son titre de professeur d'hébreu au Collège
de France, titre qui lui avait été conféré l'année précédente. Il ne
put remonter dans sa chaire qu'à la fin de 1870. La *Vie de Jésus*
ouvrait une série d'études sur l'histoire religieuse que Renan a
poursuivies infatigablement jusqu'à sa mort : *les Apôtres* (1866),
*Saint Paul* (1869), *l'Anté-Christ* (1875), *les Évangiles* (1877), *l'Église
chrétienne* (1879), *Marc-Aurèle* (1881), *Histoire du peuple d'Israe.*
(1887-92).

Bien qu'il ait fait plusieurs voyages d'étude en Italie, en
Orient, bien qu'il ait pourvu avec beaucoup de zèle aux fonctions
d'administrateur du Collège de France, où il avait été appelé
en 1873, Renan a donné de nombreux ouvrages en dehors de ceux
que nous avons cités. Nous nous bornerons à rappeler les principaux :

1° ŒUVRES D'ÉRUDITION : *Mission de Phénicie*, 1865.

2° HISTOIRE RELIGIEUSE : *Études d'histoire religieuse* (1857);
*Nouvelles études d'histoire religieuse* (1884); Traduction du *Livre de
Job* (1858), du *Cantique des Cantiques* (1860), de *l'Ecclésiaste*
(1861).

3° ŒUVRES PHILOSOPHIQUES : *Essais de morale et de critique*
(1860); *Questions contemporaines* (1868); *La réforme intellectuelle et*

30

*morale* (1871); *Dialogues et fragments philosophiques* (1876); *Mélanges d'histoire et de voyages* (1878); *Discours et Conférences* (1887); *l'Avenir de la Science* (1890) [écrit en 1848]; *Caliban* (1878); *l'Eau de Jouvence* (1880); *le Prêtre de Némi* (1880); *l'Abbesse de Jouarre* (1886).

Renan enfin a laissé comme des fragments de mémoires dans ses *Souvenirs d'enfance et de jeunesse* (1876-1882). On a commencé la publication de sa *Correspondance*.

---

## RENAN AU SÉMINAIRE D'ISSY

### (1876-1882)

.... Ce beau parc mystique d'Issy.... il a été, après la cathédrale de Tréguier, le second berceau de ma pensée.

Je passais des heures sous ces longues allées de charmes, assis sur un banc de pierre et lisant. C'est là que j'ai pris (avec bien des rhumatismes peut-être) un goût extrême de notre nature humide, automnale, du nord de la France. Si, plus tard, j'ai aimé l'Hermon[1] et les flancs dorés de l'Antiliban, c'est par suite de l'espèce de polarisation qui est la loi de l'amour et qui nous fait rechercher nos contraires. Mon premier idéal est une froide charmille janséniste du XVIIᵉ siècle, en octobre, avec l'impression vive de l'air et l'odeur pénétrante des feuilles tombées. Je ne vois jamais une vieille maison française de Seine-et-Oise ou de Seine-et-Marne, avec son jardin aux palissades taillées, sans que mon imagination me représente les livres austères qu'on a lus jadis sous ces allées. Malheur à qui n'a senti ces mélancolies et ne sait pas combien de soupirs ont dû précéder les joies actuelles de nos cœurs !

. . . . . . . . . . . . . . . . . . . . . .

Le goût de l'érudition est inné en moi. M. Gosselin[2] contribua beaucoup à le développer. Il eut la bonté de

---

1. Chaîne de montagnes de la Palestine, au N., ramification de l'Anti-Liban.　　2. Directeur du séminaire.

me prendre pour son lecteur. Tous les jours, à sept heures du matin, j'allais dans sa chambre, et je lui lisais, pendant qu'il se promenait de long en large, toujours vif, animé, tantôt s'arrêtant, tantôt précipitant le pas, m'interrompant fréquemment par des réflexions judicieuses ou piquantes. Je lui lus de la sorte les longues histoires du père Maimbourg, écrivain maintenant oublié, mais qui fut en son temps estimé de Voltaire, diverses publications de M. Benjamin Guérard, dont la science le frappait beaucoup ; quelques ouvrages de M. de Maistre, en particulier sa *Lettre sur l'inquisition espagnole*. Ce dernier opuscule ne lui plut guère. A chaque instant, il me disait en se frottant les mains : « Oh! comme on voit bien, mon cher, que M. de Maistre n'est pas théologien! » Il n'estimait que la théologie, et avait un profond mépris pour la littérature…. M. Dupanloup, dont le premier dogme était que sans une bonne éducation littéraire on ne peut être sauvé, lui était peu sympathique. Il évitait en général de prononcer son nom.

Pour moi, qui crois que la meilleure manière de former des jeunes gens de talent est de ne jamais leur parler de talent ni de style, mais de les instruire et d'exciter fortement leur esprit sur les questions philosophiques, religieuses, politiques, sociales, scientifiques, historiques ; en un mot, de procéder par l'enseignement du fond des choses, et non par l'enseignement d'une creuse rhétorique, je me trouvais entièrement satisfait de cette nouvelle direction. J'oubliai qu'il existait une littérature moderne. Le bruit qu'il y avait des écrivains dans le siècle arrivait quelquefois jusqu'à nous ; mais nous étions si habitués à croire qu'il ne pouvait plus y en avoir de bons, que nous dédaignions *a priori* toutes les productions contemporaines. Le *Télémaque* était le seul livre léger qui fût entre mes mains, et encore dans une édition où ne se trouvait pas l'épisode d'Eucharis…. Je ne voyais l'antiquité que par *Télémaque* et *Aristonoüs*. Je m'en réjouis. C'est là que j'ai appris l'art de peindre la

nature par des traits moraux. Jusqu'en 1865, je ne me
suis figuré l'île de Chio que par ces trois mots de
Fénelon, « l'île de Chio, fortunée patrie d'Homère ».
Ces trois mots, harmonieux et rythmés, me semblaient
une peinture accomplie, et, bien qu'Homère ne soit pas
né à Chio, que peut-être il ne soit né nulle part, ils me
représentaient mieux la belle (et maintenant si malheureuse) île grecque que tous les entassements de petits
traits matériels.

M. Gottofrey me parlait très rarement, mais il m'observait attentivement avec une très grande curiosité. Mes
argumentations latines, faites d'un ton ferme et accentué,
l'étonnaient, l'inquiétaient. Tantôt j'avais trop raison;
tantôt je laissais voir ce que je trouvais de faible dans
les raisons données comme valables. Un jour que mes
objections avaient été poussées avec vigueur, et que,
devant la faiblesse des réponses, quelques sourires
s'étaient produits dans la conférence, il interrompit
l'argumentation. Le soir, il me prit à part. Il me parla
avec éloquence de ce qu'a d'antichrétien la confiance en
la raison, de l'injure que le rationalisme fait à la foi. Il
s'anima singulièrement, me reprocha mon goût pour
l'étude. La recherche!... à quoi bon? Tout ce qu'il y a
d'essentiel est trouvé. Ce n'est point la science qui
sauve les âmes. Et, s'exaltant peu à peu, il me dit avec
un accent passionné : « Vous n'êtes pas chrétien! »

Je n'ai jamais ressenti d'effroi comme celui que
j'éprouvai à ce mot prononcé d'une voix vibrante. En
sortant de chez M. Gottofrey, je chancelais; ces mots :
« Vous n'êtes pas chrétien »! retentirent toute la nuit à
mon oreille comme un coup de tonnerre. Le lendemain,
je confiai mon angoisse à M. Gosselin. L'excellent
homme me rassura : il ne vit rien, ne voulut rien voir.
Il ne me dissimula même pas tout à fait combien il était
surpris et mécontent de cette entreprise d'un zèle intem-
pestif sur une conscience dont il était plus que personne
responsable. Il tint, j'en suis sûr, l'acte illuminé de

M. Gottofrey pour une imprudence, qui ne pourrait être
bonne qu'à troubler une vocation naissante. Comme
beaucoup de directeurs, M. Gosselin croyait que les
doutes sur la foi n'ont de gravité pour les jeunes gens
que si l'on s'y arrête, qu'ils disparaissent quand les
engagements sont pris et que la vie est arrêtée. Il me
défendit de penser à ce qui venait d'arriver; je le trouvai
même ensuite plus affectueux que jamais. Il ne comprit
rien à la nature de mon esprit, ne devina pas ses futures
évolutions logiques. Seul, M. Gottofrey vit clair. Il
avait raison, pleinement raison; je le reconnais maintenant. Il fallait ses lumières transcendantes de martyr et
d'ascète pour découvrir ce qui échappait si complètement à ceux qui dirigeaient ma conscience avec tant de
droiture, du reste, et de bonté.

(*Souvenirs d'enfance et de jeunesse.*)

Calmann Lévy, éd.

---

# PRIÈRE QUE JE FIS SUR L'ACROPOLE QUAND JE FUS ARRIVÉ A EN COMPRENDRE LA PAR-FAITE BEAUTÉ.

## (1876-1882)

O noblesse! o beauté simple et vraie! déesse dont le
culte signifie raison et sagesse, toi dont le temple est
une leçon éternelle de conscience et de sincérité, j'arrive
tard au seuil de tes mystères, j'apporte à ton autel
beaucoup de remords. Pour te trouver, il m'a fallu des
recherches infinies. L'initiation que tu conférais à l'Athé-
nien naissant par un sourire, je l'ai conquise à force de
réflexions, au prix de longs efforts.

Je suis né, déesse aux yeux bleus, de parents barbares,
chez les Cimmériens [1] bons et vertueux qui habitent au

---

1. La Bretagne, pays natal de Renan, Cimmériens semblent être les lointains
fut peuplée par les Kymris, dont les ancêtres.

bord d'une mer sombre, hérissée de rochers, toujours battue par les orages. On y connaît à peine le soleil; les fleurs sont les mousses marines, les algues et les coquillages coloriés qu'on trouve au fond des baies solitaires. Les nuages y paraissent sans couleur, et la joie même y est un peu triste; mais des fontaines d'eau froide y sortent du rocher, et les yeux des jeunes filles y sont comme ces vertes fontaines où, sur des fonds d'herbes ondulées, se mire le ciel.

· Mes pères, aussi loin que nous pouvons remonter, étaient voués aux navigations lointaines, dans des mers que tes Argonautes ne connurent pas [1]. J'entendis, quand j'étais jeune, les chansons des voyages polaires; je fus bercé au souvenir des glaces flottantes, des mers brumeuses semblables à du lait, des îles peuplées d'oiseaux qui chantent à leurs heures et qui, prenant leur volée tous ensemble, obscurcissent le ciel.

Des prêtres d'un culte étranger, venu des Syriens de Palestine, prirent soin de m'élever. Ces prêtres étaient sages et saints. Ils m'apprirent les longues histoires de Gronos, qui a créé le monde, et de son fils qui a, dit-on, accompli un voyage sur la terre. Leurs temples sont trois fois hauts comme le tien, ô Eurhythmie, et semblables à des forêts [2]; seulement ils ne sont pas solides, ils tombent en ruines au bout de cinq ou six cents ans; ce sont des fantaisies de barbares, qui s'imaginent qu'on peut faire quelque chose de bien en dehors des règles que tu as tracées à tes inspirés, ô Raison. Mais ces temples me plaisaient; je n'avais pas étudié ton art divin; j'y trouvais Dieu. On y chantait des cantiques dont je me souviens encore : « Salut, étoile de la mer,... reine de ceux qui gémissent en cette vallée de larmes », ou bien : « Rose mystique, Tour d'ivoire, Maison d'or, Etoile du matin... » Tiens, déesse, quand je me rappelle

---

1. Allusion aux pêcheurs d'Islande qui partent presque tous des ports de Bretagne.

2. Les églises gothiques.

ces chants, mon cœur se fond, je deviens presque
apostat. Pardonne-moi ce ridicule; tu ne peux te figurer
le charme que les magiciens barbares ont mis dans ces
vers, et combien il m'en coûte de suivre la raison toute
nue.

Et puis si tu savais combien il est devenu difficile de
te servir! Toute noblesse a disparu. Les Scythes [1] ont
conquis le monde. Il n'y a plus de république d'hommes
libres, il n'y a plus que des rois issus d'un sang lourd,
des majestés dont tu sourirais. De pesants Hyperboréens
appellent légers ceux qui te servent.... Une *pambéotie*
redoutable, une ligue de toutes les sottises, étend sur le
monde un couvercle de plomb, sous lequel on étouffe.
Même ceux qui t'honorent, qu'ils doivent te faire pitié!
Te souviens-tu de ce Calédonien qui, il y a cinquante
ans, brisa ton temple à coups de marteau pour l'emporter
à Thulé? [2] Ainsi font-ils tous....

Toi seule es jeune, ô Cora; toi seule es pure, ô Vierge;
toi seule es sainte, ô Hygie; toi seule es forte, ô Victoire. Les cités, tu les gardes, ô Promachos; tu as ce
qu'il faut de Mars, ô Area; la paix est ton but, ô Pacifique. Législatrice, source des constitutions justes;
Démocratie, toi dont le dogme fondamental est que tout
bien vient du peuple, et que, partout où il n'y a pas de
peuple pour nourrir et inspirer le génie, il n'y a rien,
apprends-nous à extraire le diamant des foules impures.
Providence de Jupiter, ouvrière divine, mère de toute
industrie, protectrice du travail, ô Ergané [3], toi qui fais
la noblesse du travailleur civilisé et le mets si fort au
dessus du Scythe paresseux; Sagesse, toi que Zeus
enfanta après s'être replié sur lui-même, après avoir
respiré profondément; toi qui habites dans ton père,

---

1. Pour les Grecs, les Scythes représentaient la barbarie même.
2. Ce Calédonien, c'est l'antiquaire
écossais, lord Elgin (1766-1842), qui
mit un zèle plus qu'indiscret à enrichir sa patrie (Thulé) des dépouilles de
l'art hellénique.

3. Ce sont ici comme des litanies
d'Athéna : *Cora*, vierge; *Hygie*, santé
et sainteté; *Promachos*, défense, tutelle,
(de la cité); *Aréa*, guerrière; *Ergané*,
ouvrière. Tous surnoms que les Athéniens donnaient en effet à la déesse
protectrice de leur ville.

entièrement unie à son essence; toi qui es sa compagne et sa conscience; énergie de Zeus, étincelle qui allumes et entretiens le feu chez les héros et les hommes de génie, fais de nous des spiritualistes accomplis. Le jour où les Athéniens et les Rhodiens luttèrent pour le sacrifice, tu choisis d'habiter chez les Athéniens, comme plus sages. Ton père cependant fit descendre Plutus dans un nuage d'or sur la cité des Rhodiens, parce qu'ils avaient aussi rendu hommage à sa fille. Les Rhodiens furent riches; mais les Athéniens eurent de l'esprit, c'est-à-dire la vraie joie, l'éternelle gaieté, la divine enfance du cœur.

Le monde ne sera sauvé qu'en revenant à toi, en répudiant ses attaches barbares. Courons, venons en troupe. Quel beau jour que celui où toutes les villes qui ont pris des débris de ton temple, Venise, Paris, Londres, Copenhague, répareront leurs larcins, formeront des théories sacrées pour rapporter les débris qu'elles possèdent, en disant : « Pardonne-nous, déesse! c'était pour les sauver des mauvais génies de la nuit », et rebâtiront tes murs aux sons de la flûte, pour expier le crime de l'infâme Lysandre [1]!...

Ferme en toi, je résisterai à mes fatales conseillères; à mon scepticisme, qui me fait douter du peuple; à mon inquiétude d'esprit, qui, quand le vrai est trouvé, me le fait chercher encore; à ma fantaisie, qui, après que la raison a prononcé, m'empêche de me tenir en repos. O Archégète [2], idéal que l'homme de génie incarne en ses chefs-d'œuvre, j'aime mieux être le dernier dans ta maison que le premier ailleurs. Oui, je m'attacherai au stylobate [3] de ton temple; j'oublierai toute discipline hormis la tienne, je me ferai stylite sur tes colonnes, ma cellule sera sur ton architrave. Chose plus difficile! pour

---

1. Général lacédémonien, qui prit Athènes en 404 av. J.-C., et y établit le gouvernement des Trente-Tyrans.
2. *Archégète* directrice, initiatrice.

3. *Stylobate*, piédestal qui porte une colonne. *Architrave* : partie principale de l'entablement entre la frise et le chapiteau.

toi, je me ferai, si je peux, intolérant, partial. Je n'ai-
merai que toi. Je vais apprendre ta langue, désapprendre
le reste…. J'arracherai de mon cœur toute fibre qui n'est
pas raison et art pur. Je cesserai d'aimer mes maladies,
de me complaire à ma fièvre. Soutiens mon ferme propos,
ô salutaire; aide-moi, ô toi qui sauves!

Que de difficultés, en effet, je prévois! que d'habitudes d'esprit j'aurai à changer! que de souvenirs charmants je devrai arracher de mon cœur! J'essayerai; mais
je ne suis pas sûr de moi. Tard je t'ai connue, beauté
parfaite. J'aurai des retours, des faiblesses. Une philosophie, perverse sans doute, m'a porté à croire que le
bien et le mal, le plaisir et la douleur, le beau et le laid,
la raison et la folie, se transforment les uns dans les
autres par des nuances aussi indiscernables que celles
du cou de la colombe. Ne rien aimer, ne rien haïr absolument, devient alors une sagesse. Si une société, si une
philosophie, si une religion eût possédé la vérité absolue,
cette société, cette philosophie, cette religion aurait
vaincu les autres et vivrait seule à l'heure qu'il est. Tous
ceux qui, jusqu'ici, ont cru avoir raison se sont trompés,
nous le voyons clairement. Pouvons-nous sans folle
outrecuidance croire que l'avenir ne nous jugera pas
comme nous jugeons le passé? Voilà les blasphèmes que
me suggère mon esprit profondément gâté. Une littérature qui, comme la tienne, serait saine de tout point
n'exciterait plus maintenant que l'ennui.

Tu souris de ma naïveté. Oui, l'ennui…. Nous sommes
corrompus : Qu'y faire? J'irai plus loin, déesse ortho-
doxe, je te dirai la dépravation intime de mon cœur.
Raison et bon sens ne suffisent pas. Il y a de la poésie
dans le Strymon [1] glacé et dans l'ivresse du Thrace. Il
viendra des siècles où tes disciples passeront pour les
disciples de l'ennui. Le monde est plus grand que tu ne
crois. Si tu avais vu les neiges du pôle et les mystères

---

1. Fleuve qui faisait la limite entre la Macédoine et la Thrace.

du ciel austral, ton front, ô déesse toujours calme, ne serait pas si serein; ta tête, plus large, embrasserait divers genres de beauté.

Tu es vraie, pure, parfaite; ton marbre n'a point de tache; mais le temple d'Hagia-Sophia [1], qui est à Byzance, produit aussi un effet divin avec ses briques et son plâtras. Il est l'image de la voûte du ciel. Il croulera; mais, si ta cella devait être assez large pour contenir une foule, elle croulerait aussi.

Un immense fleuve d'oubli nous entraîne dans un gouffre sans nom. O abîme, tu es le Dieu unique. Les larmes de tous les peuples sont de vraies larmes; les rêves de tous les sages renferment une part de vérité. Tout n'est ici-bas que symbole et que songe. Les dieux passent comme les hommes, et il ne serait pas bon qu'ils fussent éternels. La foi qu'on a eue ne doit jamais être une chaîne. On est quitte envers elle quand on l'a soigneusement roulée dans le linceul de pourpre où dorment les dieux morts.

(*Souvenirs d'enfance et de jeunesse.*)

Calmann Lévy, éd.

1. Sainte-Sophie, à Constantinople.

parties des institutions et des pensées humaines sont
attachées les unes aux autres ; on n'en comprend aucune
si on ne les connaît toutes ; c'est un édifice qu'une seule
pièce ôtée fait chanceler tout entier. Il va donc, par instinct et passion, d'un fait à un autre, amassant sans cesse,
inquiet et mécontent, tant qu'il n'a pas tout rassemblé,
obsédé par le besoin des idées claires et complètes,
apercevant toujours des vides dans l'image intérieure
qu'il contemple, infatigable jusqu'à ce qu'il les ait com-
blés.

Comment les combler, sinon par des faits prouvés ?
Aussi est-ce un échafaudage infini qu'il faut à l'édifice.
L'amour de la vérité enfante l'amour de la preuve, et
voilà le critique qui la poursuit, non avec le zèle paisible
d'un juge impartial, mais avec la sagacité et l'opiniâtreté
d'un chercheur passionné. Il court aux sources les plus
lointaines, parce qu'elles sont les plus pures ; plus le
texte est barbare, plus il est précieux ; il donnerait la
plus belle pièce d'éloquence pour un vieux livre d'un
style informe, grossier comme son auteur, dont les
épines blesseraient les mains d'un lettré délicat ; c'est un
trésor que Caton le campagnard, et son manuel, âpre
fagot de formules rustiques. Il va dans les archives
déterrer les lois, les discours, les traités, se frayant un
chemin dans l'illisible grimoire d'une écriture oubliée,
à travers les phrases brutes et les mots inconnus ; car
alors ce sont les faits eux-mêmes qu'il touche, entiers
et intacts, sans témoins entre eux et lui ; c'est la propre
voix de l'antiquité qu'il écoute, sans interprète qui en
change l'accent ; c'est le passé qui, sans être altéré par
d'autres mains est venu d'abord dans les siennes. Il
éclaire ces textes si frappants par des monuments plus
expressifs encore ; il sait que la nature subsiste pendant
que les âmes changent, qu'à travers les révolutions
civiles elle maintient les propriétés des climats et la
figure du sol, et qu'en entourant l'homme d'objets invariables, elle nourrit en lui des pensées fixes. Il va prendre

ces sentiments dans le pays qui les engendre, et, parce
qu'il les éprouve, il les comprend. Mais s'il traverse
tous les documents pour aller d'abord aux sources incor-
ruptibles, il ne laisse échapper aucun témoin récent,
ancien, entier, mutilé, formules, monnaies, rituels, traditions; le texte le plus ingrat dévoile souvent un trait
du caractère, ou les débris d'une institution. Ce n'est
qu'en voyant tout qu'on peut saisir la vérité originale et
tout prouver.

(*Essai sur Tite-Live*, 1<sup>re</sup> partie, chap. I.)
Calmann Lévy, éditeur.

---

## LE DEGRÉ DE BIENFAISANCE DU CARACTÈRE
## CRITÉRIUM DÉCISIF DE L'ŒUVRE D'ART
### (1881)

Nous avons considéré les caractères selon qu'ils sont
plus ou moins *importants*; nous allons considérer les
caractères selon qu'ils sont plus ou moins *bienfaisants*.

Commençons par l'homme moral et par les œuvres
d'art qui l'expriment. Il est manifeste que les caractères dont il est doué sont plus ou moins bienfaisants,
ou malfaisants, ou mixtes. Nous voyons tous les jours
des individus et des sociétés prospérer, accroître leur
puissance, échouer dans leurs entreprises, se ruiner,
périr; et, chaque fois, si l'on prend leur vie en bloc, on
trouve que leur chute s'explique par quelque vice de
structure générale, par l'exagération d'une tendance,
par la disproportion d'une situation et d'une aptitude,
de même que leur succès a pour cause la stabilité de
l'équilibre intime, la modération d'une convoitise ou
l'énergie d'une faculté. Dans le courant tempêtueux de
la vie, les caractères sont des poids ou des flotteurs qui
tantôt nous font couler à fond, tantôt nous maintiennent
à la surface. Ainsi s'établit une seconde échelle · les
caractères s'y classent, selon qu'ils nous sont plus ou

moins nuisibles ou salutaires, par la grandeur de la difficulté ou de l'aide qu'ils introduisent dans notre vie, pour la détruire ou la conserver.

Il s'agit donc de vivre, et, pour l'individu, la vie a deux directions principales : ou il connaît, ou il agit; c'est pourquoi on peut distinguer en lui deux facultés principales, l'intelligence et la volonté. D'où il suit que tous les caractères de la volonté et de l'intelligence qui aident l'homme dans l'action et la connaissance sont bienfaisants, et les contraires malfaisants. — Dans le philosophe et le savant, c'est l'observation et la mémoire exacte du détail, jointes à la prompte divination des lois générales et à la prudence méticuleuse qui soumet toute supposition au contrôle des vérifications prolongées et méthodiques. Dans l'homme d'état et l'homme d'affaires, c'est un tact de pilote, toujours en alerte et toujours sûr, c'est la ténacité du bon sens, c'est l'accommodation incessante de l'esprit aux variations des choses, c'est une sorte de balance intérieure prête à mesurer toutes les forces circonvoisines, c'est une imagination limitée et réduite aux inventions pratiques, c'est l'instinct imperturbable du possible et du réel. Dans l'artiste, c'est la sensibilité délicate et la sympathie vibrante, la reproduction intérieure et involontaire des choses, la subite et originale compréhension de leur caractère dominant et de toutes les harmonies dominantes. Vous trouveriez, pour chaque espèce d'œuvre intellectuelle, un groupe de dispositions analogues et distinctes. Ce sont là autant de forces qui conduisent l'homme à son but, et il est clair que chacune, dans son domaine, est bienfaisante, puisque son altération, son insuffisance ou son absence imposent à ce domaine la sécheresse et la stérilité. — Pareillement, et dans le même sens, la volonté est une puissance, et, considérée en soi, elle est un bien. On admire la fixité de la résolution qui, une fois prise, persiste invincible au choc aigu de la douleur physique, à la longue obsession de la douleur morale, au trouble des ébranlements subits, à l'attrait des séductions choisies, à toutes les diversités de l'épreuve qui, par la violence ou la douceur, par le bouleversement de l'esprit ou par l'affaiblissement du corps, travaille à la renverser. Quel que soit son soutien, extase des martyrs, opiniâtreté native ou orgueil acquis, elle est belle, et, non seulement toutes les portions de l'intelligence, lucidité, génie, esprit, raison, tact, finesse, mais encore toutes les portions de la volonté, initiative, activité, fermeté, sang-froid, sont les fragments de l'homme idéal que nous cherchons maintenant à construire, parce qu'elles sont des lignes de ce caractère bienfaisant que nous avons d'abord tracé.

Il nous faut voir à présent cet homme dans son groupe. Quelle est la disposition qui rendra sa vie bienfaisante pour la société dans laquelle il est compris? Nous connaissons les instruments intérieurs qui lui sont utiles; où est le ressort intérieur qui le rendra utile à autrui?

Il en est un qui est unique, c'est la faculté d'aimer; car aimer, c'est avoir pour but le bonheur d'un autre, se subordonner à lui, s'employer et se dévouer à son bien. Vous reconnaissez là le caractère bienfaisant par excellence; il est visiblement le premier de tous dans l'échelle que nous composons. Nous sommes touchés à son aspect, quelle que soit sa forme, générosité, humanité, douceur, tendresse, bonté native; notre sympathie s'émeut en sa présence, quel que soit son objet : soit qu'il constitue l'amour proprement dit, la donation complète d'une personne humaine à une personne de l'autre sexe et l'union de deux vies confondues en une seule; soit qu'il aboutisse aux diverses affections de famille, celle des parents et des enfants, celle du frère et de la sœur; soit qu'il produise la forte amitié, la parfaite confiance, la fidélité mutuelle de deux hommes qui ne sont point liés entre eux par le sang. — Plus son objet est vaste, plus nous le trouvons beau. C'est que sa bienfai-

sance s'étend avec le groupe auquel elle s'applique.
C'est pourquoi, dans l'histoire et dans la vie, nous réser-
vons notre admiration la plus haute pour les dévoue-
ments qui s'emploient au service des intérêts généraux ;
pour le patriotisme, tel qu'on le vit à Rome au temps
d'Annibal, dans Athènes au temps de Thémistocle, en
France en 1792, en Allemagne en 1813 ; pour le grand
sentiment de charité universelle, qui conduisit les missionnaires bouddhistes ou chrétiens chez les peuples
barbares ; pour ce zèle passionné qui a soutenu tant
d'inventeurs désintéressés et suscité dans l'art, dans la
science, dans la philosophie, dans la vie pratique, toutes
les œuvres et toutes les institutions belles ou salutaires ;
pour toutes ces vertus supérieures qui, sous le nom de
probité, justice, honneur, capacité de sacrifice, subordi-
nation de soi-même à quelque haute idée d'ensemble,
développent la civilisation humaine, et dont les stoïciens,
Marc Aurèle au premier rang, ont donné à la fois le pré-
cepte et l'exemple...

A cette classification des valeurs morales correspond,
degré par degré, une classification des valeurs littéraires.
Toutes choses égales d'ailleurs, l'œuvre qui exprime un
caractère bienfaisant est supérieure à l'œuvre qui exprime
un caractère malfaisant. Deux œuvres étant données, si
toutes deux mettent en scène, avec le même talent d'exécution, des forces naturelles de la même grandeur, celle
qui représente un héros vaut mieux que celle qui nous
représente un pleutre...

> (*Philosophie de l'art*, V<sup>e</sup> partie, chapitre III.)
> Calmann Lévy, éditeur.

# TABLE DES MATIERES